박종현   성균관대학교 명예교수

조대호   연세대학교 철학과 교수

강대진   홍익대학교 사범대학 겸임교수

배병삼   영산대학교 자유전공학부 교수

오강남   캐나다 리자이나 대학 명예교수

장현근   용인대학교 중국학과 교수

이승환   고려대학교 철학과 교수

이효걸   안동대학교 한국문화산업전문대학원장

김우창   고려대학교 명예교수

고전 강연 2

고전 시대

문화의 안과 밖

고전 강연

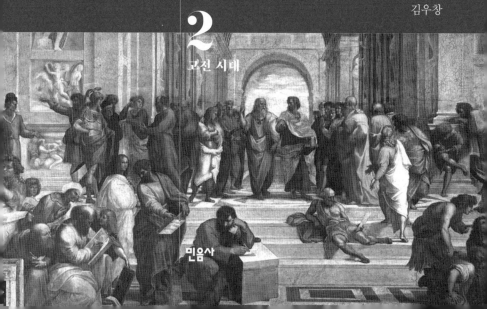

박종현
조대호
강대진
배병삼
오강남
장현근
이승환
이효걸
김우창

2

고전 시대

민음사

머리말

『고전 강연』은 네이버 문화재단이 지원하는 '문화의 안과 밖' 강연의 두 번째 시리즈 '오늘을 성찰하는 고전 읽기'를 책으로 엮은 것이다. '문화의 안과 밖'은 오늘날 학문의 여러 분야에서 문제가 될 만한 주제들을 다루면서, 학문의 현재 위상에 대한 일단의 성찰을 시도하고 그 기초의 재확립에 기여할 것을 목표로 한 기획이었다.

지금까지 우리 학문의 기본자세를 결정한 것은 긴급한 시대의 부름이었다. 이는 정당한 것이면서도, 전통적으로 학문의 사명으로 정의되어 왔던 진리 탐구의 의무를 뒷전으로 밀리게 하는 일이기도 했다. 그리하여 새삼스럽게 상기할 필요가 있는 것은 진리에 대한 추구가 문화의 핵심에 자리할 때 건전한 사회가 유지될 수 있다는 사실이다. 그리고 그에 비추어서만 현실 문제에 대한 진정한 해답도 찾을 수 있다.

'문화의 안과 밖'은 학문적 기준을 지키면서도 일반 청중에 열려 있는 강연 시리즈다. 일반 청중과의 대화는 학문 자체를 위해서도 중요한 의미를 지닌다. 그것은 특별한 문제에 집중하여 전문적으로 연구하는 학문을 보다 넓은 관점에서 되돌아보게 한다. 사회적 열림은 자연스럽게 학문이 문화 일반과 맺는 관련을 생각하게 한다. 그리고 그에 요구되는 다면적 검토는 학문 상호 간의 대화를 자극할 것이다.

그리하여 넓어지는 학문적 성찰은 당면하는 문제의 궁극적인 배경으로서 보편성의 지평을 상정할 수 있게 한다. 가장 넓은 의미에서의 건전한 사회의 바탕은 여기에 이어져야 마땅하다고 할 수 있다.

그러나 너무 넓은 관점에서 시도되는 성찰은 지나치게 일반적이고 추상적인 것이 되어 학문적 사고가 태어나는 구체적 정황을 망각하게 할 수 있다. 현실에 대한 개념적 이해는 학문이 추구하는 목표의 하나다. 이에 못지않게 중요한 것은 그러한 개념과 이해가 생성되는 이해의 동역학이다. 이것을 생각하게 하는 계기의 하나는 고전 텍스트의 주의 깊은 독서일 것이다. 그러나 고전이 된 텍스트는 새로이 해석되어야 비로소 살아 움직이는 현실로서 이해될 수 있다. 해석은 텍스트에 충실하면서 그것이 오늘의 삶에 지니는 의미를 생각해 보는 작업이다. 또 고전이 동시대에 지녔던 자리와 의미를 알아보는 일도 필요하다. 이러한 동시대적 의미를 밝힘으로써 고전은 삶의 핵심적 사건으로서 구체성을 얻게 되고, 오늘의 삶의 조명에 도움을 줄 수 있다.

물론 고전을 읽는 데에 한 가지 고정된 접근 방법이 있는 것은 아니다. 선택된 고전을 어떻게 읽느냐 하는 것은 고전의 독특한 성격에 따라, 또 강연자의 관심에 따라 다를 수밖에 없다. 접근 방법을 고정하는 것은 고전을 통하여 사회의 정신을 넓히고 깊게 하는 것이 아니라 그것을 좁히고 옅게 하는 일이 될 것이다.

이번 고전 강연 시리즈에서 다루는 텍스트는 50여 권에 한정된다. 이를 선택하는 것은 극히 어려운 일이었다. 우리는 강연에서 다루는 고전들이 다른 고전 텍스트로 나아가는 길을 열기를 희망한다. 시리즈의 처음, 1권에 자리한 여러 고전 전통에 대한 글은 보다 넓은 고전들의 세계로 나가는 길잡이로서 계획된 것이다. 고전 읽기가 우리 문화의 안과 밖을 넓히고 깊이 있게 하는 데 도움이 되기를 바란다.

문화의 안과 밖 자문위원회

08

삶과 나라 설계

플라톤의 『국가(政體)』와 『법률』 읽기

박종현 (성균관대학교 명예교수)

플라톤(Platōn, B.C.427/8~B.C.347/8)
헬라스(고대 그리스)의 아테네에서 명문가의 셋째 아들로 태어나 한때는 시를 쓰기도 했으나 스무
살 무렵에 소크라테스를 만나고서는 철학에 관심을 갖게도 되었다. 여느 명문가의 자제와 마찬가지
로 젊어서부터 정치에 대한 관심이 많아 당시의 현실 정치를 유심히 지켜보았다. 기원전 404년에
정권을 잡은 이른바 '30인 참주들'의 잔인무도한 통치 형태를 목격하고, 이듬해 들어선 민주 정권이
소크라테스를 처형하는 처사도 목도하고서, 정치 현실에 환멸을 느낀 끝에 철학으로 전향한다. 이
후 소크라테스의 철학적 행각을 확인하는 이른바 '초기 대화편들'을 쓰고, 40세 무렵에 남이탈리아
및 시칠리아 여행을 하고 돌아와서 42~43세 무렵에 아카데미아 학원을 세웠다. 아카데미아를 중심
으로 교육 활동을 하는 한편으로 이른바 '중기 대화편들' 및 '후기 대화편들'도 집필했는데, 플라톤의
이름으로 전하는 대화편 중에서 순수하게 그의 것으로 간주되는 것들은 26~27편이다.

1

『국가(정체, *Politeia*)』편은 플라톤이 50대에 파피루스 두루마리 저술로 낸 것이고, 『법률(*Nomoi*)』편은 80세에 생을 마감하면서 미처 파피루스 두루마리에 옮겨 적지 못한 채 밀랍 서판(kēros) 상태로 남긴 것을 필리포스란 사람이 옮겨 적은 것이다. 밀랍 서판이란 일정한 크기로 틀 지은 목판 또는 금속판에 밀랍을 펼쳐 붙여서 만든 서판 (deltos, 라틴어 tabula)인데, 이 위에 골필 또는 철필(graphis, 라틴어 stilus)로 글을 적는 것이기에, 이는 원고가 아직 완결되지 않았거나 완결은 되었더라도 파피루스에 미처 옮겨 적지 못한 것을 의미한다. 그런데 『법률』편의 끝 부분(968e-969d)을 보면, 사실상 할 말은 다 한 셈임을 밝히고 있는 언급을 확인하게 된다. 따라서 남아 있던 작업은 부분적인 수정 또는 보완 정도의 다듬는 일, 이른바 퇴고의 과정이었다고 말해도 될 것이다.

앞 것의 분량은 요즘 서양 활자와 같은 크기의 옥스퍼드 고전 텍스트(OCT)로 409쪽이고, 뒤엣것은 423쪽이며, 그 권수는 각각 10권과 12권이다. 그의 전집 중에서는 셋째 크기 분량인 『고르기아스』편이 115쪽, 넷째 크기 분량인 『테아이테토스』편이 100쪽, 제일 적은 분량인 『이온』편은 고작 17쪽이다. 대화편 전체(26~28편) 분량의 38퍼센트 남짓을 차지하는 이들 두 대화편은 분량 못지않게 그 중요성에 있어서 단연 압권이다.

『국가(정체)』편에는 50대 전후의 자신에 넘친 그의 철학적 소신과 열정이 담겨 있다. 다양한 분야에 걸친 문제들을 다루고 있어서, 이 대화편은 플라톤 철학의 기본을 이루는 것이라 해도 과언이 아닐 것이다. 따라서 이후의 다른 대화편들은 이 대화편에서 어느 정도 다루었던 문제들을 더 확장해서 한결 심도 있게 다루고 있다고 봐도 될 것이다. 특히 최후로는 원숙한 경지에서 집필된 『법률』 편이 뒷받침해 주기에 플라톤 철학은 그것 나름의 완결성을 보장받는다. 플라톤 철학을 하나의 큰 산에 비유한다면, 『법률』 편은 그 산의 정상에 해당한다고 말할 수 있다. 이 정상에 오름으로써 그 아래의 작은 봉우리들이나 산등성들 그리고 계곡 등, 그 산의 전체적 조망이 가능할 것이다.

2

이 엄청난 분량의 두 대화편에 대해 짧은 글로 충분히 설명한다는 것은 원천적으로 불가능한 일이다. 이는 둘 중의 어느 한 대화편을 갖고서 하더라도 마찬가지다. 좋다는 소문은 들었지만 정작 가 보지는 못한 산에 갈 때는, 먼저 그 산에 대한 개념도를 익히는 것이 중요하다. 그래야만 크게 헤매지 않을 수 있기 때문이겠다. 따라서 이 방대한 두 책에 대해서도 중요한 개념들과 핵심적인 논의거리들을 선택적으로 꼭 집어서 설명함으로써 이 대화편들을 이미 읽었거나 읽을 독자에게 어떤 형태의 정리나 어느 정도의 길잡이 구실을 할 수 있기를 바랄 뿐이다.

순서대로 『국가(정체)』 편부터 다루어야 하겠는데, 이에 앞서 언급해 두어야 할 것이 두 가지 있다. 하나는 책 제목과 관련해서이다.

원래 '폴리테이아(Politeia)'인 이 책 이름을 필자는 평소에 『국가(政體)』로 표기하고 있다. 필자 자신의 이 책 역주서도 원래 이런 형태로 내려 했지만, 출판사에서는 표지 제목에 괄호를 치는 게 아무래도 부담스럽다며 『국가·政體』로 병기하는 걸 택했다. 어쨌거나 필자의 의도는 이 책 이름이 비록 '국가'로 세간에 알려져 있기는 하지만, 실은 '정체'가 옳다는 걸 알리기 위해서였다. 폴리테이아는 공민의 자격, 공민 생활, 시민 집합체 등을 뜻하기도 하지만, 플라톤의 경우에서처럼 나라 체제 곧 '정체'를, 그리고 아리스토텔레스의 경우에는 일반적 의미의 '정체' 그리고 특정한 의미의 '시민 정체'를 뜻한다. 필자가 『국가·政體』로 병기한 것을 알게 된 일본의 원로급 헬라스 고전 학자인 가토 신로(加藤信朗, 1926~) 교수도 이에 예민한 반응을 보이며, 일본에서 이를 '國家(국가)'로 번역하게 된 경위를 폴리테이아의 옛날 독일어 번역어 'Staat(국가)'에서 비롯된 것으로 추정하면서[1] 이 번역어에 대해서는 재고할 필요성을 느낀다고 했다.

다른 하나는 '폴리스(polis)'의 번역과 관련해서이다. 흔히 이를 영어로는 city-state로 번역한다 해서 우리도 덩달아 '도시국가'로 곧잘 번역하거나, 더러는 '도시' 심지어는 '국가'로 번역하는 경우도 있는 것 같다. 그나마 아테네와 스파르타가 규모랄 것이 있었지, 다른 것들은 대체로 자그마했을 뿐이다. 전성기 페리클레스 시대인 기원전 431년 아테네의 성인 남성이 5만 명 정도였다고 한다. 이에 4를 곱하면, 20만 명 정도의 자유민 인구가 된다. 이에 2만 5000명 정도의 거류민(metoikoi=metics)과 10만 명의 노예(douloi)까지 합쳐서 32만 5000~35만 명 정도가 아테네의 총인구다. 플라톤이 두 살(B.C.425)

이었을 때의 인구수는 이보다 10만 명 정도가 적었다. 그래서 필자는 오래전부터 폴리스를 '나라'로 번역하고 있다. 한때는 아테네에서 코린토스까지 80킬로미터 남짓한 거리에 다섯 개의 폴리스(아테네·살라미스·엘레우시스·메가라·코린토스)²가 있었다. 아테네의 아티케 동북쪽에 바짝 인접해 있는 에우보이아(에비아, Euboia) 섬에는 에레트리아와 칼키스라는 두 폴리스가 오래도록 버티고 있었다. 우리에게도 잘 알려져 있는 오늘날의 이름난 관광지인 산토리니(Santorini)³에는 기원전 850년경에 테라(Thēra)라는 폴리스가 있었는데, 그 이전인 기원전 2000~1600년경에는 아크로테리(Akrotēri)라는 이름의 나라가 번성했다. 그리고 미노아 문명의 본고장이기도 한 크레테 섬에는 호메로스의 『오디세이아』를 배경으로 한 시대엔 아흔 개의 폴리스가 있었지만, 기원전 5세기경에는 마흔 개로 줄었다고 한다. 우리나라에도 옛날엔 우산국과 탐라국이 있었으며, 6가야도 있었다. 이런 사정들을 고려한다면, 폴리스의 우리말 번역어로는 아무래도 '나라'가 덜 부담스럽다는 게 필자의 판단이다. 더구나 폴리스도 폴리테이아도 '국가'로 번역하는 경우에는 황당한 대목을 적잖이 만나게 된다. 이를테면 『국가(정체)』 제5권 첫머리(449a)에서 "이런 폴리스와 폴리테이아를 훌륭하고 바른 폴리스(나라) 그리고 그런 폴리테이아(정체)로 일컫거니와……"라는 표현을 만나게 되는데, 이 경우에 폴리스를 '도시국가'로 그리고 폴리테이아를 '국가'로 옮긴다면 어떻게 되겠는가? 이런 사태가 벌어질 수 있는 대목은 여러 곳⁴에서 만나게 된다.

3

『국가(정체)』편 첫째 권은 나머지 아홉 권과는 별도로 먼저 씌었고 초기 대화편 성격을 갖는 것이기도 해서 따로 『트라시마코스』라 불리기도 하는데, 이는 곧 언급하게 되는 소피스트의 이름을 딴 것이다. 소크라테스가 아테네의 외항 피레우스로 축제 구경을 갔다가, 많은 재물을 취득한 노옹 케팔로스를 만나, 노령에 지내기가 어떤지를 묻는다. 노옹이 문제가 되는 것은 노령이 아니라 '사람들의 생활 방식(tropos)'이라고 대답한다. 아닌 게 아니라 어떻게 사는 것이 인생을 정말로 잘(훌륭하게) 사는 것인지에 대한 논의는 제10권의 마지막까지 이어지는 것이기도 하다. 그러나 소크라테스는 세상 사람들은 노인이 그런대로 노년을 잘 지낼 수 있는 것은 가진 재산 덕이라 생각할 것이라고 하며, 재산을 가짐으로써 덕을 보게 되는 것 중에서 어떤 점이 가장 좋은지 묻는다. 노옹은 남을 속이거나 거짓말을 하지 않아도 된다는 점에서, 또한 신들에게 제물(祭物)을 빚지거나 남한테 재물을 빚진 상태로 저승에 가게 되지는 않을 것이라는 점에서 재산의 소유가 큰 기여를 한다고 말한다. 이에 소크라테스는 노옹의 이 말을 간략하게 정리하는 형태로 "올바름(정의, dikaiosynē)을 정직함과 남한테서 받은(맡은) 것은 갚는(되돌려 주는) 것이라는 식으로 단순히(haplōs) 말할 것인지, 아니면 이런 걸 행하는 것도 때로는 옳지만, 때로는 옳지 못하다고 말할 것인지요?"[5] 하고 묻는다. 이를테면, 무기를 맡길 때는 멀쩡한 정신으로 왔던 사람이 실성한 상태에서 그걸 돌려 달라고 할 때도 그래야만 하는지, 그런 사람에게 진실을 말해 주어야만 하는지

삶과 나라 설계

를 묻는다.(331c) "누군가가 맡긴(parakatetheto) 것은 갚을 것임에는 틀림없겠지만" '무조건, 일률적으로(haplōs)' 그래야만 하는지가 문제다. 그런데 우리로 하여금 다소 갑작스러운 느낌을 들게 하는 소크라테스의 이 물음은 실은 시대적 배경을 갖는 것이기도 하여, 이 대화자들 사이에서는 전혀 갑작스러운 것이 아니다. '맡겨 둠'을 뜻하는 parathēkē 는 물건의 경우에는 재물의 맡겨 둠을, 사람의 경우에는 인질 또는 보호나 감시를 위해 맡겨진 사람을 의미하는데, 이와 관련된 실제 사건들에 대한 이야기가 헤로도토스(B.C.484?~B.C.430?)의 『역사』(제6권 73, 85~87)에도 전하기 때문이다.[6] 하나는 스파르타의 두 왕이 불화 관계에 있던 아이기나를 침공하여 이 나라의 부유한 명문가들에서 열 명을 골라 아이기나와 숙적 관계에 있던 아테네에 볼모로 잡아 두게 했는데, 훗날 이 인질들을 돌려보내 줄 것을 요구하나 아테네가 이에 불응한 사건이다. 그리고 다른 하나는 스파르타의 글라우코스란 사람이 그 올바름의 명성 때문에 맡아 갖게 된 밀레토스의 한 부호의 재화를 훗날 신표를 갖고 찾아온 자식에게 돌려주지 않은 일이다. 물론 이두 경우 다 그것들을 돌려주는 것이 '올바름'이라는 것이다. 그야 어쨌거나, 이에 이어지는 소크라테스의 대화는 그 갚음이나 되돌려 줌이 해롭거나 이로운 경우 또는 친구나 적 사이일 경우 등과 같이 논의가 점점 복잡해진다.

이들이 주고받는 긴 논의를 듣고 있던 트라시마코스가 도저히 참을 수가 없다면서 화를 내며, 소크라테스에게 올바름이 무엇인지 직접 말할 것을 요구한다. 그러나 소크라테스는 무지자를 자처하는지라, 겸손하게 트라시마코스의 가르침을 구한다. 이에 올바름이 무엇인지에 대해 일가견이 있다고 자부하는 트라시마코스는 올바름을 '더 강한 자의 편익'이라고 거침없이 규정하면서, 그 예를 들어, 정권을 장악한 지배자가 강자인 자기에게 편익이 되는 것을 법으로 정하여 이를 약자들인 피지배자들이 이행토록 공표하는데 결국 이게 올바른 것이 된다고 한다. 이에 소크라테스는 올바름이 '편익이 되는 것'이란 점은 인정하나, 그게 강자의 편익일 수는 없다고 반론한다. 의술이나 조타술의 경우에서 보듯, 어떤 기술이나 다스림도 그것을 지닌 자를 위한 것이 아니라, 그 기술의 시혜를 입을 약자를 위한 것이듯, 참된 뜻에서의 통치술도 그 자체는 약자인 피지배자들을 위한 것으로 귀결된다. 이에 트라시마코스는 실제 현실로는 올바르지 못함이 이득이 되고, 그런 사람들이 잘 살고 있음을 말한다. 그러나 소크라테스는 '올바름'과 '올바르지 못함(adikia)'을 그 기능(ergon)과 관련지어 반론을 편다. 가령 강도단이나 도둑의 무리를 보자. 이들 집단에서 그 구성원들이 저들끼리도 서로에 대해서 올바르지 못한 짓을 할 경우에, 그래서 철두철미 올바르지 못할 경우에, 그들은 아무것도 이룰 수가 없을 것이다. 최소한 자기들끼리는 이른바 '의리' 정도의 올바른 관계를 유지해야만 뭐든 할 수 있을 것이기 때문이다.

이에 기능과 관련된 언급을 하게 된다. 모든 것에는 특유의 기능이 있고, 이 기능과 관련된 특유의 '훌륭한 상태(aretē=goodness, excellence)' 또한 있다. 이에 대해서는 아무래도 약간의 설명이 필요할 것 같다.[7] 호메로스의 『일리아스』에서 '아레테'는 우선 온갖 '빼어남(excellence)'을 뜻한다. 다음으로 그것은 전쟁 영웅들의 '용기'(제8권 535; 제13권 237; 제20권 242)를 뜻한다. 그래서 훗날 사람들이 '용기'의 뜻으로 쓰게 되는 andreia라는 말을 여기에서는 따로 찾아볼 수 없다. 시대가 바뀌면서 아레테는 사람의 경우에는 '사람다움' 곧 사람으로서의 '훌륭함(goodness)'을 뜻하게 되었고, 이를 우리는 곧잘 '덕(virtue)'으로 일컫기도 한다. 그 반대는 '나쁨(나쁜 상태, kakia＝badness)'이다. 온갖 도구를 비롯한 인위적인 것들이나 생물 등을 포함한 자연적인 것들에도 그리고 인간의 행위나 직업에 따라서도 그 기능이 있고, 이에 따른 '훌륭함'도 있다. 칼이나 침상, 아울로스(aulos) 따위의 악기 또는 공동체, 눈이나 귀, 몸, 군인 등, 심지어는 토양 따위에도 그 기능과 연관된 아레테가 있게 마련이다. 따라서 원칙적으로 아레테는 독립적인 것이 아니라, 반드시 '(……의) 훌륭한 상태' 또는 '(……으로서의) 훌륭함'이라는 말의 기본적인 틀에서 벗어나지 않는 범위의 것이므로, 사람의 경우에는 이에 '사람'을 대입시켜 '(사람의) 훌륭한 상태' 또는 '(사람으로서의) 훌륭함'이라 함이 논의의 보편성에 부합하는 것이 되겠다. 물론 사람에게 적용되는 아레테를 우리말로 번역할 경우에, 의미 전달의 편리함을 위해서라면 우리에게 익숙한 '덕'으로 옮기는 것이 좋겠으나, 의미 전달의 정확성과 보편성을 위해서는, 그것이 모든 종류의 사물에 두루 적용되는 것임을 고려해서, 적어도 헬라스 사상의 경우에는 '(……의) 훌륭한 상태' 또는 '(……으로서의) 훌륭함'으로 옮기는 것이 옳다. 사람의 혼(psychē)에도 다른 어떤 것도 할 수 없는 특유의 기능이 있기는 마찬가지이다. 그것은 무엇보다도 삶의 기능을 훌륭히 수행하는 것이겠는데, '잘(훌륭하게, eu) 삶(zēn)'이 바로 그것이니, 이는 혼이 올바르지 못하고서는 기대할 수 없는 일이다.

4

『국가(정체)』편 제2권부터 제4권까지는 첫째 권에서 실패한 '올바름(正義, dikaiosynē)'[8]의 의미 규정을 찾아가는 과정이다. 초기 대화편의 경우처럼, 올바름의 속성(pathos)만 말했지, 그것의 본질(ousia)은 아직 말하지 못했기 때문이다. 그런데 이 '디카이오시네'라는 추상 명사가 등장하기 이전에는 디케(dikē)라는 말만 쓰였다. 리델과 스콧이 펴낸 대사전(*A Greek-English Lexicon*)에서는 디케를 관습(custom, usage), 관습에 따른 질서나 도리 또는 정당함(order, right), 더 나아가서는 이를 어긴 행위에 대한 판결이나 재판(judgement), 소송(lawsuit, trial) 그리고 이에 따른 처벌(punishment)이나 벌 또는 벌금(penalty) 등으로 풀이하고 있다.[9] 디케의 형용사가 디카이오스(dikaios)이고, 이것의 확장된 추상 명사가 디카이오시네(dikaiosynē = righteousness, justice)이다. 따라서 여기에는 디케의 경우처럼 다른 복잡한 뜻은 없다. 이 낱말이 최초로 나타나는 문헌은 기원전 6세기 중엽(약 B.C.550~540)에 활동한 메가라 출신의 시인 테오그니스의 시구, 곧 (사람으로서의) "온 훌륭함(덕, pasa aretē)이 요컨대 올바름에 있다네."에서인 것 같다. 다음으로 디카이오시네가 유의미하게 쓰인 것은 헤로도토스의 경우였다. 이에 관련해서는 바로 앞의 항에서 이미 언급했다. 그는 플라톤보다 출생 연도로나 사망 연도로나 두 세대쯤 앞선다.

그런데 이 말의 의미 규정(定義, horismos)을 격식대로 내린 것은 플라톤이 처음이다. 그는 올바름에 개인의 것도 있겠지만 나라 전체의 것도 있겠으니, 큰 규모의 것에서 이를 찾는 게 더 쉽겠다며, 먼저

삶과 나라 설계

나라부터 이론상으로 수립해 본다. '성향(physis)에 따른' 분업의 효용성 때문에 생기게 된 공동체인 나라는 '최소 필요 국가'에서 시작하여 '호사스러운 나라'로 확대되어 감으로써 온갖 직업을 갖는 많은 사람이 사는 나라가 될 수밖에 없고, 마침내는 영토 확장의 필요성이 대두된다. 결국 같은 상황을 맞게 되는 다른 나라와 전쟁이 일어날 경우에 대비하기 위해 나라를 지키고 다스릴 수호자들이 필요하게 된다.

이들이 수행해야 할 일은 다른 어떤 부류의 사람들이 맡을 일보다도 중요하며 그만큼 더 전문성을 요하는 것이므로, 이에 적합한 성향의 아이들을 선발해서 교육하는 일이 중대한 문제로 제기된다. 먼저 착수하게 되는 교육은 시가(詩歌)의 교육이다. 이어서 체육에 관한 논의를 하게 되는데, 체육은 몸을 보살피기 위한 것만이 아니며 결국은 시가와 함께 혼을 위한 것임이 강조된다. 시가 및 체육을 통해 혼의 격정적인 면과 지혜를 사랑하는 면이 적절할 정도만큼 조장되고 이완됨으로써 조화를 이루도록 하는 데 교육의 일차적 목표가 있다. 이런 교육 과정을 거친 아이들 가운데서 장차 완벽한 수호자들, 즉 통치자들이 될 사람들을 넓은 의미의 수호자들, 즉 그들의 보조자들 또는 협력자들과 구별해서 선별해 내기 위한 온갖 시험을 한다. 그러나 이들 선발된 수호자들을 기다리고 있는 것은 행복한 특권적인 생활이 아니라, 공동 주거에서 영위하게 되는 통제된 공동생활이다. 이는 그들보다는 시민 전체가 최대한으로 행복할 수 있는 나라를 만든다면, 그런 나라에서야말로 올바름(올바른 상태)이 실현되어 있는 것을 보게 되리라는 기대 때문이다.

이어 완벽하게 '훌륭한 나라(agathē polis)', 즉 '아름다운 나라

(kallipolis)'에서는 올바름만이 아니라 지혜(sophia)와 용기(andreia) 그리고 절제(sōphrosynē)도 찾아볼 수 있음을 확인하고, 먼저 이것들 각각을 특히 어떤 부류의 사람들(집단)에서 찾아볼 수 있는지 알아본다. 이 나라가 지혜로울 수 있는 것은 소수인 통치자들의 지혜에 의해서요, 용기 있는 나라로 되는 것은 넓은 의미의 수호자들이 두려워할 것들과 두려워하지 않을 것들에 대해 '바르고 준법적인 소신'을 지속적으로 보전하고 또 그럴 수 있는 능력이 있을 경우에 가능하다는 것이 확인된다. 반면에 절제는 누가 나라를 다스릴 것인지에 대해서 다스릴 쪽과 다스림을 받을 쪽 사이에 '의견의 일치'를 보고 '한마음 한뜻(homonoia)'이 이루어졌을 때, 이런 나라에서 찾아볼 수 있을 것임도 확인하게 된다. 그래서 올바른 상태는 이 나라를 구성하는 세 부류의 사람들이 저마다 '자신에게 맞는 자신의 일을 함(제 할 일을 함, oikeiopragia)'(434c)으로써 실현을 보게 된다는 결론에 이르러, 이를 올바름에 대한 의미 규정으로 채택하게 된다. 또한 이에 앞서 434a에서는 '제 것의 소유'를 '제 일을 함'이라는 말 앞에 덧붙임으로써 법적인 정의(正義)의 뜻까지 그 의미 규정 속에 담는다. 이는 법적인 권리에서 더 나아가 의무와 함께 나라 구실과 사람 구실이라는 기능(ergon)적 측면에 초점을 맞춘 의미 규정이다. 그러나 나라 차원에서 얻게 된 이 의미 규정이 개인에게도 그대로 적용될 수 있는지를 알아보기 위해 각자의 혼에도 이런 세 부분이 있는지에 대한 긴 논의를 펼친 끝에, 이를 확인하게 된다. 이른바 '혼의 세 부분 설'은 이에서 유래한다.

제4권 말미에서는 이제까지 언급한 나라 체제가 특출한 한 사람만을 배출했을 때는 '왕도 정체(basileia)'로 불리겠지만, 여럿을 배출할 경우에는 '최선자(들의) 정체(aristokratia, the rule of the best)'로 불릴 것이라 한다. 그런데 앞서 언급했듯 이런 나라의 수호자들의 생활은 행복한 특권적인 것이 아니라 통제된 공동생활이었다. 물론 이는 이론상 시민 전체가 최대한으로 행복할 수 있는 나라를 만들어 봄으로써 바로 그런 나라에서야말로 '올바름'이 실현되어 있을 것임을 확인하기 위한 사고 실험이었다. 제5권에서 이 논의가 이어진다. 이런 공동생활에서는 "친구들의 것들은 공동의 것이다.(koina ta philōn)" 이는 아내와 남편 그리고 그 자녀들의 공유도 뜻한다. 모든 것과 관련해서 성향 또는 자질이 같은 남녀의 평등한 권리와 의무가 강조된다.[10] 결국 '공유(koinōnia)'의 문제는 '공동 관여(koinōnia)'의 문제로 귀착되어, 교육을 받음에 있어서도 나라의 수호에 있어서도 이 원칙은 그대로 적용된다.

이런 나라의 이론적 수립은 그 실현성 자체보다도 이른바 '아름다운 나라'의 '본(paradeigma)'을 갖기 위한 작업이었다. 그러나 비록 폭소거리가 될지라도 굳이 한 가닥 그 실현성을 말한다면, 이는 진정한 의미의 '철인 치자(哲人治者)'에 의해서만이 가능하다고 한다. 현실적인 통치권과 참된 지혜가 같은 사람(들)에게 통합되어 있을 때만이 가능하다는 것이다. 그러기 전에는 "나라들에 있어서, (……) 인류에게 있어서도 나쁜 일들의 종식은 없다."(473d)라고 단언한다.[11] 그런데 이런 충격적인 선언은 현실의 정치인들을 비롯한 많은 사람한테서 일제히 공격받을 주장이다. 여기에서 우리는 그의 이런 단언의 배경을 알아볼 필요성을 느낀다.

플라톤도 젊은 시절에는 여느 명문가의 젊은이들처럼 정치에 관심이 많았다. 그래서 아테네의 현실 정치를 눈여겨보았지만, 진지한 관망 끝에 결국엔 정치에 대한 관심을 접게 된다. 이와 관련된 그의 심경을 읽을 수 있는 것은 「일곱째 서한」을 통해서이다. 그가 23세였던 기원전 404년에 아테네는 펠로폰네소스 전쟁에서 스파르타에 패했고, 이들의 지원을 받아 30인 과두 정권이 들어선다. 이 정권에는 그의 인척이 두 사람[12]이나 있었고 이들을 통해 정치 참여의 부추김을 받던 터라 한동안 이들이 정치하는 행태를 눈여겨보았지만 크게 실망하고, 페리클레스 사후에 선동과 파당 싸움으로 얼룩졌던 이전의 실망스러운 정권들이 오히려 황금기의 것이었다는 판단을 하게 된다. 이른바 '30인 참주 체제'로까지 불리던 이 정권은 이듬해 무너지고 민주 정권이 다시 들어선다. 망명에서 돌아와 정권을 잡게 된 사람들이 여러 면에서 일처리를 무척 공정하게 하기에, 플라톤은 현실 정치에 다시금 관심을 갖게 된다. 그러나 이 정권의 지도자였던 아니토스(Anytos)[13]와 그 일당이 아테네인들의 존경까지 받으려는 허황한 욕심을 부리던 터에, 소크라테스로 해서 손상당한 알량한 자존심을 지키기 위해 그를 엉뚱하게도 나라가 믿는 신들을 믿지 않는다는 불경죄와 젊은이들을 타락시킨다는 죄목으로 기소하여 사형까지 받게 한다. 이 일로 해서, 일흔 나이의 소크라테스 자신의 말처럼, 살날이 얼마 남지도 않은 그를 굳이 앞당겨 죽게 한 아니토스 일당은 철학사에 길이 오명으로 남게 되고, 플라톤은 이후에 길이 남는 철학자가 되는 전기를 맞는다. 그만큼 이 사건은 플라톤에게 실로 엄청난 충격이었고 결정적인 타격이었다. 그는 더 이상 현상 타파를 위한 어떤 시도도 해 볼 수 없는 상황임을 절감하게 된다. 뜻을 같이하는 친구와 동지들을 규합한다는 것도 도저히 불가능한 일로 여겨졌다. 법률도 관습도 경악할 정도로 타락해 가고 있었다. 이 서한의 한 대목을 보자. "결국엔 현기증을 느끼기에 이르렀소. (……) 마침내는 오늘날의 모든 나라가 모조리 나쁘게 통치되고 있다는 사실을 깨닫게 되었소. 이들 나라의 법률의 상태는, 요행과 함께 어떤 경이적인 대비책이 없는 한, 거의 치유가 불가능할 정도이기 때문이오. 그리고 나는 바른 철학(지혜사랑)을 찬양하면서 이렇게 주장하지 않을 수 없소. 나라의 일들이건 사사로운 일들이건, 모든 형태의 올바른(정의로운) 것을 알아보는 것은 그것(철학)으로 해서나 가능하다고 말이오. 따라서 바르게 그리고 진정으로 지혜를 사랑하는 부류가 정치권력을 장악하거나, 아니면 나라들에서 집권하고 있는 부류가 어떤 섭리로 해서 진정으로 지혜를 사랑하게 되기 전에는, 인류가 결코 나쁜 일들(악과 불행)의 종식을 보지는 못할 것이라고 말이오. 이런 생각을 가진 상태로 나는 이탈리아와 시켈리아(시칠리아)로 갔소. 내가 처음으로 그곳에 갔을 때 말이오."(325e-326b)

이 회고담대로라면, 플라톤은 40세가 가까웠을 때 이미 이런 생각을 굳혀 갖게 되었다. 이런 마음 상태로 아테네로 돌아와서는, 오래지 않은 시점인 42~43세 무렵(B.C.385)에 이후 자신의 학문적 활동의 중심이 될 아카데미아(Akadēmia) 학원을 세운다. 따라서 이런 그의 마음 상태와 이 학원 수립은 처음부터 결코 무관할 수 없는 것임을 미루어 짐작할 수 있겠다. 아닌 게 아니라 이 학원에서는 당시의 학문 전반에 대한 탐구와 함께 정치 지도자와 입법자의 양성에도 큰 기여를 했던 것으로 알려져 있다.[14] 그의 이런저런 심경은 이 학원의 설립에도 『국가(정체)』편과 『법률』편의 집필에도 그대로 묻어나 있다고 보아야 할 것이다. 그런 뜻에서 네틀십의 다음 발언은 크게 공감되는 것이기도 하다. "플라톤은 언제나 방치할 수 없는 악폐들을 눈여겨보면서 글을 쓰고 있다. (이는) 그가 아리스토텔레스와는 판다른 하나의 특징이다."[15] 다시 말해 그는 20대의 젊은 시절부터 여든 살에 생을 마감할 때까지 아테네, 더 나아가서는 헬라스의 현실에 대해 여러 면에서 안타까워하며 이를 개혁하는 문제를 늘 마음속에 품고서 학문 활동을 했던 사람이었다고 할 것이다. 이에 반해 아리스토텔레스의 조국 스타기라(Stagira)는 일찍이 알렉산드로스의 부왕 필리포스에 의해 파괴되었다가 훗날 그가 알렉산드로스의 스승이 되는 통에 재건되었다. 알렉산드로스가 기원전 323년에 죽자, 아리스토텔레스는 아테네에서 도망가 이듬해 어머니의 고향인 칼키스(Chalcis)에서 향년 62세로 생을 마감한다. 그에게는 조국에 대한 안타까움이나 애착이 별로 없었던 것 같다.

5

그렇다면 근본적인 현실 개혁을 기대해도 될 참된 철학자들이 그 지혜사랑(철학)으로 해서 갖게 되는 참된 앎과 궁극적인 앎은 도대체 무엇에 대한 것일까? 제5권 474b에서부터 제7권 끝까지는 '참된 앎(epistēmē)'과 '가장 큰 배움(to megiston mathēma)'에 이르는 여정에 대해서 언급한다. 플라톤의 이른바 이데아설 또는 형상이론이 본격적으로 개진되는 부분이다. 그런데 이와 관련해서 전하는 이야기가 있다. 플라톤이 아카데미아의 출입문에 "기하학을 모르는 자는 내 집 지붕 아래 아무도 들여보내지 말지니라."[16]라고 적었다는 것인데, 이는 그대로 믿어도 될 만큼 신빙성이 있는 이야기는 아니지만 상징성은 충분하다. 시가(mousikē) 교육과 체육(gymnastikē) 그리고 군사 훈련을 받은 젊은이들이 다음으로 거쳐야 할 예비교육(propaideia) 과정으로서 제시된 것이 '기하학이나 이와 유사한 학술들에 속하는 종류'(제6권 511b)[17]의 학과목들이다. 이것들은 감각적 지각(aisthēsis = sense-perception)에 의존하지 않는 추론적 사고(dianoia)를 함양하기 때문이다. "이 교과들을 통해서 각자의 혼의 어떤 기관이 순수화되어 (ekkathairetai),[18] (그동안의) 다른 활동들로 인해서 소실되고 눈멀어 버린 이 기관이, 눈 만 개보다도 더 보전될 가치가 있는 이 기관이 다시 점화(點火)된다."(527d-e) 감각적 지각에 의해서는 개개인에 따라 달라질 수 있는 각이한 '의견(판단, doxa = opinion)'만 가질 수 있을 뿐이라, 이 한계를 넘어섬으로써 비로소 참된 앎에 이를 수 있다. 이 추론적 사고 훈련 마지막에 변증술(dialektikē)이 제시되는데, 이를 두고 추론적 사고를 함양하는 모든 교과들 위에 마치 갓돌처럼 놓일 것이라고 말한다.(533c-534e)

그리하여 우리의 지성(nous)은 마침내 그 고유의 대상들 곧 '지성에 의해서(라야) 알 수 있는 것들(ta noēta = the intelligibles)'에 이를 수 있게 된다. 그리고 '가시적 부류(to horaton genos)'가 아닌 '지성에 의해서(라야) 알 수 있는 부류(to noēton genos)'에 대한 앎을 '지성에 의

한 앎 또는 이해(noēsis)'라 한다.[19] 그 대상들이 이른바 이데아들 또는 형상(形相, eidos)들이라 불리는 것이다. 여기서 잠시『파이돈』편을 살펴보자. 이데아설과 관련되는 한『파이돈』편은『국가(정체)』편의 예고편이라 할 수 있다. 이 대화편에서는 원래 일상어인 eidos가 '종류'의 의미로 쓰인 경우가 네 군데(79a6, 79b4, 98a2, 100b4)이며, '모습'이나 '생김새'의 뜻으로 쓰인 경우가 압도적으로 많은 아홉 군데(73a2, 73d9, 76c12, 79d9, 87a2, 91d1, 92b5, 110d1, 2)이고, 전문 용어인 '형상' 또는 '특성'의 의미로서 쓰인 경우는 네 군데(102b1, 103e3, 104c7, 106d6)이다. 그리고 역시 일상어인 idea가 어떤 것의 '생김새'나 '모습'을 가리키는 경우가 두 군데(108d9, 109b5)이고, 전문 용어인 '이데아' 또는 '특성'의 의미로 쓰인 경우가 여섯 군데(104b9, d2, 6, 9, e1, 105d13)이다. 그런가 하면 이데아나 형상을 세 군데(80b, 81b, 83b)에서 '지성에 의해서(라야) 알 수 있는 것(to noēton)'으로도 이미 언급하기 시작했다. 그런데도 아리스토텔레스는 플라톤의 이데아나 형상을 그 어디에서도 'to noēton'으로 지칭한 적은 없고, 보편적인 것(to katholou)으로서 개별적인 존재들에서 분리(chōrizein)했다며 비판했다.[20] 이 '코리제인'이라는 말은 '논리적인 구별'을 뜻하기도 하지만, 그는 오로지 '공간적인 분리'의 뜻만 적용했다. 앞서 이미 예로 들었던 칼이나 낫, 눈이나 귀 또는 침상 따위의 '기능'은 이것들의 물질적 구성물에서 떼어 낼 수 있는 것이 아니라, 그것들과 함께 있되 구별이 가능할 뿐이다. 도대체 이 기능을 공간적으로 어떻게 분리한단 말인가? 박물관에 전시되어 있는 석기 시대의 수많은 유물들은 돌이기 때문이 아니라, 그 기능 때문에 거기에 진열되어 있는 것이다. 내가 안경을 쓰

삶과 나라 설계

는 것은 신통찮은 내 눈의 기능을 보완하는 그 기능 때문이다. 얼마 전엔 '다윈의 새'로 불리는 핀치 새의 비밀이 180년 만에 풀렸다는 기사가 났다. 원래는 한 조상이었지만, 이것들이 이주하게 된 갈라파고스 섬들의 먹이가 곤충·씨앗·선인장·과일 등으로 달라짐에 따라 부리 또한 현격히 달라짐으로써 4종으로 진화했다가, 이들 종 간의 짝짓기로 해서 새로운 종이 더 탄생했다는 학설이다. 이 '기능'은 바로 'to noēton'이요, 이는 결코 감각적 지각 대상이 아닌 것(to anaisthē ton＝the insensible (thing))이다. 청각은 청각의 대상들을 알아보고, 시각은 시각의 대상들을 알아본다. 음악과 미술이 영역을 달리하는 이유이다. 그래서 이미 『파이돈』편(79a)에서부터 두 종류의 존재들, 곧 우리 눈에 '보이는 것(to horaton)'과 '보이지 않는 것(to aides)'이 있음을 말하고 있었다. 따라서 감각적 지각의 대상과 지성의 대상이 서로 구별되는 것은 자연스럽고 당연한 이치다. 그런 점에서 플루타르코스의 『윤리서』 중 하나에 나오는 다음 구절은, 이 문제와 관련되는 한, 일반인들의 일상적인 판단에 기댄 아리스토텔레스의 과장되고 오도하는 확대 해석을 근본적으로 되돌아볼 필요성을 느끼게 한다. 그도 이데아 또는 형상을 '감각 대상(to aisthēton)'과는 엄연히 구별된다는 뜻에서 말 그대로 '지성의 대상(to noēton)'으로 보고, 그리 받아들였더라면, 이 문제는 그걸로 저절로 해소되었을 성질의 것이었다. 그러나 그리하지 않음으로써 아리스토텔레스 철학의 상당 부분이 그 대척적인 관점에서 형성된 것이다. 플루타르코스의 말을 보자. "이데아들과 관련해서 플라톤을 비난하는 아리스토텔레스는 그것들을 도처에서 들쑤시며, 그것들과 관련된 온갖 난문(難問, aporia)

을 제기한다. 즉 그의 윤리서들(『형이상학』)과, 『자연학』 및 공개된 대화편들에서 말이다. (……) 이런 견해들로 해서, 어떤 사람들이 보기에 그는 지혜를 사랑하기(philosophōteron)보다는 경쟁을 더 좋아하는(philoneikoteron) 것으로 판단되었다. 마치 플라톤의 철학을 전복하도록(hypereipein) 제의하기라도 하는 것처럼. 그는 이처럼 플라톤을 따르는 것에서 멀리 떨어져 있었다."[21]

이 문제는 이쯤에서 일단 접기로 하자. 이것들에 대한 앎의 최종 단계는 '좋음(善) 자체(to agathon auto, auto to agathon)' 곧 '좋음(善)의 이데아'를 알게 되는 것인데, 이 앎을 그는 '가장 큰 배움(to megiston mathēma)'이라 말한다. 장차 나라를 통치하게 될 사람들이 이것을 지성에 의해 보게 된 다음에는 이를 본으로 삼고서, 저들 자신들과 나라를 번갈아 가며 다스려야 할 것이라고 한다. 물론 지혜 사랑은 계속하면서 말이다.(540a-b) 그런데 이 '좋음(善)의 이데아'와 관련해서 이 대화편에서는 그 중대성에 비해 필요한 만큼의 충분한 언급은 하지 못하고 있다. 물론 이 부족한 부분을 보완해 주는 대화편들은 이후에 저술된다. 후기 대화편에 속하는 『티마이오스』, 『정치가』, 『필레보스』 그리고 『법률』이 그것들이다.[22] 아주 간략하게 언급하자면, 앞서 말한 바 있는 추론적 사고(dianoia)는 궁극적으로는 원리(archē)로서의 '좋음 자체'에 대한 앎 곧 '가장 큰 배움'에 이르기 위한 것이었다. 그 다음은 이 궁극적 원리가 세계 현상과 현실 속에서 어떻게 구현되고 있는지를 깨닫는 것이다. 즉 이 좋음의 원리가 추론적 사고의 대상인 '수학적인 것들'을 매개로 사물의 생성과 행위적인 것의 구현으로 실현되고 있음을 깨닫는 것이다. 이를테면 『티마이오스』 편에서는 태초에 4원소가 만들어지는 것을, 수와 도형(요소 삼각형들)을 매개로 물질적(분자) 구조를 갖게 되는 것으로 설명하고 있다.『필레보스』편에서는 한정되지 않은 또는 한도 지어지지 않은(to apeiron) 온갖 것들에 수를 개입시킴으로써 균형과 조화를 이루게 되는 현상을 말하는가 하면(25c-26b) '좋음'의 특성들이 균형, 적도 상태(metriotēs), 진실성, 아름다움, 때맞음(時宜) 등으로 나타남을 말하고 있다.(64e-66b)

그리고 제6, 7권에서는 참된 앎과 그 대상들에 관련된 세 가지 비유가 언급된다. 감각적 대상들과 인식 주관 그리고 그 앎의 단계들을 하나의 선을 넷으로 나눠 각각 대응시킨 '선분(線分)의 비유'가 그 하나이다. 둘째 것은 '동굴의 비유'로서 인식 주체가 그때마다 처한 상황을 처음 동굴에서 두 단계를 거치며 동굴을 지나오는 과정과 동굴 밖으로 나온 다음 광명의 세계에서 빛에 익숙해지면서 그 속에 드러난 사물들을 보게 되는 두 단계를 말한다. 셋째 것은 사물들의 세계와 태양의 관계에 빗대어 다른 이데아들과 좋음의 이데아의 관계를 설명하는 것으로 '태양의 비유'라 일컫는다.

6

제7권까지에 걸쳐 최선자(들의) 정체와 이를 닮은 철인 치자에 관해 언급하고, 이에서 멀어져 가는 네 가지 유형의 대표적인 정체들과 이것들을 닮은 인간들을 제8, 9권에서 다룬다. 이것들은 최선자(들의) 정체와 최선의 인간성이 점진적으로 타락해 감으로써 생기게 되는 형태들이다. 그래서 그 순서는 '명예 지상(至上) 정체' 또는 '명예 지배 정체', 과두 정체, 그리고 민주 정체이다. 민주 정체에서는 모두가 평등권을 누리며 관직도 추첨에 의해서 배정하는데, 자유가 넘쳐 무슨 말이든 할 수 있고 '멋대로 할 수 있는 자유(exousia)'가 보장된다. 자유에 대한 '만족할 줄 모르는 욕망(aplēstia)'과 그 밖의 다른 것에 대한 무관심(ameleia)은 결국 민주 정체를 몰락시킨다. 따라서 가장 낮은 단계의 민주 정체는 민중 선동가(dēmagōgos)가 좌지우지하는 중우 정치(okhlokratia=mob-rule)로 전락한다. 마침내 나라를 통째로 강탈한 참주(tyrannos)가 지배하는 참주 정체(tyrannis)가 탄생한다. 개인적 야망의 달성을 위해 가진 것이 별로 없는 민중을 교묘하게 이용한 것이다. 제9권은 참주적 인간의 탄생과 그가 보이는 행태에 대한 언급이다. 참주적 인간이야말로 가장 올바르지 못하며 가장 비참한 자임이 최선의 인간인 철인 치자와 대비되어 극명하게 드러난다. 그리고 어떤 부류의 인간들이 누리는 즐거움이 가장 참된 즐거움인지도 밝힘으로써, 즐거움에 대한 철학적 논의도 곁들인다.

10권은 내용상 거의 반분되어 있다. 608b까지는 시(詩)와 관련된 것이고, 608c 이후는 각자가 이룩한 '훌륭함(덕)'에 대한 보답과 상에 관련된 것이다. 종래에 시(詩)가 거의 전적으로 떠맡다시피 한 교육을 이제는, 특히 이 '아름다운 나라'에서는, 철학이 떠맡을 수밖에 없는 당위성을 언급한다. 이는 이때까지의 교육에서 시가 누려 온 독점적인 지위를 차츰 철학이 앗아 가는 데 따른 두 분야 사이의 갈등에 대한 철학 쪽의 해명인 셈이다.

삶과 나라 설계

7

이제 『법률』 편에 대해 언급할 차례이다. 이 대화편에서는 크레테에 새로 세워질 '마그네시아(Magnēsia)'라는 나라의 법률 제정을 의뢰받은 크레테인 클레이니아스와 이 사람의 초청을 받은 스파르타인 메길로스 그리고 이름을 밝히지 않은 아테네인, 이렇게 세 사람이 만나서 법률 제정과 관련된 대화를 한다. 이 아테네인은 풍부한 철학적 지혜를 갖추었을 뿐만 아니라 세상사에 대해서도 많은 성찰을 한 철학자로서 거침없이 자신의 생각을 쏟아 놓으면서 '나의 법'이라는 말까지 한다. 이 대화편 바로 앞에 쓴 것으로 추정되는 『필레보스』 편에서도 소크라테스를 곧잘 대변자로 등장시켜 오던 플라톤이었지만, 이제 그러기를 그만둔 것이다. 아카데미아의 제자들이 이제 여러 나라로 법률 자문에 응하여 가는 마당에, 그들에게 지침이 될 것들을 말하면서 소크라테스의 입을 빌릴 수는 없었을 것이다.

8

앞에서 『국가(정체)』 편을 통해 플라톤 철학의 중요한 면모 몇 가지에 이미 접한 셈이니, 역시 이 대화편에서 찾아볼 수 있는 특유의 것 몇 가지에 대해서 언급하기로 한다.

한 나라의 법률을 제정하려면 먼저 주목해야 할 기본적인 것이 있다. 크레테나 스파르타는 전쟁에 대비한 제도와 법규를 확립했으며, 시민들의 용기를 고취하는 데 주목했다. 그러나 용기는 (사람으로서의) 훌륭함(aretē=goodness)의 '한 부분'에 지나지 않는다. 전쟁보다 무서운 것은 내란(내분, stasis)이다. 이를 막기 위해선 일면적인 것일 뿐인 용기의 고취보다는 (사람으로서의) 전체적인 훌륭함(sympasa aretē)을 함양하고 이에 주목하고서 법률 제정(nomothesia)을 해야만 한다. 이는 일단 "용기와 함께 올바름(정의)과 절제 그리고 지혜가 동일한 것에 합쳐지는 것"(630a-b)으로 제시된다. 이는 『국가(정체)』 편에서 '아름다운 나라' 또는 '훌륭한 나라'와 아름다운 인격(가장 아름다운 인간)이 구비해야만 하는 덕목들이기도 했다. 그리고 교육(paideia)을 말하길, 그 요지는 '바른 양육'이겠는데, 이는 무엇보다도 "아이 적부터 (사람으로서의) 훌륭함(덕)과 관련된 교육, 곧 올바르게 다스릴 줄도 다스림을 받을 줄도 아는 완벽한 시민이 되는 것에 대한 욕구와 사랑을 갖는 자로 만드는 것"이라 말한다. 그리고 이 '다스림'에는 욕망이나 감정들에서 '저 자신들을 다스림'이 포함된다. 그런데 제2권 653b에 가면 이 교육과 (사람으로서의) 전체적인 훌륭함은 이름만 다를 뿐 같은 것이라 말하고 있다. "교육은 아이들에게 처음으로 생기는 '훌륭함'이다. 쾌감(즐거움)과 좋아함, 괴로움과 싫어함이 아직 그 논거는 알 수가 없는 그들의 혼 안에 옳게 생기게 될 경우에는 말이다. 하지만 그들이 그 논거를 알게 되었을 때, 그것이 적절한 습관(ethos)들에 의해 옳게 버릇 들이게 되었다는 것에 이성(logos)과 찬동하게 될 경우에, 이 찬동이 '(사람으로서의) 전체적인 훌륭함'이다."라고.

9

제3권 701d-e에서는 입법자가 법률을 제정함에 있어서 목표로 삼아야 할 것은 세 가지라 하면서 "나라가 자유로우며 자체적으로 우애롭고 지성(nous)을 갖추도록 입법해야만 한다."라고 말한다. 이런 결론을 내리는 데에는 전제적인 정체(政體)와 자유로운 정체 가운데서 유달리 번영을 누리게 되는 것은 적도 상태(metriotēs)를 취하게 되었을 경우임이 확인된다. 그 극단은 노예 상태 또는 무정부 상태(anarchia)나 무법 상태(anomia)로 치닫기 때문이다. 그런 뜻에서 법이 '지성의 배분(dianomē)'(714a)이도록, 다시 말해 법조문 하나하나에 지성이 반영되도록 해야만 한다는 것이다.『정치가』편에서도 지혜로운 통치자들은 "지성과 기술로써 가장 올바른 것을 그 나라 사람들에게 언제나 배분해 주는"(297a6-b1) 것으로 말하고 있는데, 이 언급에서도 보다시피 기술적인 배분의 판단 주체는 지성이다. 그런데『법률』편에서는 가장 올바른 것(to dikaiotaton)을 궁극적으로는 적도(適度)인 것으로 보고 있다. "적도(알맞은 정도)를 알고서 그런 일에 대비하는 것이 위대한 입법자들의 할 일이다."(691d) 그렇기에 이 대화편에서 알맞은 정도(to metrion) 또는 중용(to meson)이 언급되는 횟수는 전체 대화편의 거의 절반을 차지한다. 법조문에 알맞은 정도 또는 중용의 정신을 최대한 반영토록 하는 것이 '위대한 입법자들'의 할 일임을 말하고 있는 것이다. 옛말로도 이런 것이 있다. "알맞은 정도의 것(적도인 것, metrion)일 경우에, 닮은 것에게 닮은 것이 사랑을 받을 것이로되, 알맞은 정도(적도)가 아닌 것들은 저들끼리도 또한 알맞은

정도인 것들에 대해서도 사랑을 받지 못할 것이란다."(716c)

이를테면 통치권의 위임이나 관직 임명의 경우를 보자. 이는 물론 상응하는 자격에 따른 것이어야만 한다. "만약에 누군가가 한층 작은 것들에 알맞은 정도(적도)를 무시하고서 한층 큰 것들을 부여한다면, 즉 배에 돛을, 몸에 영양을, 혼들에 통치권들(권력들이나 관직들, archai)을 그리한다면, 아마도 모든 것이 뒤집어지거나 파멸할 것이며, '히브리스(hybris)'에 빠져듦으로써 일부는 질병들로 내닫고 일부는 히브리스의 산물인 올바르지 못한 상태(불의, adikia)로 내닫습니다. 그렇다면 우리가 뭐라 말하겠습니까? 그건 어쨌든 이런 것일 것입니다. (……) 죽게 마련인 (자의) 혼의 자질이 (아직은) 젊고 책임을 물을 수도 없는 처지에 있는데도 인간들 사이에서 가장 큰 통치권(권력)을 감당해 낼 수 있을 만한 경우는 결코 없어서, 그런 혼의 마음 상태에서는 그게 가장 큰 질병인 어리석음으로 가득 차 있어서, 가장 가까운 친구들한테서 미움을 사게 된다는 거죠. 이런 사태가 일어나면, 이것은 그걸[23] 곧 파멸시키고 그것의 모든 힘을 사라지게 하는 법이라고 말씀입니다."(691c-d) 여기에서 보듯 '히브리스'는 한마디로 말해서 알맞은 정도(적도)를 짓밟거나 뭉개 버리는 짓에 대한 지칭이다. 그것은 오만 무례 또는 오만 방자함인데, 이는 남에 대해서만이 아니라 저 자신에 대해서도 적용되는 것이다.

따라서 '지성의 배분'이 제대로 된 '최선의 법률', 나라 전체의 공동의 것을 위해 제정된 그런 '바른 법률'이 일단 마련되어야 하고, 이것이 통치자의 주인이고 통치자는 그 종일 때에 비로소 나라에 구원이 기대된다고 한다.(715b-d)

삶과 나라 설계

10

그런데 이 대화편의 유별난 특징 하나는 법률을 지극히 단순한 형식의 것으로만 불쑥 내밀 것인지를 묻고 있는 것이다. 법률의 첫머리에 아무런 전문(前文, prooimion)도 공표하지 않고서 대뜸 무엇은 해야 하고 무엇은 하지 않아야만 하는지를 말하고 또한 형벌을 위협으로 내미는 것은, 그래서 법규에 한마디의 권고나 설득의 말도 덧붙이지 않는 것은 마치 노예들을 대하는 어느 의사와도 같단다. 반면에 의사다운 의사는 자유민들의 질병을 이치대로 살피고, 환자들과 함께하며 이들한테서 뭔가를 배우기도 하면서 가르쳐 주는데, 어떤 식으로든 환자가 납득한 다음에야 치료를 통한 건강으로 인도할 때 만족한 결과도 얻을 수 있을 것이라 한다.(719e-720e) 아무리 옳은 법일지라도 강제보다는 교육을 통한 납득에 의해서 자발적으로 법에 따르도록 할 것을 강조하는 것이 이 대화편의 기본 구상이기도 하다. 물론 이는 오늘날의 공민 교육과 법규를 한 권의 책에서 다 다루기 때문이긴 하겠으나, 우리로 하여금 법 정신이 무엇인지 새삼 돌아보게 하는 것이다.[24] 실상 이 대화편의 거의 3분의 2가 구체적인 법조문보다도 법의 정신을 말하는 철학적 논의를 담은 법률의 전문이다. 그래서 말하길 '가장 훌륭한 법의 기능'은 "전반적으로 누군가가 무슨 방법으로든 불의는 미워하되 올바름의 성질은 미워하지 않도록 만드는 것"(862d-e)이라 하는데, 이는 교육과 이성적 설득에 의해서나 가능할 것이다.

11

『법률』편에서 말하는 '마그네시아'는 크레테 사람들이 새로이 세우게 되는 나라인데, 이 나라에는 5040세대만 이주시켜 이들 각각에 토지와 가옥을 배분한다. 이 나라는『국가(정체)』편에서 나라의 수호자 계층에 일체의 사유화를 금지했던 것과는 딴판인 현실적인 나라이다. 이 배분은 추첨(klēros)에 의한 것이기 때문에 이 토지 자체가 '클레로스(추첨에 의한 할당 토지)'로 불리는데, 이는 어떤 경우에도 사거나 팔 수 없는 것이다. 이를 잃고서는 나라의 구성원 노릇을 할 수 없기 때문이다. 맹자가 항산(恒産)과 항심(恒心)을 말한 것[25]과 같은 취지에서이다. 그리고 어떤 경위로 해서 자산을 불리든 이 기본 자산의 네 배까지가 자기 소유의 한계이고, 그 이상은 나라의 공공 목적에 이용토록 헌납해야만 한다. 그런데 이 5040세대의 수치가 자못 흥미롭다. 이 수는 1부터 7까지의 계승(階乘)이요, 이의 나눗수들은 1부터 10까지는 연속적이나, 그 이상에서는 11, 13, 17, 19 등등이 빠진다. 그러니까 5040이라는 수는 1부터 10까지의 10개와 이후의 49개(12, 14, 15, 16, 18, 20, 21, 24, 28, 30, 35, 36, 40, 42, 45, 48, 56, 60, 63, 70, 72, 80, 84, 90, 105, 112, 120, 126, 140, 144, 168, 180, 210, 240, 252, 280, 315, 336, 360, 420, 504, 560, 630, 720, 840, 1008, 1260, 1680, 2520), 도합 59개의 나눗수를 갖는다. 이 나눗수들은 여러 가지 목적을 위해 활용할 수 있는 유용한 단위들로 될 수 있다는 취지에서 제시된 것이다. 이를테면 일정한 행정 단위나 동원 단위 또는 조직 단위, 배분 또는 할당 단위 등으로 여러 목적에 편리하게 활용이 가능하다 해서다. 이는 왜 '좋음'의 현실적 구현이, 5항 끝부분에서 말했듯, 수나 수적인 것들을 매개로 하는지를 잘 설명해 주는 하나의 사례라 할 것이다.

12

『국가(정체)』편에서도 언급하고 있듯, 일찍이 아테네는 "자유 (eleutheria)와 언론 자유(parrhēsia)²⁶로 가득 차 있어서, 이 나라에는 자기가 하고자 하는 바를 '멋대로 할 수 있는 자유(exousia)'가 있었으며"(557b) "무정부 상태의 다채로운 정체요, 평등한 사람들에게도 평등하지 않은 사람들에게도 똑같이 일종의 평등(isotēs)을²⁷ 배분해 주는 정체였다."(558c) 그러나 이는 여자에게도 적용된 것은 아니었다. 인류 사상 비로소 민주주의가 완전히 실현을 보았다고 드높이 칭송받아 온 아테네의 그런 반쪽짜리 평등과 자유에 대해 플라톤은, 아니 그만이 유일하게 신랄한 비판으로 정색을 하고 맹공을 가했던 셈이다.『국가(정체)』편(453e-466e)에서 남성과 똑같이 여성도 성향과 능력에 따라 얼마든지 나라의 수호자로 될 수 있음을 장황하리만큼 그리고 단호하게 강조하면서, 이런 주장이 집단적인 큰 저항을 불러일으킬 것으로 말하며, 이를 큰 파랑에 빗대어 언급하기도 한다.(457b-c) "나라를 경영하는 사람들의 일(업무)로서 여자가 여자이기 때문에 여자의 것인 것은 없고, 남자가 남자이기 때문에 남자의 것인 것도 없다네. 오히려 여러 가지 성향이 양쪽 성의 생물들에 비슷하게 흩어져 있어서, 모든 일(업무)에 여자도 '성향에 따라(kata physin)'

관여하게 되고, 남자도 모든 일(업무)에 마찬가지로 관여하게 되는 걸세. (……) 우리가 '자연의 이치에 따라(성향에 따라)' 법(nomos)을 정하였을진대, 우리는 결코 불가능한 것들이나 소원과도 같은 것들을 입법한 게 아닐세. 오히려 이에 어긋나게 된 오늘날의 것들이 자연에 어긋나게 된 것 같으이."(455d-e) 그러나 실상 『국가(정체)』편은 현실적인 나라를 상정한 것이 아니었으며, 이는 '올바름(정의)'이 원론적으로 작동할 수 있는 '아름다운 나라'의 수립 과정에서 대두되는 남녀 지도층의 평등과 관련해서 한 말이었다.

『법률』편은 현실적인 나라 수립을 위한 법률 제정을 다루는 대화편이다. 그런데도 이 대화편(781a-b, 804d-806c)에서는 그보다도 한층 더 강한 어조로, 그러면서도 더욱 설득력 있게 남녀평등을 말하고 있는데, 과문한 탓인지는 모르겠으나 현대에 이르기까지 일찍이 양성의 평등을 그만큼 선구적으로 외친 사상가는 없었던 것 같다. "모든 관행을 남녀에게 공통되게 제도화한다는 것은 나라의 행복을 위해서 더 좋을 것입니다."(781b) "어른이고 아이고 간에 모두가 가능성에 따라 의무적으로 교육을 받아야만 합니다. 이들은 낳은 이들의 것이라기보다도 오히려 나라의 것이니까요. 그런데 제가 제시하는 법은 여자들에 대해서도 똑같은 것을 말하려 하는데, 남자들에 관련된 것들 모두와 똑같은 것들을 여자들도 수련해야만 한다는 겁니다. 또한 저는 이 주장을 주저하지 않고 말하겠습니다. (……) 아마도 모든 나라가 똑같은 비용과 수고로 두 배 대신에 이렇듯 거의 그 반인 꼴로 있고 또한 있게 되겠기 때문입니다. 그렇다고 한다면, 입법자에게는 바로 이 일이 놀랄 만한 실수가 될 것입니다."(804d-805d)

13

법이 '지성(nous)의 배분'이도록 한다는 것은 법률 속에 지성이 최대한 반영되게끔 함으로써 법이 그 정당성(orthotēs)을 확보하도록 함을 뜻한다. 그러려면 나라의 최고 지성들을 동원해서 법률을 제정해야 한다. 이는 어쩔 수 없이 소수의 사람들이 '그 지혜로움의 능력을 공동의 것으로 기여케 함으로써' 가능할 것이다. 그다음으로는 시민들이 스스로 이에 따르도록 하는 교육을 해야 할 것이요, 또한 더나아가서는 이런 법률의 수호를 위한 나라 차원의 감시와 함께 새로운 또는 변화하는 상황에 대응하기 위해 법률을 보완함으로써 그 '옳음'을 지속적으로 유지하도록 해야만 할 것이다. 어떤 시점에서 제정된 법률은 당시로서는 최대한 많은 경우에(epi to poly) 대비한 것이겠지만, 모든 경우에(epi pan) 대비할 수 있는 것은 아니기 때문이다. 다시 말해서 '법률을 어떻게 지키며 바로잡아야(개정해야만) 할 것인지'가 이제 중요한 과제가 된다. 법률의 수호 장치로서 제시된 것이 호법관들(nomophylakes)의 선출이다.(752e-755b) 그리고 새로운 상황 또는 예상하지 못한 상황을 맞아 법률을 보완하거나 개정해야만 할 경우에 대비하는 기구로 제시된 것은 제12권에서 집중적으로 다루고 있는 (새벽녘) '야간 회의(ho nykterinos syllogos)'이다.(949e-969d) 이는 날마다 반드시 새벽녘에서 해가 뜰 때까지 회합을 갖는 것이다.[28] 이 모임에는 수훈을 세운 제관(祭官)과 호법관 중에서 언제나 원로 열 명, 그리고 일체의 교육과 관련된 신임 감독관과 함께 이 관직에서 퇴임한 자들이 포함되는데, 이들 각자는 저마다 서른 살에서 마흔 살까지의 이른바 장년들 중에서 제 마음에 드는 자를 대동케 한다. 이들 장년들에 대해서는 심사 과정을 거쳐, 회원들의 동의를 얻은 자들만 회의에 계속해서 참석하게 한다. 비유컨대, 이들 장년들은 나라의 훌륭한 감각 구실을 하는 반면에 원로들은 나라의 지성 구실을 하게 된다는 것이다. 게다가 나라 밖 세상을 10년 이상 시찰하고 온 사람들을 회의에 참여시킴으로써 (새벽녘) 야간 회의는 이들에게서 얻은 견문까지 듣도록 하는 '회의체' 구실까지 하게 된다. 이렇게 해서 이 기구가 '사려 깊은 사람들의 머리와 감각들을 닮게 될' 것이라 한다. 똑똑한 장년들의 현실감 있는 예민한 감각과 원로들의 축적된 경험과 지혜 그리고 나라 밖 견문까지 결집하고 통합하려는 것이다. 이 기구에 대해 "이를, 이를테면, 온 나라의 닻처럼 내려놓는다면, 이 나라에 어울리는 모든 걸 다 갖추게 되어, 우리가 원하는 모든 걸 구원하게 될 것이라."(961c)라는 소망을 갖게 되는 것이라며, 이를 '신적인 회의체(ho theios syllogos)'(968b)라 말한다. 이 기구를 통한 법률의 상시적인 보완이야말로 그 정당성을 보장받는 '지성의 배분'으로서의 법률, 곧 새롭고 때에 맞는 적도 또는 중용이 최대한 구현된 법률을 지속적으로 확보할 수 있게 할 것이라 해서다. 이런 입법 정신이 최대한 반영된 제도야말로 어쩌면 인류가 확보할 수 있는 가장 이상적인 대의 제도의 한 모델일지도 모를 일이다.

14

20세기의 큰 철학자이며 수학자였던 화이트헤드는 플라톤과 관련해서 많은 사람이 곧잘 인용하는 유명한 말을 남겼는데, 이 글도 이를 인용함으로써 끝맺겠다.

유럽의 철학적 전통에 대한 가장 안전한 전반적인 특징적 규정은 그것이 플라톤에 대한 일련의 각주로 이루어져 있다는 것이다. (……) 내가 언급하고 있는 바는 그의 저술 도처에 산재해 있는 전반적인 사상들의 풍부함이다. (……) 그의 저술들은 시사해 주는 바가 무진장인 광산(an inexhaustible mine of suggestion)이다.[29]

이 '무진장인 광산'에서 무엇을 얼마만큼 캐내는가는 이제 그의 대화편들을 새롭게 읽는 독자 각각에게 전적으로 달렸다.

박종현　서울대학교 문리대 철학과와 동 대학원을 졸업했다. 1972년부터 2000년 2월까지 성균관대학교 철학과 교수로 있다가 정년, 현재 성균관대학교 명예교수 및 대한민국학술원 회원으로 있다. 한국 서양고전학회 회장을 역임했고 2007년부터 국제그리스철학협회 명예회장의 일원으로 활동하고 있다. 저서로『헬라스 사상의 심층』,『희랍 사상의 이해』,『플라톤』(편저),『적도(適度) 또는 중용의 사상』등이 있고 『플라톤의 국가(政體)』,『플라톤의 티마이오스』,『플라톤의 네 대화편: 에우티프론, 소크라테스의 변론, 크리톤, 파이돈』,『플라톤의 필레보스』,『플라톤의 법률』,『플라톤의 프로타고라스/라케스/메논』,『플라톤의 향연/파이드로스/리시스』를 역주했다. 열암학술상, 서우철학상, 인촌상(학술 부문)을 수상했다.

09

행복의 윤리학

아리스토텔레스의 『니코마코스 윤리학』 읽기

조대호 (연세대학교 철학과 교수)

아리스토텔레스(Aristoteles, B.C.384~B.C.322)
고대 그리스 북동부의 스타기라에서 태어났다. 마케도니아 왕의 친구이자 주치의인 아버지를 두
어 궁전에서 수준 높은 교육을 받으며 유복하게 성장했으며, 17세에 아테네로 유학해 플라톤의 아
카데미아에서 20년간 공부했다. 스승 플라톤이 죽자 아테네를 떠났고, 이 무렵 마케도니아 필리
포스 왕의 아들이었던 알렉산드로스를 가르치기도 했다. 50세에 아테네로 돌아와 리케이온에 학
원을 세우고 강의와 집필을 계속하였으나, 기원전 323년 알렉산드로스 대왕이 죽은 후 아테네에
반(反)마케도니아 기운이 고조되자 어머니의 고향 칼키스로 도피했고 이듬해 세상을 떠났다.
논리학과 철학, 윤리학, 정치학, 자연과학, 예술 등 다방면에 걸쳐 방대한 저서를 남겼다. 『형이상
학』, 『니코마코스 윤리학』, 『정치학』, 『시학』, 『수사학』 등이 대표적이다.

라파엘로가 「아테네 학당」에 그려 넣은 플라톤과 아리스토텔레스는 여러 가지 점에서 대조적이다. 여든을 앞둔 노인과 마흔을 바라보는 중년, 적색과 청색의 대비보다 더 눈에 띄는 것은 두 사람의 오른손 놀림이다. 플라톤은 오른쪽 손가락으로 위쪽을, 아리스토텔레스는 손바닥을 펴서 아래쪽을 가리킨다. 플라톤이 지시하는 것이 어떤 세계인지 우리는 잘 알고 있다. 그것은 눈에 보이지 않지만, 그럼에도 불구하고 이 지상에 있는 것들의 원형이 되는 이데아의 세계이다. 플라톤이 천상적인 것에 관심을 두었다면 아리스토텔레스는 지상적인 것으로 눈을 돌린다. 하지만 라파엘로는 두 철인의 서로 다른 관심사를 오른손의 움직임뿐만 아니라 왼손에 들린 책들을 통해서도 나타내려고 했다. 플라톤의 손에 들린 것은 우주의 발생 신화를 담은 『티마이오스』이다. 여기서 플라톤은 조물주가 이데아를 본보기로 삼아 어떻게 이 우주를 만들었는지에 대해 이야기한다. 반면에 아리스토텔레스는 인간이 이 지상에서 어떻게 살아야 하는지를 설명하는 책을 들고 있는데, 바로 우리가 살펴보려는 『니코마코스 윤리학』이다. 『티마이오스』가 신적인 창조의 기술에 대한 대화라면, 『니코마코스 윤리학』은 인간적 삶의 지혜에 대한 가르침이다.

아리스토텔레스의 이름으로 전승된 윤리학 저술에는 『니코마코스 윤리학』 이외에도 『에우데모스 윤리학』과 『대(大)윤리학』이 있다. 이 저술들의 집필 시기나 시간적 선후 관계에 대해서는 논란이 많지만 『니코마코스 윤리학』이 아리스토텔레스의 가장 완숙한 사상을 담고 있다는 데 대다수 연구자들이 의견을 같이한다. '니코마코스 윤리학'이라는 이름에 대해서도 추측이 엇갈린다. 아리스토텔레스의 아버지와 아들의 이름이 모두 '니코마코스'였는데, 아리스토텔레스가 남긴 글들을 그의 아들이 편집하면서 '니코마코스 윤리학'이라는 제목이 붙었다고 추측하는 사람도 있고, 그가 아들에게 책을 전했기 때문에 그런 이름이 붙었다고 생각하는 사람도 있다. 하지만 이런 문제는 우리의 논의 밖에 있는 것이므로 제쳐 두고, 우리 삶의 가장 큰 관심사이자 아리스토텔레스 윤리학의 가장 큰 관심사인 '행복'에 대한 이야기에서부터 시작해 보자.

1 최고의 선은 행복이다

행복에 대한 논의가 우리 주변에 넘쳐 난다. 행복 지수, 행복의 심리학, 행복한 마음, 인공 행복까지 '행복'에 대한 이야기는 점점 더 많아지는 것 같다. 행복론의 이런 과잉 현상은 우리 사회가 행복을 향해 나아가고 있음을 증명하는 것일까? 오히려 그 반대가 아닐까? 참혹한 전쟁이 평화에 대한 갈망을 낳듯 불행한 일상이 행복에 대한 욕망을 불러내는 것은 아닐까?

분명히 우리는 욕망의 주체이고, 우리의 욕망은 모두 좋은 것을 지향한다. 행복도 욕망이 지향하는 좋은 것들 가운데 하나이다. 하지만 행복은 우리가 추구하는 좋은 것 가운데서 특별한 위치를 차지한다. 우리가 욕망하는 것은 수없이 많지만, 그 가운데 행복이 최고의 자리를 차지한다는 뜻에서 그렇다. 예를 들어 보자. 요즘 학생들은 20~30년 전에 비해서 성적에 매우 민감하다. 누구나 좋은 성적을 얻으려고 한다. 하지만 좋은 성적 그 자체가 목적은 아니다. 학생들이 좋은 성적을 바라는 이유는 그것이 장학금을 받는 데 유리하거나 좋은 직장을 얻는 데 도움이 되기 때문이다. 다시 말해서 좋은 성적이나 좋은 직장 모두 좋은 것이지만, 그것들 사이에는 수단과 목적의 위계질서가 있다. 이렇게 좋은 것들을 수단과 목적의 관계 속에 놓고 따져 올라가면 좋은 것들 가운데 가장 좋은 것, 우리가 바라는 목적 가운데 최고의 목적을 생각할 수 있을 텐데, 그것이 바로 행복이다.

행복이 이런 뜻에서 좋은 것들 가운데 가장 좋은 것, 목적 가운데 최고의 목적이라는 데 대해서 반론을 제기할 사람은 별로 없을 것이다. 누가 행복하기를 바라지 않을까? 그렇지만 '행복이 무엇인가'라는 물음에 이르면 사람들의 의견이 갈라진다. 병원에 입원한 사람들은 건강한 것이 행복이라고 말할 것이고, 주식 시장 사람들은 돈이 많은 것이, 그리고 대다수의 사람들은 즐거운 것이 행복이라고 말할 것이다. 같은 사람이라도 처한 사정에 따라 행복에 대한 생각이 달라질 수 있다. 평소 돈이 많아야 행복하다고 말하던 사람도 병에 걸리면 건강이 최고의 행복이라고 말을 바꾼다. 행복을 놓고 사람들의 마음이 이렇게 오락가락하는 것도 행복론의 과잉 현상과 무관하지 않을 것이다.

'욕망', '좋은 것', '행복' 사이의 관계에서 『니코마코스 윤리학』에 대한 이야기를 시작하는 데는 이유가 있다. 우리가 방금 확인한 사실, 즉 '우리는 모두 좋은 것들을 욕망하는데, 좋은 것들 사이에는 수단과 목적의 관계가 있고 그 가운데 가장 좋은 것은 행복이다.'라는 것이 『니코마코스 윤리학』의 전제이자 논의의 출발점을 이루기 때문이다. 첫 권의 한 구절을 읽어 보자.

모든 종류의 앎과 선택이 어떤 좋음을 욕망하고 있으므로, (……) 행위를 통해 성취할 수 있는 모든 좋음들 중 최상의 것은 무엇인지 논의해 보자. 그것을 어떤 이름으로 부르는지에 관해서는 거의 대다수의 사람이 동의하고 있다. 대중과 교양이 있는 사람들 모두 그것을 '행복(eudaimonia)'이라고 말하고, '잘 사는 것(eu zēn)'과 '잘 행위하는 것(eu prattein)'을 '행복하다는 것'과 같은 것으로 생각하고 있기 때문이다. 그러나 행복이 무엇인지에 대해서는 논란이 있으며, 대중과 지혜로운 사람들이 동일한 답을 내놓는 것은 아니다.(EN I 4, 1095a14ff.)[1]

아리스토텔레스는 모든 좋음들 가운데 최상의 것을 일컬어 '에우다이모니아(eudaimonia)'라고 부른다. 이 낱말은 라틴어 beatitudo로 번역되었고 이것이 다시 happiness로 옮겨졌다. 우리는 그것을 '행복'이라고 옮긴다. 그런데 '에우다이모니아'의 어원 '에우다이몬(eu-daimōn)'은 본래 '다이몬의 은총을 입었다', '좋은 팔자를 타고났다'는 뜻이다. 그리스 사람들은 좋은 집안에서 태어나 돈이 많고 높은 명예를 지닌 사람을 '에우다이몬(eudaimōn)'이라고 불렀고, 성공적인 삶을 사는 사람으로 여겼다. 아리스토텔레스도 행복이 잘 사는 것과 잘 행동하는 것이라고 말하면서 그런 생각을 부분적으로 수용한다. 그를 비롯한 그리스인들에게 에우다이모니아 혹은 행복은 주관적 쾌감이 아니라 객관적인 성공을 뜻했던 것이다.

하지만 행복이 이런 뜻에서 잘 사는 것 혹은 잘 행동하는 것이라고 해도, 그것으로써 아직 행복에 대한 충분한 정의가 이루어진 것은 아니다. 철학 용어를 빌려서 표현하자면 그것은 아직 행복에 대한 '명

목적인 정의'에 지나지 않는다. 내용 없는 빈말일 뿐이다. 이런 점을 의식해서 아리스토텔레스는 한편으로는 행복이 잘 사는 것과 같은 것이라고 말하면서, 다른 한편으로는 "행복이 무엇인지에 대해서는 논란이 있으며, 대중과 지혜로운 사람들이 동일한 답을 내놓는 것은 아니다."라고 덧붙인다. 그렇다면 '잘 사는 것'에 대한 당시 그리스인들의 의견은 어떤 것이었을까? 그들의 생각도 오늘날 우리의 생각과 크게 다를 바 없었다. 돈이 많은 것, 명예를 얻는 것, 그리고 무엇보다도 즐겁게 사는 것 등이 잘 사는 것에 대한 기원전 4세기 사람들의 통념이었다.

아리스토텔레스는 『니코마코스 윤리학』에서 행복에 대해 이렇게 다양한 의견이 있다는 것을 '사실'로 받아들인다. 하지만 그는 사람들의 의견이 '정당화'될 수 있다고는 보지 않는다. 돈이 많은 것이 행복이라는 의견은 가장 쉽게 반박될 수 있다. 옛날이나 지금이나 사람들은 돈을 좋아하고 부유한 것을 행복이라고 말하지만, 사실 사람들이 원하는 것은 돈 자체가 아니라 돈을 통해서 얻는 것이다. 돈은 다른 어떤 것을 위한 수단일 뿐 그 자체가 목적이 될 수 없다. 그렇다면 돈의 소유는 최고의 목적인 행복과 동일시될 수 없다. 명예는 어떨까? 인정 욕구가 강해서 타인의 인정을 행복으로 아는 사람들에게는 돈보다 명예가 더 중요하다. 하지만 명예는 타인의 인정을 필요로 하기 때문에, 명예에 대한 욕망이 강하면 강할수록 타인의 시선에 더욱 더 구속될 수밖에 없다. 부자유하게 되는 것이다. 따라서 명예를 얻는 것도 에우다이모니아라고 불리기에 충분치 않다. 행복에 필요한 자족성을 갖추지 못했기 때문이다.

즐거움(hēdonē)은 다를까? 부나 명예와 비교하면 즐거움은 훨씬 더 행복에 가까운 것 같다. 즐거움은 다른 어떤 목적을 위한 수단이 아니라 그 자체가 목적이기 때문이다. '즐거움을 얻기 위해서 돈이나 명예를 추구한다.'라는 말은 성립하지만 '돈이나 명예를 위해서 즐거움을 추구한다.'라는 것은 말이 안 된다. 옛날이나 지금이나 많은 사람들이 즐겁게 사는 것이 잘 사는 것이고 행복이라고 말하는 데는 충분한 이유가 있는 셈이다. 즐거움을 최고의 가치로 내세우는 쾌락주의(hedonism)는 그런 일상적인 신념에 뿌리를 둔 윤리설이다. 아리스토텔레스도 즐거움의 가치를 부정하지 않는다. 그는 "젊음에 아름다움이 따르듯이"(EN X 4, 1174b33) 행복한 삶 혹은 잘 삶에 즐거움이 따른다는 것을 인정하면서, 『니코마코스 윤리학』의 많은 부분을 즐거움을 분석하는 데 할애한다. 하지만 아리스토텔레스의 관점에서 보면, 아름다움이 젊음과 동일한 것이 아니듯이 즐거움이 곧 행복은 아니다. 그는 즐거움을 추구하는 것을 정당한 것으로 인정했지만, 그것이 최고의 가치라고는 생각하지 않았다. 그 이유는 무엇일까?

『니코마코스 윤리학』에는 쾌락주의에 대한 반론이 체계적으로 전개되지 않지만, 그에 대한 아리스토텔레스의 생각을 읽어 내기는 어렵지 않다. 인간과 동물을 가릴 것 없이 모두 즐거움을 얻으려고 한다는 것은 불이 뜨겁고 얼음이 차갑다는 것만큼 분명한 사실이다. 하지만 이로부터 동물과 인간에게 '똑같이' 즐거움이 최고의 목적이라는 쾌락주의의 결론은 따라 나오지 않는다. 우선 인간에게 즐거움을 주는 것과 동물에게 즐거움을 주는 것은 다르다. 당나귀는 황금보다 여물을 좋아하지만 인간은 그 반대이다. 그들의 본성이 다르기 때문이다. 따라서 인간의 본성을 무시한 채 '인간은 즐거움을 추구한다.' 라고 말하는 것은 내용이 없는 주장이다. 인간의 행복이 인간의 본성에 맞는 즐거움을 얻는 데 있다고 바꿔 말해도 크게 나아질 것이 없다. 사람마다 찾는 즐거움이 서로 다르지 않은가? 어떤 사람들은 먹는 것, 성적 쾌락 등 감각적인 것에서 즐거움을 찾지만, 또 어떤 사람들은 문화나 예술적인 것, 학문이나 철학 등 정신적인 것에서 즐거움을 추구한다. 이렇듯 동물과 사람의 즐거움이 다르고, 개인마다 즐거움이 다르다면, 즐거움은 행복이나 잘 사는 것을 정의하는 내용이 되기 어렵다. 뜻을 잘 따져 보면, '즐거움에 행복이 있다.'라는 말은 의미가 분명치 않은 두 낱말을 이어 붙이는 것에 불과하다.

행복과 즐거움을 동일시하면서 즐거움이 우리가 추구해야 할 최고의 목적이라고 주장하는 쾌락주의자들을 이렇게 비판하면서 아리스토텔레스는 행복에 대한 논의의 중요한 실마리를 얻는다. 그에 따르면 즐거움은 어떤 활동, 즉 잘 사는 것에 수반되는 감정 상태이다. 따라서 잘 사는 것이 무엇인지를 정의하려면, 즐거움의 '감정'보다는 오히려 그런 감정을 낳는 '활동'에 더 주목해야 한다. 더욱이 우리가 찾는 행복이 '동물로서' 잘 사는 것이 아니라 '인간으로서' 잘 사는 것인 한, 도대체 어떤 종류의 활동이 인간의 행복한 삶을 이루는지를 따져 보아야 할 것이다. 다시 말해서 우리가 최고 목적으로 삼는 에우다이모니아는 '인간으로서' 잘 사는 것이고, 따라서 인간이 어떤 존재인지를 먼저 알아야 인간의 에우다이모니아를 충분히 정의할 수 있다는 뜻이다. 행복에 대한 아리스토텔레스의 이런 논의 방식을 일컬어 '기능 논변(function argument)'이라고 부른다.

2   행복은 '탁월성에 따르는 영혼의 활동'이다

기능 논변은 모든 것에는 각자 고유한 기능이 있어서 그 기능을 잘 실현할 때 저마다 최선의 상태에 이른다는 주장으로 간추릴 수 있다. 행복의 문제에 적용하면, 인간에게는 고유한 기능이 있어서 이 기능을 잘 실현할 때 행복하다는 말이다. 아리스토텔레스를 다시 인용해 보자.

> 행복이 최상의 좋음(=최고선)이라는 주장은 아마 일반적으로 동의될 것으로 보이긴 하지만, 보다 분명하게 행복이 무엇인지를 이야기하는 것이 요구된다. 그런데 인간의 기능(ergon)이 무엇인지 파악된다면, 아마 이것이 이루어질 것 같다. 피리 연주자와 조각가, 그리고 모든 기술자에 대해서, 또 일반적으로 어떤 기능과 해야 할 행위가 있는 모든 사람에 대해서, 그것의 좋음과 '잘함'은 그 기능 안에 있는 것처럼 보인다. 그처럼 인간의 경우에도 인간의 기능이 있는 한, 좋음과 '잘함'은 인간의 기능 안에 있을 것 같아 보인다.(EN I 7, 1097b22ff.)

아리스토텔레스 철학의 특징은 형이상학이나 생물학이나 윤리학이나 분야를 가리지 않고 어디서나 건축술이나 의술 등 기술의 예를 즐겨 끌어들이는 데 있다. 기능 논변이 대표적인 사례이다. 예를 들어 피리 연주자의 고유한 기능은 피리 연주이다. 이 기능을 잘 실현하면 그는 피리를 잘 연주하는 좋은 피리 연주자이다. '피리 연주자'의 자리에 소, 눈, 도끼 등 다른 자연물이나 인공물을 바꿔 넣어도 사정이

다르지 않다. 도끼의 고유한 기능은 절단이고 이 기능을 잘 실현하는 것이 잘 드는 도끼, 좋은 도끼이다. 그렇다면 무엇이 피리 연주자로 하여금 피리를 잘 연주하게 할까? 무엇이 도끼로 하여금 절단을 잘하게 할까? 그들이 가지고 있는 기능만을 놓고 보면, 훌륭한 피리 연주자나 다른 연주자나 똑같다. 하지만 훌륭한 피리 연주자에게는 그렇지 못한 연주자에게 없는 것이 있는데, 탁월한 연주 능력이 바로 그것이다. 이런 탁월한 능력을 일컬어 그리스인들은 '아레테(aretē)'라고 불렀다. 그런 뜻에서 아리스토텔레스는 "각각의 기능은 자신의 고유한 아레테에 따라 수행될 때 완성"(EN I 7, 1098a15ff.)된다고 말한다.

윤리학에서 사용되는 '덕' 혹은 '탁월성'은 이 '아레테'를 옮긴 말이다. 우리말 번역에서는 오랫동안 아레테를 '덕'이라고 옮겼고, 윤리학의 맥락에서는 그렇게 해도 뜻이 잘 통한다. 하지만 그리스어 '아레테'의 본래 뜻에 비추어 보면 '덕'보다는 '탁월성'이 더 나은 번역어이다. 왜냐하면 '아레테'는 '사물이건, 동물이건, 사람이건 각자 가진 고유한 기능을 잘 실현할 수 있도록 하는 것'을 가리키는데, '덕'이라는 번역어는 아레테의 이런 쓰임을 포괄하기에는 너무 근엄하기 때문이다. 예컨대 도끼를 잘 드는 도끼로 만들어 주는 것이 도끼의 아레테인데, '덕 있는 도끼', '도끼의 덕'이라는 말은 어색하다. '탁월성'이라는 번역어가 아레테의 본뜻을 더 잘 살릴 수 있다.

아리스토텔레스는 피리 연주자나 도끼에 대해서 방금 한 말이 사람에게도 적용될 수 있다고 생각한다. 그에 따르면 피리 연주자나 도끼가 그렇듯이 사람에게도 고유한 기능이 있고 이 기능을 잘 실현할 때 그는 좋은 사람이고 잘 사는 사람이다. 또 피리 연주자로 하여금 피리를 잘 불게 하는 것이 피리 연주자의 아레테이고, 도끼로 하여금 물건을 잘 절단하도록 하는 것이 도끼의 아레테라면, 사람으로 하여금 잘 살게 하는 것은 사람의 아레테라고 불러야 마땅하다. 즉 아레테에 따라 사람의 기능을 실현할 때 잘 산다는 말이다. 이런 기능 논변을 통해 아리스토텔레스는 행복에 대한 다음과 같은 정의에 도달한다.

> 예를 들어 키타라 연주자와 훌륭한 키타라 연주자의 경우 종류상 동일한 기능을 가지고 있고, 다른 모든 경우에도 단적으로 그러하듯이 탁월성에 따른 우월성이 기능에 부가될 것이다. (……) (그렇다면) 인간적인 좋음은 탁월성에 따르는 영혼의 활동일 것이다. 또 만약 탁월성이 여럿이라면 그 중 최상이며 가장 완전한 탁월성에 따르는 영혼의 활동이 인간적인 좋음일 것이다.(EN I 7, 1098a9ff.)

앞서 소개한 '대중과 교양이 있는 사람들'의 통념에 맞서 행복을 탁월성과 결부시켜 정의하려는 노력은 이미 플라톤과 소크라테스로 거슬러 올라가지만, 이 전통은 행복에 대한 아리스토텔레스의 정의로 집약된다. 그리고 이 정의는 그의 윤리학 전체를 주도적으로 이끄는 원리 역할을 한다. 왜냐하면 아리스토텔레스의 말대로 인간의 기능을 잘 실현하는 데 행복이 있다면, 도대체 인간의 기능이 무엇이고 또 그것을 잘 실현하게 하는 탁월성은 무엇인가라는 질문이 생겨나는데, 『니코마코스 윤리학』 전체가 이 두 가지 질문에 대한 대답이라고 보아도 지나치지 않기 때문이다. 물론 『니코마코스 윤리학』에 대해 이어지는 우리의 논의도 이 질문을 중심으로 이루어질 것이다. 하지만 그에 앞서 먼저 행복에 대한 정의에 등장하는 한 가지 낱말의 의미부터 분명히 해야겠다. 왜 아리스토텔레스는 행복을 단순히 '탁월성에 따르는 인간의 활동'이라고 하지 않고 '탁월성에 따르는 영혼의 활동'이라고 말할까? 이 표현에서 '영혼'이 가리키는 것은 무엇인가?

흔히 사람들은 영혼(psychē)을 죽은 뒤에 신체를 떠나 피안의 세계에 머무는 모종의 신비적인 실체라고 생각한다. 영혼에 대한 그런 개념은 그리스 사상사에도 자주 등장한다. 대표적으로 오르페우스교나 플라톤은 죽은 뒤에도 영혼이 신체를 떠나 그 자체로서 존재한다고 생각했다.[2] 하지만 영혼에 대한 아리스토텔레스의 생각은 그와 다르다. 아리스토텔레스의 철학에서 '영혼' 혹은 '프쉬케'는 신체와 분리되어 존재할 수 있는 어떤 신비적인 실체가 아니라 살아 있는 사람이나 동물의 신체에 속하는 생명력 전체를 가리킨다. 예를 들어 위장에 속하는 소화 능력이나 다리, 날개 등의 기관에 속하는 운동 능력처럼 신체에는 생명 활동에 필요한 여러 가지 능력이 속하는데, 이런 능력 전체를 일컫는 말이 '영혼'이다. 구체적으로 말해서, 신체를 가진 생명체로서 우리에게 속하는 영양 섭취, 생식, 운동, 감각, 욕망, 사고의 능력이 모두 영혼의 능력이다. 그렇다면 '탁월성에 따르는 영혼의 활동'은 그 모든 능력의 탁월한 실현을 가리키는 것인가?

두말할 필요도 없이, 인간도 하나의 생명체이고, 그런 한에서 다른 동물들과 여러 가지 기능을 공유한다. 특히 자기 자신의 개체적 생명을 유지하는 데 관여하는 영양 섭취 능력이나 자신과 닮은 후손을 남기는 데 필요한 생식 능력은 인간을 비롯한 모든 생명체에 속하는 가장 기본적인 능력이다. 우리는 이런 능력에 대해서도 탁월성을 인

행복의 윤리학

정할 수 있다. 소화 기능이 탁월한 사람이 있는가 하면 그렇지 못한 사람이 있고, 이런 차이가 사람이 잘 살고 못 사는 데 중요한 변수가 되기도 한다. 이는 누구나 아는 사실이고, 이 당연한 사실을 아리스토텔레스가 부정할 리 없다. 하지만 그럼에도 불구하고 아리스토텔레스는 잘 살기 위해서, 행복하기 위해서는 신체를 잘 관리해서 신체의 모든 기능이 탁월하게 실현되도록 해야 한다고는 말하지 않는다. 그 이유는 신체의 능력을 잘 실현하는 일이 중요하지 않아서가 아니라 그것이 윤리학의 관심 밖의 문제이기 때문이다. 윤리학에서 추구하는 것은 인간이 '생명체로서' 잘 사는 것이 아니라 '인간으로서' 잘 사는 것이고, 인간으로서 잘 사는 데 중요한 관건은 모든 생명체에 공통적인 기능의 실현이 아니라 인간에게 고유한 기능의 실현이다. 그런 만큼 '탁월성에 따르는 영혼의 활동'으로 행복을 정의하면서 아리스토텔레스가 염두에 두고 있는 것은 생명 능력 전체로서의 영혼이 아니라 보다 좁은 의미의 영혼, 즉 인간에게 고유한 기능의 담지자로서의 영혼이다. 구체적으로 말하면, 이성(logos)의 기능과, 이성 기능의 영향 아래 작용하는 욕망(orexis)의 기능이 인간에게 고유한 영혼의 기능에 해당한다. 이 두 가지 기능과 그것에 속하는 탁월성이 어떤 것인지를 더 살펴보면, 기능 논변에 바탕을 둔 행복에 대한 아리스토텔레스의 정의의 내용이 더 분명해질 것이다.

이성 기능을 정의하는 것은 복잡한 일이지만, 아리스토텔레스는 원인을 밝히는 능력에서 이성의 핵심 기능을 찾는다. 일레인 모건은 "어린아이는 '왜'와 '때문에'의 뜻을 배우는 순간 인류 공동체의 진정한 일원이 된다."[3]라고 말한 적이 있는데, 아리스토텔레스의 생각도 이와 다르지 않다. 그에 따르면 인간은 '왜'를 묻고 그에 대해 '이유' 혹은 '원인'을 제시할 수 있는데, 그렇게 할 수 있는 것은 이성 능력 덕분이고 바로 여기에 인간의 고유성이 있다. 이성을 가진 덕분에 우리는 왜 사과가 떨어지는지 질문을 던지고 중력을 원인으로 삼아 그 현상을 설명할 수 있다. 만일 우리에게 주어진 사실을 사실 그대로 받아들이지 않고 근거나 원인에 의해서 설명하는 능력이 주어져 있지 않다면, 기술이나 실천도 존재하지 않을 것이다. 기술은 인간이 자연 속에 존재하는 원인과 결과의 관계를 파악한 뒤 그 관계를 인위적으로 조성하는 데서 탄생했기 때문이다. 과학자들은 비가 어떻게 오는지를 원인과 결과에 의해서 설명할 수 있기 때문에 그 관계를 인위적으로 조성해서 인공 강우를 만들어 내기도 한다. 어떤 행동을 선택해서 실천할 때도 우리는 원인을 따진다. 우리가 행동을 하기에 앞서 이것을 할지, 저것을 할지 따지면서 그 가운데 하나를 선택한다면, 이런 선택은 왜 이것이 저것보다 좋은지에 대해 대답이 이루어졌기 때문에 가능하다. 그런 뜻에서 인간의 선택적 행동은 왜 이것이 아니고 저것인가에 대한 질문과 그에 대한 대답을 전제한다.

욕망의 측면에서는 인간이 어떻게 다른 동물들과 구별될까? 인간이 욕망의 주체라는 사실을 확인하면서 이 글을 시작했지만, 사실 욕망은 인간과 동물을 가릴 것 없이 모든 생명체의 가장 기본적인 기능이다. 목이 말라도 물을 찾지 않고, 배가 고파도 먹을 것을 찾으려 하지 않는다면 생존할 수 없다. 삶을 향한 욕망 때문에 모든 동물은 자기에게 좋은 것을 얻으려 하고 나쁜 것을 피하려고 한다. 그리고 이런 욕망의 추구가 가능한 것은 동물들에게도 좋은 것과 나쁜 것을 구별하는 인지 능력이 갖추어져 있기 때문이다. 시각, 청각, 후각 등의 감각이 바로 그런 능력이다. 대다수 동물은 이런 감각 능력에 의지해서 본성에 따라 산다. 그에 비해 기억력이 있는 동물들은 반복 학습을 통해 습관을 익히고, 습관 들이기에 따라 좋아하는 것과 싫어하는 것을 달리한다. 인간의 욕망에도 물론 본성적인 것과 습관적인 것이 있다. 목이 마를 때 마시려고 하는 것이 본성적 욕망이라면, 기호 식품에 대한 욕망은 습관적인 욕망이다. 하지만 인간의 경우에는 이성의 영향 아래서 욕망의 내용이 달라지기도 한다. 이성적인 분별 능력 덕분에 인간은 단순히 생존을 위해 먹을 것과 마실 것을 찾는 데 그치지 않고 무엇을 먹고 무엇을 마실까 고민하고, 생물학적 삶을 넘어서 무한한 삶을 욕망하며 종교에 의지한다. 이성의 개입을 통해 이루어지는 이런 욕망의 현상이야말로 오직 인간만이 보여 주는 특이한 현상이다.

아리스토텔레스에 따르면 인간이 잘 살기 위해서는 자신에게 고유한 이런 두 종류의 기능, 이성적 기능과 욕망의 기능을 잘 실현해야 한다. 물론 그렇게 하려면 각각의 기능에 알맞은 탁월함이 있어야 할 것이다. 마치 피리 연주자가 연주를 잘하려면 탁월한 연주 능력을 갖춰야 하듯이 말이다. 그런 맥락에서 아리스토텔레스는 탁월성을 두 종류로 나눈다. 하나는 이성 기능을 잘 실현할 수 있게 해 주는 '사유의 탁월성(aretē dianoētikē)'이다. 예를 들어 철학을 배우면 지혜를 갖출 수 있고 주변에서 일어나는 일들에 대해 더 많은 질문을 하고 더 좋은 대답을 찾게 될 것이다. 그렇게 이성 능력을 잘 실현할 수 있게 한다는 점에서 철학적 지혜는 사유의 탁월성들 가운데 하나다.

욕망을 잘 실현시키는 데 필요한 탁월성은 어떤 것일까? 갈증을 풀기 위해 서둘러 강가로 달려가 강물에 목을 담그는 얼룩말의 행동은 욕망을 잘 실현시키는 것일까? 불행히도 강에는 악어들이 득실거린다. 아무 분별 없이 무작정 강물에 달려드는 얼룩말이 충족시키는 것은 얼룩말 자신의 욕망이 아니라 악어의 욕망이다. 자신에게 즐거운 것을 얻기 위해 만사를 제쳐 놓고 달려드는 사람, 누군가 자기를 화나게 했다고 앞뒤 가리지 않고 덤벼드는 사람은 욕망을 잘 실현한다고 말하기 어렵다. 그렇게 무절제하고 무모한 사람은 악어에게 잡아먹히는 얼룩말처럼 자기 파괴적인 결과를 자초할 뿐이다. 그런 뜻에서 욕망을 잘 실현하는 데는 절제나 용기 등이 필요하다. 바로 이런 탁월성을 일컬어 아리스토텔레스는 '사유의 탁월성'과 구별해서 '습성의 탁월성(aretē ēthikē)'이라고 부른다. 욕망을 잘 실현하기 위해서는 좋은 습관을 갖춰야 한다고 보았기 때문에 그런 이름을 붙였다.

3 습성의 탁월성과 중용

습성의 탁월성에 대한 논의는 『니코마코스 윤리학』의 절반 이상을 차지한다. 이것은 결코 우연이 아니다. 윤리학을 뜻하는 'ethics'라는 말의 어원은 획득된 습성을 뜻하는 'ēthos'이다. 이 ēthos는 다시 습관을 뜻하는 ethos에서 왔다. 즉 습관이 성품으로 내면화된 상태가 ēthos이고, 그런 내면적 습성에 대한 학문이 바로 ta ēthika, 즉 윤리학이다. 물론 윤리학에서 다루는 것은 우리로 하여금 훌륭한 삶을 살게 하는 습성, 달리 말해서 aretē ēthikē 혹은 습성의 탁월함이다.(EN II 1, 1103a17f.) 습성의 탁월함이 윤리학의 중심을 차지하는 것은 그런 이유 때문이다.

『니코마코스 윤리학』에서 아리스토텔레스는 모두 열한 가지 습성의 탁월성을 소개한다. 용기, 절제, 온화, 자유인다움, 통이 큼, 적절한 명예 의식, 큰 포부, 진실성, 재치, 친애, 정의 등이 모두 습성의 탁월성이다. 그런데 이 탁월성들은 크게 세 범주로 나뉜다. 첫째 범주에는 감정(pathos)과 관련된 탁월성이 속한다. 예를 들어 두려움과 자만의 감정과 관련해서는 용기, 즐거움이나 고통과 관련해서는 절제가 있다. 둘째 범주에 속하는 탁월성으로는 재물이나 명예 등 외적으로 좋은 것들과 관련되는 탁월성, 예를 들어 재물을 적절하게 사용하는 자유인다움이나 명예를 추구하는 큰 포부 등이 있다. 마지막으로 셋째 범주에는 사회적 삶과 관련된 탁월성들이 속하는데, 진실성, 재치, 친애, 정의 등이 그 예이다.

습성의 탁월성은 이렇게 감정, 외적으로 좋은 것들, 사회적 삶과 관련된 것으로 나뉘지만, 그것들은 모두 한 가지 공통점을 갖는다. 두 극단의 '중간' 혹은 '중용(to meson)'이라는 것이 그것이다. 예컨대 용기는 비겁함과 무모함의 중용이고, 절제는 무절제와 둔감함의 중용이다. 자유인다움이란 낭비와 인색함의 중용이고, 큰 포부는 허영심과 소심함의 중용이다. 정의는 두 가지 형태의 부정의, 즉 지나치게 많이 가짐과 지나치게 적게 가짐 사이의 중용이다. 한마디로 말해서 감정에서나, 돈이나 명예를 추구하는 것에서나, 사회적 행동에서나 많은 쪽으로든 적은 쪽으로든 치우치지 않는 것이 습성의 탁월성이라는 말이다. 아리스토텔레스의 이런 생각은 그리스의 오랜 윤리적 전통을 계승한 것이다. 그리스인들의 유명한 잠언 가운데 '메덴 아간 (mēden agan)'이라는 말이 있다. '지나치지 말라'는 뜻이다. 감정에서 나 행동에서 지나치지 말라, 너무 많은 것도 너무 적은 것도 좋지 않다는 경구에 담긴 그리스의 전통이 아리스토텔레스의 중용 이론으로 체계화되었다고 보면 된다.

『니코마코스 윤리학』은 절제, 용기, 정의 등의 가치 개념들에 대한 서양 최초, 최고(最古)의 현상학적 분석을 보여 준다. 여기서 그 내용을 상세하게 소개할 수는 없지만, 세 가지 핵심적인 점은 짚고 넘어가야겠다.

첫째, 중용을 지향하는 탁월성은 본성적인 것도 아니고 본성에 어긋나는 것도 아니다. 시각 능력이나 청각 능력 등은 본성적이다. 누구나 그런 능력을 타고나기 때문이다. 하지만 습성의 탁월성은 살아가면서 획득하는 것이기 때문에 본성적이 아니다. 물론 말 그대로 '습성의' 탁월성은 하루아침에 얻어지는 것이 아니라 반복 행동이 습관이 됨으로써 얻어진다. 마치 집을 지어 보아야 건축가가 되듯이, "우리는 정의로운 일들을 행함으로써 정의로운 사람이 되고, 절제 있는 일들을 함으로써 절제 있는 사람이 되며, 용기 있는 일들을 행함으로써 용기 있는 사람이 된다."(EN II 1, 1103a34ff.) 하지만 태어날 때부터 우리에게 용기나 절제와 같은 탁월성을 습득할 가능성이 주어져 있지 않다면, 어떻게 그런 탁월성을 얻을 수 있을까? 돌은 본성상 아래로 떨어지기 때문에 그것을 수천 번 위로 던져도 위로 올라가도록 습관을 들일 수 없다. 탁월성의 경우는 그와 다르다. 사람이 용기나 절제의 탁월성을 얻는 것은 본성이 그것을 허용하기 때문이고, 그런 뜻에서 탁월성은 본성에 어긋나는 것이 아니라 본성을 실현하는 것이다.[4]

둘째, 습성의 탁월성이 지향하는 중용 혹은 중간은 아리스토텔레스의 표현에 따르면 '대상에 있어서의 중간'이 아니라 '우리와의 관계에서의 중간'이다.(EN II 6, 1106a29ff.) 10과 2 사이의 6은 '대상에 있어서의 중간'이다. 이것은 누구에게나 똑같은 것, 객관적인 것이다. 하지만 술자리에 모여 술을 마시는 사람들에게 그런 뜻의 중간은 없다. "소주 열 잔은 너무 많고 두 잔은 너무 적고 여섯 잔이 중간이니까 모두 중용을 지켜 여섯 잔을 마시자."라는 말은 성립하지 않는다. 사람마다 적절한 주량이 다르기 때문이다. 그런 뜻에서 아리스토텔레스는 감정이나 행동에서의 중용 혹은 중간이 '대상에 있어서의 중간'이 아니라 '우리와의 관계에서의 중간'이라고 말한다. 너무 지나치지도, 너무 부족하지도 않은 감정이나 행동은 주체의 주관적 조건이나 상황에 따라 모두 다를 수 있다는 뜻이다.

아리스토텔레스의 중용 이론과 관련해서 강조해야 할 세 번째 점은 중용은 두 극단 사이의 절충이 아니라는 사실이다. 감정을 따르거나 행동을 하는 데서 지나치지도 부족하지도 말라는 말은 '모든' 경우에 극단을 피하고 '적당히' 하라는 말로 오해되기 쉽다. 하지만 아리스토텔레스의 중용 이론에 따르면, 남이 알아차리지 못할 정도로 적당히 거짓말을 하는 것, 들통이 나지 않을 정도로 적당히 바람을 피우는 것은 중용이 아니다. 그렇게 처음부터 나쁜 것들, 예컨대 심술, 파렴치, 시기의 감정이나 간통, 절도, 살인 등에는 중간이란 없다. 마땅히 상대해야 할 여자와 마땅히 해야 할 때에 마땅히 해야 할 방식으로 간통하는 것, 그런 뜻의 '중용'은 없다. 또 필요하다면 목숨을 걸고 행동하는 것이 중용이고 용기이다. "탁월성은 그것의 실체와 본질을 따르자면 중용이지만, 최선의 것과 잘해 냄의 관점을 따르자면 극단이다."(EN II 6, 1107a6f.)라는 아리스토텔레스의 말은 바로 그런 뜻이다. 극단적인 행동이 필요한 상황에서는 극단적인 행동을 하는 것이 중용이다.

요컨대 아리스토텔레스가 말하는 중용이란 주어진 상황에서 각 행위자가 할 수 있는 최선의 것이고, 그것을 지향하는 데 습성의 탁월성이 있다. 아리스토텔레스의 말을 다시 옮기면 "마땅히 그래야 할 때, 또 마땅히 그래야 할 일에 대해, 마땅히 그래야 할 사람들에 대해, 마땅히 그래야 할 목적을 위해서, 또 마땅히 그래야 할 방식으로 감정을 갖는 것은 중간이자 최선이며, 바로 그런 것이 탁월성에 속하는 것이다. (……) 그러므로 탁월성은 중간적인 것을 겨냥하는 한 일종의 중용이다."(EN II 6, 1106b21ff.) 이런 뜻의 중용은, 위에서 말했듯이, 주어진 상황이나 행위 주체의 상태에 따라 다를 수밖에 없다. 전쟁터에서 목숨을 내거는 것도, 임전무퇴의 자세로 전진하는 것도, 후퇴하는 것도 상황에 따라서 모두 용기일 수 있다.

이에 대한 반론이 없을 리 없다. 마땅한 때에, 마땅한 사람들에 대해서, 마땅한 목적을 위해서, 마땅히 그래야 할 방식으로 행동하라니 도대체 어떻게 하라는 말인가? 또 어떤 사람들은 최선을 찾기 위해 주어진 상황과 자신의 처지를 고려해야 한다는 중용 이론의 주장을 '상황 윤리'라고 비판할 것이다. 모두 일리가 있는 반론이다.[5] 하지만 중용의 행동에 대해서 달리 어떻게 이야기할 수 있을까? 모든 상황에서 모든 사람에게 보편적으로 통용될 수 있는 단 하나의 최선이 있을까? 환자의 개인적 상태나 주변 여건 등을 고려하지 않고 모든 암 환자에게 똑같이 항암 치료를 처방하는 의사가 좋은 의사일까?

서로 다른 상황에서 내가 취해야 할 중간이 무엇인지를 알아내기는 분명히 어려운 일이다. 이 때문에 아리스토텔레스도 중용을 찾아내는 일은 원의 중심을 찾거나 과녁의 한복판을 맞히는 일처럼 어렵다고 말한다.(EN II 9, 1109a25; II 6, 1106b31ff.) 하지만 그의 중용 이론에 따르면 그런 일을 할 수 있어야 진정으로 탁월성을 갖춘 사람이다. 주어진 상황에서 무엇이 용기 있는 행동인지 무엇이 비겁한 행동인지를 알고 그것을 실행하는 사람이 용기 있는 사람이고, 주어진 상황에서 무엇이 절제 있는 행동인지 무엇이 무절제한 행동인지를 알고 그것을 실행하는 사람이 절제 있는 사람이다. 이런 뜻에서 탁월한 행동에서는 행동의 내용보다 행위 주체의 동기적 조건이 더 중요하다. 하지만 그런 요구를 어떻게 충족시킬 수 있을까? 아리스토텔레스는 어떤 대답을 할까?

> 그러므로 탁월성은 합리적 선택과 결부된 성품 상태로, 우리와의 관계에서 성립하는 중용에 의존한다. 이 중용은 이성에 의해, 실천적 지혜를 가진 사람(phronimos)이 규정할 그런 방식으로 규정된 것이다. 중용은 두 악덕, 즉 지나침에 따른 악덕과 모자람에 따른 악덕 사이의 중용이다.(EN II 6, 1106b36ff.)

중용을 찾는 방법에 대한 의문을 의식한 듯 아리스토텔레스는

'실천적 지혜를 가진 사람이 규정하는 방식으로' 행동하는 것이 중용을 행하는 것이라고 말한다. 여기서 우리는 '행복', '탁월성'과 더불어 아리스토텔레스 윤리학의 핵심적인 개념을 또 하나 만나게 된다. 주어진 상황에서 중용이 무엇인지를 규정하는 능력을 가리키는 '실천적 지혜(phronēsis)'가 바로 그것인데, 이것은 우리가 살펴보아야 할 다른 종류의 탁월성, 즉 사유의 탁월성 가운데 하나이다.

4 사유의 탁월성과 실천적 지혜

기능 논변으로 다시 돌아가 보자. 우리는 앞에서 사유의 탁월성이 인간에게 고유한 이성 기능을 잘 실현할 수 있게 한다고 말한 바 있다. 그런데 아리스토텔레스는 이성의 기능을 이론적 관조(theōria), 실천적 행동(praxis), 기술적 제작(poiēsis)로 분류하면서 그에 맞추어 사유의 탁월성도 세 종류로 나눈다.

이론적 관조의 기능은 우리와 독립해서 객관적으로 존재하는 대상들에 대해 진리를 탐구하는 능력이다. 수학이나 천문학 같은 학문에 속하는 활동이 이 기능에서 비롯되는 활동의 대표적인 사례이다. 이런 학문들은 실용적인 결과와 무관한 순수한 진리 인식 자체를 지향하기 때문에 '이론적', '관조적'이라고 불린다. 다시 말해서 실용적 무용성이 모든 이론적 학문의 공통점이다. 아무 쓸모가 없음에도 불구하고 인간이 순수한 앎을 추구하는 것은, 아리스토텔레스가 『형이상학』의 첫 문장에서 말하듯이, 모든 인간에게는 본성적으로 앎에 대한 욕망이 내재하기 때문이다.[6] 그런 순수한 앎의 욕망을 잘 실현할 수 있게 하는 사유의 탁월성으로서 아리스토텔레스는 수학이나 천문학을 포함하는 '학문(epistēmē)'을 비롯해서 '지성적 직관(nous)', '지혜(sophia)'를 내세운다.

하지만 이성은 이론적 관조를 통해 우리와 독립적으로 존재하는 대상들과 관계할 뿐만 아니라 기술적 제작이나 실천 행동을 통해 우리에게 달려 있는 것들과 관계해서 그것들에 영향력을 행사하기도 한다. 예컨대 집을 짓거나 병을 치료하거나 어떤 행동을 선택해서 그것을 실행하는 것은 모두 이성의 제작 기능이나 실천 기능 덕분인데, 아리스토텔레스는 이런 기능들을 잘 실현할 수 있게 하는 탁월성으로서 '기술(technē)'과 '실천적 지혜(phronēsis)'를 든다. 물론 사유의 다섯 가지 탁월성(학문, 지성적 직관, 지혜, 기술, 실천적 지혜) 가운데 『니코마코스 윤리학』에서 가장 많이 논의되는 것은 실천적 이성의 탁월성인 실천적 지혜이다. 실천적 지혜는 아리스토텔레스 윤리학뿐만 아니라 현대의 실천 철학의 핵심적인 개념이기 때문에 주로 이 개념을 중심에 두고 사유의 탁월성을 더 논의해 보자.

먼저 실천적 지혜에 대한 아리스토텔레스의 두 가지 규정에 주목해 보자. 아리스토텔레스는 한편으로는 실천적 지혜가 감정이나 행동에서 중용을 찾고 그것을 실행할 수 있게 한다고 말하기도 하고, 다른 한편으로는 실천적 지혜를 '숙고(bouleusis)'와 함께 묶어 숙고를 잘하는 데 실천적 지혜의 특징이 있다고 주장하기도 한다. 어떻게 이 두 주장이 실천적 지혜의 개념 속에서 통합되는지는 숙고가 무엇인지를 살펴보면 분명히 드러난다.

숙고에 대한 사전적 정의는 '곰곰이 잘 생각함'이다. 하지만 『니코마코스 윤리학』에서 숙고는 보다 엄밀하게 정의된 개념으로서 '주어진 목적을 실현하는 데 필요한 수단들을 탐색하는 사고 과정'을 가리킨다. 이런 뜻의 숙고를 기술하면서 아리스토텔레스가 끌어들이는 전형적인 사례는 의사의 숙고, 즉 의사가 환자를 치료하기 위해 계획을 세우는 과정이다. 누구나 인정하듯이, 환자를 어떻게 치료할지 생각하는 의사에게는 그가 실현하려는 한 가지 목적이 분명하게 주어져 있다. 환자의 병을 치료하는 것이다. 따라서 병의 치료 여부 자체는 숙고의 전제이지 그 대상이 아니다. 의사가 숙고하는 것은 병의 치료 여부가 아니라 병의 치료 방법이다. 만일 자신을 찾아온 환자를 치료할 방법이 하나밖에 없다면, 의사는 그 방법을 '어떻게' 적용할지 숙고할 것이다. 그렇지 않고 치료 방법이 여럿 있다면, 그는 그 가운데 어떤 방법을 취해, 어떻게 적용할지 생각할 것이다. 이런 사고 과정을 거쳐 진행되는 숙고는 '지금 여기서' 할 수 있는 일을 선택함으로써 끝난다. 그다음에는 숙고된 내용을 실행하는 실제 치료 과정이 이어진다. 이런 뜻의 숙고를 잘하기 위해 의사는 무엇보다도 폭넓은 의학적 지식을 가져야 할 것이다. 하지만 지식은 숙고의 필요조건일 뿐 충분조건은 아니다. 의사에게는 일반적 지식에 못지않게 경험도 중요하기 때문이다. 환자 한 사람 한 사람마다 병의 양상이 다르고 똑같은 치료의 효과도 다르게 나타날 것이기 때문에 의사는 자신이 가진 의학 지식을 어떻게 환자 개개인에게 효과적으로 적용할 수 있을지를 생각해야 하는데, 이것은 경험 없이는 할 수 없는 일이다. 지식과 경험이 의사의 치료 능력을 결정한다고 말할 수 있다.

아리스토텔레스에 따르면 탁월한 행동과 실천적 지혜를 가진 사람의 관계는 치료 행위와 훌륭한 의사의 관계와 같다. 의사가 환자의 치료를 목적으로 삼듯이, 실천적 지혜를 가진 사람은 주어진 상황에서 중용을 실천하는 것을 지향한다. 이를 위해 그는 중용을 실현할지 여부에 대해서 생각하는 것이 아니라 그것을 '어떻게' 실현할지에 대해서 숙고한다. 즉 의사의 숙고가 치료 방법을 찾는 과정이듯이, 실천적 지혜를 가진 사람의 숙고는 중용을 실천할 방법을 찾는 과정이다. 이런 숙고가 필요한 이유는 물론 주어진 상황마다 중용을 실현하는 행동이 다르기 때문이다. 다시 말해서 보편적인 덕목들, 예컨대 용기, 절제, 정의 등을 구체적인 상황에 '어떻게' 적용할지를 따지는 것이 숙고이고, 이런 숙고를 잘하는 사람이 '실천적 지혜를 가진 사람'이다. 숙고의 결과 '지금 여기서' 할 수 있는 일을 선택하면 실천적 지혜를 가진 사람은 그것을 행동에 옮긴다. 따라서 치료에 지식과 경험이 필요하듯이, 탁월한 행동을 하는 데도 지식과 경험이 모두 필요하다. 탁월성에 대한 보편적 지식은 갖추었지만 경험이 없는 사람은 실제 요리 경험이 별로 없이 영양에 대한 지식만을 가진 사람과 같다. 아리스토텔레스는 경험이 전혀 없는 젊은이도 수학자가 될 수 있지만 실천적 지혜는 가질 수 없다고 말하는데, 이 말도 같은 맥락이다. 물론 그렇다고 해서 경험이 실천적 지혜를 대신할 수 있다는 뜻은 아니다. 왜냐하면 경험이 많은 사람도 익숙한 습관적 행동의 한계에 갇혀 있어서 자신의 행동을 탁월성의 보편적 요구에 근거해서 정당화하거나 그 요구를 숙고를 통해 구체적 상황에 적용하지 못할 수 있기 때문이다. 결국 숙고와 실천적 지혜는 경험을 통해서 경험을 넘어서는 셈이다.

아리스토텔레스의 관점에서 보면 이런 뜻의 숙고를 하고 실천적 지혜를 발휘할 수 있는 것은 인간뿐이다. 물론 동물들도 경험을 통해서 주변 상황에 대처하는 법을 배운다는 것은 우리가 쉽게 관찰하는 사실이고, 아리스토텔레스도 그런 사실을 부정하지 않는다. 하지만 동물들에게 경험을 넘어서는 인지 능력이 있는지, 즉 동물들에게도 숙고와 추리의 능력이 있는지의 물음에 관한 한, 아리스토텔레스의 견해는 다윈이나 그를 따르는 사람들의 생각과 다르다. 다윈을 따르는 동물행동학자들은 사람만이 숙고의 능력을 갖는다는 아리스토텔레스의 주장을 받아들이지 않을 것이다. 그들은 나뭇가지를 꺾어 흰개미를 낚는 침팬지의 행동 등을 예로 들면서 목적을 이루기 위해서 수단들을 찾는 이런 행동이 숙고적 행동이 아니면 무엇이냐고 반문할 것이다. 하지만 동물들에게 그런 목적 지향적인 행동이 가능하다고 해서, 그로부터 그들이 숙고를 한다는 결론을 끌어낼 수 있을까? 사람의 숙고는 보기보다 복잡한 과정이어서, 거기에는 다양한 인지 능력이 관여한다. 목적과 수단을 분리해서 생각하는 능력, 다양한 행동 가능성에 대한 상상, 상상을 위해 자신의 과거 경험을 의식적으로 불러내는 상기, 가능한 행동들 사이의 비교와 선택, 그리고 왜 다른 것이 아니라 이것을 선택하는 것이 좋은지에 대한 정당화 등이 숙고에 관여한다. 또 사회적 행동을 계획할 때는 타인의 마음을 읽는 능력이 필요하다. 아리스토텔레스가 동물들에게 숙고 능력을 부정한다면, 그런 판단의 배후에는 숙고의 인지적 조건에 대한 이런 분명한 생각이 자리 잡고 있다.[7]

숙고와 관련해서 실천적 지혜를 다룰 때 생겨나는 오해를 피하기

행복의 윤리학

위해서 논의의 폭을 조금 더 넓혀 보자. 아리스토텔레스는 숙고를 잘 하는 데 실천적 지혜가 있다고 말하지만, 이는 지향하는 목적의 내용이나 선택한 행동의 실행 여부와 무관하게 단지 목적의 실현에 적합한 수단을 잘 선택하는 것만으로 실천적 지혜가 충분히 정의될 수 있다는 뜻은 아니다. 만일 그렇다면 실천적 지혜는 어떤 목적이든 그것의 실현 방법을 찾는 '도구적' 능력이고 또 숙고를 통해 선택된 행동의 실천에는 관여하지 않는 지적인 능력에 지나지 않을 것이다. 하지만 실천적 지혜에 대한 아리스토텔레스의 발언들을 종합해 보면 실천적 지혜는 단순한 도구적 능력도, 선택된 행동의 실행 여부와 무관한 지적 능력도 아니다.

실천적 지혜가 단순히 수단의 탐색뿐만 아니라 목적 설정과 긴밀한 관계를 갖는다는 사실은 『니코마코스 윤리학』 6권의 마지막 부분에서 분명히 드러난다. 실천적 지혜에 대한 논의를 마무리하는 이 장에서 아리스토텔레스는 실천적 지혜를 가진 사람을 '교활한 사람 (ho panourgos)'과 대비시킨다. 그에 따르면 두 사람 모두 주어진 목적을 세우고 숙고를 통해 그 목적을 실현하는 방법을 잘 찾아낼 수 있다는 점에서 똑같다. 즉 숙고를 잘한다는 뜻에서 그들은 모두 '영리하다(deinos)'. 하지만 교활한 사람에게는 실천적 지혜를 가진 사람이 가진 한 가지 중요한 것, 즉 행동의 목적에 대한 올바른 판단이 빠져 있다. 그래서 그의 숙고 능력은 탁월한 행동이 아니라 사악한 행동을 위해서 발휘된다. 예를 들어 부의 공정한 분배에 전혀 관심을 두지 않고 자신의 재산을 지키기 위해 탈세 방법을 교묘하게 모색하는 사람은 영리하지만 실천적 지혜를 가진 사람이 아니다. 그런 교활한 사람과 달리 실천적 지혜를 가진 사람은 습성의 탁월성을 통해 확립된 올바른 목적을 지향해서 숙고를 잘하는 사람이며, 그런 뜻에서 실천적 지혜는 습성의 탁월성과 불가분의 관계에 있다.

한편, 올바른 목적을 세우고 숙고를 통해 그것의 실현 방법을 올바로 선택해 놓고서도 그렇게 선택한 행동을 실행하지 않는 사람이 있을 수 있는데, 그 역시 실천적 지혜를 가진 사람은 아니다. 무엇을 해야 할지 숙고를 통해 선택해 놓고서도 그것을 실행하지 못하는 상태를 일컬어 아리스토텔레스는 '자제력 없음(akrasia)'이라고 부른다. 바울은 로마서에서 "내가 원하는 일은 하지 않고, 원치 않은 일을 행한다."(로마서 7장 19절)라고 한탄하는데, 그런 것이 자제력 없는 사람의 전형적인 특징이다. 자제력이 없거나 약한 사람은 체중 조절을 위한 숙고의 결과 단것을 먹지 말아야겠다고 결심하지만, 그런 뒤에도 자신의 결정을 행동에 옮기지 않는다. 단것을 보는 순간 그는 자신의 선택과 달리 단것이 주는 즐거움의 유혹에 굴복하고 만다. 숙고와 선택에 어긋난 행동을 하는 것이다. 이렇게 자제력이 없는 사람은 무절제한 사람과 다르다. 무절제한 사람은 즐거움의 획득을 목적으로 삼고 그것을 얻는 데 필요한 행동을 한다는 점에서 일관적이지만, 자제력 없는 사람은 그와 달리 즐거움을 주는 것을 피하겠다고 생각하고서 그 생각을 실행하지 못한다는 점에서 일관성이 없다. 그의 내면에서 이성과 욕구가 싸움을 벌이고 이 싸움에서 즐거움에 대한 욕구가 승리를 거둔다. 그렇게 자제력이 없는 사람도 실천적 지혜를 가진 사람이 아니다.

교활함이나 자제력 없음과 비교해 보면 실천적 지혜의 역할이 보다 분명해진다. 지금까지 살펴본 바에 따르면, 실천적 지혜는 단순히 숙고를 통해 주어진 목적을 실행하기 위한 방법들을 탐구하고 구체적 행동을 선택하는 일에 관여하는 데 그치지 않고 행동의 목적을 올바로 판단하고 숙고를 통해 도달한 선택을 실행하는 일에도 관여하는 탁월성이다. 이 가운데 어느 하나만 빠져도 실천적 지혜를 가진 사람의 행동, 즉 탁월한 행동은 성취되지 않는다. 아리스토텔레스 자신은 그런 논의를 자세히 펼치지 않지만, 목적 설정에서의 잘못, 숙고 과정의 잘못, 실행 의지의 결핍에서 비롯되는 실행의 잘못은 한 개인의 행동뿐만 아니라 한 사회의 행동을 판단하는 데도 적용할 수 있다는 점에서 흥미롭다. 한 사회의 구성원들이 공동의 목적을 세울 수 있는 능력이 있는지, 그 목적을 실현하는 방법을 찾아내는 숙고의 능력이 있는지, 숙고를 통해 선택한 행동을 실행하는 의지력이 있는지, 이런 것들에 따라서 한 사회가 '프로네시스'를 가지고 있는지 그렇지 못한지가 갈릴 것이다.

사유의 탁월성에 대한 논의를 마무리하기에 앞서 실천적 지혜와 대비되는 다른 탁월성들, 특히 이성의 이론적 기능에 상응하는 탁월성들에 대한 아리스토텔레스의 주장들을 간략하게 덧붙여야겠다. 앞서 말했듯이 그런 종류의 탁월성에는 학문, 지성, 지혜가 있다. 학문에는 위에서 예로 든 수학, 천문학을 비롯해서 우리가 순수과학으로 분류하는 모든 것이 포함되는데, 아리스토텔레스에 따르면 이것들의 공통점은 모두 '논증적'이라는 데 있다. 그 대표적인 사례는 공리로부터 정리들을 추론하고 논증하는 유클리드 기하학이다. 그런데 기하학을 비롯한 모든 논증적인 학문은 더 이상 논증할 수 없는 원리들을 전제할 수밖에 없다. 이런 원리들에 대한 앎은 논증적인 것이 아니라 다른 종류의 것일 텐데, 아리스토텔레스는 그렇게 더 이상 논증될 수 없는 원리들에 대한 앎을 '지성' 혹은 '직관'이라고 부른다. 반면 '지혜' 혹은 '철학적 지혜'는 더 높은 수준의 앎으로서 학문과 지성을 합쳐 놓은 것이다. 아리스토텔레스는 존재하는 모든 것들을 다루는 보편적인 학문으로서 철학적 지혜를 염두에 두고 이런 명칭을 사용하는 것 같다. 하지만 철학적 지혜 역시 우리에게 달려 있는 구체적인 행동과 관련된 것이 아니라 우리와 떨어져서 존재하는 원리들에 대한 순수한 관조를 지향한다는 점에서 학문이나 지성과 함께 사유의 탁월성을 이룬다.

그런데 이렇게 실천적 지혜와 철학적 지혜를 대비시켜 놓고 보면 한 가지 의문이 생긴다. 행복이 탁월성에 따르는 활동이라면, 이 가운데 어떤 탁월성에 따르는 것이 진정으로 행복한 삶일까? 실천적 지혜의 인도 아래 습성의 탁월성을 실현하는 실천적인 삶에 행복이 있을까, 아니면 철학적 지혜를 가지고 순수한 관조에 몰두하는 이론적인 삶이 더 행복한 것일까? 예를 들어 수학의 노벨상이라는 필즈상도 거부하고 버섯을 따며 살아가면서 문제 풀이에 몰두하는 그리고리 페렐만이 더 행복할까, 아니면 몇 년 전 타계한 독일의 전 수상 헬무트 슈미트처럼 현명한 정치가가 더 행복하게 살았을까? 이것은 『니코마코스 윤리학』의 마지막 부분에서 제기되는 문제이자 우리가 마지막으로 살펴보아야 할 문제이다.

5   행복의 두 가지 길 ─ 이론적인 삶과 실천적인 삶

행복에 대한 이야기를 시작하면서 인용했던 구절로 다시 돌아가
보자.

인간적인 좋음은 탁월성에 따르는 영혼의 활동일 것이다. 또 만약 탁월성
이 여럿이라면 그중 최상이며 가장 완전한 탁월성에 따르는 영혼의 활동
이 인간적인 좋음일 것이다.(EN I 7, 1098a16ff.)

우리는 이제껏 인간적인 좋음, 즉 행복이 어떤 뜻에서 '탁월성에
따르는 영혼의 활동'인지 살펴보았다. 그런데 지금까지 밝혀진 바에
따르면 탁월성은 하나가 아니라 여럿이다. 그렇다면 행복한 삶을 위
해서 우리는 어떤 탁월성을 취해야 할까? 아리스토텔레스는 여러 탁
월성 가운데 '최상이며 가장 완전한 탁월성에 따르는 영혼의 활동'이
행복이라고 말하는데, 이 말의 뜻은 무엇일까?
　이 물음을 놓고 아리스토텔레스 연구자들의 해석은 두 방향으로
갈린다. 한쪽에서는 인간적인 좋음을 가능하게 하는 '최상이며 가장
완전한 탁월성'은 철학적 지혜를 가리킨다고 말한다. 이 해석에 따르
면 인간의 행복은 궁극적으로 그런 지혜에 따르는 관조 활동에서 성
립한다. 반면 다른 쪽에서는 '최상이며 가장 완전한 탁월성'은 지혜
까지 포함해서 지금까지 소개한 모든 탁월성을 포괄하는 것이라고
본다. 이 해석은 '완전한'을 '전체적인'이라는 뜻으로 받아들이는 셈
이다. 앞의 해석은 흔히 '지배적 해석', 뒤의 해석은 '포괄적 해석'이

라고 불린다.[8]

이 두 가지 해석 가운데 어떤 것이 아리스토텔레스 자신의 생각에 더 부합할까? 『니코마코스 윤리학』의 마지막 부분을 읽어 보면, 분명 지배적 해석이 아리스토텔레스의 생각에 더 들어맞는 것 같다. 그는 "행복이 탁월성에 따르는 활동이라면, 그것은 당연히 최고의 탁월성을 따라야 할 것"(EN X 7, 1177a12ff.)이라고 말하면서 "이 최고의 탁월성은 최선의 것에 속하는 탁월성", 즉 지성의 탁월성이라고 주장하기 때문이다. 그는 또 지혜에 따르는 지성의 관조적 활동을 '완전한 행복'이라고 부르면서 그와 다른 종류의 활동, 즉 "다른 (종류의) 탁월성에 따른 삶은 이차적인 의미에서 행복한 삶"이라고 잘라 말하는데, 이런 발언 또한 지배적 해석을 뒷받침한다. 습성의 탁월성에 따르는 활동은 '인간적인 것'인 데 반해 관조적인 활동은 인간적인 것에 구애되지 않는 신적인 삶이라는 것이 아리스토텔레스의 생각이다.

하지만 인간이 어떻게 인간적인 것에 구애됨이 없이 살아갈 수 있을까? 신체를 가진 생명체이고 공동체 안에서 살아가는 존재인 인간에게 골방에서 철학이나 수학에 몰입해 순수한 관조의 행복을 누리면서 평생을 산다는 것이 현실적으로 가능한 일인가? 만일 그에 가까운 삶을 사는 사람이 있다면, 그는 '불순한' 세상에 대한 경험이 전혀 없는 사람, 그래서 어떤 실천적 지혜도 갖지 못한 사람이 아닐까? 관조의 활동을 완전한 행복으로 보는 지배적 해석은 이런 상식적 물음에 대해서 적절한 대답을 주지 못하는 것 같다. 그리고 이 때문에 많은 해석가들이 지배적 해석보다 포괄적인 해석으로 기울게 된다. 사실 아리스토텔레스도 한편으로는 지혜에 따르는 관조적 삶이 완전한 행복이라고 말하면서도, 다른 한편으로는 그러한 삶은 '인간적 차원보다 높은 것'이라고 제한을 둠으로써 지배적 해석에 대한 반론의 여지를 남겨 두었다.

종합해서 말하면 『니코마코스 윤리학』에서 관조적 활동과 실천적 활동의 관계는 그렇게 선명하지 않다. 아리스토텔레스 자신도 모든 외부 조건으로부터 자유로운 관조적인 삶의 이상과, 타인이나 외부 대상과의 관계에 속박될 수밖에 없는 사회적이고 실천적인 삶의 현실 사이에서 오락가락하는 것처럼 보인다. 하지만 관조적 삶과 실천적 삶의 갈등 문제는 어쩌면 아리스토텔레스 윤리학의 문제가 아니라 인간의 실존 자체의 문제일지도 모르겠다. 학문 연구나 사색에서 몰입의 즐거움을 누리다가 이런저런 삶의 문제에 얽혀 그런 무시간적 행복이 방해받는 경험을 한 사람이면 누구나 관조적인 삶과 실천적인 삶의 갈등이 어떤 뜻에서 인간 실존의 근본 문제인지 쉽게 이해할 것이다. 현실이 그렇다면, 그런 갈등은 일관된 이론을 통해서가 아니라 오히려 갈등의 순간마다 숙고와 선택을 통해서 구체적으로 해결해야 할 문제가 아닐까? 그렇게 본다면, 어떤 상황에서 어떤 삶의 방향을 선택할지를 결정하는 것도 실천적 지혜의 역할이라고 말해야 하지 않을까?

『니코마코스 윤리학』에서 전개되는 아리스토텔레스의 윤리는 보통 '행복의 윤리' 혹은 '덕 윤리'라고 불린다. 이런 이름들은, 우리가 지금까지 살펴보았듯이, 아리스토텔레스의 윤리가 행복을 최고의 목적으로 내세우고 또 덕을 그런 행복의 실현 조건으로 삼는 데서 비롯된 것이다. 그리고 그런 점에서 아리스토텔레스의 윤리는 서양 윤리학을 대표하는 다른 두 가지 입장, 즉 선의지에서 유래하는 도덕적 의무를 강조하면서 그런 의무의 이행을 선이라고 보는 '의무의 윤리'나 행복을 즐거움과 동일시하면서 이를 극대화하는 것을 선한 행동이라고 보는 '공리주의 윤리'와 다르다. 공리주의와 달리 아리스토텔레스는 행복을 '잘 사는 것'으로 규정하면서 이런 뜻의 행복은 덕을 최대한 실현하는 데서 성취된다고 말한다. 하지만 지금까지 드러난 행복의 윤리학 혹은 덕의 윤리학의 측면과 함께 고려해야 할 아리스토텔레스 윤리학의 또 다른 측면이 있다. 정치적 측면이 바로 그것이다.

아리스토텔레스 윤리학의 정치적 성격은 『니코마코스 윤리학』 마지막 부분의 발언들, 즉 이제까지 논의된 행복 혹은 탁월성에 따르는 활동이 교육이나 법적인 조건에 의존한다는 발언들에서 분명하게 드러난다. 아리스토텔레스에게 있어서 윤리학 논변의 목적은 앎 자체가 아니라 탁월한 행동을 실행하는 데 있다. 그런 점에서 아리스토텔레스의 윤리학은 순수한 앎을 목적으로 하는 형이상학이나 자연학과 다르다. 하지만 과연 윤리학의 논변만으로 사람을 탁월한 행동으로 인도할 수 있을까? 예를 들어 절제에 대한 논변이 무절제한 사람을 절제 있는 사람으로 만들 수 있을까? 필시 무절제한 사람은 그런 논변에 귀를 기울이지 않을 것이고, 아리스토텔레스도 이를 누구보다 잘 알고 있다. 그렇기 때문에 그는 "말과 가르침은 모든 경우에 힘을 발휘하는 것이 아니며, 듣는 사람들의 영혼이 습관을 통해 고귀하게 기뻐하고 미워하는 것으로 미리 준비되어 있어야만 할 것이다." (EN X 9, 1179b23ff.)라고 말한다. 윤리학의 논변이 사람들에게 설득력을 발휘하려면 먼저 그들이 교육을 통해 좋은 습관을 가지고 있어야 한다는 것이다. 하지만 아리스토텔레스에 따르면 그런 뜻에서 좋은 습관을 낳는 교육은 법적 강제 없이는 이루어질 수 없으며, 따라서 그런 교육을 위해서는 탁월한 행동으로 사람으로 이끄는 법률 체계가 필요하다. 그리고 바로 이런 점에서 탁월한 행동의 가능성 혹은 그것의 실현 조건에 대한 논의는 윤리학의 영역을 넘어서고, '행복의 윤리학'은 '행복의 정치학'으로 이어진다.

조대호 연세대학교 철학과를 졸업하고 동 대학원에서 석사 학위를, 독일 프라이부르크 대학에서 철학 박사 학위를 받았다. 현재 연세대학교 철학과 교수로 고대 그리스 철학과 문학을 강의하고 있으며, 아리스토텔레스의 생물학과 실천철학을 현대적으로 해석하는 연구를 진행하고 있다. 저서로 『아리스토텔레스의 형이상학』, 『기억, 망각 그리고 상상력』, 『철학, 죽음을 말하다』(공저), 『지식의 통섭』(공저), 『사물의 분류와 지식의 탄생』(공저), 『위대한 유산』(공저) 등이 있고 역서로 플라톤의 『파이드로스』, 아리스토텔레스의 『형이상학』 등이 있다.

10

희랍 비극의 걸작

소포클레스의 『오이디푸스 왕』과 『안티고네』 읽기

강대진 (홍익대학교 사범대학 겸임교수)

소포클레스(Sophocles, B.C.496~B.C.406)
고대 그리스 아테네 근교 콜로노스에서 태어났다. 부유한 가정에서 자라 좋은 교육을 받았으며, 기원전 468년 비극 경연 대회에서 아이스퀼로스를 물리치고 첫 우승을 거둔 이후로 열여덟 번이나 우승했다. 기원전 440년 후반쯤에 『아이아스』, 『트라키스 여인들』, 『안티고네』를, 기원전 425년경에 『오이디푸스 왕』을 상연한 것으로 추정된다. 극작가로는 물론 정치인으로도 오래 활동했으며, 기원전 406년에 90세의 나이로 숨을 거두었다.
평생 120편이 넘는 희곡을 썼는데 전문이 온전하게 남아 있는 것은 위의 네 편과 『콜로노스의 오이디푸스』, 『엘렉트라』, 『필록테테스』까지 총 일곱 편이다. 기존 두 명이었던 배우에 세 번째 배우를 추가해 극적 갈등의 범위를 넓히고 코로스와 무대 장치를 개선하는 등 전통적인 비극의 형식을 개선하여 그리스 비극의 완성자로 불린다.

소포클레스의 『오이디푸스 왕』과 『안티고네』는 현재까지 전해지는 희랍 비극 작품 중에서 최고로 꼽히는 것들이다. 이 글에서 나는 이 두 작품이 최고로 꼽히는 이유가 무엇인지, 현대의 독자가 읽을 때 주의해야 하는 대목은 어떤 것인지 얘기하려 한다.

1   희랍 비극

희랍 비극 전반에 대한 일반적 설명

먼저 용어들에 대한 일반적인 설명이다. 우리가 다룰 두 작품은 희랍 비극이라는 장르에 속한다. 여기서 '희랍'은 대개 그리스라고들 부르는 나라이다. 그 나라 사람들은 자기 나라를 헬라스(Hellas)라고 하는데, 그것을 비슷한 발음의 한자로 적은 것이 희랍(希臘)이다. 잉글랜드를 영란국(英蘭國), 줄여서 영국(英國)이라고 하는 것과 마찬가지다. '비극'은 원래 희랍어로 tragoidia라고 하는 것인데, 이 말의 원뜻은 '염소 노래'이다. 왜 그런 이름이 붙었는지에 대해서는 여러 설명이 있지만, 가장 간단한 것을 택해 '염소 대신 제물로 바쳐진 노래'라 하고 지나가자. 이 작품들은 디오뉘소스 신을 높이는 축제에서 상연되던 것이다.

이 두 작품의 연대는 기원전 5세기이다.(참고로 말하자면 그때 한국은 원(原)삼국이 시작되기 전의 청동기 시대였고, 중국은 춘추시대 말기였다.) 서양의 역사 발전이 동양보다 뒤늦었다고 생각하는 사람이 많은데, 사실 그렇게 발전이 늦었던 곳은 지금 세계 문명의 중심으로 행세하는 서유럽 쪽이다. 반면에 서양의 제일 동쪽에 있던 희랍은 중국과 비슷한 속도로 역사가 전개되었다. 메소포타미아라는 고대 문명 발상지와 가까워 일찍부터 그 영향을 받았기 때문이다.

잠깐 비극과 연관이 있는 다른 두 문학 장르를 짚어 보고 가자. 희랍 문학사에는 조금 특이한 현상이 있는데, 한 시기에는 한 장르만 번성했다는 점이다. 기원전 5세기에 극시(비극과 희극)가 번성하기 전에 서사시(기원전 8~7세기)와 서정시(기원전 7~6세기)라는 두 장르가 먼저 번성했다. 그래서 좀 늦게 발전한 비극은 이 두 앞선 장르의 성과를 자신 안에 포괄하고 있다. 서정시의 성과가 담긴 부분은 합창이다. 비극 작품들이 연극 대본이고 따라서 대화로 이루어졌다는 것은 누구나 알 것이다. 한데 거기서 그치는 것이 아니라, 당시의 비극은 대화와 합창이 번갈아 나오는 일종의 '뮤지컬'이었다. 그 뮤지컬의 거의 절반을 차지하는 합창 부분이 바로 이전에 번성한 서정시의 성과인 것이다.

한편 비극에 반영된 서사시의 성과는 '전령의 보고'이다. 대개의 비극 작품에는 전령(사자)이 나와서 다른 데서 벌어진 일을 길게 설명하는 부분이 들어 있다. 특히 희랍 비극에서는 살인이나 자살 같은 끔찍한 장면을 무대 위에서 바로 보여 주지 않기 때문에 그런 사건들을 전달해 줄 장치가 필요하다. 전령이 그 역할을 맡았고, 그들이 전하는 이야기가 바로 서사시적 부분이다.(끔찍한 사건의 결과 — 시신 따위 — 는 대개 작은 이동 무대 위에 얹힌 채 배경의 건물로부터 끌어내어져 관객 앞에 제시되었다.)

오늘날까지 작품이 온전하게 전해지는 희랍 비극 작가는 셋뿐이다. 시대 순으로 아이스퀼로스, 소포클레스, 에우리피데스인데, 이 중 일반인들이 생각하는 비극 개념에 가장 잘 맞는 작품을 쓴 사람이 소포클레스이다. 앞에 말했듯 비극의 원래 이름은 '염소 노래'이다. 비극이라고 하면 대개 '슬픈 극(悲劇)'을 생각하겠지만, '염소 노래'라는 말에는 '슬프다'는 뜻은 들어 있지 않고, 실제로 해피엔드로 끝나는 비극 작품도 많이 남아 있다.

여기서 다룰 두 작품 중에서 『오이디푸스 왕』은 고대에 가장 유명한 작품이었고, 『안티고네』는 현대에 가장 많이 상연되는 작품이다. 『오이디푸스 왕』이 유명했던 것은 아리스토텔레스가 『시학』에서 그것을 최고의 작품으로 꼽고, 계속 그 작품을 중심으로 이야기를 풀어 나갔기 때문이다. 그리고 『안티고네』가 현대에 많이 상연되는 이유는 이 작품이 정치적인 주제를 다루고 있어서다. 독재에 항거하는 민주 시민의 모습을 보여 준다는 것이다.

비극을 읽는 이유

고전 작품에 대해 설명하는 자리에서는 '이 작품을 읽어야만 하는 이유는 무엇인가?' 하는 질문이 자주 나온다. 하지만 내 생각에, 반드시 읽어야만 하는 작품(책)이란 없고, 그저 읽으면 좋은 작품(책)들만 있는 것이 아닌가 싶다. 고전 작품들을 읽으면 여러 이점이 있다. 우선 희랍 문화가 로마를 거쳐 유럽 문화의 바탕이 되었기 때문에, 그리고 서구 문화가 오늘날 세계적인 영향력을 갖고 있기 때문에 희랍 문화의 주요 성과들을 알고 있으면 세계 문화의 흐름을 따라가기 좋다는 점이다.

하지만 이것은 요즘 세태가 자꾸 효용-실용성-이득을 요구하니까 '효용'을 한번 제시해 본 것이고, 더 근본적으로 이 작품들이 원래 유명해진 이유가 무엇인지 물을 수 있다. 간단히 대답하자면 '뛰어난 작품이어서'라고 할 수 있겠다. 어떤 면에서 뛰어난지를 다시 묻는다면, 이 작품들이 인간의 운명과 이 세계에 대해 깊이 있는 생각들을 담고 있으며, 그런 사고와 개념들을 놀라운 형식으로 표현했다고 대답해야 할 것이다. 또 그렇게 뛰어난 작품들을 읽으면 뭐가 좋으냐고 묻는다면, 아마 '그런 작품들은 지적, 정서적 쾌감을 준다'고 대답해야 할 것이다. 어찌 보면 얘기가 다시 '이득'으로 돌아온 셈인데, 로마 시인 호라티우스가 좋은 작품의 특징을 '유용함(utile)과 달콤함(dulce)'으로 규정한 것도 같은 생각에서였을 것이다. 더 나아가 좋은 작품을 대할 때 그런 쾌감이 생기는 이유가 무엇인지 묻는다면, 인간은 자신과 세계를 이해하고 타인과 소통하려는 욕구를 갖고 있는데, 이런 좋은 작품들이 그런 욕구를 충족해 주기 때문이라고 답해야 할 것이다.

다시 지금 다룰 두 작품이 매우 뛰어나다는 데로 돌아가자. 위에서 그 뛰어난 점으로 깊이 있는 생각 즉 내용과, 놀라운 형식을 지적했다. 그중에 같이 얘기하기 더 어려운 것이 형식이다. 작품을 세부까지 보아야 하기 때문이다. 사실 최고의 작품들의 특징은 세부가 뛰어나다는 점이다. 나는 개인적으로 『오이디푸스 왕』이 '보석이 잔뜩 박힌 왕관' 같다고 본다. 『안티고네』도 마찬가지다.

2 『오이디푸스 왕』

배경 신화와 작품 구성

우선『오이디푸스 왕』을 살펴보자. 모두들 알고 있는 오이디푸스 이야기의 골자는 이렇다. 테바이 왕가에, 아이를 낳으면 안 된다는 신탁이 내려져 있다. 하지만 아이가 태어났다. 그 아이는 발목을 쇠꼬챙이로 꿰인 채 산에 버려지지만, 구조되어 이웃 나라 왕의 아들로 자라난다. 어느 날 그는 자기가 주워 온 아이라는 말을 듣게 되고, 자기 신분에 의혹을 품고서 델포이를 찾아간다. "신이시여, 저의 부모님은 누구입니까?" 한데 신은 그 질문에는 답하지 않고 엉뚱한 신탁을 내린다. "너는 아버지를 죽이고 어머니와 결혼할 것이다!" 청년은 자기가 고향이라고 생각하는 코린토스로 돌아가지 않고, 반대 방향으로 길을 떠난다. 그러다 좁은 길목에서 길을 비키는 문제로 싸움이 나고, 그렇지 않아도 이상한 신탁에 기분이 우울하던 젊은이는 자기에게 폭력을 가한 노인 일행을 모두 쳐 죽인다.(오이디푸스는 몰랐지만 그 노인은 자기 친아버지였다.) 그다음엔 스핑크스를 만나서 수수께끼를 풀고, 그 공으로 이미 과부가 되어 있던 왕비와 결혼을 하고,(오이디푸스는 몰랐지만 이 왕비는 자기 친어머니였다.) 왕이 되어 나라를 잘 다스린다. 하지만 아이가 넷 태어났을 때 모든 일이 드러나서, 어머니이자 아내는 목매달아 죽고, 오이디푸스는 스스로 눈을 찔러 장님이 된 채 방랑의 길을 떠난다.

하지만 실제 작품을 보면 이야기가 이런 순서로 전개되지 않는다. 작품은 오이디푸스가 왕이 된 지 여러 해 지난 시점에서 시작된

희랍 비극의 걸작

다. 전체는 크게 일곱 부분으로 나누어 볼 수 있다.(맨 앞부분은 도입부 (prologos), 맨 뒤는 결말부(exodos)라고 하는데, 이 두 부분을 빼면 전체가 5막극처럼 되어 있다. 이것 때문에 고전극은 5막극이라고 알려지게 되었다.)

(1) 테바이에 역병이 돌아서 백성들이 오이디푸스에게 도움을 청한다. 한데 오이디푸스는 벌써 신탁을 묻기 위해 크레온을 델포이로 파견한 상태다. 곧 크레온이 돌아와, 선왕 라이오스를 죽인 자를 찾아 죽이거나 추방해야 한다고 전한다.

(2) 오이디푸스는 예언자 테이레시아스를 불러 도움을 청한다. 예언자는 처음에는 입을 열지 않다가 오이디푸스의 공격을 받자, 그 범인이 오이디푸스이며, 그는 친족과 수치스러운 관계에 있고, 앞으로는 거지 장님이 되어 떠나리라고 말하고 가 버린다.

(3) 오이디푸스는 크레온이 테이레시아스를 사주했다고 생각한다. 크레온이 와서 그것을 부인한다.

(4) 왕비 이오카스테는 오이디푸스와 크레온 사이의 다툼이 아폴론의 신탁 때문에 생겼다는 것을 알자, 예언을 믿을 필요가 없다는 증거로 자신의 과거를 이야기한다. 아이가 아비를 죽이리라는 예언 때문에 아기를 산에 버렸으나, 남편은 삼거리에서 살해되었다는 것이다. 오이디푸스도 자기 과거를 이야기하면서 자신이 삼거리 근처에서 노인을 죽인 적이 있다고 고백한다.(여기가 작품의 중심이다.)

(5) 이오카스테가 신들께 오이디푸스를 안정시켜 달라고 기도를 드리는 순간, 코린토스에서 사자가 와서, '오이디푸스의 아버지'가 죽었다는 소식을 전한다. 그래서 코린토스 사람들이 오이디푸스에게 그곳도 다스려 달라고 청한다는 것이다. 하지만 오이디푸스는 어머

니가 두려워서 코린토스로 돌아갈 수 없다고 말한다. 그러자 사자는 자신이 테바이의 목자에게서 어린 오이디푸스를 얻어다가 코린토스 왕가에 주었노라고 밝힌다. 오이디푸스는 사실을 확인하기 위해, 아이를 넘겨주었다는 목자를 불러오게 한다. 이오카스테는 그것을 말리려다 실패하고 슬퍼하며 집으로 들어가 버린다.

(6) 목자가 불려와서 처음에는 아무것도 모르는 척 부인하다가, 고문의 위협을 받자 결국 모든 것을 자백한다. 오이디푸스는 라이오스와 이오카스테의 아들이라는 것이다. 오이디푸스는 예언이 이루어졌다고 외치며 집 안으로 뛰어 들어간다.

(7) 전령이 나와서 이오카스테는 목매달아 죽었고, 오이디푸스는 스스로 눈을 찔러 장님이 되었다고 전한다. 오이디푸스가 밖으로 나와 합창단과 이야기하는 사이에 크레온이 다가온다. 오이디푸스는 크레온에게 자기를 도시 밖으로 추방해 달라고 요구하여 뜻을 관철한다. 크레온이 그를 데리고 안으로 들어가면서 극이 끝난다.

수사극 형식, 비극적 아이러니

사실 다들 익숙한 내용이어서 지루하게 느껴졌을 것이다. '도대체 이게 어떤 점에서 걸작이라는 것인가?' 할 사람도 있을 듯하다.

먼저 이야기를 풀어 가는 방식이 대단하다는 것을 지적할 수 있다. 오이디푸스 이야기는 당시 모든 사람이 다 알고 있는 것이었다. 이렇게 결말까지 알려진 이야기를 가지고 긴장을 조성해야 하니 옛날 시인은 아주 어려운 과제를 떠맡은 셈이다. 소포클레스는 이 문제를 수사극이라는 형식을 도입함으로써 해결했다. 과연 범인이 잡힐 것인지, 잡힌다면 어떤 방식으로 그럴 것인지 관객들은 주의를 기울여 집중했을 것이다. 그뿐 아니라 시인은 아주 대담한 시도를 했다. 극이 채 3분의 1도 진행되기 전에 범인이 누구인지 밝힌 것이다. 이러고도 수사극이 성립할 수 있을까? 하지만 수사관은 자기에게 주어진 결론을 그냥 받아들이지 않고, 모든 것을 다시 처음부터 자기 눈으로 확인해 나간다. 그 과정에 수반되는 아이러니와, 거기서 드러나는 인물의 우뚝함이 또한 이 작품을 빛나게 한다.

오이디푸스가 비범한 인물이라는 것은 뒤로 미루고, 아이러니(irony)에 대해서만 잠깐 보충 설명을 해 보자. 이 작품을 읽으면서 독자들이 가장 강하게 느끼는 것은 '비극적 아이러니'다. 이것은 대개 등장인물이 때로는 별생각 없이, 때로는 자신은 반어법(좁은 의미의 '아이러니')이라고 생각하면서 어떤 진리를 발설할 때 생기는 효과이다. 이런 효과는 관객이 등장인물보다 많은 것을 알고 있기 때문에 발생한다. 이 당시 관객들은 신화를 잘 알고 있었기 때문에, 라이오스가 오이디푸스의 아버지이고, 오이디푸스는 이미 자기 아버지를 죽인 상태라는 것을 벌써 알고 있는데, 등장인물은 그런 사실을 전혀 모른 채 이 살인 사건이 자신과 관계있는 것으로 '여기겠노라'고 선언한다. 물론 그렇게 '여길' 것도 없이 이미 그는 이 사건과 강력한 관계로 묶여 있는데 말이다. 또 그는 죽은 라이오스에게 도움을 줌으로써 자신도 이익을 얻겠노라고 한다. 하지만 결국 그의 수사가 자신의 파멸로 끝나리라는 것을 관객들은 모두 알고 있다. 이와 같이 등장인물과 관객의 정보 격차에 의해 발생하는 특별한 아이러니를 '비극적 아이러니(tragic irony, dramatic irony)'라고 한다. 이 작품 도처에 그러한 아이러니가 나타나고, 특히 오이디푸스가 이 사건을 "마치 내 아버지의 일인 양"(264행) 열성을 다해 해결하겠노라고 선언하는 장면이 그렇다.

필연적 진행, 유일한 우연성

또 이 작품의 뛰어난 점으로 사건들이 정밀한 필연성에 의해 진행된다는 것도 지적할 수 있다. 첫 장면부터 마지막까지 모든 장면이 인과 관계에 의해 이어지기 때문이다. 아리스토텔레스가 이 작품을 최고로 꼽은 이유 중 하나도 바로 이것이다. 한데 우연적인 사건도 하나 들어 있긴 하다. 코린토스에서 사자가 찾아온 사건이 그것이다. 이 일은 방금 말한 '정밀한 인과 관계'에 맞아 들어가지 않는다. 하지만 그에 대한 설명은 찾을 수 있다. 그 사자는 오이디푸스에게 이 좋은 소식을 전하면 자신도 이득을 얻을 수 있지 않을까 해서 왔다고 행위 동기를 설명한다. 이것은 얼핏 보기에 별 대단한 점이 없는 듯 보이지만 매우 중요한 역할을 하는 구절이다. 운명이란 것이 신들이 정해 놓고 억지로 우리 인간을 그리로 떠밀어서 이루어지는 것이 아니라, 각 사람이 자신의 욕망과 계획대로 행동하는데 그 모든 것이 합쳐져서 결국 신들이 이미 알고 있던 결과에 도착하는 것임을 보여 주는, 그런 역할을 하기 때문이다. 그러니까 정밀한 인과 관계로 장면들을 연결해 가다가 중간에 얼핏 그 인과성을 벗어나는 우연적 요소인 듯 보이는 것을 넣어 놓고는 다시 그것을 설명하는, 겉보기로는 아무 의미도 없는 듯 보이는 중요 구절을 끼워 넣은 것. 이것이야말로 대가다운 솜씨인 것이다. 한편 앞의 요약에는 합창단의 노래가 제외되어 있는데, 그 노래들

희랍 비극의 걸작

도 앞뒤 내용과 착착 맞아 돌아가는 것이 정말 감탄스럽다. 『오이디푸스 왕』은 정밀하게 설계된 기계 같은 면모를 갖춘 작품이다.

탁월한 인물 오이디푸스

이 작품에서 아주 뛰어난 인물을 창조했다는 것도 주목할 만하다. 오이디푸스는 매우 기민하고 활동적이며 총기가 넘치는 사람이다. 그는 한 장면이 끝나고 인물들이 들고 나는 사이에 금방 자기 생각을 진전시키고, 새로운 그림을 그려 낸다. 몇 가지 단서를 가지고서 라이오스 살해 사건 뒤에 정치적 음모가 있으며 자기를 향해서도 그런 음모가 진행된다고 추정한 것도 그렇고, 자기가 왜 스스로 눈을 찔렀는지를 해명하는 대목에서도 그렇다. 그는 그 격렬한 감정의 요동 속에서도 결정하고, 행동하고, 그 이유를 정리해서 남들에게 설명할 수 있었다. 또 그가 크레온에게 라이오스 피살 사건의 개요를 하나하나 캐물을 때, 나중에 목자와 코린토스 사자를 상대로 대질 심문을 할 때, 우리는 거기서 명민한 검사 또는 변호사의 모습을 발견하게 된다. 군더더기 하나 없고 깔끔한, 매우 경제적이고도 빠진 것 없는 질문들이다. 사실 오늘날에는 영화나 드라마 등에서 법정 장면을 많이 접하기 때문에 이런 점이 별로 눈에 띄지 않겠지만, 이 인물이 2500년 전, 즉 한반도가 청동기 시대일 때 창조되었다는 것을 생각하면 정말 놀라지 않을 수 없다.

하지만 무엇보다도 오이디푸스가 뛰어난 점은 진실 앞에서 결코 물러서지 않는다는 점이다. 그는 진실이 자신에게 파멸을 가져온다 할지라도 그것을 알아야만 하는 사람이다. 테이레시아스도, 이오카스테도, 목자도 모두 진실을 덮어 두고 싶어 하지만 오이디푸스는 그럴 수 없다. 드디어 오이디푸스가 이오카스테의 아들이라는 것을 밝혀야만 하는 순간에, 목자는 자신이 드디어 무서운 것을 말하지 않을 수 없게 되었노라고 탄식한다. 그러자 오이디푸스가 말한다. 자신도 듣기 무서운 것 앞에 섰노라고, 하지만 그래도 들어야만 한다고.

앞에서 뛰어난 작품은 세부가 훌륭하다고 말했는데, 방금 말한 이 대목도 굉장히 잘 만들어져 있다. 오이디푸스가 목자에게, 이오카스테가 아들을 내다 버리라고 했는지, 왜 그랬는지 묻는 대목이다. 왕의 질문은 점점 짧아진다. 넉 줄에 걸쳐서 처음엔 희랍어로 다섯 단어, 그 다음엔 네 단어, 다음 두 단어, 마지막 줄엔 한 단어이다. 마치 쐐기나 도끼날이 위쪽부터 아래로 갈수록 좁아지듯이, 마지막 한 단어에 도달했을 때는 마치 온 우주의 질량이 그 한 점에 응축된 듯, 가슴이 오그라드는 긴장감이 느껴진다. 이것만 해도 놀라운 표현 방식인데, 그런 다음 다시 한 줄짜리 긴 질문으로 돌아간다. 목자에게 왜 아이를 살려 두었는지 물은 것이다. 이 질문은 오이디푸스가 원래 목적했던, 자기 진짜 부모를 알아내는 데는 전혀 필요치 않은 질문이다. 하지만 그는 세상 무엇에건 한 점 의혹 없이 모든 것을 밝혀야만 하는 사람이다. 이 마지막 긴 질문은 그의 그런 특성을 보여 주는 것으로 꼽힌다. 놀라운 솜씨 아닌가?

또한 오이디푸스와 테이레시아스가 논쟁을 벌이는 장면은 정말 힘이 넘친다. 한 사람은 신적 권위에, 다른 사람은 이성의 힘에 의지해서 각기 확신을 가지고 자신의 주장을 밀어붙이는데, 강철이 맞부딪혀 불꽃이 튀는 듯한 느낌이 든다. 또 이오카스테가 신들께 기원하는 순간에 바로 뒤이어 코린토스 사자가 나타나는 사건 배치도 절묘하다. 그의 등장이 마치 신의 응답인 것 같으니 말이다. 작품을 직접 읽을 독자는 이런 점에 주목하면 좋을 것이다.

합리적 인간의 추락

이제까지 주로 형식적인 측면에 초점을 맞춰 『오이디푸스 왕』이 왜 뛰어난지를 설명했다. 그러면 내용, 또는 주제는 어떠한가? 이 작품이 담고 있는 '깊은 생각' 또는 '인간에 대한 통찰'은 무엇일까? 많은 학자들이 이 작품에서 인간 이성에 대한 경고, 또는 비판을 찾아낸다. 이 작품은 인간이 이성으로 모든 것을 해결할 수 있다는 생각에 경고를 보내고 있다는 것이다. 한국으로 치면 청동기 시대인데, 어떻게 벌써 이성 만능주의를 비판하는지 이상하게 볼 사람도 없지 않겠다. 하지만 당시 희랍은 인류 역사상 처음으로 맞이한 일종의 '계몽주의 시대'였다. 그 대표적인 표어가 '인간은 만물의 척도'라는 것이다.

이 작품에서 오이디푸스는 '측정하는 인간', '계산하는 인간'으로 그려진다. 그는 자신이 델포이에 갔다가 '아버지를 죽이고 어머니와 결혼할 것'이라는 예언을 듣고는, "멀리서 별을 보고 거리를 재면서"(795행) 코린토스를 피해 다녔노라고 술회한다. 그의 이름 '오이디푸스'는 보통 '부은 발'로 해석되지만, 달리 보자면 '발로 재어 아는 사람'이라고 할 수도 있다. 하지만 마지막에 그의 계산은 어긋나고, 이 측정하는 인간은 파멸하고 만다.

측정하고 계산하는 인간의 '계산 착오'는 작품 구조와도 연관이 되어 있다. 이 작품은 (다소간 소포클레스 경력 초기의 양분 구성적 성격이 남은 것인지) 앞부분에서는 오이디푸스가 라이오스를 죽였는지를 추적하고, 뒷부분에는 그가 이오카스테와 어떤 관계인지를 탐색하는 식으로 짜여 있다. 그러니까 그가 받은 신탁의 앞부분(부친 살해), 뒷부분(모친과의 결혼)이 각기 작품 앞부분, 뒷부분에 다뤄진 것이다. 한데 이 과정에서 첫 번째 문제가 흐려지고 만다. 처음에 목자를 부른 이유는 그가 라이오스 피살 현장에서 유일하게 살아 돌아온 사람이어서, 오이디푸스가 그때의 그 범인인지 물어보려는 것이었다. 하지만 사람이 그를 데리러 간 사이에 코린토스 사자가 나타났기 때문에, 정작 목자가 불려왔을 때는 애초의 의도와는 다른 질문이 주어진다. 즉 목자가 옛날에 가져다 버린 아이가 오이디푸스였는지 하는 것이다. 그러니 사실 오이디푸스가 라이오스를 정말 죽였는지는 완전히 확인되지 않은 셈이다. 물론 이 작품이 만들어지기 훨씬 전부터 신화상으로 오이디푸스는 자기 아버지를 죽이고 어머니와 결혼한 사람으로 되어 있었으니, 오이디푸스가 아버지를 죽이지 않았을 수는 없다. 어쨌든 작품상으로는 이 점이 확실하게 밝혀지지 않는다. 작가가 이런 식으로 한 가지 문제를 매듭짓지 않고 다른 문제로 넘어간 이유는 무엇일까? 나로서는 이것 역시 작가의 어떤 의도 때문이라고 보고 싶다. 즉 오이디푸스가 일종의 '정답'에 도달은 했지만, 그 계산 과정에 문제가 있었음을 보여 주기 위해서, 다시 말해 인간이 자신의 이전 계산이 틀렸음을 인정하는 순간에까지 어떤 허점이 숨어 있음을 보여 주려고 이러한 방식을 취했다는 것이다.

인간의 자율성, 인간됨의 존엄함

방금 우리는 『오이디푸스 왕』이라는 작품이 담고 있는 '깊은 생각'으로 '이성 만능주의에 대한 경고', '인간의 한계에 대한 인식'을 꼽았다. 하지만 여기에 그치면 자칫 이 작품이 운명론을 설파하는 것으로 보일 수 있다. 인간은 아무리 노력해도 운명을 벗어날 수 없다는 것이다. 하지만 많은 뛰어난 학자들이, 이 작품은 운명극이 아니라고 주장한다. 근거는 많다. 코린토스 사자가 자신이 테바이에 찾아온 이유를 설명하는 대목도 그렇고, 특히 오이디푸스가 눈을 찌른 이유를 설명하는 대목이 그렇다. 자신이 저승에서 부모님을 뵐 면목이 없어서 스스로 눈을 찔렀다는 것이다. 그의 자발적 실명, 이것은 누가 시켜서가 아니라 스스로 결정해 제 손으로 이룬 일이다. 이것은 말하자면 인간의 자율성 선언이다. 운명에 떠밀려 가는 인간과는 거리가 멀다.

그뿐이 아니다. 우리는 작품 마지막에 오이디푸스가 다시 일어서는 것을 보게 된다. 얼핏 보기에 오이디푸스가 자기 운명을 한탄하는, 좀 길고 지루하게 느껴지는 장면이다. 하지만 우리는 거기서 이 의지 굳은 인물이 새로운 통치자 크레온을 상대로 끈질기게 자기 요구를 밀어붙이고, 결국 원하는 바를 얻어 내는 것을 보게 된다. 스스로 눈을 찌르는 순간 바닥까지 고꾸라진 듯하던 그의 에너지가 다시 힘을 얻어 일어나는 것이다. 그 에너지가 얼마나 엄청난 것인지는 소포클레스의 다른 작품 『콜로노스의 오이디푸스』가 보여 주게 될 것이다.

『오이디푸스 왕』에서 주인공 오이디푸스는 질문을 던지는 사람이고, 그의 질문은 몇 차례 변화를 겪는다. 그의 첫 질문은 '라이오스를 죽인 자는 누구인가?'였다. 그러다 혐의가 자신에게 돌아오자 질

문이 바뀐다. '내가 그 살인자인가?' 마지막 질문은 '나는 누구인가?'
이다. 이 질문은 '인간이란 무엇인가?'라고 바꿀 수 있을 것이다. 어
떤 의미에서 오이디푸스는 모든 인간의 대표이기 때문이다. 작품의
결말을 볼 때, 이 마지막 질문에 대해 우리가 얻는 답은 아마도 '한계
를 지녔지만 스스로 자기 길을 결정하는 존재'일 것이다.

이 작품은 시인이 극한적 조건에 놓인 주인공을 통해 인간이란
무엇인지 탐색한 작품이다. 우리는 주인공의 분투와 좌절을 통해 인
간의 한계를 보고 겸손함을 배운다. 한편 그의 기백과 진실을 향한 의
지, 결코 굴복하지 않는 영웅적 기질에서 인간의 가치, 그 존엄함을
느낀다. 소포클레스는 이런 인식들을, 보석같이 아름다운 세부와 더
불어 우리에게 전해 주었다.

3 『안티고네』

이야기 배경과 작품 구성

이제 두 번째 작품 『안티고네』로 넘어가자. 앞에 말한 것처럼 『안
티고네』는 현대에 자주 상연되는 극이다. 내용이 매우 정치적이어서
다. 더 자세히 말하자면 압제자와 그에 대항하는 인물이 나오는데, 이
들이 각기 하나의 세계관을 대표하고, 그들 사이의 대립이 아주 뚜렷
하기 때문이다. 극의 내용은 앞에 다룬 『오이디푸스 왕』에 이어진다.
오이디푸스가 스스로 눈을 찌르고 나라를 떠난 다음 그의 두 아들이
왕권을 물려받는데, 이들이 서로 싸우다가 둘 다 죽고 난 뒤에 일어

나는 사건이다. 두 아들은 서로 1년씩 번갈아 가며 나라를 다스리기로 약속하는데, 에테오클레스가 약속을 어기고 왕권을 내어놓지 않자 폴뤼네이케스가 이웃 나라 군대를 얻어 쳐들어왔고, 결국 그 전쟁에서 둘 다 죽고 만 것이다. 이제 이들에 뒤이어 권력을 잡은 것은 그들의 외삼촌 크레온이다. 그가 엄중한 포고를 내린 데서 사건이 시작된다. 에테오클레스는 나라를 지키다 죽었으니 후히 장사 지내고, 폴뤼네이케스는 외국 군대를 이끌고 조국으로 쳐들어왔으니 주검을 그냥 버려두라는 것이다. 하지만 죽은 형제의 누이인 안티고네가 그 명을 어기고 오라비를 장례 치렀고, 그것 때문에 죽게 된다는 것이 이야기의 골자이다.

사실 이렇게 줄거리만 간추리면, 이게 뭐 그리 대단한 작품인가 싶을 것이다. 앞에 말했듯 훌륭한 작품은 세부가 좋기 때문에 이 작품 역시 어디가 좋은지 알려면 세부를 보아야 한다. 앞에 본 『오이디푸스 왕』처럼 이 작품도 일곱 개의 부분으로 나뉘어 있다.

(1) 안티고네가 동생 이스메네를 불러내어 크레온의 포고를 알리고, 함께 폴뤼네이케스의 시신을 장례 치르자고 제안한다. 이스메네는 그것을 거절한다. 여자는 남자를 이길 수 없고, 또 국가의 명에 복종해야 한다는 이유에서다. 안티고네는 자기 혼자서 일을 치르겠다며, 이스메네와 결별을 선언하고 떠난다. 안티고네가 퇴장하자마자 도시의 원로들로 이루어진 합창단이 전쟁 승리를 축하하는 노래를 부르며 입장한다.

(2) 크레온이 나와서 원로들에게 자신의 결정을 전하고, 친구보다는 조국이 우선임을 설파한다. 거기에 파수꾼이 달려와서, 누군가

폴뤼네이케스의 시신에 흙을 뿌려 덮었음을 보고한다. 크레온은 파수꾼이 공모한 것이 아닌가 의심하면서, 범인을 잡아 오지 않으면 큰 벌을 당하리라고 엄포를 놓은 후 그를 돌려보낸다. 합창단이 '인간 찬양의 합창'을 노래한다.

(3) 파수꾼이 안티고네를 현장에서 잡아 온다. 그녀는 장례 절차를 마무리 지으러 왔다가 장례가 무효가 된 것을 보고, 다시 장례 치르다가 붙잡혔다. 안티고네는 자기 행동을 부인하지 않고, 그것이 불문의 법을 따른 행동이라고 스스로 변호한다. 크레온은 이스메네도 공범이라고 생각하여 함께 벌주려 한다. 이스메네는 자기도 벌을 받겠노라고 하지만, 안티고네는 그것을 단호하게 막는다. 이스메네는 안티고네가 크레온의 아들 하이몬과 약혼한 사이라는 것을 상기시키면서, 그녀를 벌하지 말라고 간청한다. 크레온은 그 청을 일축하고, 두 여자를 가두어 두라고 명한다.

(4) 거기에 하이몬이 찾아온다. 그는 우선 자신이 아버지에게 복종한다는 뜻을 밝힌다. 크레온은 그런 태도에 만족하여, 아들에게 약혼녀를 '뱉어 버리라'고 충고한다. 하지만 하이몬은 백성들이 안티고네를 칭찬하더라고 전하면서, 남의 말도 들으라고 권고한다. 크레온은 국가는 통치자의 것이라고 주장하고, 아들은 그것을 비판하면서 언쟁이 격화된다. 크레온은 안티고네를 끌어내어 아들 앞에서 죽이려 한다. 하이몬은 아버지가 자신을 다시 보지 못하리라면서 떠나 버린다. 크레온은 안티고네를 동굴 무덤에 가두어, 거기서 비참하게 목숨을 이어가든 죽든 버려두겠노라고 선언한다.

(5) 안티고네가 끌려 나와 자신의 죽음을 한탄하고, 합창단이 그

희랍 비극의 걸작

녀를 위로한다. 안티고네는 자기 행동의 동기를 설명한다. 남편이나 아이였더라면 그러지 않았을 것을, 이제 부모님도 없이 남겨진 오라비여서 그랬다는 것이다. 안티고네가 끌려 나간다.

(6) 예언자 테이레시아스가 크레온을 찾아와, 지금 새들이 이상하게 행동하고 있으며 그 이유는 시신이 버려져 있어서라고 말한다. 그리고 죽은 자에게 가해하는 것을 그치라고 충고한다. 크레온은 예언자가 이득을 노려 그런 권고를 한다며 공격하고, 예언자는 그렇게 고집을 부리면 곧 왕가에 재앙이 닥쳐 혈육이 죽으리라고 예고한다. 또 이웃 도시들도 공격해 오리라고 예언한다. 예언자가 화를 내고 가버리자, 두려움에 사로잡힌 크레온은 원로들의 의견을 구한다. 그들은 소녀를 풀어 주고 폴뤼네이케스의 시신을 장례 치르라고 권고한다. 크레온이 사람들을 이끌고 떠난다.

(7) 얼마 후 사자가 등장하여, 하이몬이 자결하였다고 전한다. 크레온의 아내 에우뤼디케가 그 말을 듣고 혼절하였다가 정신을 수습하여 자초지종을 묻는다. 사자의 보고는 이렇다. '크레온이 장례를 마치고 석굴로 갔을 때, 이미 안티고네는 자결한 상태였고, 그것을 본 하이몬이 그녀의 시신을 끌어 내리는 참이었다. 크레온이 석굴로 들어가자, 하이몬은 아버지를 칼로 치려다가 실패하고는, 아버지 얼굴에 침을 뱉고 칼을 자기 몸에 박아 자살했다. 지금 왕자의 시신이 옮겨져 오고 있다.' 이 말을 들은 왕비는 말없이 집 안으로 들어간다. 모두가 불안해하는 사이에 크레온이 아들의 시신을 거두어 돌아온다. 궁 안에서 사자가 나와서 크레온의 아내도 자살했노라고 전한다. 비통한 크레온은, 아무 쓸모 없는 자신을 도시 밖으로 내보내 달라고 외

치고, 합창단이 지혜가 인생의 으뜸이라고 노래하는 가운데 극이 끝난다.

안티고네의 뛰어남, 크레온의 편협함

위의 『오이디푸스 왕』 요약에 비해 내용을 조금 더 자세히 정리했다. 이 작품은 상대적으로 세부가 덜 알려져 있고, 합창 내용도 중요해서다.(대개는 고급 독자/청중이라 해도 안티고네가 국가의 명에 저항하다 죽었다는 정도만 알고 있고, 하이몬이라는 존재가 있는지도, 이 작품에도 저 유명한 예언자 테이레시아스가 나오는지, 그리고 마지막에 크레온의 아내가 등장하는지도 모르는 것이 보통이다.)

이 작품에서도 우선 눈에 띄는 것은 안티고네라는 인물의 우뚝함이다. 하지만 그녀의 특성은 크레온과 비교해야만 두드러진다. 사실상 이 작품은 '두 주인공 극'이기 때문이다. 아니, 무대에 나와 있는 시간이라든지 대사의 분량으로 보면 오히려 크레온이 주인공이라고 할 수 있다. 옛날 비극에는 배우가 두 명이나 세 명밖에 나오지 않았는데, 이 극에서 제1배우는 크레온이다. 안티고네 역은 제2배우가 맡았고, 그 배우는 아마도 하이몬 역도 연기했을 것이다. 이 약혼자 두 사람은 관객 앞에서 한 번도 서로 마주치지 못하는데, 이렇게 같은 배우가 두 역을 모두 맡았다는 것도 그들이 만나지 못하는 이유 중 하나다.(둘이 서로 만나지 못하는 것은, 이들이 결국 결혼하지 못한다는 것을 함축적으로 보여 주는 장치이기도 하다.)

그리고 이렇게 주인공이 사실상 둘이라는 사실이 또한 많은 독자에게 오해를 일으키는 원인이기도 하다. 이 '오해'란 바로, 안티고네

101

의 '비극적인 홈(또는 실책(hamartia))'이 무엇인지 찾는 것이다. 이는 아리스토텔레스가 『시학』에서 제시한 이론 때문인데, 『안티고네』에서는 (여기에 꼭 아리스토텔레스 이론을 적용해야겠다면) 크레온의 홈이나 실책을 찾아보는 것이 타당하다. 안티고네의 홈을 찾으려는 사람은, 안티고네가 말하자면 '타이틀롤(title-role)'이니까 그녀가 주인공이라고 생각해서 이러는 것인데, 이런 해석이 문제가 있다는 것은 아리스토텔레스 이론의 다른 부분을 보면 분명해질 것이다. 즉 "비극의 일반적 구도는 어떤 사람이 행복하다가 불행에 빠지는 것"이라고 한 대목이다. 작품 초반에 안티고네는 이미 불행한 상태였고, 행복한 상태에 있는 것은, 그리고 극의 끝 부분에 불행해진 것은 크레온이다. 물론 안티고네가 나중에 죽음을 맞으니 처음보다 더 크게 불행해진 것이고, 따라서 처음 상태는 그래도 '행복'에 비교적 가까웠던 것 아니냐고 반론할 수 있겠지만, 아무래도 좀 무리가 있다.

안티고네라는 인물의 뛰어난 점을 얘기하다가 좀 멀리 왔다. 안티고네의 특출한 점은 무엇인가? 사람이 행해야 할 바에 대한 어떤 직관적 지식을 가지고 있었다는 점, 그리고 그것을 실행에 옮길 의지와 자기 확신이 있었다는 점이다. 물론 그녀에게 자기 행동을 논리적으로 설명할 능력이 없다는 점은 인정하자. 사실 바로 그 이유 때문에 하이몬이라는 인물이 필요한 것이다. 이 작품에서 하이몬의 역할은 안티고네가 직관에 따라 실천한 것을 논리적으로, 이성적으로 설명하는 일이다. 또 테이레시아스의 역할도 안티고네의 행동 바탕에 깔린 종교적 근거를, 그 반석처럼 튼튼한 기초를 확실하게 드러내 보이는 것이라 할 수 있다. 크레온으로 대표되는 중년 남성 중심의 국가주의적 합리성은 여성의 직관과 확신, 젊은이의 합리적인 반박, 노(老) 예언자의 권위와, 좁은 의미의 합리성을 넘어선 더 깊은 의미의 지혜에 의해 잇달아 공격을 받고 결국 무너지는 것이다.

크레온의 문제점 — 지나친 합리성

물론 크레온도 나름대로 도시에 대한 책임감, 자기 책무를 제대로 수행하려는 마음가짐, 그리고 원칙을 중시한다는 장점을 가지고 있다. 그러나 그는 모든 것을 너무 좁게 해석하는 사람이다. 신들을 향한 경건함도, 국가 안보에 대한 관심도, 준법의 기준도 모두 너무 편협하게 설정되어 있다. 그는 결국 넘으면 안 되는 선을 넘고야 마는데, 국가는 통치자의 것이라는 생각도 그렇고, 인간이 신들에게 해를 끼칠 수 없다는 일종의 '합리주의'도 마찬가지이다. 원수에게라도 하면 안 되는 어떤 행동이 있는데도, 그는 그 금지 선을 넘어, 신들이 정한 불문율의 영역을 침범한 것이다. 그의 지나침은 '제우스라 해도 나를 막지 못한다'는 선언에서 분명하게 드러난다. 그는 정치적, 윤리적, 종교적 모든 면에서 한도를 넘어섰다. 희랍인들이 가장 경계하던 과오를 범한 것이다.

이 작품에서 가장 유명한 것이 바로 '인간 찬양의 합창'이다. 그 합창에는 여러 함축이 있지만, 크레온이야말로 이 합창이 그려 낸 합리적 인간이라 해야 할 것이다. 그가 사용하는 표현들이 그것을 보여 준다. 그는 늘상 이 합창에 나온 기술적 용어들, 재갈, 쟁기질, 담금질 같은 것들을 동원하여 자기 생각을 피력한다. 하지만 결국 그런 인간의 기술적 성취들은 완벽한 것이 아님이 드러난다. 『오이디푸스 왕』

과 마찬가지로 이 작품도 세부가 잘 짜여 있는데, 『안티고네』의 '뛰어난 세부'들은 대개 이 '인간 찬양의 합창'과 연관이 있다. 예를 들어 인간들은 죽음을 정복하진 못했어도 의술을 개발해서 병을 이겼노라는 것이 노래 내용이지만, 크레온은 자신의 행동으로 나라에 '병'을 퍼뜨리고 있다. 또 인간은 그물을 발명해서 하늘의 새들까지 잡게 되었다는 노래 내용과는 달리, 새들은 예언을 주지 않고 오히려 오염을 옮기고 있다. 좀 더 미묘한 구절도 있다. 안티고네가, 오라비에게 치러 준 첫 장례가 무효가 된 것을 보고 '새처럼' 비명을 지르면서 슬퍼했다고 하는 대목이 그것이다. 이런 표현은 아마도 안티고네가 크레온의 한계를 훌쩍 넘어서 있음을 함축하는 듯 보인다. 안티고네는 말하자면 신들의 뜻을 전하는 새이고, 크레온은 그 새를 포획하는 데 실패한 기술인이다.

인간의 기술과 합리성에 문제가 있는데도 그것을 끝까지 고집하던 크레온은 결국 자기 합리성 때문에 더 크게 재앙을 당한다. 그는 나중에 마음을 돌려 자기 잘못을 수습하려고 하는데, 사태가 급박한 정도를 따지지 않고, 매우 '합리적으로' 자기가 잘못을 저지른 순서대로 처리하려 하다가 일을 그르치고 만다. 죽은 사람은 좀 천천히 매장해도 되고, 당장이라도 죽을지 모르는 사람을 살리는 것이 먼저일 텐데, 그는 폴뤼네이케스를 매장하느라고 시간을 끌다가 조카딸을 자살하게 두고, 그것 때문에 아들과 아내까지 잃는 것이다. 사실 일처리의 합당한 순서는 예언자 테이레시아스와 합창단의 권고를 보아도 알 수 있다. 그들은 먼저 소녀를 풀어 주고, 다음으로 시신을 매장하자고 말했던 것이다.

희랍 비극의 원칙을 요약하는 표어 중 하나가 '행한 자는 당한다'는 것이다. 남에게 해코지를 한 사람은 그대로 보복을 당한다는 뜻이다. 이 표어는 크레온에게 그대로 적용된다. 그저 기술의 관점에서 인간을 보고, 인간이 지닌 고유의 존엄함을 무시하던 크레온은 극 마지막에 '인간 최고의 성취'인 도시에서 스스로 추방되기를 청하게 된다. 가족의 권리를 무시하던 그는 가족을 모두 잃어버리고 만다. 약혼녀를 '뱉어 버리라'고 했던 그는 침 뱉음을 당한다. 아들 앞에서 약혼녀를 죽이겠노라고 위협하던 사람이 자기 앞에서 자식이 죽는 것을 목도한다. 죽은 사람을 저승에 보내 주지 않고, 산 사람을 동굴 무덤에 가두려 했던 그는 산 자도 죽은 자도 아닌 상태에 놓이게 된다.

안티고네의 영웅적 기질

앞에서 안티고네의 흠을 찾는 것은 잘못이라고 했는데, 사실 이 작품에서 안티고네는 의지가 매우 강하고 단호한 데가 있어서, '지나친 고집'이라고 하는 '흠'을 지닌 듯도 보인다. 하지만 이것은 비극의 영웅들이 일반적으로 보이는 '영웅적 기질'이라고 해야 할 것이다. 그래서 안티고네는 작품 첫머리에 세상에 남은 유일한 혈육 이스메네에게 더없이 다정하게 말을 건네다가 바로 몇 행 뒤에 그녀와의 단호한 결별을 선언하고, 동생의 뒤늦은 후회와 희생 의지를 전혀 인정하지 않는 것이다. 이 '여성 영웅'이 볼 때 이스메네의 기회는 이미 작품 첫머리, 짧은 찰나에 지나가 버렸고, 자신은 이 집안의 유일한 생존자로서, 가족을 위한 죽음이라는 명예도 혼자서 차지해야 하는 것이다.

희랍 비극의 걸작

합창단은 안티고네의 불행을 동정하면서도, 그녀가 너무 자기 뜻대로 행동해서 그렇게 된 것이라고 지적하는데, 이것 역시 영웅의 자율성이 타인들 보기에까지 확연하게 드러난 것이다. 그녀는 스스로 하나의 국가가 된 셈이다. 비극 작품이 자주 그러하듯 오늘날 우리가 보기에 너무 극단적으로 표현되긴 했지만, 개인의 자율성을 중시하는 근대적인 인간이라면 그저 나무랄 수만은 없는 그런 태도이다.

안티고네가 자기 행동을 변호하는 장면에도 그런 의미가 있다. 그녀는 죽은 이가 남편이나 자식이라면 이렇게까지 행동하지 않았겠지만, 오라비라서 그랬노라고 설명한다. 남편이나 자식은 다시 얻을 수 있지만, 이미 부모님이 돌아가셨기 때문에 오라비는 다시 얻을 수 없어서라고. 하지만 이것은 이상한 논리이다. 남편, 자식, 오라비 이 셋 중 누구를 살릴 것인지가 문제라면 몰라도, 이미 죽은 사람을 장례 치르는 문제이니 말이다. 그래서 안티고네를 매우 찬탄했던 괴테도 이 대목은 좀 이상하다고 비판했다. 하지만 안티고네가 이 오라비를 거의 산 사람으로 여기고 있다고 보면 그다지 이상할 것도 없다. 더구나 이 논변은 타인들 들으라고 하는 것이 아니라, 혼자서 자기 행동을 반추해 보는 것이다. 세상 모든 사람과 단절된 이 '영웅'은 자기 자신을 향해 변론을 펼치는 중이다.

이 작품에도 앞에 본 『오이디푸스 왕』에서처럼, 얼핏 보기에는 아무 의미도 없는 듯하지만 사실은 아주 중요한 구절이 들어 있다. 짧지만 안티고네의 성격을 강렬하게 드러내 주는 문장이다. 크레온이 여러 기술적인 비유를 들어 가면서 그녀를 나무랄 때, 그녀는 그에 대해 그저 한마디를 던질 뿐이다. "저를 죽이는 것 이외의 다른 것을 원하시나요?"(497행) 여러 말 할 것 없이 그냥 죽이라는 뜻이다. 그녀는 이 편협한 인간의 여러 논변에 일일이 대꾸할 필요조차 느끼지 못한다. 그 좁은 세계관은 그저 경멸의 대상일 뿐이다.

더러 작품을 직접 읽은 사람 중에, 안티고네가 자신의 때 이른 죽음을 슬퍼하는 대목에서 '성격의 비일관성'을 느끼고, 그것 때문에 실망하는 이도 있을지 모르겠다. 이미 죽음을 각오하고 권력자와 맞섰다면, 결연히 죽음을 받아들여야 하는 것 아닌가? 사실 나도 학생 때 작품을 처음 읽으면서 그런 인상을 받았고, 괴테 역시 그 점을 지적한 바 있다. 하지만 이것은 안티고네가 '이 세상에 혼자 남은, 가족의 마지막 여성'이기 때문이라고 이해해야 할 것이다. 죽은 사람을 애곡하는 것은 늘 여성들의 몫이었는데, 자기가 마지막 남은 여성이니 스스로 자신을 애곡하는 수밖에 없는 것이다. 물론 이스메네가 남았지만, 안티고네가 보기에, 죽음이 두렵다고 의무를 저버린 동생은 이미 가족 구성원이기를 포기한 것이니 논외이다. 논변도 자신을 향해 하고, 자신에 대한 애곡도 저 스스로 수행하는 안티고네는 그 누구 하나 곁에 두지 않고 홀로 선 인간이다.

양분 구성, 편협한 이성 중심주의에 대한 비판

여기까지 대체로 인물의 탁월함과 몇 가지 세부를 중심으로 이야기했다. 이번에는 구조를 보자. 이 작품은 양분 구성을 취한 것으로 알려져 있다. 그 두 부분을 구성하는 것이 바로 크레온의 두 가지 잘못이다. 작품 앞부분은 크레온이 죽은 사람을 이승에 잡아 두는 잘못을 저지른 것에, 후반부는 산 사람을 무덤에 가두는 잘못을 저지른 것에 집중하고 있다. 이런 구성법에 대한 설명은 다소간 문학사(文學史)적인 것이다. 대개 이전 비극들이 서로 내용이 연결된 3부작으로 되어 있던 것을, 소포클레스가 한 작품 내에서 긴장을 조성하고 해소하는 식으로 바꾸었는데, 그 중간 단계가 바로 이런 양분 구성이라는 것이다. 한데 소포클레스는 그 양분성을 크레온의 두 가지 잘못과 연결시켰다. 형식적인 이중성을 내용적인 이중성과 어울리게 이용했다는 것이다. 그러면서 그 두 부분이 그냥 동강 나뉘지 않게, 크레온에 대한 (안티고네-하이몬-테이레시아스로 이어지는) 삼중의 공격을 이용해서 두 부분을 연결했다. 하이몬 장면이 이 작품의 중심이어서 작품이 두 토막이 아니라 자연스럽게 연결된 한 토막으로 보이게 되었다는 말이다.

마지막으로 작품의 의미에 대해서 살펴보자. 대다수 학자들은 이 작품의 의미 역시 『오이디푸스 왕』의 경우와 비슷한 것으로, 즉 지나친 합리성에 대한 경고라고 본다. 하지만 『오이디푸스 왕』에서는 최종적으로 비판을 받는 합리적 인간이 또한 탁월한 인물이기도 했던 것과 달리, 이 작품에서는 합리성을 대표하는 인물과, (그것을 비판하는) 탁월한 인물이 둘로 나뉘어 있다. 이 둘이 대표하는 세계관은 뚜렷한 대조를 보이고, 그 둘의 충돌과 대결이 독자로 하여금 사건의 진전을 긴장한 채 주목하게 한다. 일종의 '국가주의자'라고 할 수 있는 헤겔은 두 입장이 모두 제 나름의 근거를 갖춘, 타당한 것이라 보았지만, 현대 학자 대다수는 안티고네의 입장이 훨씬 폭넓은 것이고, 크레온의 입장과 그저 대조만 되는 것이 아니라 그것을 포괄하면서 넘어서는 것이라고들 보고 있다.

『안티고네』는 우리로 하여금 진정한 경건함이란 무엇인지, 법을 지킨다는 것은 무엇인지, 또 국가 안보와 양심의 문제, '범법자' 처벌의 한계 등에 대해 다시 한 번 생각하게 한다. 옛 시인은 이런 근본적인 문제들을, 찬탄할 만한 인물의 발언과 행동을 통해, 튼튼한 구조와 미묘한 세부를 갖춘 작품으로서 우리 앞에 제시했다. 많은 사람이 이런 좋은 계기를 누리고, 또 선용했으면 하는 바람이다.

강대진　서울대학교 철학과를 졸업하고 동 대학원에서 플라톤의 『향연』 연구로 석사 학위를, 『일리아스』 연구로 박사 학위를 받았다. 국민대학교 겸임교수를 지냈으며, 현재 홍익대학교 겸임교수, 정암학당 연구원으로 고대 서양의 중요 저작들을 번역·해설·소개하는 일에 힘쓰고 있다. 저서로 『오뒷세이아, 모험과 귀향, 일상의 복원에 관한 서사시』, 『일리아스, 영웅들의 전장에서 싹튼 운명의 서사시』, 『그리스 로마 서사시』, 『비극의 비밀』 등이 있고, 역서로 『오이디푸스 왕』, 『아폴로도로스 신화집』, 『신들의 본성에 관하여』, 『사물의 본성에 관하여』, 『루키아노스의 진실한 이야기』 등이 있다.

11

인간다운 삶, 더불어 사는 사회

공자의 『논어』 읽기

배병삼 (영산대학교 자유전공학부 교수)

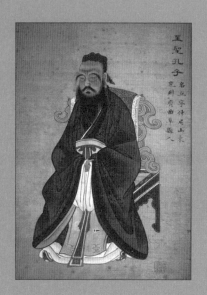

공자(孔子, B.C.551?~B.C.479?)와 『논어(論語)』

이름은 구(丘), 자는 중니(仲尼)다. 춘추시대 말기 노나라 사람으로 어릴 때 아버지가 세상을 뜨고 가세가 기울어 비천한 일을 많이 했다. 15세에 학문에 뜻을 두고 30세에 사회로 나아가 50세부터 정치에 헌신했다. 형조 판서에 해당하는 대사구(大司寇)를 지냈으나, 55세에 당시 실권자였던 계환자와 견해를 달리하여 관직을 내놓고 노나라를 떠났다. 이후 약 14년간 제자들과 함께 여러 나라를 돌아다니면서 제후들에게 인(仁)과 예(禮)에 기반을 둔 덕치(德治)를 펼 것을 역설했다. 만년에는 노나라로 돌아와 교육에 전념하여 3000여 명의 제자를 길러 내고 『시경』과 『서경』 등 중국 고전을 정리했다고 알려져 있다.

『논어』는 공자와 그의 제자들의 언행을 모아 편찬한 것으로, 공자 사상의 중심이 되는 인(仁)을 비롯해 충서(忠恕)와 효제(孝悌) 등에 대해 설명하고 있다. 20편으로 이루어져 있으며 유교 경전인 사서(四書)의 하나이다.

지금으로부터 2500년 전, 이른바 '춘추시대'에 전쟁의 역사를 뚫고 평화와 질서를 염원한 공자의 삶과 생각을 살펴본다. 이를 바탕으로 오늘날 자본주의 사회 속에서, 어떻게 인간다운 삶을 살아갈 것인가를 생각하는 기회를 얻고자 한다.

1 시대와 문제

춘추전국시대

우리는 사람을 오해하고 있다. 사람은 태어나면서 하늘이 부여한 고유한 권리를 가질 만한, '천부 인권'의 고매한 인격체가 아니라는 사실을 자주 잊는다. 사람은 짐승보다 못한 동물이다. 사실이 그러하다. 짐승은 싸운다. 먹을거리를 두고 싸우고, 암컷을 두고 수컷들끼리 싸운다. 그러나 짐승은 결코 전쟁을 치르지는 않는다. 의도적으로, 조직적으로 동족을 살상하지 않는다는 뜻이다. 오로지 인간이라는 종자만이 서로 싸울 뿐만 아니라 전쟁을 치른다. 사람은 '전쟁을 치르는 동물(Homo Furens)'이다!

더욱이 조직적으로 동족을 잘 죽이는 자를 사람들은 '영웅'으로 숭배하기조차 한다. 동서양을 막론하고 왕조나 국가 건설자들은 인간을 잘 죽이는 자 중에서도 가장 잘 죽이는 자들이었다. 이 땅의 고구려 건설자 주몽이 그러하고(주몽이란 만주어로 '활을 잘 쏘는 아이'라는 뜻이다.(『삼국사기』)) 조선의 건국자 이성계의 활 솜씨도 주몽에 못지않았다. 그래선지 제후를 뜻하는 한자, 후(侯) 자 속에는 화살을 뜻하는 시(矢)가 또렷하다. 제후란 곧 활 잘 쏘는 사람이라는 뜻이 된다. 중국은 더했다. 고대의 성왕으로 추앙받은 주나라 건설자 무왕의 전쟁터에는 "피가 강물처럼 흘러 병정들의 창과 방패가 둥둥 떠내려갈 지경이었다."라고 전한다.(『서경』) 그렇다면, 사람은 짐승보다 못한 존재다. 짐승들이 하지 않는 전쟁을 일으켜 동족을 조직적으로 살상하는 종자가 인간이다. 이처럼 처참한 전쟁으로 얼룩진 근 300여 년의 세월이 춘추시대다. 『예기(禮記)』의 한 대목은 이 시대 인간의 처지를 다음과 같이 묘사한다.

공자가 제자들과 깊은 산속을 가다가 한 여인이 통곡하는 것을 보았다. 우는 까닭을 묻자, 여인은 '남편과 자식을 호랑이에게 잡아먹혀 잃었다.'라고 하소연한다. 공자는 '산을 떠나 마을에서 살면 될 것 아니냐.'라고 권한다. 그러자 여인은 '도시의 정치는 호랑이보다 더 무섭기 때문에 이곳을 떠날 수도 없다.'라고 답한다. 공자는 제자들을 돌아보고 말했다. '단단히 기억해 두어라. 세상의 잘못된 정치는 호랑이보다 더 무섭다는 사실을.'

요컨대 춘추시대는 사람이 짐승보다 못한 시대였다. 공자의 후예, 맹자는 당대에 대한 공자의 실존적 고뇌를 한마디로 압축한 바 있다. "공자는 인간의 처지를 두려워했다(孔子懼)."라고.

평천하의 꿈

전쟁과 살육의 세태를 뚫고, 평화 세계를 건설하기. 이것이 공자의 꿈이었다. 『대학』에 기술된 수신-제가-치국-평천하는 공자의 비전이 단계적으로 잘 묘사된 것이다. 이 중 마지막 목표인 평천하(平天下)에 주목해 보자. 공자의 마지막 꿈이 '세계 평화'였다는 사실은 춘추시대라는 긴 전쟁의 시대를 감안할 때라야 절실하게 와닿는다. 전쟁의 시대를 개선하는 정도가 아니라, 전쟁과 인간 조건을 근본적으로 고민하고, 이를 바탕으로 발견한 전혀 새로운 세계에 공자 사상의 의의가 있다. 낯익고 습관적인 사유를 떨치고 사물과 인간을 낯설게 바라봄으로써 획득하는 전혀 다른 세계상. 이것이 이른바 성인이라는 탁월한 사람들의 공통 요소다. 석가든, 예수든, 소크라테스든 두루 참혹한 전란의 시대 속에서 인간의 본성과 세계의 본질을 고민하고 깨달은 '혁신적 사상가'임을 여기서 함께 감안하지 않을 수 없다.

특별히 동아시아인들은 현세적이고 물질적이었다. 한마디로 '창조주'가 없고, '내세'에 대한 인식이 없었다. 이를테면 "태초에 말씀"이 없고 "심판"이 없으며 "천당과 지옥"이 없다는 말이다. 하면 생명은 어디서 났는가? 신체발부(身體髮膚) 수지부모(受之父母)라, 모든 생명은 음양의 접촉, 부모의 사랑에서 났을 뿐이다. 이처럼 신체적이고 감촉적이며 물질적인 인식이 동아시아 생명 사상의 한 특징이다. 특히 유교의 이슈는 '지금, 이 순간 어떻게 잘 살아갈 것인가'로 요약된다. 그만큼 현세적이고 현실적이다.

문제는 평천하의 난제가 여기서 비롯되기도 한다는 사실이다. 모세가 평화를 획득하는 방법은 간단하다. 시나이 산에 올라가서 십계명을 받아 내려온 다음에는 신앙의 문제로 요약된다. 하나님의 말씀을 믿느냐 마느냐에 따라 평화와 갈등의 여부가 갈릴 따름이다. 반면 절대자를 신뢰하지 않는 동아시아에서 세계 평화를 이루는 힘은 어

인간다운 삶, 더불어 사는 사회

디서 나올 것인가.

공자는 그 힘을 가족 안에서 발견한다. 전쟁을 치르는 저 잔인한 사람들의 뒤에 막상 사랑하는 가족들이 기다리고 있다는 사실을 공자는 발견한다. 요컨대 공자 평천하 프로젝트의 첫 단계는 전쟁터의 장정들을 가족으로 되돌려 보내고 가족을 재건함으로써만이 확보할 수 있다.

여기서 공자 사회학의 근본 구성체는 가족이 된다. 내리사랑(慈愛)과 치사랑(孝行)이 순환하는 사랑의 장소가 가족이다.(치사랑은 오로지 인간만의 활동이다! 이것이 공자가 효행을 인간다움의 근본으로 삼는 이유다.) 그 자애와 효행의 순환 과정에서 생겨나는 에너지가 또 화목이다(家和萬事成). 가족 속에서 빚어진 화목이라는 따뜻한 에너지를 문지방 너머 이웃과 마을로, 또 고장과 나라로, 민족과 국가, 인종과 종교를 넘어서 점점 차차 번져 나가게 하는 것이 공자의 평천하 전략이었다. 이것을 프로그램으로 표현한 것이 수신-제가-치국-평천하가 된다.

2 공자라는 사람, 『논어』라는 책

공자라는 사람

성은 공(孔)씨, 연로한 아버지 숙량흘(叔梁紇)과 연소한 어머니 안씨(顔氏) 사이에서 태어났다. 『사기』「공자세가」에는 "야합(野合)하여 낳았다.", "성장하도록 어머니는 아버지의 묘를 알려주지 않았다."라고 전한다. 어릴 적 이름(名)은 구(丘)로, 왼쪽 가슴에 이름표를 붙인다면 '공구(孔丘)'이고, 어른이 되어 얻은 이름(字)은 중니(仲尼)이다. "태어날 때 머리의 정수리 부분이 움푹 파였기에 이름을 '구'라고 붙였다."[1]

'88만원 세대' 공자 성장 과정에서 물질적 고생이 심했던 듯하다. "어려서 가난하여 허드렛일에 많이 능숙하다."[2]

공자의 특징: 호학 공자 말씀하시다. "열 가구의 작은 마을에도 나보다 더 성실하고 신의 있는 사람이야 있겠지만, 나보다 '배우기를 좋아하는(好學)' 사람은 없을 거야!"[3]

공자의 일생 공자 말씀하시다. "나, 열다섯에 배움에 뜻을 두고(志于學), 삼십에 섰으며(而立), 사십에 미혹됨이 없었고(不惑), 오십에 천명을 알았으며(知天命), 육십에 귀가 순해졌고(耳順), 칠십에는 마음 가는 대로 행해도 경우를 벗어나지 않았다."[4]

『논어』라는 책

'논어'라는 책 이름은 묘하다. '논술하고(論) 대화하다(語)'라는 뜻인데, 저자를 책 이름으로 삼는 동양 고전들의 관행과는 사뭇 다르다. 예컨대 맹자가 쓴 책 제목은 『맹자』다. 또 『장자』라는 책의 주인공은 장자요, 『한비자』도 역시 그렇다. 병법서의 대명사인 『손자병법』조차 저자가 책 제목에 병기되어 있다. 이런 식으로 치자면 『논

인간다운 삶, 더불어 사는 사회

어』는 '공자'라는 이름을 가졌어야 할 법하다. 공자의 책 이름이 '논어'가 된 까닭은 '자왈(子曰)'이라는 문장 스타일에서 찾을 수 있으리라. 『논어』의 장절 앞마다 놓인 '자왈', 즉 '선생님 말씀하시다'라는 단어 속에는 공자가 한 말을 제자들이 기억했다가 훗날 그것을 기록하는 성서(成書) 과정이 들어 있다. 그러니까 공자는 말을 했을 따름이요, 글로 옮기고 책을 묶은 이는 제자들이다. '논어'를 현대식으로 옮기면 '대화'쯤 되겠다.(흥미롭게도 소크라테스가 나오는 책 역시 '대화(the Dialogue)'라는 이름을 갖고 있다.)

한편 '자왈' 앞에는 제자들의 질문이 숨어 있다. 공자학교는 제자들의 질문에 스승이 답변하는 식으로 운영되었기 때문이다. 오로지 질문자의 간절한 앎에의 욕구에 대해서만 공자의 답변이 내린다. 더욱이 "한 모서리를 들어 주었는데도 나머지 세 모서리를 알아채지 못하면 다시는 대답하지 않았던" 엄격한 학습 과정이 공자학교의 특징이기도 했던 터다.

주희에 의하면 공자가 죽은 후 스승의 말씀 조각들을 모아서 초창기 형태의 『논어』를 만든 것은 "유약(有若)과 증삼(曾參)이라는 공자 제자와, 또 그 제자들"(『논어집주』「서(序)」)이라고 하였다. 그 까닭은 『논어』에서 초창기 공자 제자들은 그냥 이름으로 불리는 데 반해(안연, 자공, 자로 등) 후기 제자에 속하는 유약과 증삼은 스승을 뜻하는 칭호인 자(子)를 성 뒤에 붙여 '유자', '증자'라는 식으로 등장하기 때문이다.

최초의 『논어』 판본은 공자의 고향인 노나라에서 결집되었지만, 머지않아 이웃 나라인 제나라에서도 유사한 『논어』가 생겨났다. 노나라에서 결집된 것을 『노론(魯論)』이라고 하고 제나라에서 통용된 것을 『제론(齊論)』이라고 불렀다. 그런데 진시황의 분서갱유 사건에 접하면서 『논어』는 급급하게 감추어야 할 금서(禁書)의 처지가 되고 만다. 이때를 당하여 공자의 후손들은 공자의 고택 담벼락에다 『논어』를 숨겨 둔다. 책을 왜 담벼락에다 숨길까 의아하겠지만, 옛날 책은 종이책이 아니라 대나무나 나무쪽을 엮어 만들었기 때문에 차곡차곡 담벼락 속에 채워 넣은 다음 진흙으로 바깥을 바르면 감쪽같았다.

진나라가 망하고 한나라가 수립된 후 공자의 고택을 수리하는 와중에 담벼락 속에서 옛 『논어』가 쏟아져 나온다. 이것을 『고론(古論)』이라고 부른다. 이렇게 초창기 『논어』 판본은 『노론』과 『제론』, 그리고 『고론』으로 세 갈래가 있었다. 특히 공자 저택에서 나온 『고론』은 옛날 문자로 쓰였을 뿐만 아니라 내용마저 들쭉날쭉 동질적이지 않았다고 한다. 따라서 텍스트를 표준화하려는 요구가 생겨났는데 특히 한나라가 유교를 국교로 삼으면서 그 필요성은 더욱 커졌다. 이때 『노론』을 중심에 놓고 『고론』과 『제론』을 감안하여 새롭게 편찬한 사람이 후한의 정현(鄭玄, 127~200)이다. 이를 계승하여 더욱 가다듬어 정본으로 만든 사람이 위(魏)나라의 하안(何晏, ?~249)인데 그가 편찬한 『논어집해(論語集解)』는 그동안의 각종 주석들을 총괄하여 표준형으로 만든 것이다. 여기서도 『노론』이 중심이 되고 거기에 『제론』의 부분들(이를테면 제16 「계씨(季氏)」 편)이 보완되어 오늘날과 같은 형태로 형성되었다. 이 하안의 『논어집해』가 『논어』의 표준적 형태가 된다.

그러나 무엇보다 『논어』에 대한 주석이라면 12세기 중국 남송대 주희의 『논어집주』가 대표적이다. 이것은 고금의 주석들을 망라하여

인간다운 삶, 더불어 사는 사회

성리학적 관점에서 해설한 것이다. 조선이라는 나라는 이성계의 무력과 정도전이 품은 주자학적 통치 프로그램이 힘을 합쳐 만들어졌다고 할 수 있다. 그 주자학의 핵심 텍스트가 『논어집주』였다. 그러니 조선조 500년은 『논어집주』라는 레일 위를 달려간 기차라고 비유해도 과언이 아니다. 그만큼 우리나라에서도 중시되었던 주석서라는 뜻이다.

3　인 — 사람다움, 또는 사랑

무엇보다 공자 사상의 핵심어는 인(仁)이다. 그러나 그 내용은 복잡하고 손에 잘 잡히지 않는다. 『논어』 속에 기술된 인에 대한 논의를 몇 가지 살펴보자.

극기복례

제자 안연이 인(仁)을 물었다.
공자 말씀하시다. "극기복례(克己復禮)라, 단독자로서의 나를 이겨 내고 상대방과 더불어 함께하는 순간 인(仁)이 되지. 단 하루라도 극기복례할 수 있다면 온 세상이 문득 인으로 바뀔 게야. 그 변화는 나로부터인 게지, 상대방으로부터가 아님이라!"[5]

극기복례는 우리에게 낯익은 말이다. 극기란 '나를 이긴다'는 뜻인데, 여기 나(己)란 상대방을 수단으로 삼으려는 나, 자연을 사람을 위한 쓰임새로만 여기는 나를 뜻한다. 보고 듣는 감각에 사로잡혀 너와 나를 구분 짓고 너를 나의 도구로 삼는 나, 곧 에고(ego) 덩어리가 기(己)다. '극기'란 에고를 부수고 툭 트인 마음으로 상대방에게 손을 내미는 과정을 말하고, '복례'란 너와 나의 경계가 툭 터지면서 '우리'로 승화하는 과정을 뜻한다.

오해하기 십상이지만, 복례의 예(禮)는 리바이어던으로 몸을 바꿔 사람을 잡아먹던 조선 말기의 경직된 의례들을 뜻하는 말이 아니다. 여기 예란 상대방을 세계의 주인공으로서 영접하는 길을 말한다. 너와 내가 마음을 열고 소통하는 길이 예다. 복례에는 '함께 더불어 사는 것'이 사람의 본래적 가치라는 뜻이, 더불어 살 때라야만 사람의 사람다움이 드러난다는 생각이 전제되어 있다. 그러므로 복례의 복(復)에는 현재 나(에고) 중심의 세계를 벗어나 '우리'의 세계로 되돌아가자는 지향성이 들어 있다.

복례가 지향하는 세상은 '위하지 않는' 곳이다. 너를 위하여 나를 소모하지도 않고 나를 위하여 너를 수단화하지 않는 세계다. 내가 그대에게 무엇을 준다면 그건 이웃으로서 그냥 주는 것이지, 반대급부를 예상하고 주는 것이 아닌 곳이다. 주면 주는 것으로 끝나고, 받으면 받는 것으로 끝나는 세계다. 만일 그대가 나를 '위하여' 무엇을 준다면, 받은 나는 얼마나 부담스러울 것인가. 부담감은 미안함으로 변하고 되갚지 못할 때 그 미안함은 상대가 나를 지배하도록 만드는 빌미가 될 수 있다. '위하여' 논리의 무서움은 지배·복종의 권력 세계로 너와 나를 끌어가 끝내 '우리'를 파괴한다는 점에 있다. 이 점이 '위하

인간다운 삶, 더불어 사는 사회

여' 논리의 속내다. 공자가 당시 정직한 사람으로 알려진 '미생고'의
처신을 두고 올바른 사람이 아니라고 비난한 까닭도 이 때문이다.

> 공자가 말했다. "누가 미생고를 일러 정직하다고 했던고! 누군가 식초를
> 얻으러 왔는데, 이웃집에 가서 얻어다 주었다더군."[6]

식초는 우리에게 간장이나 된장처럼 중국인이라면 누구나 없이
다 갖추고 사는 필수품이다. 그러니 제집에 없으면 이웃집에서 빌려
다 줄 것이 아니라, 그냥 없다고 하면 그만이다. 그 사람이 또 다른 이
웃집에 가면 얻을 수 있으므로. 공자가 미생고를 '바르지 않다'고 비
난한 것은 그의 처신에서 '위하여'의 굴레를 발견했기 때문이다. 이
웃집에서 빌려서까지 식초를 얻어 주는 것은 너와 나를 거리낌 없는
'우리'로 만들려는 노력이 아니다. 도리어 너와 나를 차별하고 나의
속내(가난함 같은 것)를 상대에게 감추면서, 상대를 위함으로써 보상
(명성)을 바라는 소외와 차별의 씨앗이 숨겨져 있는 것이다. 참된 선
물은 상대방으로 하여금 받는다는 것(나로서는 준다는 것)조차 잊도록
배려하는 것이지, 이웃에서 얻어 주면서까지 부담을 주는 것은 선물
이 아니라 관계를 해치는 독이다. 상대를 '위하여' 주는 순간, 흔하디
흔한 식초는 권력의 도구로 타락하는 출발점에 서게 된다. 이 대목에
서 모스의 『증여론』에 대한 다음 독후감은 인용할 만하다.

> 실제로 원시 부족들이 선물하는 장면 중 비슷한 장면들이 있다. 한 부족
> 이 다른 부족에게 무언가를 선물할 때 그들은 그것을 내버리는 것처럼 행

동한다. 그러면 다른 부족이 그것을 집어 들고는 횡재라도 한 양 즐거워한다. 여기에 선물하는 자의 배려가 있다. 받는 자가 횡재했다고 느낌으로써 아무런 부담 없이 그것을 쓰도록 주는 자가 배려하는 것이다.[7]

복례의 꿈 속에는 재화가 이익의 도구가 되기 이전, 사람과 사람 사이의 관계를 증진하는 한 도구로 순기능을 하던 때에 대한 그리움이 담겨 있는 듯하다. 상대방을 나와 똑같은 주인공으로 배려하는 세상에의 꿈이다. 하나 이 꿈이 어찌 복고적이기만 하랴. 공자가 "극기복례가 곧 인(仁)이 된다."라며 수제자 안연에게 속을 드러냈을 때, 이미 그의 손가락은 미래를 지향하고 있는 것이다. 하여 공자는 몸소 친구와의 사귐 속에서 자기 꿈을 실현하기도 하였던 것이리라.

한편 친구가 준 선물은 비록 그것이 값비싼 말과 수레일지라도 고맙다는 인사를 하지 않았다.

『논어』「향당(鄕黨)」편에 나오는 말이다. '고맙다'는 인사 한마디에 친구의 선물(값비싼 선물일수록)은 '위하여' 논리 속으로 빠져들고 그 인사 한마디로부터 내 마음에는 그림자가 드리워진다. 마음속의 그림자는 부담감으로 또 미안함으로 변질되다가 끝내 친구 사이가 상하 관계로 변질될 씨앗이 피어나게 된다. 그러니까 위하지 않을수록 사람답고 또 가까운 사이인 것이요, 위할수록 거리가 멀어지고 또 상대를 소외시키는 짓이 된다. 이 벌어진 틈새에 권력이 끼어드는 것이다. 이로부터 내가 너의 도구가 되거나, 네가 나의 수단이 되는 지배·복종

인간다운 삶, 더불어 사는 사회

관계의 문이 열린다. 한편 죽어 버린 친구는 나의 배려에 전혀 반응하지 못한다. 그럼에도 시신을 내 집에 안치한 것은 그를 '위하여' 한 일일 수가 없다. 위함이 없이 해맑은 사람대접, 이것이 공자가 지향하는 예의 세계, 극기복례의 고향임을 헤아릴 수 있겠다.

'참된 나'는 남과 함께 더불어 살아갈 때, 즉 '우리'가 될 때라야만 진면목이 드러난다. 내 등 뒤에는 수많은 타인이 존재하고 있다. 내 몸뚱이는 부모님으로부터 받은 것이요, 음식은 농부에게 빚지고 있는 것이다. 나아가 현재의 '나'는 아들과 아내, 그리고 학생들과 관계 맺고 있기도 하다. 그러니 다음 시는 나와 네가 어울려 우리로 전환하는 길을 잘 보여 준다.

그대의 근심 있는 곳에
나를 불러 손잡게 하라

큰 기쁨과 조용한 갈망이
그대 있음에
내 마음에 자라거늘

오, 그리움이여

그대 있음에 내가 있네
나를 불러 손잡게 해

— 김남조, 「그대 있음에」 부분

그렇다. "큰 기쁨과 조용한 갈망이 그대 있음에 내 마음에 자라" 날 때 그리하여 "그대 (……) 나를 불러 손잡게 해"줄 때, 그대와 나는 문득 너도 아니고 나도 아닌 우리로 변모한다. 신화 속에서 곰이 사람으로 변하듯이 변모한다. 실은 내가 먼저 "그대의 근심 있는 곳에" 손을 내밀어 그대 손을 잡을 때라야, 우리로 발효한다. 공자식으로 말하자면 내 손을 내미는 것은 극기요, 그대의 손을 잡는 때는 복례하는 순간이요, 우리로 변모하는 순간이란 곧 인으로 승화하는 때다. 요컨대 극기복례란 상대를 나와 동등한, 그러면서도 나와 또 다른 주인공으로 영접할 때 '우리'로 발효하는 과정이다.

요약하자면, 공자 사상의 핵심어 인이란 곧 '함께 더불어 하기'다. '함께 더불어 하기'의 원동력은 '그대가 있기에 내가 존재한다.'라는 생각으로의 전환에서 비롯된다. '내가 있기에 네가 있다.'라는 자기애에 가득 찬 일상을 완전히 뒤집어 '그대가 있음으로 해서 내가 존재한다.'로 전환하는 순간, 평화의 길이 툭 열린다. 공자는 이 전환의 극적인 순간을 "단 하루라도 극기복례할 수 있다면 온 세상이 문득 인으로 바뀔 게야. 그 변화는 나로부터인 게지, 상대방으로부터가 아님이랴!"라고 표현한 것이다. 여태 '나'만이 존재하던 세계, 혹은 '내가 있음으로 네가 있다.'라는 오만한 생각으로부터 '당신, 곧 부모, 형제, 농부, 친구가 있기에 겨우 내가 존재할 수 있다.'라는 생각으로 바꾸는 순간 '함께하기'가 가능해지는 것이다.

그렇다면 '사람다움(仁)'이란 결코 홀로, 따로, 눈에 보이는 사물로서 존재하는 것이 아니다. 사람다움이란 너와 나 사이 어디쯤에 있는데, 그것은 너를 나의 대상이나 수단이 아니라 도리어 '너'가 있음에 '나'가 존재함을 깨닫는 순간 문득 드러난다. "그대 있음에, 내가 있네. 나를 불러 손잡게 해."라며 손을 내밀어 그대를 영접하는 순간에 피어난다. 그 꽃송이의 이름을 따로 인이라 부를 따름이다.

충서

그러면 인의 능력을 어떻게 배양할 수 있을까?

공자 말씀하시다. "증삼아! 나의 도(道)는 하나로 꿰느니라."
증자가 대답하였다. "네!"
공자가 나가자, 다른 제자들이 증삼에게 물었다. "무슨 말씀이신지?"
증자가 말했다. "선생님의 도는 충서(忠恕)일 뿐이다!"[8]

이 대화는 공자 사상의 핵심인 인을 기르는 방법론으로서 중시되어 왔다. 그 방법이 충(忠)과 서(恕)라는 두 개념으로 표상된다. 소통론의 관점에서 보자면, 충이란 대화에 나서기에 앞서 자기(발화자) 스스로를 점검하는 성찰 과정을 뜻한다. 말하기에 앞서 '내뱉으려는 말이 정상적인 것인가'를 살펴보는 것이 충이다. "과연 내가 하려는 말의 진정성을 나는 신뢰할 수 있는가?", "나는 상대방의 말을 듣고 기억할 수 있는가?", "나는 남과 행한 약속을 실현할 수 있는가?" 등이 그 점검 항목에 속한다. 충은 대화에 나서기 전에 스스로를 점검하는 자기 객관화 과정이라고 할 수 있다. 아렌트가 묘사한 유태인 살해범 아이히만의 '생각 없음(thoughtlessness)'이란 유교식으로 보자면 충의 불능, 즉 자기를 객관화하지 못하는 정신병적 상태를 의미한다고 할

수 있다.[9]

그런 점에서 정신병자란 생각 없이 말을 내뱉는 사람이다. 이들은 제가 내뱉는 말의 의미와 실현 가능성을 생각하지 않고 그냥 쏟아낸다. 정신병자와의 대화는 소통 과정이 아니라 치료 과정에 불과하다. 정신병자를 치료하기 위해서는 의사와의 대화가 필요하지만, 그 대화는 실은 소통이 아니라 치료일 뿐이며 또 정신병자끼리의 약속은 신뢰할 수 없는 것이다.

충과 더불어 또 다른 방법인 서란 상대방을 이해하는 과정을 뜻한다. 상대방의 처지를 '나'의 경우로 가져와서 생각해 보는 과정이다. 즉 서는 상대방을 '용서한다'는 뜻이 아니라 상대의 입장을 나의 것으로 '접어서 생각함'이다. 제자 자공으로부터 평생 동안 간직해야 할 키워드를 질문받는 자리에서 또 공자는 서 한마디를 제시한 바 있다.[10] 그만큼 인의 실현에 상대방의 처지를 내 경우로 접어서 생각하는 과정이 중요하다는 뜻이 되겠다.

요컨대 대화를 통해 '상대를 이해한다'는 것 즉 소통을 이루기 위해서는 스스로에 대한 객관적 성찰(忠)과 상대의 처지를 입장 바꿔 이해하기(恕)라는 두 과정을 거치지 않으면 안 된다. 인이란 발화자 스스로를 객관화하는 자기반성과 상대방을 자기 처지로 접어 생각하는 성찰을 통해 달성하는 상호 이해의 다른 이름에 불과하다. 이렇게 소통론의 맥락에서 살피다 보면 치수 설화는 유교적 이상인 인에 대한 설화요 은유임이 더욱 분명해진다.

이 대목에서 정약용이 인(仁) 자를 쪼개어 "인이란 것은, 두 사람이다.(仁者, 二人也.)"라고 지적했던 점은 상기할 만하다. 인이란 곧 사

인간다운 삶, 더불어 사는 사회

람(人)과 둘(二)로 이뤄진 합성 글자이다! 즉 '두' '사람'이 인을 구성한다. 다만 두 사람 가운데 한 사람은 바로 나다. '두 사람'이란 나와 상대방과의 만남, 예컨대 나와 아내, 나와 부모, 나와 자식, 나와 학생, 나와 친구 등으로 형성된다. 다산이 '인이란 두 사람이다.'라고 선언했을 때, 인이란 상대방과 관계를 맺고 또 상호 소통하는 행위임을 잘 알고 있었던 것이다. 그러니 다음 시만큼 유교의 인간 조건을 선명하게 드러내 주는 것도 없다.

나는
나의 아버지의 아들이고
나의 아들의 아버지고
나의 형의 동생이고
나의 아내의 남편이고
나의 집의 가장이다

그렇다면 나는
아들이고
아버지고
동생이고
형이고
남편이고
가장이지

오직 하나뿐인 나는 아니다

— 김광규, 「나」 부분

여기 "나의 아버지의 아들"이자 "나의 아들의 아버지"인 '나' 속에는 아버지도 들어 있고 아들도 들어앉아 있다. 나 속에 든 너와 함께할 적에야 제대로 된 사람이 된다는 뜻이다. 전래된 속언에 "사람이라고 다 사람이냐, 사람 짓을 해야 사람이지!"라는 말도 이와 다르지 않다. 속담 속의 '사람 짓'이란 곧 상대방(너)과의 관계를 제대로 수행할 적에야, 즉 소통할 적에야 올바른 인간이 된다는 말이다.

또 그러고 보면 한자어 인간도 다를 바 없다. 공자에게서든, 우리 전통에서든 사람이란 인간(人間)이라는 한자가 뜻하듯 '사람-사이'로 구성된다. 너와 나 '사이'에 '사람됨'이 존재하는 것이다. 그러니 단독자 즉 개인은 사람이 아니다! 독재, 독백, 독점, 독선으로 이어지는 '홀로 독(獨)' 자를 공자와 맹자가 왜 그토록 증오했는지도 이즈음 분명해진다. 너와 내가 함께·더불어 살아갈 때, 곧 각각의 만남에 따라 적절한 소통에 성공할 적에야 사람다움을 획득하는 것이다. 그러니 공자가 인을 두고 '내가 하고 싶은 것을 상대방과 함께하는 것'으로 정의한 까닭을 알 수 있게 된다.

인(仁)이란 내가 이룬 것은 상대방도 함께 이루도록 해 주고, 내가 아는 것은 상대방에게도 알려 주어 서로 함께하는 것이지. '내 주변에서 더불어 함께하기'를 실천할 수 있다면 그게 인을 이루는 방법인 게지.[11]

인간다운 삶, 더불어 사는 사회

곧 인이란 어마어마한 대중 구제가 아니라 내 주변의 구체적 삶 속에서 이웃과 함께 더불어 우애롭게 사는 것일 따름이다. '미루어 남의 심정을 헤아리는 마음가짐'을 공자는 서라고 개념화한 바 있거니와 인은 비근한 일상생활에서 남을 배려하는 마음에서 피어난다. 내가 있고 난 다음 남이 있는 것이 아니라, 남(타인)이 있음으로써야 비로소 내가 있게 된다는 사실을 잊지 않을 따름이다. 정녕 "우리는 타인이 없이는 간지럼을 타는 육체적 기쁨을 얻을 수 없고, 오로지 타인과의 접촉 속에서만 기쁨을 얻을 수 있는 것"이기 때문이다.[12] 관계 속에 참된 '나'가 있다는 각성, 남과의 접촉과 소통 그리고 그 사이에 느끼는 부끄러움. 여기에서 피어나는 감수성과 공감의 능력이 수신-제가-치국-평천하로 펼쳐져 나아가는 것이다. 나의 부끄러움에서 발아된 감수성을 측은함과 공분으로 확장해 나가기(推己及人), 이것이 공자의 정치다. 공자의 꿈인 부끄러움이 살아 있는 사회는 지금 당장 내 일상의 구체적 삶 속에서부터 이뤄 낼 수 있는 것이다.

공자의 이상인 인이란 주변에서, 즉 집안과 사회 그리고 국가에서 말과 의견이 원활하게 소통하는 상태를 뜻한다. 잊지 말아야 한다. 공자의 꿈은 '말이 서로 소통하는 문명사회'였다는 점을.

4 덕 — 평천하의 동력

공자의 꿈은 천하를 평화롭게 만드는 데 있었다. '평천하'라는 말 속에 그런 뜻이 잘 들어 있다. 다만 어떤 힘으로 평화를 획득할 것인가가 문제다. 공자는 무력과 폭력을 반대한 사람이다. 그렇다면 무슨 수로 평화를 이룰 수 있단 말인가? 그 대안이 덕(德)이다. 덕은 단순히 인격의 후덕함을 뜻하지 않고, 사람을 끌어당기는 '미스터리한 힘'의 명칭이다.

다시 말하지만, 공자와 맹자가 살던 춘추전국시대는 폭력과 폭행, 그리고 살육이 일상적이었던 시절이었다. 춘추시대 360년과 전국시대 180년, 도합 500여 년 동안 전쟁과 살상의 세월이 지속되었다. 전국시대 사상가들 사이에 인간의 본성에 대한 쟁론이 이슈가 되었다는 사실(예컨대 맹자의 성선설, 순자의 성악설 등)은 거꾸로 '인간이 짐승과 다른 점이란 과연 무엇인가'를 근본적으로 따져 봐야 할 만큼 시절이 참혹했다는 뜻이 된다.

공자는 이 폭력과 폭행의 시대에 맞서서 힘의 종류와 작동 원리를 깊이 연구하였던 사람이다. 그는 결코 시대의 폭풍을 피해 자연 속으로 도피한 은둔자가 아니었다. 그리고 인간 세상의 힘에는 폭력만이 아닌 또 다른 힘, 즉 타인의 몸과 마음을 끌어들이는 신비한 힘이 있음을 발견하고 여기에 '덕'이라는 이름을 붙였다.

공자 말씀하시다. "천리마 기(驥)를 칭탄하는 까닭은 그 힘(力) 때문이 아니라, 그 덕(德) 때문이다."[13]

천리마 '기'를 명마로 손꼽는 것은 천 리를 재빨리 달리는 속력(力) 때문이 아니라, 말 탄 사람의 뜻에 맞춰 배려하는 힘, 곧 덕 때문이라는 것이다. 여기서 공자가 힘의 범주를 력(力)과 덕(德)의 두 차원

인간다운 삶, 더불어 사는 사회

으로 구분하고, 둘 가운데 힘이 아닌 덕을 선택하고 있음에 주목하자. 즉 공자는 힘의 세계에 근대 서구 정치학(마키아벨리즘)에서 상식으로 통용되는, 그리고 당시 춘추시대에 가득했던 폭력과 권력이라는 1차 원적인 힘만이 아니라, '덕의 힘'이라는 전혀 다른 성격의 힘이 존재함을 발견했던 것이다.

그런데 폭력과 대비되는 제3의 힘인 덕을 당시로서는 설명하기가 보통 어려운 일이 아니었을 것이다.(오늘날에도 덕을 말로 표현하기 어려운 것은, 덕 자체의 미묘한 특성에서 비롯하는 점이 있다.) 이에 공자는 덕을 곧바로 정의하지 못하고, 비유법을 통해서만 설명할 수 있었다.

> 공자 말씀하시다. "덕으로써 정치를 행함은, 비유컨대 북극성이 제자리에 가만히 있는데도 주변의 많은 별들이 그를 향하는 것과 같다."[14]

북극성은 붙박이별이다. 억지로 다른 별들에게 오라 가라고 명령하지 않는데도, 천체는 북극성을 중심으로 돈다(고 옛사람들은 보았다). 북극성이 제자리를 지키고 가만히 있기만 하는데 "주변의 많은 별들이 그를 향한다(衆星共之)."라는 비유는 공자가 덕의 힘을 폭력(곧 상대방의 동의와 관계없이 자신의 뜻을 실현시키는 힘)이 아니라 도리어 '상대방을 끌어당기는 힘', 이를테면 '매력'으로 인식하고 있었으리라는 개연성을 보여 준다. 『논어』의 또 다른 곳에서 공자는 "군자의 덕은 바람이요 소인의 덕은 풀이다. 풀 위로 바람이 불면 풀은 반드시 눕게 되느니!"[15]라고 하여 덕치의 역학을 바람과 풀에 비유하여 설명하기도 한다. 덕에 대한 일련의 비유법적 묘사에서 우리는, 공자가 폭력을 힘의 전부로 아는 춘추시대에 제3의 힘으로서 덕을 이해시키기가 몹시 힘들었으리라는 느낌을 받는다.

도가의 창시자인 노자 역시 덕의 정체에 관해 '한 소식'을 얻었던 사상가였다. 그가 남긴 『도덕경(道德經)』이라는 책 이름에서 '덕'은 도드라지게 드러나 있다. 그 역시 덕을 표현하거나 서술하기가 힘겨웠던 듯하다. 노자는 덕을 설명하기 위해 역설의 방법을 쓴다. 예컨대 "큰 덕을 갖춘 사람은 자신의 덕을 의식하지 않는다. 그러기에 정말로 덕이 있는 사람이 된다. 반면 박덕한 자는 덕을 의식하고 집착하기에 덕이 없다."[16] 따라서 "최상의 덕은 억지로 하지 않는데도 되지 않는 일이 없다."[17]

그렇다면 공자가 북극성과 바람의 비유를 통해서 펼쳐 보이고자 했던, 또 노자가 역설과 모순의 어법을 통해 드러내고자 했던 덕의 정체는 어떤 것일까?

공자 말씀하시다. "덕은 고독하지 않다. 반드시 이웃이 있게 마련이다."[18]

여기 '반드시 그 주변에 사람들이 있게 마련'이라는 확언은 덕의 현상적 특성을 보여 준다. 즉 덕은 고독하지 않고, 사람들이 모여든다! 그런데 덕의 주변에 사람이 몰려 있는 까닭은, 유덕자가 사람들에게 오라고 명령했기 때문은 아니다.(이렇게 되면 덕은 권력이나 폭력과 다름없다. 분명히 폭력은 덕과 상반되는 힘이다.) 그렇다면 덕은 주변에 사람이 자발적으로 몰려드는 어떤 블랙홀 같은 것이다. 그러면 '덕의 힘'은 어떻게 작동하는 것일까?

인간다운 삶, 더불어 사는 사회

섭공이 정치를 물었다. 공자 말씀하시다. "가까운 곳 사람들은 기뻐하고, 먼 곳 사람들은 몰려드는 것이지요."[19]

이 문장 가운데서 특히 '몰려온다'를 뜻하는 래(來) 자에 덕의 동학이 가진 미묘한 특징이 잘 담겨 있다. 낯선 사람들이 자발적으로 기꺼워하며 몰려오는 것이 공자가 보는 정치, 곧 덕치의 힘이다. 나는 이런 '덕의 역학'을 '진공청소기' 작동 원리에 비유하고 싶다.(비유법은 공자도 사용한 방식이다.)

진공청소기 작동 원리의 핵심은 청소기가 저 스스로를 '진공 상태로 만든다'는 데 있다. 빗자루 청소가 먼지나 쓰레기를 힘으로 밀어붙이는(去) 폭력적 방식이라면, 진공청소기는 스스로를 비우는데도 '역설적으로' 쓰레기가 빨려 드는(來) 것이다. 더욱이 진공청소기는 힘의 강약을 조절하는 3단계의 버튼을 갖고 있다. 가장 강한 힘을 발휘하는 세 번째 버튼을 누르면, 제일 먼 곳의 쓰레기와 또 가장 깊숙한 곳의 먼지가 빨려 든다. '비우면 비울수록, 더욱 강한 힘을 낸다'는 역설이 진공청소기의 작동 원리인 것이다.

한편 진공청소기의 작동 방식과 닮은 자연 현상으로는 태풍을 들수 있으리라. 태풍이 진공청소기와 닮았다고 하면 문득 의아해할 사람도 있을 테다. 그러나 제 속을 비움으로써 힘을 발휘하는 태풍의 역학은 진공청소기의 작동 방식과 다르지 않다. 태풍은 여느 바람과 성격을 달리하는 독특한 바람이다. 태풍은 일진광풍과도 다르고 휘몰아치는 폭풍과도 다르다. 노자는 "아침 내내 몰아치는 회오리바람도 없고, 하루 종일 내리는 소낙비도 없다."[20]라고 했지만, 그러나 태풍

만은 며칠을 두고 불고 또 밤새도록 비를 쏟는다.

폭풍이 위에서 아래로 퍼붓는 바람이라면, 태풍은 아래서 위로 쳐올리는 바람이다. 또 폭풍이 고기압대에서 생긴다면, 태풍은 저기압대에서 발생한다. 그리고 폭풍이 옆으로 스쳐 가는 바람이라면, 태풍은 꼿꼿이 서서 걸어간다. 태풍을 세우는 힘은 그 한가운데 뻥 뚫린 눈에서 비롯한다. 눈이 없다면 태풍은 한낱 열대성 폭풍에 불과하다. 태풍의 눈은 텅 비고, 맑고, 고요하며, 기압은 낮다. 또한 중심 기압이 낮을수록 태풍은 더욱 강력한 힘을 일으킨다! 이것은 진공청소기가 제 속을 많이 비울수록 더욱 강한 힘을 발산하는 역설과 똑같다.

여기서 강한 힘은 자기를 낮출수록, 또한 중심을 텅 비우고 고요하게 유지할 적에야 터져 나온다는 '힘의 역설'을 배울 수 있다. 폭풍과 대척되는 바람인 태풍의 원리와 스스로를 비울수록(진공 상태를 만들수록) 더욱 강한 힘을 발생하는 진공청소기의 역설성을 이해하는 것이야말로 덕이라는 '이상한 나라'로 들어가는 '토끼 굴'이다. 역시나 노자가 역설을 통해서라야만 덕을 설명할 수 있었던 이유와, 공자가 비유법을 통해서만 덕을 해설할 수 있었던 까닭의 실마리도 걸쳐져 있다.

남궁괄이 공자에게 여쭈었다. "옛날 명궁이던 예(羿)는 활을 쏘기만 하면 백발백중이었고, 천하장사였던 오(奡)는 땅 위에서 배를 질질 끌어당길 정도였으나, 둘 다 제명에 죽지 못했다지요. 그러나 성왕이신 우(禹)와 탁월한 재상인 직(稷)은 평범한 농부였으나, 끝내 천하를 소유하셨다죠."
공자 아무런 말씀이 없었다. 남궁괄이 나가자, 공자가 찬탄하며 말씀하

인간다운 삶, 더불어 사는 사회

시다. "군자로구나. 저 사람은! 덕의 의미를 올바로 알고 있구나. 저 사람은!"[21]

여기서 남궁괄은 나름대로의 정치사상사 해석을 통해 스승의 정치학의 핵심을 알아챘음을 보인다. 즉 무력으로써 천하를 평정하려던 명궁 예나 천하장사인 오의 죽음이 비극적이었던 반면, 평범한 농사꾼으로 입신하여 주변 사람을 보살피고, 또 스스로 몸을 낮출 줄 알았던 우임금과 재상 직은 끝내 국가를 건설하고 천하를 평화롭게 만들었다는 역사적 사례를 제시한다. 요컨대 남궁괄은 공자의 정치학이 힘(폭력·용맹)을 통한 제국의 건설이 아니라 덕(매력·성찰)을 통한 왕정의 건설에 있다는 점을 알아챈 것이다. 곧 공자의 충성은 권력자(사람)나 폭력의 나라가 아니라 내면의 덕성에 바탕을 둔 덕치 사회의 건설을 지향한 것이다.

정치권력의 압제가 없는 세상, 나이로써 억압하지 않는 세상, 형·아우의 혈연에서조차 자유로운 세상, 오로지 덕을 통해 서로 관계 맺는 나라, 이것이 공자의 꿈이었다. 각 영역의 독립성과 자율성, 그리고 예를 갖춰 소통함으로써 다양성을 보장하는 세계가 공자의 꿈이었다. 한데 비극적이게도 그 비전은 아직도 유효한 것 같다.

우리는 지금 하나의 가치가 유일한 가치로서 다른 가치를 능가하고 지배하려는 시대에 살고 있다. 셰익스피어나 괴테가 지적한 것처럼 화폐 가치가 사랑과 지혜를 통제하고, 권력이 우리들 삶의 모든 영역에 편재하는 시대, 다시 말하면 우리는 화폐가 사랑을 독점하고 권력이 지혜를 충복으로

부리는 등 '압제'의 시대에 살고 있다.

그러나 우리들이 희구하는 세계는 힘이 권력을, 아름다움이 사랑을, 신뢰가 지식을 관장하지만, 이들 서로는 그 어느 것도 자기의 영역을 넘어서서 다른 분야나 영역의 지배권을 주장하지 않는 '조화의 세계'이다. 이들은 자기 분야의 중요성만큼 다른 영역의 중요성을 인정하고, 그것을 이해하기 위해 그 자신의 능력을 키워 가는 '상호 존경의 세계'이다.[22]

정문길이 꿈꾸는 "서로는 그 어느 것도 자기의 영역을 넘어서서 다른 분야나 영역의 지배권을 주장하지 않는 조화의 세계"와 "자기 분야의 중요성만큼 다른 영역의 중요성을 인정하고, 그것을 이해하기 위해 그 자신의 능력을 키워 가는 상호 존경의 세계"는 공자의 꿈, 덕치의 비전을 오늘날 말로 해석한 것 같다.

5   유교의 가치

서구에서는 개인주의의 개인성과 근대성, 자아와 의식에 대해 비판적 성찰이 시작된 지가 꽤 되었다. 재미 정치철학자 정화열은 이렇게 설명한다.

근대는 그 필연적 결과로서 '인류주의'와 '개인주의'를 낳는다. 즉 한편으로는 자연에 반(反)하는 인간, 다른 한편으로는 인간과 인간의 관계에 반하는 인간을 낳는다. 자연 혹은 땅을 착취하고 지배하는 노동과 산업을 강조하는 공리주의는 — 로크는 인간의 노동에 의해 경작되지 않은 자연 혹은 땅을 '쓰레기(waste)'라고 부른다. — 탐욕스러운 개인들 혹은 경제적 인간들의 사회를 만들고 만다.[23]

그 결과 서구 근대의 개인주의는 끝내 "인간의 부재와, 가치와 당위의 부재"를 초래했는데, 이것은 "서구 근대의 존재론과 인식론에 깊이 뿌리내리고 있는 세계관에서 비롯된 것이며, 공동체와 도덕, 종교와 가족을 희생시키면서 절대 개인의 자유를 확보하려는 시도의 논리적 결과"였다. 그렇다면 오늘날 신자유주의적 자본주의의 각종 병폐들(극단적인 인간 소외와 사물화의 세태) 앞에서, 서구에 대한 서구의 반성, 이를테면 여성주의, 생태주의, 포스트모더니즘의 사조를 또 수입하여 '고독한 개인'의 문제를 치유하는 방안도 있겠지만, 유교의 가족에 대한 재성찰을 통해 새 길을 모색하는 방법도 있을 법하다.

사실 2500년간에 걸친 유교는 그 스펙트럼이 넓기 때문에 어디에 칼을 대느냐에 따라서 다른 말이 나올 수 있다. 특히 우리 역사로 볼 때도 조선 후기의 가족주의는 개인들에게는 질곡인 경우가 많았다. 시골길 모퉁이에 지금도 남아 있는 열녀문, 효자각, 정려문 따위가 그 기억을 증거하고 있다. 그러나 유교의 가족에 대한 본래 면목을 이해하기 위해서는, 나아가 오늘날 개인주의의 질곡을 치유하는 방안을 얻기 위해서는 『논어』와 『맹자』에 대한 성실한 독서가 필수적이다. 의외로 유교 경전들 속에서는 가족주의의 흔적을 발견할 수 없다. 오히려 반(反)가족주의로 이름 붙일 만한 증거는 남아 있다.

공자 제자 진강(陳亢)이 공자 아들 백어(伯魚)에게 물었다. "그대는 혹시 아버님께 달리 배운 게 있으신지?"

백어가 말했다. "없습니다. 일찍이 아버지께서 뜰에 홀로 서 계시기에, 종종걸음으로 그 곁을 지나가고 있었지요. 말씀하시길 '시(詩)는 배웠느냐.' 라고 하시기에, '아닙니다.'라고 대답했더니 아버지께선 '시를 배우지 않으면 말을 할 수 없다.'라고 하시더이다. 저는 물러나서 시를 배웠지요. 어느 날 또 홀로 서 계시기에, 저는 총총히 지나가고 있었지요. 말씀하시길 '예(禮)를 배웠느냐.' 하시기에, '아직 배우지 못했습니다.'라고 답했지요. 그러자 '예를 배우지 않으면 설 방도가 없다.'라고 하시더이다. 전 물러나 예를 배웠습니다. 이 두 가지를 들었지요."

진강이 물러나 흐뭇해하며 말하였다. "하나를 물어서 셋을 얻었구나. 시를 들었고, 예를 들었고, 또 군자는 그 자식을 멀리함을 배웠노라."[24]

마지막 구절, "군자는 그 자식을 멀리함을 배웠노라."라는 말은 진강이 '아버지 공자'의 공평무사를 지적하여 찬탄한 발언이다. 자기 자식이라고 하여 사사로이 아끼지 않는다는 뜻이니, 제 가족에게조차 공적으로 대한다는, 아니 도리어 제 자식을 남의 자식보다 뒷줄에 세우는 싸늘함을 견지했다는 뜻이다. 그렇다면 오늘날 유교에 대한 끈질긴 오해, 즉 공공의 업무를 혈연의 사사로움으로 망가뜨린다는, 이른바 가족 중심주의 또는 연고주의를 유교의 탓으로 돌리는 주장들은 잘못이라고 할 수 있다. 적어도『논어』속에서 그 근거를 찾을 수 없는 노릇이다.(혹은 조선 말기의 유교는 올바른 유교가 아니었다는 평가도 가능하다.)

인간다운 삶, 더불어 사는 사회

도리어 이 대목이 말해 주는 것은 서구에서 사사로운 영역으로 치부하는 가정에서조차 공공성을 관철한다는 점에서, 유교의 가족주의란 오히려 '가족마저도 공공의 영역으로 공개하는 것'이라는 정반대의 정의도 가능하다. '유교=가족주의=공공 영역의 부패'라는 등식은 유교 경전에 근거를 갖지 못한 경험적이고 인상적인 비평인 셈이다. 실은 가족 속에서 몸에 익힌 부모와 자식에 대한 사랑과 '차마 남의 아픔을 함부로 대하지 못하는' 마음, 또 여기서 발화된 타인과 아픔을 함께 해소하려는 노력을 마을과 국가에 미치고, 나아가 온 세상에까지 넘실대도록 만들기, 이것이 유교의 꿈이다.

그러므로 수신-제가-치국-평천하의 이상은 폭력이나 강제를 통해 전 세계를 지배하겠다는 권력적 야망이 아니라, 내 몸을 낳아 준 부모에 대한 원초적 사랑을 닦고 가다듬어, 문지방을 넘고 학연과 지연의 언덕을 넘어, 또 국가와 민족의 한계조차 넘어서 온 세상에 퍼뜨리려는 사랑의 확산 프로그램이다. 그리고 그 사랑이 추상적인 어느 신(神)으로부터 부여되는 것이 아니라(동아시아에는 조물주가 없으므로), 살과 살이 서로 닿는 가족 내에서 빚어진다는 점을 발견하고 이를 기르고자 한 것, 이것이 유교의 현실주의적 관점이다. 유교에서 가족은 단순히 경제적 곤궁을 돕고 외부의 폭력으로부터 개인을 방어하는 안전망으로서만이 아니라, 사람다움(사랑)을 배양하고 보존하며, 끝내 세상을 화목하게 만드는 풀무인 것이다. 이제쯤 우리는 유교의 가족주의, 가정의 본래 가치에 대해 다시 한 번 생각할 때가 되었다.

참고 문헌

배병삼, 『한글세대가 본 논어 1, 2』(문학동네, 2002).

_____, 『논어, 사람의 길을 열다』(사계절, 2005).

_____, 『우리에게 유교란 무엇인가』(녹색평론사, 2012).

배병삼 경희대학교 정치외교학과를 졸업하고 동 대학원에서 다산 정약용의 정치사상에 관한 연구로 정치학 박사 학위를 받았다. 유도회(儒道會) 한문연수원에서 홍찬유 선생과 한학 원로들로부터 한문과 고전 독법을 배웠으며 동양의 여러 사상들을 오늘날의 시각으로 풀고 해설하는 일을 과업으로 삼고 있다. 한국사상사연구소 연구원을 거쳐 현재 영산대학교 자유전공학부 교수로 재직 중이다. 저서로 『한글세대가 본 논어』, 『논어, 사람의 길을 열다』, 『우리에게 유교란 무엇인가』, 『공자, 경영을 논하다』 등이 있다.

12

생명, 평화, 자유의 길

노자의 『도덕경』과 장자의 『장자』 읽기

오강남 (캐나다 리자이나 대학 명예교수)

노자(老子, B.C.570?~?)와 『도덕경(道德經)』

공자가 "용과 같은 사람"(사마천, 『사기』)이라 부른 노자는 기원전 6세기 사람으로 알려져 있다. 본
명은 이이(李耳), 자는 담(聃), 백양(伯陽)이다. 『도덕경』은 노자가 속세를 등지기 직전에 남겼다고
전해지는 5000여 자의 짤막한 글로, 삼라만상의 근본 원리인 도(道)와 개체의 원리인 덕(德)의 개
념을 제시하고 순리를 거스르지 않는 삶을 강조한다. 형이상학적이고 신비주의적인 도가 사상의
대표 경전이다.

장자(莊子, B.C.369?~B.C.286?)와 『장자』

이름은 주(周)이며 기원전 4세기 전국시대 송(宋)나라 사람으로 알려져 있다. 노자와 함께 도가 사
상의 주축을 이룬다. 『장자』는 모두 33편으로 이루어져 있는데 우화의 형식으로 무궁무진한 생성
과 변화로서의 도(道)를 논한다. 철학자이면서 동시에 탁월한 문장가였던 장자의 글은 후대의 많
은 사상가를 매료시켰고 중국 선불교의 탄생에도 영향을 미쳤다.

일반적으로 도교(道敎, Taoism)라고 뭉뚱그려 말하는 것이 보통이지만, 도교라고 하는 것은 엄격하게 따져서 두 가지를 의미한다. 하나는 도가(道家) 사상이요, 다른 하나는 도교(道敎) 신앙이다. 도가 사상은 인간이 정신적으로 누릴 수 있는 초월과 생명력 넘치는 삶과 절대자유를 추구하고, 이와 대조적으로 도교 신앙은 인간이 육체적으로 불로장생(不老長生)하는 것을 기본 목적으로 한다. 도가 사상은 노자와 장자의 사상을 중심으로 하는 사상 체계이기 때문에 한(漢)대 말에 와서는 '노장사상'이라 한데 묶어 부르기도 했다. 도교 신앙은 2세기에 후한 사람 장도릉(張道陵)이 노자의 이름을 걸고 세운 종교 집단을 일컫는다. 여기서는 고전 강연 시리즈의 취지에 따라 도교 신앙이 아니라 도가 사상, 곧 노자의 『도덕경』과 장자의 『장자』를 소개하고 그 기본 가르침이 무엇인가 살펴보기로 한다.

1　『도덕경』

노자와 『도덕경』

노자는 전통적으로 기원전 570년에 태어났다고 여겨진다. 어머니가 별똥이 떨어지는 것을 보고 임신한 후 82년이 지나 태어났다고 한다. 배 속에 그렇게 오래 있었기에 태어났을 때 머리가 이미 늙은이처럼 하얗게 되어 있었고, 이 때문에 노자(老子), 곧 '늙은 아이'라는 이름이 붙었다는 전설이 있다. 물론 노자라는 말은 '존경스러운 스승'이라는 뜻의 존칭이기도 하다. 한의 역사가 사마천은 『사기』에서 노자가 누구였을까 하는 여러 가지 이설(異說)을 제시하고, 결국 주(周)나라에서 도서를 관장하던 이이(李耳)라고 하였다.

『사기』에 노자가 나이가 들어 사회에 환멸을 느끼고 "서쪽으로 갔다"는 기록이 있다. 후대에 이 기록에 따라 그가 인도로 가 부처님으로 나타났다고 주장하는 『화호경(化胡經)』이라는 문서까지 등장한다. 아무튼 『사기』의 이야기에 의하면, 노자가 서쪽으로 가다가 함곡관(函谷關)이라는 재를 넘게 되었다. 재를 지키던 윤희(尹喜)라는 사람은 전날 밤 꿈에 한 성인이 물소를 타고 오는 것을 보았는데, 다음 날 노자가 오는 것을 보고 분명 꿈에 점지된 성인임에 틀림없다고 생각했다. 왜 세상을 등지려 하느냐고 말렸지만 소용없음을 깨닫고, 그러면 후세를 위해 글이나 좀 남기고 가시라고 간청했다. 노자가 이 간청에 따라 사흘간 머물면서 간단한 글을 남겼는데, 그것이 바로 지금 우리가 가지고 있는 『도덕경』 5000자라는 것이다.[1]

물론 현대 학자들은 이를 곧이곧대로 받아들이지 않는다. 글의 성격이나 구성, 나타난 사상 등으로 보아 어느 한 사람이 한자리에 앉아서 쓴 글일 수가 없기 때문이다. 학자들 중에는 이런저런 이유로 노자의 『도덕경』이 오랜 세월에 걸쳐 이루어진 것이라 보고, 심지어는 『장자』보다 더 늦게 나타났을 것이라 주장하는 사람들까지 있다. 그러나 이런 문헌사적 문제가 지금 우리에게 그렇게 중요한 것은 아니다. 중요한 것은 그 책이 동아시아 사상사에 끼친 영향력, 그리고 그 책에서 찾을 수 있는 깊고 아름다운 사상과 오늘 우리에게 도움을 주는 메시지이다.

1940년대 동양 사상을 서양에 소개하는 데 크게 기여한 린위탕

(林語堂, 1895~1976)은 "전체 동양 문헌 가운데 어느 책보다 먼저 읽어야 할 책이 있다면 그것은 바로 노자의 『도덕경』이라 생각한다."라고 했다. 『도덕경』 영문 번역 중에 가장 많이 읽히는 판본을 쓴 윙칫찬(Wing-tsit Chan, 한자명 陳榮捷, 1901~1994)은 "이 책이 쓰이지 않았다면 중국 문명이나 중국인들의 성격이 완전히 달라졌을 것"이라고 단정했다. 서울대학교 영문과 교수였던 송욱(宋稶, 1925~1980) 교수도 돌아가기 직전 신문 인터뷰에서 자기가 가진 수천 권 장서 중 단한 권 가장 아끼는 책을 골라잡으라 한다면 서슴지 않고 『도덕경』 주석을 모아 엮은 『노자익(老子翼)』을 택할 것이라고 했다.

『도덕경』은 본래 나라를 다스리는 지도자를 위한 지침서였지만, 그 가르침의 보편성과 깊이 때문에 통치 지도자들뿐 아니라 다른 많은 이들에게도 널리 사랑받았다. 따라서 우리가 의식하든 못하든 『도덕경』에 나타난 사상은 중국, 한국, 일본 동양 삼국인들의 의식 심저를 움직여 왔고, 또 종교, 철학, 예술, 정치의 밑바닥에 흐르고 있다. 어느 면에서 윤리적이고 현실적인 면을 강조하는 공자의 유가 사상이 양(陽)을 대표한다면, 형이상학적이고 신비주의적인 면에 초점을 맞추는 노자의 사상은 음(陰)을 대표한다고 볼 수 있다. 음·양, 이 둘이 동양인의 정신세계에 양대 축을 형성하며 조화를 이루었다고 보아도 좋을 것이다.

사실 『도덕경』은 근래 서양 사람들에게도 널리 읽히고 있는 책이다. 영어 번역만도 수백 가지가 있다. 서양에서 1788년 라틴어로 번역된 이후 여러 말로 번역된 것을 헤겔, 하이데거, 톨스토이 등 철학자나 사상가들이 읽고 영향을 받았다는 것은 널리 알려진 사실이다. 현

생명, 평화, 자유의 길

재 서양 대학에서도 도가 사상에 매료되는 학생들이 많을 뿐 아니라, 환경 문제나 여성 문제 등에 관련된 사람들도 『도덕경』에 나타난 세계관이나 자연관, 여성관에 많은 관심을 보이고 있다.

『도덕경』의 기본 가르침

(1) 도와 덕

『도덕경』은 '도덕(道德)'이라는 글자 때문에 도덕이나 윤리를 가르치는 책이라고 오해하기 쉽지만 사실은 '도와 덕에 관한 경'이다. 그러면 도(道)는 무엇이고 덕(德)은 무엇인가?

『도덕경』 제1장 첫 문장은 "도라고 할 수 있는 도는 영원한 도가 아니라(道可道 非常道)."라고 한다. 도라고 하는 것도 그것의 이름(名)이 아니라 그저 그렇게 불러 보는 자(字)일 뿐이라고 한다.(25장) 도는 이름으로 규정하거나 정의되거나 논의될 성질의 것이 아니라는 뜻이다. 불교식 용어로 하면 '언어도단(言語道斷)'이요 '언설을 이(離)하는' 경지라 할까. 아무튼 제1장은 그것이 "신비 중의 신비요, 모든 신비의 문"이라는 말로 끝맺는다.

물론 『도덕경』 여기저기에는 도에 대한 언급이 거듭된다. 예를 들어 제25장에 보면 다음과 같은 말이 나온다.

분화되지 않은 완전한 무엇, 하늘과 땅보다 먼저 있었습니다. 소리도 없고, 형체도 없고, 무엇에 의존하지도 않고 변하지도 않고, 두루 편만하여 계속 움직이나 (없어질) 위험이 없습니다. 가히 세상의 어머니라 하겠습니다.

도는 '분화되지 않은 무엇(the Undifferentiated)'이다. 아직 하늘과 땅을 포함하여 다른 아무것도 생겨나지 않은 미발(未發) 상태의 무엇, 혹은 그 안에 모든 것을 잠재적으로 포괄하고 있는 '포괄자(the All-embracing)'라 할 수 있을지 모른다. 개물(個物)들이 존재하기 이전의 근본 자리이기에 소리도, 형체도 있을 수 없고 변하지도 않는다. 무엇에 의존하지도 않고 독립된 자존적(自存的)인 무엇, 중세 철학에서 쓰던 '아세이타스(aseitas)'에 비견될 수 있을 것이다. 존재의 차원에서 본다면 거기에서 모든 것이 나왔으므로 가히 '어머니'라 할 수 있다.

제42장에는 좀 더 구체적으로 "도가 하나를 낳고, 하나가 둘을 낳고, 둘이 셋을 낳고, 셋이 만물을 낳습니다."라고 한다. 이럴 경우 도는 만물의 근원, 존재의 근거, 우주와 그 안의 모든 것이 그러하도록 하는 근본 원리, 흔히 쓰는 말로 하면 '궁극 실재(Ultimate Reality)'라고 할까.

『도덕경』의 용어를 따르면 도는 우리가 경험할 수 있는 모든 유(有)와는 너무도 다르기 때문에 무(無)라고밖에 할 수 없다. 보통 존재(being)와는 너무나 다르기 때문에 비존재(non-being)라고밖에 할 수 없고, 보통 사물(thing)과 너무도 다르므로 무물(no-thing, Nothing)이라 할 수밖에 없다는 것이다. 궁극적으로 도의 본질에 관한 추상적이고 사변적인 논의는 불가능하다고 한다. 제56장에 언명한 대로 도에 대해 진정으로 "아는 사람은 말하지 않고, 말하는 사람은 알지 못한다(知者不言, 言者不知)."라고밖에는 말할 수 없다.

이런 것을 보면 『도덕경』의 실재관은 다른 여러 종교 전통과 궤를 같이한다고 볼 수 있다. 예를 들어 힌두교에서는 궁극 실재 브라흐만(Brahman)을 두고 이야기할 때 '이것일 수도 없고 저것일 수도 없다(neti-neti)'는 말을 한다. 그리스도교 신학의 거장 토마스 아퀴나스도 "신에 대해 알 수 있는 유일한 사실은 우리가 신에 대해 아무것도 알 수 없다는 것 뿐"이라고 했다. 불교에서도 궁극 실재는 우리의 견해나 관념 등이 들어갈 수 없는 '공(空)'의 자리라고 한다. 이처럼 궁극 실재에 대해 '아니다, 아니다'라고 접근하는 '부정의 길(via negativa)'은 『도덕경』을 비롯해서 여러 전통에서 찾아볼 수 있다.

그러면 덕이란 무엇인가? 덕은 일차적으로 도에서 나오는 힘을 의미한다고 볼 수 있다. 그러나 한편으로는 도에 대해 사변적으로 왈가왈부하는 대신 그 작용을 살피고 거기에 맞추어 살면서 얻을 수 있는 힘을 가리킨다고 보아도 좋을 것 같다. 덕은 이런 의미에서 '힘'이다.[2] 덕은 '득(得)'과 같은 뜻으로서 도와 더불어 살면 우리에게 '득'이 된다는 의미로 풀 수도 있다. 인간에 있어서 이상적인 삶이란 결국 도와 함께 살아가는 것, 도와 함께 흐르고, 도와 함께 춤추는 것, 그리하여 궁극적으로는 도와 하나가 되는 것이라는 뜻이다.

이렇게 새로운 생명으로 새 삶을 살기 위해 어떻게 하여야 하는가? 도의 작용이나 원리를 체득하고 그대로 따르라고 한다. 『도덕경』에서 말하는 도의 원리를 몇 가지 예로 든다.

(2) 함이 없음(無爲)

'함이 없다'고 하여 아무 하는 일 없이 가만히 있다는 뜻이 아니라, 그 함이 너무나 자연스럽고 자발적이고 은은하여 보통의 '함'과 너무도 다른 '함', 그래서 '함이라고 할 수도 없는 함'이다. 도가 이렇게 '함이 아닌 함(無爲之爲)'의 원리에 따라 움직이므로 우리 인간들도 도와 하나 된 상태에서, 도와 함께 저절로 나오는 함을 하며 살라는 것이다. "인위적 행위, 과장된 행위, 계산된 행위, 쓸데없는 행위, 남을 의식하고 남 보라고 하는 행위, 자기중심적 행위, 부산하게 설치는 행위, 억지로 하는 행위, 남의 일에 간섭하는 행위, 함부로 하는 행위 등 일체의 부자연스럽고 인위적인 행위"를 버리고 자연스럽게 물 흐르듯 살아가는 것이 득이요 덕이다.

『도덕경』은 이 무위의 원칙을 지도자에게 적용한다. 지도자에 네 가지 종류가 있는데, "가장 훌륭한 지도자는 사람들에게 그 존재 정도만 알려진 지도자, 그다음은 사람들이 가까이하고 칭찬하는 지도자, 그다음은 사람들이 두려워하는 지도자, 가장 좋지 못한 것은 사람들의 업신여김을 받는 지도자"라고 한다. 사람들이 두려워하는 지도자는 법치(法治)주의 지도자라 할 수 있고, 사람들이 따르고 칭찬하는 지도자는 덕치(德治)주의 지도자라고 한다면 가장 훌륭한 지도자는 무위(無爲)의 원칙을 따르는 무위의 지도자라는 것이다. 무위라고 하여 방치한다는 것이 아니라 산과 들을 풍요하게 하는 이슬처럼 가랑비처럼 있는지 없는지 모르게 백성들에게 도움을 주어 백성들이 일이 잘될 때 "이 모두가 우리에게 저절로 된 것이라."라고 말할 수 있도록 한다는 뜻이다.(17장)

이렇게 무위를 실천하는 지도자의 통치 스타일을 두고 "큰 나라를 다스리는 것은 작은 생선을 조리하는 것과 같다(治大國若烹小鮮)."(60장)라고 했다. 작은 생선을 구울 때는 쓸데없이 젓가락으로 이리저리 들쑤시지도 않고, 한쪽이 잘 익기 전에는 뒤집지도 않는 것이 정석

151

이다. 그렇게 하면 망가져 버리기 때문이다. 한쪽이 잘 익기까지 한참 동안 지켜보면서 가만히 둔다는 이야기이다.

작은 생선을 조리하는 것과 같은 다스림은 작게는 조령모개(朝令 暮改)로 법령을 만들고 바꾸는 일을 하지 않는 것이고 더 크게는 전쟁을 기피하는 것이다. 세상에 전쟁만큼 인위적이고 파괴적인 일이 어디 있겠는가? 『도덕경』은 "무력을 쓰면 반드시 그 대가가 돌아오게 마련이어서 군사가 주둔하던 곳엔 가시엉겅퀴가 자라나고, 큰 전쟁 뒤에는 반드시 흉년이 따르게 마련"(30장)이라고 하면서 무력과 전쟁을 극력 반대한다. 무기는 상서롭지 못한 물건이며 군자가 쓸 것이 못된다고 한다. 어쩔 수 없는 방위전일 경우라도 조용하고 담담함으로 임하고, 전쟁에서 이겼다 하더라도 승전고를 울리며 미화하는 대신 상례(喪禮)로 처리해야 한다고 했다.(31장)

함이 없음을 생태계와 연결시키면 자연을 함부로 하지 않는다는 뜻이기도 하다. 제29장에 보면 "세상은 신령한 기물, 거기다가 함부로 뭘 하겠다고 할 수 없습니다. 거기다가 함부로 뭘 하겠다고 하는 사람은 그것을 망치고, 그것을 휘어잡으려는 사람은 그것을 잃고 말 것입니다."라고 한다. 왜 그렇게 함부로 할 수 없는가? 세상은 신령할 뿐 아니라 다양하고 복잡한 원리와 리듬이 내재해 있어서 우리 인간으로서는 그 깊고 높은 차원을 다 이해할 수 없기 때문이라고 한다. 자연을 대할 때 제발 외경(畏敬)의 태도로 대할 줄 알라는 이야기이다.

한 가지 아이러니한 것은 "땅을 정복하라. 바다의 고기와 공중의 새와 땅에 움직이는 모든 생물을 다스리라."(창세기 1: 28)라는 성경의 명령에 따라 자연을 '정복'하고 '다스리는 것'이 인간이 누릴 수 있는 천부의 권리라고 믿고 자연을 함부로 대하던 서양에서는 이제 환경 보호에 대해 크게 관심을 가지고 노력하는 데 반해, 인간을 자연의 일부로 생각하고 자연을 벗할 대상으로 여겨 왔던 동양에서는 새삼 서양의 전철을 밟아 생태계 파괴로 인한 공해 문제가 심각하다는 사실이다. 이제 동양이든 서양이든 『도덕경』의 가르침대로 자연을, 강과 산을 함부로 대하는 태도 대신 이에 순응하겠다는 겸허한 마음가짐이 중요하다 하겠다.

(3) 되돌아감(反, 還, 復)

제40장에 "되돌아감이 도의 움직임(反者道之動)"이라고 했다. 만물을 보라. 달도 차면 기울고, 밀물도 어느 때 썰물이 되고, 낮이 밤이 되고 밤이 낮이 된다. 아주 더운 여름이 되면 다시 추운 겨울로 이동하고, 심지어 온 우주도 팽창과 수축을 반복한다고 하지 않는가. 이 모든 것은 어느 한쪽으로 가다가 극에 도달하면 다른 쪽으로 가는 도의 원리에 따르는 운동이라는 것이다. 이처럼 "온갖 것 어울려 생겨날 때 그들의 되돌아감을 눈여겨보라."라고 한다.(16장)

이를 인간사에 적용하면 "화라고 생각되는 데서 복이 나오고, 복이라고 생각되는 데 화가 숨어 있다."라는 사실을 알라고 한다. 전화위복(轉禍爲福)의 원리다. 또 "올바름이 변하여 이상스러운 것이 되고, 선한 것이 변하여 사악한 것이 되므로"(58장) 사물을 흑백 이분법적으로 보는 데서 벗어나라는 말이기도 하다. 이처럼 만사 새옹지마(塞翁之馬)이니 삶의 오르막길 내리막길에서 느긋한 마음, 의연한 태도로 대하는 것이 득이요 덕이다.

(4) 다듬지 않은 통나무(樸)

도가 아무런 꾸밈이나 장식이 없는 자연 그대로의 '통나무'인 것처럼 우리도 "물들이지 않은 명주의 순박함을 드러내고, 다듬지 않은 통나무의 질박함을 품는 것, '나' 중심의 생각을 적게 하고 욕심을 줄이는 것"(19장), "완전한 비움에 이르고 참된 고요를 지키는 것(致虛極守靜篤)"(16장), 이런 것이 새로운 삶을 살아갈 수 있는 힘을 얻는 길이라는 것이다.

행복은 욕망을 충족시키는 것과 비례해서 증대하는 것 같지만, 욕망을 충족시켜 봐야 욕망이 더 커질 뿐이다. 오히려 욕망 자체를 줄이는 것이 효과적인 길이다. 무욕(無慾)은 무위(無爲), 무지(無知)와 함께 『도덕경』에서 강조하는 이상적 삶의 방식 중 하나다. 모두가 지금의 나 중심적 삶에서 벗어나 도와 하나 되기 위한 선결 조건인 셈이다.

(5) 하루하루 없애 감(日損)

어떻게 도의 길을 갈 수 있는가? 『도덕경』에 의하면 "학문의 길은 하루하루 쌓아 가는 것, 도의 길은 하루하루 없애 가는 것. 없애고 또 없애, 함이 없는 지경에 이르십시오. 함이 없는 지경에 이르면 되지 않는 일이 없습니다."(48장)라고 한다. 사물에 대해 가지고 있는 잘못된 선입견이나 지식을 버리면 도와 하나 됨의 경지에 이르고, 이렇게 될 때 모든 인위적 속박에서 벗어나 자유를 누리게 된다는 것이다.

(6) 지식을 없앰(無知)

'하루하루 없애 감'이란 어느 면에서 '지식을 없앰'을 뜻한다. 제

3장에 "지식도 없애고 욕심도 없애라."라고 했다. 또 제20장에 보면 "배우는 일을 그만두면 근심이 없어질 것"이라고도 했다. 마치 우민 정책을 권장하는 것으로 오해할 수도 있지만, 제10장, 제25장, 제65장 등 『도덕경』 전체를 두고 보면 여기서 말하는 무지란 우리의 간지(奸智), 꼼수, 이기적인 목적을 위한 잔꾀 같은 것을 버려야 한다는 말이라고 보아도 좋고, 더욱 근본적으로는 도에 대한 우리의 분별지(分別智)를 버려야 한다는 것이라 볼 수도 있다. 도에 대해서 우리가 가지고 있는 선입견이나 편견을 없애라는 말이다. 배우는 일을 그만둔다는 것은 이른바 우리가 배운 것을 되돌리는(unlearning)의 과정이다. 기존에 고집하던 것을 지우고, 그 자리에 새로운 안목, 새로운 이해가 들어서는 것이다. 도에 대해서는 '안다'에서 '오직 모를 뿐'의 입장을 취하라는 말과 일맥상통한다고 볼 수 있다.

도의 상징

『도덕경』은 도의 상징으로 물, 여인(특히 어머니), 통나무, 계곡, 갓난아기 등을 들고, 이들이 도의 그러함을 가장 잘 보여 준다고 한다. 예를 들어 물은 온갖 것을 위해 섬길 뿐 그것들과 겨루는 일이 없고, 모두가 싫어하는 낮은 곳을 향해 흐를 뿐이라고 한다.(8장) 구태여 무슨 일을 하겠다고 설치는 것이 아니라 그대로 유유자적(悠悠自適) 자연스럽게 흐르면서 모든 것의 필요에 부응한다. 그러면서도 다른 것들과 겨루는 일도 없고, 자기의 공로를 인정받겠다는 과시적이고 인위적인 일도 하지 않는다. 그 '부드러움'을 가지고 강한 것을 이기는 것도 도의 모습과 닮았다는 것이다.(36장, 43장, 78장) 그래서 『도

생명, 평화, 자유의 길

덕경』제8장에서 노자는 "가장 훌륭한 것은 물처럼 되는 것(上善若水)"이라고 하고 우리도 물처럼 되기를 바란다. 노자의 가르침은 "온유한 자는 복이 있나니"라고 한 예수의 가르침을 연상시키는 점이 흥미롭다.

도의 상징으로 한 가지만 더 부연하면 어머니다. 『도덕경』제1장과 제25장, 제52장 등에서 도를 '어머니'라고 했다. 제6장에서는 도를 가리켜 '신비의 여인'이라고도 했다. 도와 마찬가지로 어머니도 자식을 낳아 기르면서 자식이 깨어 있을 때나 잠잘 때나 아플 때나 언제나 그림자처럼, 이슬처럼 사랑으로 덮어 주고 적셔 주지만 자식에게서 무엇을 바라지도 않고 또 소유하거나 좌지우지하려 하지도 않는다. 궁극 실재의 상징으로 어머니가 등장한다는 것은 사상사적으로 매우 의미 있는 일이라 할 수 있다.

2 『장자』

장자와 『장자』

필자는 『장자』 풀이 첫머리에 이런 말을 썼다.

캐나다에 와 살면서 얼큰한 김치찌개를 먹을 때마다 이렇게 맛있는 음식을 먹어 보지 못하고 한평생을 마치는 이곳 서양 사람들은 참으로 불쌍하다는 생각을 하였습니다. 그런데 처음 『장자』를 접한 이후, 그리고 지금껏 이곳 캐나다 대학생들과 『장자』를 읽을 때마다, 이렇게 신나는 책을 읽어 보지 못하고 일생을 마치는 사람은 김치찌개의 맛을 모르고 한평생을 마치는 사람보다 훨씬 더 불쌍한 사람이 아닌가 하는 생각을 떨칠 수 없게 되었습니다. 김치찌개가 가장 맛있는 음식이듯이 한마디로 『장자』는 저에게 가장 신나는 책입니다. 이것이 제게는 더할 수 없이 행복한 '운명적 해후'인 듯합니다.

사실 『장자』를 좋아하는 사람은 무수히 많다. 중국 고전 번역가로 유명한 아서 웨일리(Arthur Waley, 1889~1966)는 『장자』를 두고 "세계에서 가장 심오하고 가장 재미있는 책"이라고 하고, 선 불교(禪佛教)를 서양에 소개한 일본인 선사 스즈키 다이세쓰(鈴木大拙, 1870~1966)도 장자가 중국 철학자 중 가장 위대한 사람이라 했다. 그외에도 20세기 미국의 가장 위대한 사상가 중 하나로 알려진 토머스 머튼, 세계적 철학자로 꼽히는 마르틴 부버,[3] 독일 실존주의 철학의 대가 마르틴 하이데거, 노벨 문학상 수상자 헤르만 헤세, 하버드 대학 세계종교연구소 소장 윌프레드 캔트웰 스미스 등 많은 사람들이 장자에 매료되었다고 한목소리로 고백한다.

장자의 사상은, 불교인이라면 어느 정도 알고 있는 바와 같이, 중국 당(唐)대에 와서 선불교를 꽃피우는 데 직접적인 계기가 되었다.[4] 특히 9세기 유명한 선승 임제(臨濟)야말로 장자의 참된 계승자라 일컬어질 정도이다. 선불교는 사실 인도 불교를 아버지로 하고 중국 도가 사상을 어머니로 하여 태어난 후예라 해도 무방할 정도로 도가 사상, 특히 장자의 가르침에 크게 영향을 받았다.

장자의 생존 연대를 보통 서력기원전 369~286년으로 본다. 이

연대를 받아들인다면 맹자(B.C.372~289)와 동시대 사람이다. 그러나 장자도 맹자를 몰랐던 것 같고, 맹자도 장자를 몰랐던 것 같다. 그들의 책에 상대방에 대한 언급이 전혀 없기 때문이다. 장자는 전국시대 송(宋)나라 옻나무밭에서 일했다고 한다.

'장자'는 그가 남긴 책『장자』를 의미하기도 한다. 기원후 4세기 곽상(郭象)이라는 사람이 그때까지 떠돌아다니던 사본을 모아 33편으로 정리했는데 이것이 현재 우리가 가지고 있는『장자』라는 책으로서, 내편(內篇) 7편, 외편(外篇) 15편, 잡편(雜篇) 11편, 모두 33편으로 구성되어 있다. 일반적으로 내편 7편만 장자의 글이고 나머지는 장자의 후학들이 장자의 이름으로 덧붙인 것이라고 본다. 내편마저도 모두가 장자 자신의 저작인가 하는 것도 모를 일이고, 앞에서 언급한 것처럼 심지어 그것이『도덕경』보다 미리 기록된 것이 아닌가 보는 설까지 있다. 그러나 이런 역사적인 배경과 상관없이 거기 실린 사상이 '우주와 인생의 깊은 뜻'을 일깨워 주고 있다는 사실에 주목해야 할 것이다.

『장자』의 기본 가르침

『장자』는 이래라저래라 하는 교훈적인 가르침이 거의 없다.『도덕경』이 주로 간략한 어록이나 시적 표현으로 이루어진 데 반하여 『장자』는 거의 전부가 이야기나 우화(寓話)로 꾸려져 있어 읽는 이가 자기 나름대로 자기에게 필요한 깨우침을 얻도록 되어 있다. 사실『장자』는 무엇을 가르치기보다 우리가 가지고 있는 상식적이고 통속적인 고정 관념, 이분법적 사고방식, 거기에 기초한 인습적 세계관이나 종교관의 내적 모순을 우리 스스로 살펴보고 스스로 타파하여 자유로운 삶을 살도록 도와줄 뿐이다. 우리의 얼굴을 씻겨 주고 단장해 주는 것이 아니라 우리 앞에 거울을 들어 주는 셈이다. 좀 전문적인 용어로 말하면『장자』는 한 가지 체계적인 '인식 내용(cognitive contents)'을 제공하기 위한 책이 아니라 우리에게 '일깨움(evocativeness)'을 주기 위한 목적으로 쓰인 책이라 할 수 있다.

『장자』가 주려는 메시지를 총체적으로 말하라고 한다면, 사물을 여러 각도에서, 또는 변화된 의식 상태에서 볼 때 얻을 수 있는 초월과 자유를 얻으라는 것으로 요약할 수 있다. 이 점을 염두에 두고『장자』에 일관되게 흐르는 몇 가지 구체적 주제를 잡아 보면 대략 다음과 같은 것들을 들 수 있다.

(1) 도

『장자』의 도는『도덕경』에 나오는 도의 개념과 기본적으로 같다고 볼 수 있다. 도는 우주의 초월적인 궁극 실재이기도 하지만 동시에 만물 속에 내재하는 존재의 근원이기도 하다. 도는 땅강아지나 개미에도 있고, 심지어 배설물 속에도 있어 그야말로 "없는 데가 없다"고 했다.(22편) 이처럼 궁극 실재의 초월과 내재를 동시에 강조하는 사상을 요즘 말로 고치면 '만유 재신론(panentheism)'이라 할 수 있다.

단『도덕경』이 도를 주로 만물의 생성 변화의 '근원'으로 파악하고 우리가 본받고 따라야 할 대상이나 결국은 우리가 돌아가야 할 궁극적 귀착점으로 강조한 데 반하여,『장자』는 도를 무궁한 생성 변화그 자체로 파악하고, 그 근원으로 돌아가기보다는 그냥 그 변화에 몸을 맡겨 그대로 흘러가는 삶을 더욱 강조하였다고 볼 수 있다. 『도덕경』은 주로 도의 생(生)하는 측면을 말하고 있는데, 『장자』는 도의 화(化)하는 기능을 부각한다.[5]

(2) 초월과 자유

'자유롭게 노닐다(逍遙遊)'라는 제목이 붙은 제1편 첫머리는 북쪽 깊은 바다에 살던 곤(鯤)이라는 물고기 한 마리가 변해 등 길이가 몇천 리인지 알 수 없을 정도로 큰 붕(鵬)이라는 새가 되고, 그 붕새가 구만리나 되는 하늘길(鵬程)에 올라 '하늘못(天池)'이라고 하는 남쪽 깊은 바다로 날아간다는 이야기로 시작한다. 여기서 붕새는 이런 엄청난 변화의 가능성을 실현한 사람을, 그리고 그 거침없는 비상은 이런 변화나 변혁을 이룬 사람이 경험할 수 있는 초월(超越)을 상징한다. 이것은 인간이 생래적으로 지닐 수밖에 없는 실존의 한계에서 벗어나 얻을 수 있는 자유로운 삶이 어떠한지 보여 주는 사례로, 『장자』의 전체 사상을 집약한 것이라 볼 수 있다. 『장자』는 어느 면에서 인간 해방과 거기에 따르는 자유를 선언한 책이라 할 수 있다.

마침 새끼 비둘기가 붕새의 비상을 보고 "도대체 저 새는 저렇게 날아서 어디로 간단 말인가." 하며 비웃는다. 이른바 학구소붕(鷽鳩笑鵬)이다.(1:5) 이는 보통 인간들의 경우 이런 초월과 자유의 경지가 있다는 사실도 모른 채 살고, 또 이런 삶을 살아가는 사람들을 보면 그들의 큰 뜻을 모르고 비웃기나 한다는 뜻이다. 장자는 우리가 당장 붕새처럼 될 수는 없을지라도 적어도 붕새를 보면 비웃는 어리석음은 피해야 한다고 일러 주는 셈이다.

(3) 다양한 시각

장자는 우리가 어느 면에서 모두 '우물 안 개구리'라고 한다. 실재를 있는 그대로 보지 못하고 우리가 가진 조그만 구멍을 통해서, 한정된 시각(point of view)을 통해서, 왜곡되게 인식하고 있을 뿐이라는 뜻이다. 이것을 다른 말로 표현하면 '원숭이' 같다는 것이다. 원숭이를 기르는 사람이 원숭이에게 도토리인가 뭔가를 주면서 아침에 세 개, 저녁에 네 개를 주겠다고 하자 원숭이들이 모두 화를 내고, 아침에 네 개, 저녁에 세 개를 주겠다고 하자 모두 기뻐했다. 이른바 조삼모사(朝三暮四)다. 원숭이들이 이처럼 별로 다를 것이 없는 것으로 화를 냈다 기뻐했다 하는 것은 사물을 양쪽에서 볼 수 있는 양행(兩行)의 길을 터득하지 못했기 때문이다.(2편)

우리 인간들도 마찬가지다. 사물의 양면, 즉 사물을 여러 가지 각도에서 혹은 전체적으로 보지 못하고 인습적 시각에서 일면만을 보고 그것을 절대화하므로 쓸데없는 것을 가지고 일희일비하거나 거기에 목숨을 건다고 하는 것이다. 세상은 '나비의 꿈'이라는 장자의 이야기에서처럼 나비와 장자 사이에 거침이 없이 넘나드는 유동적 변화의 장이다.(2편) 다각적 시각에서 사물의 진실을 더욱 깊이 볼 때 그만큼 더욱 자유스러워진다는 이야기이다.

(4) 자연적 본성을 따름

장자에게 있어서 행복은 주어진 천성을 그대로 따르는 것이다. 학의 다리가 길면 거기 맞추어 긴 대로 살고, 오리의 다리가 짧으면 거기 맞추어 짧은 대로 사는 것이 행복이다. 학의 다리를 짧게 하려하거나 오리의 다리를 길게 하려고 무리한 일을 하면 불행이 따른다.(8편) 바닷새를 좋아하는 사람이 새를 종묘 안으로 데리고 와 술과 음악과 고기 등으로 대접했지만 새는 사흘 만에 죽어 버리고 말았다. 새는 새 나름대로의 천성을 따를 때만 행복해질 수 있다. 장자는 모든 정치 제도나 법률, 윤리 같은 것도 기본적으로 모두 인위적이기 때문에 인간에게 궁극적인 행복을 가져다 줄 수 없는 것이라고 여기고 배격했다.(8편) 일종의 자연주의자 혹은 좋은 의미의 아나키스트적 입장이라 볼 수 있을 것이다.

(5) 의식의 변화

오상아(吾喪我) 어떻게 하여야 사물을 더욱 깊이, 그리고 있는 그대로 볼 수 있는가? 결국은 내가 지금 가지고 있는 상식적이고 인습적인 이분법적 의식(意識)을 바꿔야 한다는 것이다. 의식을 바꾸는 방법의 한 가지 예가 바로 제2편 「제물론(齊物論)」 첫머리에 나온다. 자기(子綦)라는 사람이 책상에 기대앉아 하늘을 쳐다보면서 긴 한숨을 내쉬고 있었다. 그의 제자가 스승의 이런 모습을 보고 "어찌 된 일입니까? 몸도 이렇게 마른 나무 같아질 수 있고, 마음도 죽은 재(灰) 같아질 수 있습니까? 지금 책상에 기대앉아 계신 분은 이전에 이 책상에 기대앉아 계시던 그분이 아니십니다."라고 하자, 자기는 "언아, 참잘 보았구나. 지금 나는 나를 잃어버렸다."라고 했다. 여기서 '나는 나를 잃어버렸다' 즉 오상아는 『장자』의 핵심 개념 중 하나다. 내가 이전의 나, 일상적 의식의 나, 이분법적 의식의 나를 여의고 새로운 나, 진정한 나로 태어났다는 뜻이다. 이어서 자기는 제자에게 사람이 부는 퉁소 소리, 땅이 부는 퉁소 소리, 하늘이 부는 퉁소 소리를 이야기 하며, 오로지 오상아의 경지에 들어간 사람만이 하늘의 퉁소 소리를 들을 수 있다고 말해 준다. 꼭 막힌 자의식(自意識)에서 확 트인 우주 의식(宇宙意識)으로 들어갔다는 이야기이다.

포정해우(庖丁解牛)　이와 맥을 같이하는 사례가 제3편 「양생주 (養生主)」에서 포정(庖丁)이라는 사람이 소 각 뜨는 이야기에도 나온 다. 포정이 완벽한 몸짓과 손놀림으로 소의 각을 뜨는 것을 본 문혜군 이 "참, 훌륭하도다. 기술(術)이 어찌 이런 경지에 이를 수 있을까?" 하고 감탄했다. 이에 포정은 칼을 내려놓고 "제가 귀히 여기는 것은 도(道)입니다. 기술을 넘어선 것입니다."라고 대답했다. 처음 소를 잡 을 때는 눈에 보이는 것이 온통 소뿐이었고, 3년이 지나자 통째인 소 가 보이지 않고, 그러다가 결국 신(神)으로 대할 뿐, 눈으로 보지 않고 소를 잡는다는 것이다. 포정은 "감각 기관은 쉬고, 신이 원하는 대로 움직"이기만 하면 된다고 하는데, 이것은 보통 의식을 넘어서서 내면 에서 나오는 초월적 힘에 따라 일을 처리하는 경지를 이른다. 이런 말 을 들은 문혜군은 "훌륭하도다. 나는 오늘 포정의 말을 듣고 '양생'이 무엇인가 터득했노라."라고 했다. 지존의 임금이 최하 계급 백정에게 서 생명을 북돋는 길을 배운 셈이다. 임금의 일상적 의식, 거기서 연 유하는 메마른 삶은 결국 백정이 다다른 초의식의 경지, 거기서 기인 하는 생명력 넘치는 삶만 못하다는 것이다.

좌망(坐忘)　의식의 변화를 더욱 직접적으로 말해 주는 이야기는 제6편 「대종사(大宗師)」에 나오는 공자와 안회(顔回)의 대화다.[6] 안회 가 공자에게 자기는 뭔가를 이룬 것 같다고 보고했다. 공자가 그것이

　　　　　　　　　　　　　생명, 평화, 자유의 길

무슨 말인가 묻자 그는 자기가 인(仁)이니 의(義)니 하는 것을 잊었다고 했다. 공자는 그래도 아직 멀었다고 말해 준다. 안회는 계속해서 예(禮)나 악(樂) 같은 것도 잊었다고 했다. 그래도 공자는 아직 멀었다고 했다. 얼마 지나 안회가 다시 공자에게 가서 "저는 좌망하게 되었습니다."라고 했다. 드디어 공자는 깜짝 놀라 물었다. 그것이 무엇이냐고.

손발이나 몸을 잊어버리고, 귀와 눈의 작용을 쉬게 합니다. 몸을 떠나고 앎을 몰아내는 것, 그리하여 '큰 트임(大通)'과 하나 됨, 이것이 제가 말씀드리는 좌망입니다.

이 말을 듣고 공자는 말했다. "너야말로 과연 어진 사람이다. 청컨대 나도 네 뒤를 따르게 해 다오."

의식의 변화를 얻어 도에 깊이 이르는 길은 우선 인의나 예악 같은 주지주의(主知主義)나 윤리 지상주의(倫理至上主義) 같은 의식 구조를 잊어야 한다는 뜻이다. 그러나 이런 외부적인 것만 잊는 것으로는 모자란다. 외부적인 것을 잊어버림을 망외(忘外), 망물(忘物)이라고 한다면, 내부적인 것, 그리고 나 자신을 잊는 것을 망내(忘內), 망기(忘己)라 할 수 있는데, 이 둘째 잊음까지 가는 것, 이것이 바로 좌망이다. 좌망은 불교에서 '지관(止觀, śamatha/vipaśyana)'할 때의 지(止)요, '정혜(定慧, samādhi/prajñā)'할 때의 정(定)에 해당한다고 볼 수 있다. 이런 의식의 변화를 체험한 사람이라면 유가적 가치를 완성한 공자 같은 사람이라도 그를 스승으로 삼고 그 뒤를 따른다는 메시지다.

여우의 득도 단계 의식의 변화, 의식의 심화 과정에 대한 이야기는 제6편 「대종사(大宗師)」에서 다시 볼 수 있다. 여기 도를 터득한 사람으로 등장하는 여우(女偶)라는 이가 득도의 일곱 단계를 다음과 같이 열거하고 있다.

사흘이 지나자 그는 세상을 잊었습니다. 세상을 잊었기에 다시 잘 지켜보았더니 이레가 지나자 사물을 잊습디다. 사물을 잊었기에 다시 잘 지켜보았더니 아흐레가 지나자 삶을 잊게 되었습니다. 삶을 잊게 되자 그는 '아침 햇살 같은 밝음(朝撤)'을 얻었습니다. 아침 햇살 같은 밝음을 얻자 그는 '하나'를 볼 수 있었습니다. 하나를 보게 되자 과거와 현재가 없어졌습니다. 과거와 현재가 없어지자 죽음도 없고 삶도 없는 경지에 들어가게 되었습니다.

이를 요약하면, ① 바깥세상을 잊음 → ② 바깥 물질을 잊음 → ③ 자기를 잊음 → ④ 아침 햇살 같은 밝음 → ⑤ 하나와 하나 됨 → ⑥ 과거 현재 미래가 없어짐 → ⑦ 삶과 죽음에서 자유로워짐이다.

더욱 간단히 말하면 잊어버리는 과정을 통해 '아침 햇살 같은 밝음'을 얻어 '하나를 보는(見獨)' 체험이 가능하고, 이를 통해 무고금(無古今), 무시간의 경지와 불사불생(不死不生), 곧 사생의 구별이 없어지는 경지를 맛보게 된다는 것이다.[7] 장자가 이처럼 되풀이하여 의식의 변화를 강조하고 있다는 점에서 선불교와도 맞닿아 있다고 볼 수 있다.

(6) 심재(心齋)

이런 의식의 변화는 사회 참여 내지 정치 참여에도 관련이 있다. 장자가 사회나 정치에 상관없이 현실 도피나 은둔주의의 삶을 살 것을 강요하는 것으로 오해하면 안 된다. 무조건 사회를 등지라는 것이 아니라 '의식의 변화'가 있기 전에 사회를 위해 일한다고 설치지 말라는 것이다. 제4편 「인간세(人間世)」에 나오는 공자와 안회의 대화에서 이런 생각이 극적으로 나타난다.

안회가 공자에게 위(衛)나라 백성들이 독재자의 폭정에 시달린다는 소식을 듣고 그들을 도우려 하니 그곳에 가도록 허락해 달라고 부탁했다. 공자는 안 된다고 했다. 안회가 학식과 예의와 용기 등 모든 것을 갖추어 인격적으로 훌륭하지만 아직 준비가 덜 되었다는 것이다. 유가에서 말하는 수기치인(修己治人) 곧 자기 수양을 했으면 사람을 다스릴 수 있다는 생각을 부정하는 셈이다. 안회는 도대체 무엇을 더 갖추어야 하는가 물었는데 공자는 '마음을 굶겨야 한다'고 일러 준다. 심재하라는 것이다. 그러면서 공자는 스스로 심재가 무엇인지 말한다.

먼저 마음을 하나로 모으라. 귀로 듣지 말고, 마음으로 들어라. 다음엔 마음으로 듣지 말고, 기(氣)로 들어라. 귀는 고작 소리를 들을 뿐이고, 마음은 고작 사물을 인식할 뿐이지만 기는 텅 비어서 무엇이든지 받아들이려 기다린다. 도(道)는 오로지 빈 곳에만 있는 것. 이렇게 비움이 곧 심재니라.

이어서 심재를 실천하여 생기는 결과에 대해 이야기한다. 심재를 하면 '자신이 더 이상 존재하지 않는 상태'가 된다고 한다. 소아(小我), 현아(現我)가 사라지고 대아(大我), 진아(眞我), 전아(全我)가 등장한다는 뜻이다. 옛날의 내가 죽고 새로운 내가 태어나는 것이다. 이렇게 의식의 변화가 이루어져 이런 마음가짐이 갖추어진 사람이라야 사회를 위해 일을 하더라도 진정 효과적으로 할 수 있다고 하였다.

흥미로운 것은 유교 경전 『대학』에도 정치에 참여하여 평화를 가져오게 하는 것이 궁극적인 이상으로 나와 있는데, 이런 이상을 실천하기 전에 갖추어야 할 요건으로 사물을 궁구하고(格物), 앎을 극대화하고(致知), 뜻을 성실히 하고(誠意), 마음을 바르게 하고(正心), 인격을 도야하고(修身), 가정을 잘 꾸리고(齊家), 결국 나라를 다스리고(治國), 세상에 평화를 가져올 수 있다(平天下)고 가르쳤다는 사실이다. 송(宋)대 이후 신유학에서는 처음 두 단계인 '격물치지'를 의식의 변화, 초월적인 밝음(明)의 획득으로 보았다. 그리스도교 성경에도 예언자들이나 예수나 그 제자들이 모두 "성령이 임하심"을 체험한 후 세상에 나갈 수 있었다고 한다.

(7) 죽음마저도

이렇게 '의식의 변화'가 있게 되면 죽음과 삶마저도 초월하게 된다. 장자 스스로 자기 부인이 죽었을 때 장단에 맞추어 춤을 춘 것과 같다. 이를 보고 놀라는 친구에게 자기도 물론 슬펐지만 곰곰이 생각해 본 결과 죽음은 사계절의 바뀜과 같아 철이 바뀐다고 울어 봐야 공연한 일이며 사물의 실재를 직관함으로써 죽음과 삶이 두 가지 개별적인 것이 아니라 동일한 사물의 두 면일 뿐임을 알게 됐기에 슬픔을 극복하게 됐다고 말한다. 죽음을 받아들임으로 죽음을 극복한 셈이다. 죽음과 삶이 문제되지 않는 절대 자유의 경지다. 이런 안명(安命)의 태도는 철학자 니체가 말하는 '아모르파티(amor fati, 숙명을 사랑함)'를 연상하게 한다.

빈 배

『장자』제20편 「산목(山木)」에 나오는 빈 배 이야기를 인용하면서 『장자』에 대한 논의를 끝맺는다.

누가 배로 강을 건너는데, 빈 배 하나가 떠내려오다가 그 배에 부딪쳤습니다. 그 사람 성질이 급하지만 화를 내지 않았습니다. 그런데 떠내려오던 배에 사람이 타고 있는 것을 보면 당장 소리치며 비켜 가지 못하겠느냐고 합니다. 한 번 소리쳐서 듣지 못하면 다시 소리치고, 그래도 듣지 못하면 결국 욕설이 따르게 마련. 처음에는 화를 내지 않다가 지금 와서 화를 내는 것은 무슨 까닭입니까? 처음에는 배가 비어 있었고 지금은 배가 채워져 있기 때문입니다.
우리 모두 자기를 비우고 인생의 강을 흘러간다면 누가 능히 우리를 해하겠습니까?

지금껏 논의한 것처럼 노자와 장자는 우리에게 실재의 다른 차원에 대해 눈을 뜨라고 가르친다. 그리하여 변화를 받아 지금 여기서 풍요롭고 생명력 넘치는 삶을 살고 나아가 삶과 죽음으로부터도 자유로운 '영원한 지금(eternal now)'을 맛보라고 일러 준다. 이런 고매하고 초현실적인 사상이 오늘 같은 물질 만능주의, 생명 경시, 환경 파괴, 불평등 사회에 그대로 적용할 수 있을까 자문하지 않을 수 없다. 그러나 다시 생각해 보면 그런 사회이기에 이와 같은 가르침이 더욱 절실한 것이 아닌가 한다. 이들의 가르침을 거울로 삼아 지금 우리의 모습을 보고 다시 옷깃을 여미는 자세가 필요하지 않을까 하는 마음이다.

틱낫한 스님이 말한 것처럼, 북극성을 향해 걸을 때 비록 우리의 발이 북극성에 닿을 수는 없겠지만, 북극성을 보며 걷는다는 자체로 우리가 가는 방향이 더욱 똑발라질 수 있다. 노자와 장자는 우리를 안내하는 북극성이다.

참고 문헌

오강남 풀이, 『도덕경』(현암사, 개정판 2010)

오강남 풀이, 『장자: 우주와 인생의 깊은 뜻』(현암사, 1999)

기타 참고 문헌은 위의 두 책 말미에 나오는 참고 문헌을 참고할 수 있다.

오강남 서울대학교 종교학과를 졸업하고 동 대학원에서 석사 학위를, 캐나다 맥매스터 대학에서 종교학 박사 학위를 받았다. 현재 캐나다 리자이나 대학 종교학과 명예교수로 북미와 한국을 오가며 집필과 강의, 강연을 하고 있다. 북미 여러 대학과 서울대 등의 객원교수, 북미 한인종교학회 회장, 미국종교학회 한국종교분과 공동의장을 역임했다. 저서로 노장사상을 풀이한 『도덕경』과 『장자』를 비롯하여 『오강남의 작은 도덕경』, 『오강남의 그리스도교 이야기』, 『세계 종교 둘러보기』, 『종교란 무엇인가』, 『종교, 심층을 보다』, 『또 다른 예수』, 『예수는 없다』 등이 있다.

13

도덕의 정치학

맹자의 『맹자』 읽기

장현근 (용인대학교 중국학과 교수)

맹자(孟子, B.C.372?~B.C.289?)와 『맹자』

전국시대의 사상가로 이름은 가(軻)이며 자는 자여(子輿) 또는 자거(子車)라는 설이 있다. 공자의
고향인 곡부(曲阜) 근처의 추(鄒)에서 태어나 자사(子思)의 문인에게서 유가 학설을 배웠다. 공자의
인(仁) 사상을 발전시켜 인의(仁義)를 주장했으며, 제(齊), 송(宋), 등(滕), 위(魏) 등 여러 나라를 유
세하며 인의의 덕을 바탕으로 하는 왕도 정치를 설파했으나 뜻을 이루지 못했다. 만년에 고향으로
돌아와 제자들과 『시경』과 『서경』, 공자의 정신에 대해 논하였는데 이것이 『맹자』로 이루어졌다.
『맹자』는 7편이 남아 전해지며 후한의 조기(趙岐)가 주석을 달면서 각 편을 상하로 나누어 14편으
로 만든 것이 오늘날까지 이어지고 있다. 송대 주희에 의해 사서로 확정됨으로써 유교의 주요 경
전으로 여겨져 왔다.

1 시작하며 ─ 맹자와 그의 시대

맹가(孟軻, Mencius, 이하 맹자)는 사람만이 갖고 있는 마음을 발견하고 이것으로 천하의 군주들을 설득하러 다녔다. 전쟁과 경쟁과 이익이 지배하는 세상을 인의와 도덕이 지배하는 세상으로 바꾸고자 했다. 그러나 '정치를 통한 구세'라는 그의 강렬한 소망은 끝내 이뤄지지 못했다. 이상주의자라는 비판만 받았다. 그가 고단한 유세 길에서 돌아와 말년에 제자들과 함께 쓴 책이『맹자』이다.

독백 또는 제자들과의 대화 또는 다른 사람들과의 논쟁으로 이루어진『맹자』는 읽는 이에 따라 다르게 해석될 수 있다. 이 책이 가진 풍부하고 다양한 가치만큼이나 주석서와 연구서도 매우 많다. 그러나『맹자』를 읽으면 공통적으로 도덕적인 세상에 대한 열망이 솟구치고 정치와 사회와 삶에 대해서 다시 생각하게 된다. 이 글은『맹자』를 정치학 교과서로 읽고자 한다. 그래서 부제를 '도덕의 정치학'으로 달았다.

본격적으로 시작하기 전에 맹자가 정치로 세상을 구제하려 한 배경 가운데 중요한 몇 가지만 짚어 보자.

첫째는 중국 인문주의의 계승이다. 신정(神政) 일치의 정치 전통은 무력으로 정권을 전복한 주나라에 이르러 급속하게 인간 중심으로 개편되었다.『서경』과『시경』등은 이 시기 권력 변동의 정치적 정당화 논리를 잘 담아내고 있다. 이 책들은 신의 입장이 아니라 인간의 입장에서 정치를 보았다. 예를 들면『서경』「태서 중」편에선 공경이 부족하고 제사를 정성껏 모시지 못한 인간의 죄 때문에 천명이 바

꿰었다고 한다. 춘추시대에 이르면 사람의 힘 특히 군사력으로 예법과 종실을 지키는 것이 정치적 명분이 되었다. 맹자가 살았던 전국시대에는 명분마저 내려놓고 오직 부국강병만이 정치적 안정과 국가적 통일을 가져온다고 생각하였다. 사람과 사회가 사유의 중심으로 등장할 때 맹자는 사람의 내면까지 들여다보려고 노력함으로써 중국 인문주의를 한 차원 높였다.

둘째는 공자에 대한 사랑이다. 공자는 인문주의 전통을 성숙시킨 위대한 스승이었다. 책을 편찬하고 제자를 길러 내고 지식을 보편화했다. 수많은 정치적 개념들을 비근한 일상의 문제로 설명함으로써 사(士)나 서인(庶人)들도 정치가 무엇인지 알게 하였다. 예를 들면 군자(君子)라는 개념은 통치를 담당한 군주의 자제라는 뜻이었는데 공자는 거기에 인의와 도덕을 실천하는 참된 정치가라는 새로운 관념을 더했다. 공자는 주나라 초 문왕과 무왕의 예법을 회복함으로써 신하가 임금을 죽이고 자식이 아비를 죽이는 처참한 세상을 극복할 수 있다는 덕치를 주장하였다. 그는 온갖 고난을 겪으며 14년 동안이나 천하의 군주들을 설득하러 다니는 등 정치를 통한 구세의 열정에 가득 찬 인생을 살았다. 맹자는 공자의 손자인 자사(子思)의 제자에게 공부했다. 맹자는 공자를 "성지시자(聖之時者)"(『맹자』,「만장 하」1, 이하 책명은 생략) 즉 시의적절하게 행동한 가장 위대한 성인이라 부른다. 그는 공자를 존경하고 사랑했으며 모든 것을 닮고 싶어 했다. 맹자는 "민(民)이 생긴 이래 공자만 한 사람은 아직 없었다."(「공손추 상」2)라고 말한다.

셋째는 시대 풍조에 대한 반발이다. 맹자가 태어난 서기전 372년[1]

무렵 중국은 전쟁이 없는 해가 거의 없을 정도였다. 거의 모든 군주는 부국강병을 국가 목표로 삼고 법가적 이념에 맞추어 정치 개혁을 단행하였다. 도덕이나 예법, 문왕과 무왕의 도 따위에는 아무도 관심을 갖지 않았고[2] 경쟁에서의 승리와 이익만을 추구했다. 예를 들면 맹자와 비슷한 나이의 상앙(商鞅)은 호적법, 공무원 등급제, 강력한 형벌 등을 창안하여 진(秦)나라를 일약 강국으로 만들었다. 그는 "힘은 강함을 낳고, 강함은 위엄을 낳으며, 위엄은 덕을 낳는다. 따라서 덕은 힘에서 생긴다."[3]라고 말한다. 군주들의 이해타산에 영합하여 부강의 계책을 헌상하는 사람들이 제자백가 대부분의 실체이다. 눈앞에 이익을 가져다주지 못하는 인의도덕은 실적주의 앞에 꼼짝을 못하였고 인문학은 크게 쇠퇴하였다. 극단적 공리주의자 묵적(墨翟)과 극단적 이기주의자 양주(楊朱)의 말이 천하에 가득했다.(「등문공 하」 9) 맹자는 이들 모두를 인간이길 포기한 짐승으로 간주했다.

맹모삼천(孟母三遷)이나 단기지교(斷機之教)의 이야기에서 알 수 있듯이 맹자는 어머니의 강력한 영향하에 공부를 하였다.[4] 그는 40세 무렵 부동심(不動心), 즉 흔들리지 않는 마음을 확인하고 각국의 왕들을 만나러 떠났다. 한창 인기가 있었을 때는 책과 살림살이를 수십 대의 수레에 나누어 싣고 수백 명의 제자들을 거느리고 다녔으니(「등문공 하」 4) 참 장관이었으리라. 이 글에서 『맹자』에 나온 개념과 주장을 다 언급할 수는 없겠지만 이상의 배경을 생각하면서 인의(仁義), 심성(心性), 왕패(王霸), 군자(君子) 네 가지 큰 항목으로 압축하여 『맹자』의 정치학을 소개하고자 한다.

2 인의

『맹자』첫 편인 「양혜왕 상」의 첫 장은 맹자 사상 전체의 주제를 드러내고 있다. 50대의 맹자는 보무도 당당하게 위(魏)나라에 도착했는데 위의 혜왕, 즉 양 혜왕(梁惠王)은 그를 보자마자 "노선생께서 천리를 멀다 않고 오셨으니 장차 우리나라에 이익을 가져다주려는 것이겠지요?"라고 질문한다. 이에 맹자는 국가의 지도자가 인의를 얘기해야지 어떻게 이익을 먼저 얘기하느냐고 힐문한다. 왕이 '어떻게 해야 우리나라에 이익이 될까?'라고 말하면, 대부들은 '어떻게 해야 우리 가문에 이익이 될까?'라고 말할 것이며, 사와 서민들은 '어떻게 해야 내 몸에 이익이 될까?'라고 말할 것이다. 위아래에서 서로 이익을 다툰다면 그 나라는 위험에 빠지고 말 것이라는 주장이다. 이익 다툼은 필경 남의 것을 빼앗는 행위로 귀결되어 자식이 부모를 버리고 신하가 군주를 해치게 된다는 것이다. 경제 우위의 시대인 오늘날 세상에서 벌어지는 사건들을 보면 짐작이 간다.

『맹자』에 등장하는 인의는 크게 다음 몇 가지 뜻을 함축하고 있다.

첫째는 세상의 중심 가치로서 인의이다. 양 혜왕은 전쟁으로 자식도 잃고 땅도 빼앗긴 사람이다. 그가 부국강병에 혈안이 되어 있다는 것을 맹자가 모를 리 없었다. 그럼에도 인의로 혜왕을 설득하려 한 것은 그가 군주이기 때문이다. 국가 최고 지도자의 사유와 언어는 국가 구성원들의 가치관을 형성하는 궁극적 근원이다. 군주가 개인적 은원에 집착하거나 작은 이익을 탐한다면 세상의 중심이 흔들릴 것이다.

맹자는 전쟁이 모두에게 이익이 되지 않는다는 논리로 전쟁을 그칠 것을 설득하러 가는 송경(宋牼)5을 만나서도 양 혜왕에게 했던 충고와 비슷한 말을 한다. 신하들이 이익을 따져서 군주를 섬기고, 자식들이 이익을 따져서 부모를 모시고, 동생들이 이익을 따져서 형을 받든다면 망하게 될 것이라고 한다.(「고자 하」 4) 군신 관계, 부자 관계, 장유 관계는 사회 조직의 기본이다. 맹자는 이익 때문에 이 관계가 무너지는 것을 우려한 것이다. 전쟁의 중단 같은 큰 사건을 애기할 때도 항상 인의의 덕을 내세우는 것이 건강한 사회를 만드는 왕도라는 얘기다. 맹자에게 인의는 천하를 아우르는 도덕 국가를 수립하겠다는 의지의 상징이다.

맹자의 인의는 가족 내의 사랑을 사회로 확장하는 논리의 연장선에 있다. 맹자의 언어로는 추은(推恩)이다.(「양혜왕 상」 7) 부모와 자식 사이의 이해타산 없는 사랑이 인(仁)이고 형과 아우 사이(또는 군주와 신하 사이)의 따뜻한 공경이 의(義)이다. 그런데 지금은 사랑이 아니라 힘과 이익만 따지는 주장이 천하를 가득 메우고 있다. 이익이 세상의 중심 가치가 되면서 공자의 인의도덕은 아무도 거들떠보지 않게 되었다. 맹자는 세상의 중심 가치를 인의로 되돌려 경제 논리와 군사 논리가 다시는 고개를 들지 못하도록 '논쟁'6하는 데 일생을 걸었다.(「등문공 하」 9)

둘째는 생활의 덕목으로서 인의이다. 맹자는 "어질면서(仁) 자기 부모를 버리는 사람은 없으며, 의로우면서(義) 자기 군주를 나중에 생각하는 사람은 없다."(「양혜왕 상」 1)라고 한다. 부모를 잘 모시고 군주를 먼저 생각하는 태도는 인의에서 비롯되지 이익에서 비롯되지 않

도덕의 정치학

는다는 것이다. 그런데도 세상에는 양주처럼 "몸에 난 터럭 한 올만 뽑으면 천하에 이로울 것이라 하여도 하지 않을" 사람들과 또는 묵적 처럼 "정수리로부터 발꿈치까지가 다 닳더라도 천하에 이롭다 하면 그렇게 할" 사람들로 가득하다.(「진심 상」 26) 양주는 극단적 이기주의 인 위아(爲我)주의로 군주를 인정하지 않으며, 묵적은 극단적 이타주 의인 겸애(兼愛)주의로 부모를 인정하지 않는다. 양주는 의롭지 못하 니 사회의 기본을 깬 것이고, 묵적은 어질지 못하니 가족의 기본을 무 너뜨린 것이다. 그것은 이익만 추구했기 때문이다. 내 삶의 반인 가족 관계와 나머지 반을 차지하는 사회관계를 인의로 관통하면 자연스럽 게 사랑이 넘쳐 "자기도 모르게 발이 뛰고 손이 춤을 추게"(「이루 상」 27) 될 것이다.

맹자에게 인의는 "필연적 관계가 있는 본성"(「진심 하」 24)으로 자 연스러운 것이다.[7] 인은 어짊이고 의는 옳음이다. 이 둘 사이에 무슨 필연적 관계가 있단 말인가. 「고자 상」 11장에 "인은 사람의 마음이 고, 의는 사람의 길이다."라고 한다. '마음이 가는 길'이란 점에서 인 이 기본일 것이다. 어짊은 모짊의 반대라고 한다.[8] 모든 것을 받아들 이는 부모 자식 간의 천륜을 확충하여 사회생활에서 모나지 않는 행 위를 하는 것이 인의의 관계이다.

'인에 바탕을 두고 의를 실천함'을 「이루 상」 11장에는 거인유의 (居仁由義)라 한다. 인이라는 편안한 집에 머물면서 정의로운 바른 길 을 걷지[9] 못한 사람을 맹자는 자포자기한 사람이라고 한다. 이에 대 해 고자(告子)[10]가 인은 안에서 발현되고 의는 밖에서 이루어지는 것 이므로 상관이 없다는 유명한 인내의외(仁內義外) 논쟁[11]을 촉발시킨다. 고자는 내 동생을 타국의 동생보다 사랑함은 내 안의 기쁨 때문이고, 동네 어른과 타국의 어른을 똑같이 공경함은 어른이라는 외형의 사실 때문이므로 인과 의는 안팎이 다르다고 한다. 이에 대해 맹자는 "진나라 사람이 구운 고기를 좋아하는 것과 내가 구운 고기를 좋아하는 것엔 차이가 없다."(「고자 상」 4)라고 말한다. 사람이 좋아하여 실천하는 행위는 모두 내부 성정의 발로라는 얘기다. 맹자는 인의가 인간만의 특질로 마음의 본래 성정으로부터 항구적으로 발현된다고 생각했다.(「고자 상」 5) 이 때문에 어진 정치가 가능하다고 보았다. 『맹자』를 읽어 보면 곳곳에서 죄 없는 사람을 죽이지 않는 것, 남의 것을 탐하지 않는 것, 교화를 게을리하지 않는 것, 우리 집 아이에 대한 사랑을 확충하여 남의 집 아이를 사랑하는 것 등을 인의의 구체적 덕목으로 예시하고 있다. 거인유의하면 "위대한 정치가로서 할 일을 갖춘"(「진심 상」 33) 것이며, "천하를 손바닥 위에 올려놓은 듯 다스릴 수 있을"(「등문공 상」 5) 것이다.

셋째는 정치의 원리로서 인의이다. 부모에 대한 친애로서 인과 형에 대한 공경으로서 의를 전체 사회로 넓혀 가도록 만드는 것은 정치의 몫이다. 맹자에게 정치는 인의의 사회적 구현인 셈이다. 군자가 "부모에 대해 친애하면서 백성들에게 어질고, 백성들에게 어질면서 만물을 사랑하는"(「진심 상」 45) 인의의 확충이 이루어지고, 마침내 천하의 백성들 모두가 인의를 실천하게 되는 날이 왕도가 완성되는 날이다. 군자는 어진 정치를 실천하는 정치가이다. 백성의 아픔을 '차마 참지 못하는 마음' 즉 불인인지심(不忍人之心)을 갖고 있으며 이를 확충해 가는 것이 인정(仁政)이다. "사람은 누구나 차마 참지 못하는 것

도덕의 정치학

이 있는데 그것을 확충하여 참아 내도록 하는 것이 인이다. 사람은 누구에게나 차마 행하지 못하는 일이 있는데 그것을 확충하여 행하도록 하는 것이 의이다."(「진심 하」31)

불인인지심은 사람만이 갖고 있는 특질이므로 군주는 '남의 아픔을 차마 참지 못하는 정치' 즉 불인인지정(不忍人之政)을 펼칠 수 있다. 「양혜왕 상」 7장에서 맹자는 제 선왕(齊宣王)이 어진 정치를 펼칠 수 있는 사람이라고 말한다. 선왕이 제물로 끌려가는 소가 벌벌 떠는 모습을 보고 양으로 바꾸라고 한 것에서 불인인지심을 발견한 것이다. 맹자는 선왕이 소 한 마리가 아까워서가 아니라 눈물을 흘리는 모습을 차마 볼 수가 없어서 그런 것이니 "그 참지 못하는 마음이야말로 어진 정치를 행하는 방법"이라고 한다. "군주가 올바르면 올바르지 않은 사람이 없을 것"(「이루 상」 20, 「이루 하」 5)이라는 맹자의 생각은 과도한 낙관일 수 있다. 하지만 맹자의 정치사상은 인간에 대한 신뢰에 바탕을 두고 있으며, 군주가 의로우면 모두가 자연스럽게 의로워진다는 뜻이 아니라 모든 구성원을 '의롭게 만들 수 있다'는 뜻으로 받아들여야 한다. 인정은 낙관에 기초하지만 치열한 인위적 노력을 필요로 한다는 얘기다. 이 적극적인 간여가 교화이다. "좋은 정책[12]은 좋은 교화보다 민심을 더 잘 얻지 못한다."(「진심 상」 14) 감화를 통해 민심을 얻는 정치가 바로 맹자 인정론(仁政論)의 핵심이다.

『맹자』의 상당 부분은 백성들을 감동시키기 위해 군주가 해야 할 행위와 여러 가지 정책적 구상으로 가득하다. 몇 가지만 예로 들면, 「양혜왕 하」 1장에서는 혼자만 즐기지 말고 백성들과 더불어 음악을 들으라 하고, 같은 편 2장에서는 철책을 치지 말고 백성들에게 사냥터를 공개하라고 한다. 여민동락(與民同樂)하라는 주문이다. 「양혜왕 상」 7장에서는 "일반 백성들은 일정한 생업(恒産)이 없으면 일정한 도덕심(恒心)도 갖지 못한다."라면서 최저 생계의 유지와 일자리 마련을 주문한다. 「양혜왕 하」 5장에서는 9분의 1 세금 제도의 도입과 폭넓은 사회 복지 정책을 제안한다. 「등문공 상」 3장에서는 학교의 설립과 정전제(井田制)를 주장하기도 한다. 그 외에도 세금의 감면, 형벌의 감경, 관세 폐지 등 다양한 정책을 제안한다.

3 심성

맹자는 성선설을 주장한 사람으로 알려졌지만 인성(人性)에 대한 논의가 『맹자』 전체의 주제는 아니다. 인의와 심(心)이 훨씬 더 많이 등장하는 논제이다. 물론 맹자의 인성론은 인의의 정치를 위한 중요한 사상적 기초임에는 틀림없다. 동물과 달리 사람만이 갖고 있는 특징인 심을 설명하려면 선한 본성에 대한 논의가 없을 수 없기 때문이다. 또한 맹자의 시대에는 인성을 두고 다양한 논쟁이 벌어지고 있어서 맹자도 그에 대한 대답을 할 필요가 있었다.

성선설을 둘러싼 논쟁은 『맹자』 「고자 상」 편에 집중되어 있다. 고자는 인성에 대하여 오랫동안 깊이 고민해 온 학자였다. 그는 본성이 솟아나는 샘물과 같아 동쪽으로 트면 동쪽으로 흐르고 서쪽으로 트면 서쪽으로 흐른다고 말한다.(「고자 상」 2) 이는 순자의 성악설과 비슷한 주장으로 본성은 선천적으로 선하거나 악하다기보다 인위적인 환경으로 인해 후천적으로 결정된다는 얘기다.[13] 이에 대해 맹자는 물이 동서의 구별은 없을지 모르나 상하의 구분은 있다면서 "본성이 선한 것은 물이 아래로 흐르는 것과 같다."라고 한다. 물이 아래로 흐르듯 자연스러운 이치가 인간의 내면에 존재하며, 외적인 힘과 관계없이 인간에게 본래부터 내재한 성품이 선하다는 것이다. 이는 "개의 본성은 소의 본성과 같고, 소의 본성은 사람의 본성과 같단 말이오?"(「고자 상」 3)라고 고자에게 반문하는 말에서도 알 수 있다. 맹자는 사람이 착하게 태어난다는 말을 하려는 게 아니라 사람은 동물과 다르게 선한 성품 즉 도덕 실천의 능력을 본질적으로 갖고 있다는 말을 하려는 것이다.

맹자는 외부 환경의 영향과 그에 따른 내면의 변화를 부정하지 않으며[14] 인간의 동물적 욕구를 부정하지도 않는다. 다만 "군자는 그것들을 본성으로 여기지 않는다"(「진심 하」 24)는 것이다. 인간은 선한 본성 즉 '차마 참지 못하는 친애와 공경'을 본질적으로 갖고 있어서 어진 정치를 펼칠 수 있다. 따라서 소극적으로는 환경 때문에 흐려진 선한 본성을 되찾게 하는 것이 어진 정치이며, 적극적으로는 선한 본성을 충분히 발현하여 도덕적인 세상을 만드는 것이 어진 정치이다. "맹자가 인간의 성품을 선하다고 하면서 반드시 요와 순을 일컬은 것"(「등문공 상」 1)은 그 뜻이다. 맹자는 성선설을 창조함으로써 왕도 정치에 대한 이론적 근거를 마련한 것이다.

『맹자』의 곳곳에는 사람과 짐승을 비교하는 장면이 많다. 사람이 동물과 '다른' 특성을 드러내기 위한 맹자의 전략일 것이다. 맹자의 성선설은 다른 존재와 달리 인간만이 가지고 있는 위대성에 대한 확신이다. 심(心)은 성선과 불가분리의 관계에 있다. 본성이 왜 선하냐는 제자의 질문에 맹자는 심으로 대답한다. "불쌍히 여기는 마음은 사람이면 누구나 가지고 있으며, 부끄러워하는 마음은 사람이면 누구나 가지고 있으며, 공경하는 마음은 사람이면 누구나 가지고 있으며, 옳고 그름을 구별하는 마음은 사람이면 누구나 가지고 있다네." (「고자 상」 6) 이른바 인의예지 사단(四端) 즉 측은지심, 수오지심, 공경지심, 시비지심이 사람이면 본래부터 가지고 있던 것이라고 한다.

사람에게 인의예지라는 "네 가지 단서가 있는 것은 우리 몸에 팔다리라는 사지가 있는 것과 같다."(「공손추 상」 6) 사람이라면 이 싹을 자신 → 부모 → 향촌 → 국가로 넓혀 주변을 충만하게 해야 한다. 이렇게 확충해 갈 줄 모르면 사람이 아니라 짐승이다. 맹자는 이 사심(四心)을 통합해 냄으로써 정치와 윤리를 훌륭히 결합했다. 그리하여 권력을 중심으로 벌어지는 정치의 현실적 의미를 뛰어넘어 도덕의 완성이라는 정치의 이상적 정의가 가능하도록 해 주었다. 도덕적 이상의 잣대를 현실 권력에 들이대며 정치를 비판할 수 있는 근거를 마련한 것이다. 이는 맹자 정치학의 큰 성취다.[15] 맹자는 현실에서 관직이나 권력을 획득하는 따위는 인작(人爵, 「고자 상」 16)으로 하찮은 정치 행위이며, 자신으로부터 천하에 이르기까지 부단히 인의와 도덕을 넓혀 가는 것이 천작(天爵, 「공손추 상」 7)으로 최고의 정치 행위라 한다. 선한 심성의 자연스러운 발현을 즐겁고 위대한 정치 행위로 본 것이다. 맹자는 사람이면 누구나 갖고 있는 사단으로부터 힘의 정치 질서에 대해 도덕의 우위를 설명하는 근거를 찾았다.

이렇듯 사람이 누구나 선한 본성과 도덕심을 가지고 있다면 선하지 못한 사람을 어떻게 설명할 것인가? 맹자는 환경 때문이라고 한다. "사람들이 타고난 마음을 놓치는 까닭은 도끼로 나무를 베는 것과 같다. 매일매일 벌목을 하니 아름다움을 유지할 수 있겠는가?"(「고자 상」8) 나쁜 환경을 만나 본성이 악하게 바뀐다는 것이 아니라 본래의 선함이 환경 때문에 가려져서 드러나지 못하고 있다는 것이다. 그렇게 사람만이 지닌 선한 심성이 드러나지 못한다면 금수와 다를 바가 없다. 그래서 '고요한 아침의 기운과 평탄한 저녁의 기운'을 잘 흡수하는 훈련을 하고, 교육을 통해서 선한 마음을 되찾는 노력이 필요하다. 이 점에서 맹자도 다른 유학자들처럼 후천적 교육을 매우 중시하였다. 맹자의 발상은 불선(不善)을 막아 선하게 되라고 교육시키는 것이 아니다. 그는 본래 선한 인간의 본성과 마음을 회복하는 교육을 중시한다. 맹자는 예의를 선을 회복하는 중요한 교육적 수단으로 생각하였다.[16]

그렇다면 사람에게 본질적으로 내재하는 선한 심성을 내 안에서는 어떻게 이끌고 기를 것인가? 나라는 주체에게 있어 심과 외물과의 관계는 어떻게 설정해야 하는가? 맹자는 양심(養心)의 방법으로 욕심을 적게 가지라고 한다. 외부 물질이나 사건, 사물에 대하여 욕심을 적게 갖는 것이 선한 본성을 보존하는 길이라고 한다. "마음을 수양하는 최고의 방법은 욕심을 적게 갖는 것이다. 사람됨이 욕심이 적은 사람은 선한 본성을 잃는 경우가 있다 하더라도 아주 적을 것이고, 사람됨이 욕심이 많은 사람은 선한 본성을 보존하는 경우가 있다 하더라도 극히 적을 것이다."(「진심 하」35) 보통 사람은 쉽지 않은 일이며 군자는 가능하다고 한다.

양기(養氣)도 심을 기르고 이끄는 방법이다. 심의 주재 아래 호연지기(浩然之氣)를 운용하면 마음을 보존할 수 있다. 호연지기는 "그 됨됨이는 지극히 크고 지극히 굳세며, 올곧은 도로 길러서 거기에 아무 위해도 가하지 않는다면 천지 사이에 가득 차게 된다."(「공손추 상」 2) 호연지기는 마음속에 존재하는 정의감과 도를 열심히 길러 축적함으로써 생긴다. 특별한 목적이 있으면 길러지지 않으며, 억지로 조장할 수도 없다. 호연지기는 하늘이 부여해 준 마음을 잘 보존하는 일이다. 그래서 기운을 기르는 것은 곧 마음을 기르는 것이다. 맹자의 호연지기는 우리 몸이라는 형체를 움직여 도덕심의 능력을 강화함으로써 이상 사회를 건설할 수 있다는 정치학의 문제이기도 하다.

인간이 고유하게 갖고 있는 선한 능력과 선한 지혜, 즉 양능(良能)과 양지(良知)를 지키는 것도 마음을 보존하는 방법이다. 「진심 상」 15장에 "사람이 배우지 않고도 할 수 있는 것은 그 양능 때문이고, 생각하지 않고도 알 수 있는 것은 그 양지 때문이다."라고 한다. 구체적으로는 부모를 사랑하고 형을 공경하는 것이 양지, 양능이다. 사람다운 삶이란 그 마음을 지키는 것이다. 마음을 보존하지 못하고 잃어버리는 것을 방심(放心)이라 한다. 방심하는 삶이야말로 사람답지 못하다. 「고자 상」 11장에서 맹자는 "사람들이 닭이나 개를 놓치고는 열심히 찾으면서도 마음을 놓치고는 찾을 줄을 모른다. 학문의 길은 다른 것이 아니라 그 놓친 마음을 찾는 것일 따름이다."라고 말한다.

인생은 수많은 관계 속에서 부단히 선택해 가는 과정이 아닌가. 모두를 다 가질 수는 없지 않은가. 맹자는 사람다운 길을 선택하라고 주문한다. 예를 들면 "목숨 또한 내가 바라는 바이고, 의로움 또한 내가 원하는 바인데, 두 가지를 다 겸할 수 없다면 목숨을 버리고 의를 취할 것이다."(「고자 상」 10)라고 한다. 목숨보다 중요한 가치가 있음을 아는 존재가 사람이다. 성현이 아니라도 사람이면 누구나 이런 마음을 갖고 있다. 어떤 사람이든 사생취의(舍生取義)가 가능하다. 의는 마땅히 해야 하는 것이며, 사람답게 살아가는 것이며, 도리를 아는 것이다. 대의명분이요, 공동체를 중시하는 원만한 인간관계이다. 따라서 대인군자는 고난 속에서도 의를 지켜 세상에 봉사한다. "도에 맞는 것이 아니면 밥 한 그릇이라도 다른 사람에게서 받아서는 안 된다."(「등문공 하」 4)

4 왕패

모든 사람이 선한 심성 그대로 살아가는 세상이 왕도 사회이다. 왕도 사회는 이익이 아니라 인의가 세상을 움직이는 중심 원리이고, 선한 마음에서 우러나는 친애와 공경이 자연스럽게 세상에 넘치는 사회이고, 어떠한 외부적 강제력도 개입되지 않는 자율이 이루어지는 곳이다. 선한 본성이 그대로 드러나고 선한 마음이 자연스럽게 발현되는 세상이다. 맹자는 버드나무를 잔인하게 해쳐서 그릇을 만들듯 외부에서 인위적으로 통제해서는 오히려 인의를 망친다고 주장한다.(「고자 상」 1) 외부의 힘 그 자체가 바로 인의를 해치는 것이기 때문이다. 맹자는 "요임금과 순임금은 본성대로 인의를 실천하였으며, 은 나라 탕왕과 주나라 무왕은 몸으로 인의를 구현하였으며, 춘추시대 다섯 패자는 거짓으로 인의를 빌렸다."(「진심 상」 30)라고 한다. 외부적인 힘으로 인의의 정치를 할 수 있다는 주장은 힘으로 인의를 가장한 패도 정치에 불과하다는 비판이다. 맹자의 왕도 정치는 내재적 도덕성이 자연스레 발현되도록 하거나 그러한 본성으로 되돌아가게 하는 정치이다.

맹자는 도덕 정치를 통한 구세라는 목적을 달성하기 위해 패도에 대한 부정적 이미지를 창조해 냄으로써 역사적으로도 존재했고 현실에도 존재하는 '힘의 정치'를 부정하였다.[17] 그리고 정치가들을 덕정(德政) 즉 '덕의 정치'로 지향하게 함으로써 공자 유학의 계승자로서 선명한 자기 정체성을 확립했다. 「공손추 상」 3장에서 맹자는 새로운 주장을 한다. "힘으로 인(仁)을 가장하는 정치가 패(覇)다. 패도는 반드시 큰 나라를 필요로 한다. 덕으로 인을 실행하는 정치가 왕(王)이다. 왕도는 큰 나라를 필요로 하지 않는다." 구성원들을 힘이나 이익이 아닌 마음으로 복종하게 만드는 것이 진정한 정치라는 얘기다.

맹자는 존왕출패(尊王黜覇) 즉 왕도를 존중하고 패도를 물리치라고 주장한다. 그는 이해타산과 부국강병을 앞세우는 정치를 이익을 따지지 않는 도덕 실천의 장으로 바꾸고자 하였다. 덕성을 쌓아 군주의 마음 씀씀이나 일체의 정책이 인을 실천한다면 천하의 백성이 마음으로 복종해 올 것이고 마침내 진정한 천하 통일을 달성할 수 있다는 것이 맹자의 생각이었다. 그런 정치가가 있는 나라는 땅이 클 필요가 없다. 사람들이 마음으로 복종하여 자발적으로 귀순해 올 것이기 때문이다. 물론 이는 좀 과도한 낙관이다. 시간도 많이 걸린다. 이민

도덕의 정치학

을 떠나는 대부분의 이유는 저 나라가 너무도 도덕적이기 때문이라기보다 이 나라가 도저히 견딜 수 없이 나쁘기 때문이다. 맹자의 말은 당시 제자들도 잘 수긍하지 못한 듯하다. 공손추는 현실적인 이유에서 신뢰만 있다면 관중(管仲)의 패업도 괜찮은 것 아니냐고 스승과 신랄한 논쟁을 벌인다.(「공손추 상」1)

맹자는 힘의 정치가 판을 치는 세상일수록 어진 정치를 실현하기가 쉽다고 얘기한다. "왕자(王者)가 나타나지 않은 지가 이 시기보다 더 오래 걸린 적이 없었으며, 백성들이 학정에 초췌해지기가 이 시기보다 더 심한 적이 역사상 없었다."(「공손추 상」1) 굶주린 자에게 먹이기 쉽고, 목마른 자가 물을 간절히 찾는 법이므로 도덕이 타락한 시대가 도덕을 되살리기 좋다고 한다. 완전히 썩어 문드러져야 새순이 돋아난다는 점에서 그럴 수도 있겠다. 천하가 어진 정치를 목말라할 때가 왕도 정치를 실시할 적기라는 얘기인데, 오늘날로 치면 민주주의에 목말라할 때가 민주주의를 실시할 적기라는 말과 같다. 민주주의에 목마를 때는 독재를 타도하는 것이 급선무이듯 왕도에 목마를 때는 패도를 타도하는 것이 급선무라고 맹자는 생각하였다. 맹자의 존왕출패 주장은 왕도의 실현 가능성이 갈수록 멀어지고 있다는 시간적 압박감과, 경쟁과 이해타산이라는 패도적 현실에 대한 공간적 압박감이 동시에 작용한 결과였다.[18]

맹자는 패업이라는 역사적 사실을 부정하는 방법을 동원하였다. 의도적인 정치 기획이었던 셈이다. 그는 "공자의 제자들 중에는 환공과 문공의 패업에 관한 일을 말하는 사람이 없다. 그래서 후세에 전해지지 않고 있다. 나도 들어 본 적이 없다."(「양혜왕 상」7)라고 말한다. 맹자가 천하의 제후들을 불러 모아 패업을 달성한 제 환공, 진 문공 등 춘추시대 다섯 패자를 실제로 몰랐던 것은 아니다. 다만 "춘추 오패는 삼왕의 죄인이고, 오늘의 제후는 그 오패의 죄인이다."(「고자 하」7) 즉 패도는 왕도의 이단이고 악이다. 인의를 가장하여 선한 심성으로 돌아가지 못한 사람들이므로 아무런 역사적 의의가 없다.(「진심 상」30) 따라서 존재할 가치도 없다는 주장이다. 맹자가 왕도와 패도를 선명하게 대립시킨 이유는 자신이 주장하는 인의의 정치가 패업과 비교할 수 없을 정도로 위대한 대안임을 강조하기 위함이었다. 동시에 도덕 정치를 통해 세상을 구제하려고 천하를 돌아다니는 자신이 관중보다 훨씬 위대한 정치 행위를 하고 있다는 자기 선언인 셈이었다.

도덕과 전통을 외쳐 봐야 아무도 관심을 가져 주지 않고 아무런 정치적 영향력도 없었으며 오히려 이상주의자로 매도당하기 일쑤였던 시대에 맹자는 조금도 망설이지 않고 덕의 정치를 주장하였다. "세상에서 공통적으로 존중받는 것이 세 가지 있는데 작위, 나이, 덕이다. 조정에선 작위가 최고이고, 고을에선 나이가 최고이며, 세상의 군주를 도와 백성들을 다스리는 정치를 하는 데는 덕이 최고다."(「공손추 하」2) 힘에 기초한 패도 정치는 피상적으로 즐거운 듯 보일 뿐이며, 오직 인간의 선한 본성에 충실한 왕도 정치만이 즐거운 삶을 보장한다.(「진심 상」13)

맹자가 왕도 정치를 통해 백성들의 즐거운 삶을 보장하라고 군주에게 요구한 것은 민중의 고난을 직접 목도했기 때문이다. 백성들은 추위와 굶주림에 시달리는데 군주와 관리들은 호의호식하는 것을 보고 맹자는 절치부심하였다. 추나라 목공이 백성들이 전쟁에서 싸워 주지 않는다고 툴툴거리자 맹자는 흉년에 노인들이 굶주려 죽어 갈 때 군주의 창고에는 곡식이 가득했다고 질타한다.(「양혜왕 하」 12) 군주의 마구간에 살찐 말이 있는데 들판에 백성들의 굶주린 시체가 있는 것은 식인(食人) 즉 짐승을 몰아 사람을 잡아먹는 행위라고 비난한다.(「등문공 하」 9) 땅을 빼앗으려고 전쟁을 벌여 성 가득 시체가 쌓였다면 이는 토지를 거느리려고 사람 고기를 먹는 짓으로 죽음으로도 용서받지 못할 것이라고 한다.(「이루 상」 14) 모두 이익을 탐하는 포악한 정치 때문에 생겨나는 일이다. 『맹자』에 등장하는 군주에 대한 많은 비판은 대부분 전제 군주의 포악성에 대한 질타이다.

맹자는 왕도 정치를 행하지 못한 포악한 군주에 대해 당시로선 매우 섬뜩한 경고를 날린다. 역위(易位) 즉 왕위를 바꿀 수 있다는 논의가 그 하나이다. 제 선왕이 경(卿)에 대해서 묻자 맹자는 왕과 성이 같은 귀척이라면 "군주에게 큰 잘못이 있으면 나아가 간언하고, 반복하여 간언해도 듣지 않으면 왕을 바꾸어 버릴 수 있다."라고 대답한다. '역위'란 말은 중국 사상사에서 찾아보기 어려운 매우 급진적인 주장이다. 하지만 춘추전국시대에 여러 나라에서 귀척의 경들이 왕을 바꾼 사례가 빈번하였으므로 대놓고 말을 못했을 뿐이지 그런 생각 자체가 없었던 것은 아니다. 왕이 깜짝 놀란 것은 아마도 자신에게 큰 잘못이 있는 것은 아닌지 걱정했기 때문일 것이다. 맹자도 경의 신분이었다. 그래서 성씨가 다른 경은 "군주에게 잘못이 있으면 나아가 간언하고, 반복하여 간언하여도 듣지 않으면 떠나 버린다."라고 부드럽게 말한다.(이상 「만장 하」 9) 이 때문에 후대인들이 맹자를 혁명가로

착각하기도 한다. 하지만 맹자의 이 주장은 왕실 내의 다른 사람으로 왕위를 바꾸는 것이지 체제 변혁이나 정부의 교체를 뜻하는 것이 아니므로 혁명이라고 부르기는 어렵다.[19] 맹자는 군주의 큰 잘못인 '식인'의 정치를 경고한 것이다.

주일부(誅一夫)도 폭군에 대한 경고이다. 포악한 군주는 필부에 불과하니 죽여도 된다는 주장으로 역위보다 더 적극적이다. 공자와 맹자는 하나라 걸(桀)왕과 은나라 주(紂)왕을 폭군의 대명사로 만드는 데 성공하였다.[20] 걸주는 인의를 해친 잔악한 도적이다. 신하의 신분이었던 은나라 탕(湯)왕과 주나라 무(武)왕이 이들을 토벌한 것은 군주를 시해한 것이 아니다. "잔악하고 도적질하는 이런 사람을 한낱 필부라고 부른다. 나는 한낱 필부인 주를 죽였다는 말을 들었을 뿐 군주를 시해했다는 말은 들은 적이 없다."(「양혜왕 하」 8) 맹자는 포악한 군주를 주벌하는 일이 얼마나 정당한 일인지를 사례를 들어 여러 차례 설명한다. 예컨대 「등문공 하」 5장에서는 "포악한 군주를 죽이고 백성들을 위문하니 가뭄 끝에 때맞추어 내린 비를 맞듯이 그 나라 백성들이 크게 기뻐하였다."라고 말한다.

백성들이 기뻐하는 정치는 인의도덕의 정치이다. 그러니까 도덕의 정치를 위해서는 포악한 군주를 죽일 수도 있다는 얘기다. 선한 심성에 기초한 정치와 마찬가지로 폭군에 대한 방벌 또한 민심을 얻어가는 과정이다. 맹자의 왕도는 민(民)과 불가분의 관계가 있다. 민은 곧 천이고 민심은 곧 천명이다. 민심의 이동은 천명의 이동이다. 민심이 폭군을 죽이라 하면 죽임으로써 천명을 받아 왕이 되고, 민심이 선양을 원하면 천명으로 새로운 왕이 되며, 민심이 세습을 원하면 천명을 받아 세습하는 것이다. 순임금은 그렇게 요임금으로부터 선양(禪讓)을 받았고, 우임금은 그렇게 계(啓)에게 세습하였다.(「만장 상」 6) 「만장 상」 5장에도 평화적 정권 교체는 백성들의 지지에 기초하는 것이라고 말한다. 맹자는 이런 여러 가지 권력 변동의 과정을 언급하면서 '천명은 일정하지 않다'는『서경』의 주장을 반복한다. 집권자들에게 큰 부담이 아닐 수 없다. 군주라면 천명에 주의를 기울여야 할 것이며 이는 곧 민심의 향배에 관심을 가지라는 말이다.

왕도는 민심을 귀환시킨다. 제사를 잘 지내고, 노약자를 우대하고, 백성들의 생활을 어지럽히지 말고, 어린아이를 죽이지 말고, 일자리를 만들어 주고, 예의 교육을 시키는 등 왕도 정책은 노력이 필요하다. 수신제가 치국평천하의 모든 과정은 신뢰를 바탕으로 한다.(「이루 상」 5) 그것이 참된 하늘의 도이다. 정치가라면 선한 심성에 대한 인식으로부터 평천하에 이르기까지 모두 민심을 얻기 위해 치열하게 노력하여야 한다.(「이루 상」 12) 그래서 맹자는 "백성이 소중하고, 사직은 그다음이며, 군주는 가볍다."라고 하고 일반 백성들의 신뢰가 있어야 천자가 된다고 말한다.(「진심 하」 14) 제후와 대부는 천자의 신임을 받으면 가능하지만, 최고 통치자인 천자는 민심과 일치한다. 민귀군경론(民貴君輕論)은 맹자 왕도정치론의 숭고한 귀결이며 도덕의 힘이 정치권력보다 더 중요하다는 사실을 강조하기 위한 논의이기도 하다. 왕도는 어려운 일이 아니다. "산 사람을 양육하고 죽은 사람을 장사 지내는 데 아무런 유감이 없는 상태야말로 왕도의 시작이다." (「양혜왕 상」 3)

5 군자

왕도 정치의 담당자는 군자이다. 군자는 사람만의 위대한 특질인 도덕적 심성을 잘 보존하고 있는 사람이다. 군자는 맹자가 생각하는 최고의 정치가였다. 군자는 선한 본성을 충분히 구현하므로 그의 행동은 모든 사람에게 알려지고 모든 사람이 따르게 된다. 군자는 존재 자체만으로도 위대한 정치를 한다. "군자는 인의예지가 그의 마음에 뿌리를 내리고 있으므로 그의 본성은 맑고 밝게 생색이 나서 얼굴에 드러나고, 등 뒤에 비치고, 사지에 퍼지게 된다. 사지에 행동으로 드러나므로 굳이 말을 하지 않아도 모든 사람이 깨닫게 된다."(「진심 상」 21)

위대한 정치인 즉 대인군자는 오직 도를 지킨다. 어린아이와 같은 순수한 마음을 잃지 않는다.(「이루 하」 12) 대인은 하찮은 일에 휘둘리지 않고 오직 몸의 큰 부분 즉 마음을 지킨다. "대체를 따르면 대인이 되고, 소체를 따르면 소인이 된다."(「고자 상」 15) 눈이나 귀 같은 몸의 작은 부분을 따르는 사람은 소인이다. 대인 정치가는 깊은 사유를 하며 감각 기관의 욕망에 따라 행동하지 않고 하늘이 부여해 준 마음을 지킬 따름이다.

그렇게 부동심 즉 마음이 움직이지 않는 사람이 진정으로 용기 있는 정치가이다. 맹자는 공자야말로 진정한 용기를 보여 준 사람이라고 한다. "스스로 돌아보아 올곧지 못하면 갈옷의 천민을 보아도 두려움을 느낄 것이고, 스스로 돌아보아 올곧다면 천만인이 막아도 앞으로 나아가는"(「공손추 상」 2) 사람을 말한다. 호랑이를 만나도 피하지 않거나, 칼에 찔려도 살갗조차 동요하지 않거나, 모욕을 당하면 상대방이 군주라도 치받는 용기는 차원이 낮은 용기이다. 마음이 흔들리지 않고, 어느 한곳에 치우치지 않으며, 두려움에 떨지 않는 도덕심을 유지하는 것이야말로 높은 차원의 용기이다.

맹자의 시대엔 외교적 권모술수와 세력의 연합을 통해 국제 정치를 쥐락펴락하던 합종연횡²¹이 크게 유행하였다. 공손연(公孫淵), 장의(張儀) 같은 사람이 화를 내면 제후들이 벌벌 떨었으며 그들이 집에 박혀 있으면 천하가 조용하였다. 사람들은 이들을 대장부 정치가라고 말했다. 하지만 맹자는 거꾸로 이들을 마음을 놓친 도적이자 속이 검은 사람들로 소인이자 졸장부라고 비난한다. 맹자는 "부귀해져도 그 뜻을 어지럽히지 않고, 빈천해져도 그 뜻을 바꾸지 않으며, 어떠한 위협과 폭력에도 그 뜻을 굽히지 않는"(「등문공 하」 2) 사람이라야 진정한 대장부 정치가라고 한다. 힘과 이익만 쫓고 진정한 왕도를 모르는 사람은 졸장부이다.

맹자가 바라는 정치가는 군자, 대인, 대장부로서 높은 차원의 용기를 지닌 사람이다.²² 이들은 선한 심성을 지니고 인의에 입각한 왕도 정치를 시행한다. 맹자는 공자가 만들어 낸 추상화된 이미지의 군자 관념을 잘 추종하면서 '사람다운 마음의 소유자'라는 한 가지 덕목을 추가하였다. "군자가 보통 사람과 다른 까닭은 그가 사람다운 마음을 보존하고 있기 때문이다. 군자는 인으로써 마음을 지키고, 예로써 마음을 지킨다. 어진 사람은 백성들을 사랑하고, 예의를 갖춘 사람은 백성들을 공경한다. 백성들을 사랑하는 사람은 백성들도 항상 그를 사랑할 것이며, 백성들을 공경하는 사람은 백성들도 항상 그를 공경할 것이다."(「이루 하」 28) 군자는 보통 사람과 다르며 어진 마음과 예의를 갖추고 있다. 그래서 모든 사람의 존경을 받는 도덕 정치를 펼칠 수 있다. 군자는 다른 사람을 불쌍히 여기는 마음을 갖고 있으므로 백성들이 불행해지는 것을 차마 보지 못한다. 백성들 사이에 문제가 있으면 끊임없이 자신을 반성한다. 자신의 정치적 행위에 대해 이의를 제기하는 사람이 있으면 끝없이 자기반성을 하면서 보다 나은 정치를 만들어 가려고 노력한다. 반대로 선한 본성을 잃고 왕도 정치를 행하지 못한 사람은 소인이다. 소인은 정치할 자격이 없다.

군자는 도덕과 양심에 따라 정정당당한 정치를 하므로 사소한 일신의 욕망 따위는 걱정하지 않는다. 그래서 대인이다. 대인은 인의의 정치를 한다. "인에 머물고 의에 따르면 대인으로서 할 일을 갖추었다고 하겠다."(「진심 상」 33) 죄 없는 백성을 한 사람이라도 죽였다면 인을 실천하는 대인이 아니다. 자기 물건이 아닌 것을 하나라도 취했다면 의를 실천하는 대인이 아니다. "대인의 자질을 갖춘 사람은 자신을 바르게 유지함으로써 만물을 바르게 만드는 사람이다."(「진심 상」 19) 도덕 수양을 완성한 인격자로서 세상 만물을 바르게 이끄는 위대한 정치가가 대인이다.

대인군자가 인의예지의 마음을 세상에 구현하는 사람이라면 소인은 몸의 감각적 욕망이나 이익만 따지는 사람이다. "순임금 같은 사람인지 도척 같은 사람인지 구별하고 싶으면 다른 것이 아니라 이익을 따지는지 착한 일을 하는지 차이를 따져 보면 바로 알 수 있다."(「진심 상」 25) 『맹자』에 언급된 소인은 어질지 못한 정치인, 포악한 정치를 하는 사람, 전쟁을 좋아하는 군주, 세금을 많이 거두는 정책을 입안하는 정치인, 언행이 거친 정치인이다. 그들은 도척 같은 사람이다.

도덕의 정치학

뜻을 굽히지 않고 예의를 다 지킨 대인군자야말로 진정한 대장부이다. 천하의 백성 모두를 편안케 해 줄 정치가 무엇인지 알고, 날마다 도덕의 성취를 고민하는 진정한 정치가이다. "천하라는 넓은 집에 살고, 천하의 가장 올바른 위치에 서며, 천하에서 가장 정정당당한 길을 걷는"(「등문공 하」 2) 사람이다. 대인군자는 노심자(勞心者) 즉 세상을 구제하는 데 온 마음이 수고로운 사람이므로 물질 생산에 직접 종사할 필요가 없다. 노력자(勞力者) 즉 육체노동으로 수고하는 사람들이 세상을 위해 노심초사하는 군자에게 삶의 도구와 양식을 제공해 줘야 한다. "다른 사람을 다스리는 사람은 다른 사람에 의해 먹여 살려지는 것이다."(「등문공 상」 4)

맹자는 스스로를 왕도 정치를 실현해 세상을 구제할 뜻을 가진 대장부라고 생각하였다. 정치에 대해 조언해 주고 당당하게 여비를 받았으며, 취하지 말아야 할 돈은 과감히 거절하였다. 거취도 분명히 하였다. 정치를 하다 쓰이지 못하면 과감히 물러날 일이지 가족을 추천하여 부귀를 꾀한다든지 공정 거래를 무시하고 시장의 이익을 독점하는 행위를 하는 자는 졸장부[23]이다.(「공손추 하」 10) "군자에겐 다른 사람이 선한 행동을 하도록 해 주는 것보다 더 큰 일은 없다."(「공손추 상」 8)

맹자는 힘과 이익만을 추구하는 세상에 맞섰으나 큰 나라의 군주를 설득하는 데는 실패하였다. 대장부는 뜻을 얻으면 백성들과 함께 그 길을 가고, 뜻을 얻지 못하면 홀로 그 위대한 원칙을 실천하는 사람이다.(「등문공 하」 2) 맹자는 고향으로 돌아왔다. 선비로서 빈궁해도 의를 잃지 않는 삶을 살면서 제자들과 『맹자』를 저술하였다. "빈궁해도 의를 잃지 않으니 선비들은 자신을 완성할 수 있고, 영달해도 도를 잃지 않으니 백성들이 희망을 잃지 않게 된다. 옛사람들은 뜻을 얻으면 그 혜택이 백성들에게 더해졌고, 뜻을 얻지 못하면 몸을 닦아 세상에 드러내 보여 주었다. 빈궁하면 홀로 제 몸을 선하게 하고, 영달하면 두루 천하를 선하게 하는 것이다."(「진심 상」 9) 겸선천하(兼善天下)든 독선기신(獨善其身)이든 모두 정치의 다른 방법일 수 있다.

6   나가며

맹자는 군주의 태도를 바꿈으로써 새 세상을 열 수 있기를 "감히 청하지는 못하나 몹시 바라던 바였다(不敢請, 固所願)."(「공손추 하」 10) 왕의 생각이 바뀌면 언제든 곁으로 달려가 함께 좋은 세상을 만들고 싶어 했다. 대장부 정치가로서 자신에 대한 집착을 넘어, 권력과 이익을 넘어, 부귀영화와 안위의 추구를 넘어 오직 천하 백성들의 안녕과 이익과 올바름을 위해 고민하고 행동하고 싶어 했다.

왕도 정치를 당장 달성할 수는 없어도 군주로 하여금 힘과 이익으로부터 멀어지게 할 수만 있으면, 그리하여 마침내 추상적인 도덕 권력이 구체적인 정치권력을 압도함으로써 '전제의 폭력성'을 최소화할 수만 있으면 타협을 할 의향도 있었다. 남녀가 손을 잡는 것은 예에 어긋나지만 "형수가 물에 빠져 있으면 손으로 그녀를 당겨 주어야 하는 것이다."(「이루 상」 17) 그것이 권도(權度) 즉 융통성이다. 한 가지만 고집하여 죽게 내버려 두는 것은 짐승이다. 천하가 물에 빠져 있으면 왕도 정치를 통해 구원을 할 일이다.

힘과 이익이 경쟁하는 시대에 덕의 정치를 통해 물에 빠진 천하를 구원하겠다고 나섰으니 맹자는 이상주의자라는 비판을 면키 어려웠을 것이다. 하지만 인의도덕의 정치를 통한 왕도의 구현이라는 맹자의 구세 의식은 그가 죽은 후에, 그리고 오늘날까지도 시퍼렇게 살아서 살아 있는 권력을 겨냥한다. 도덕이 결국 승리하리라는 그의 확신이 당대의 현실에서는 실패했지만 역사적으로는 승리한 것이다.

군주의 태도를 바꾸는 소극적인 방법으로 천하를 구제하기는 어려울 것이다. 도덕의 정치 또한 추상적이다. 누구나 동의하는 도덕의 명확한 기준이 없으며 많은 경우 권모술수에 능한 정치인은 도덕으로 자신을 잘 포장한다. 심지어는 도덕을 앞세워 다른 나라를 침략하기도 한다. 최고 통치자가 차마 참지 못하는 어진 심성을 가졌다 하더라도 모든 사람이 귀순하거나 이민을 오지도 않는다. 사실상 모든 사람을 만족시키는 왕도 정치는 있을 수 없다.

그렇다고 이상을 포기할 것인가? 이상이야말로 현실을 비판할 수 있는 가장 중요한 잣대이다. 정치는 현실 권력의 문제이기도 하지만 보다 나은 세상을 제시하는 미래의 문제이기도 하다. 인간만의 특질인 마음을 발견한 맹자는 이를 바탕으로 왕도 사회의 구현이라는 위대한 정치 이념을 설파하러 천하를 주유하였다. 맹자는 지극히 세속적인 현실 정치의 질곡을 보면서 마음속 스승 공자의 선명한 메시아적 의식을 계승하였다. 공자는 "만약에 나를 써 주는 사람이 있으면 나는 그 나라를 동쪽의 주나라(와 같은 이상 국가)로 만들어 놓겠노라!"(『논어』「양화」)라고 장담했다. 맹자는 "하늘이 천하를 평정하여

치세를 이루고자 한다면 오늘날 세상에 나 말고 누가 있겠느냐?"(「공손추 하」 13)라고 호언하였다. 후학들은 『맹자』를 통해 현실 정치를 비판할 수 있었고, 정치와 정치가에 대한 이상을 보다 구체적으로 만들어 갈 수 있었다.

갈등하는 정치 세계에서 최고 지도자가 어떤 판단을 내리느냐는 궁극적으로 그 추종자들뿐만 아니라 모든 백성들의 행동 기준이 되는 매우 중요한 일이다. 경제와 안보 등 시급한 현실 문제가 있다 하더라도 도덕의 잣대를 판단 기준에서 배제해서는 안 된다. 정치는 결국 원칙의 문제이기 때문이다.

장현근 대만의 중국문화대학교에서 『상군서』 연구로 석사 학위를, 『순자』 연구로 박사 학위를 받았다. 현재 용인대학교 중국학과 교수이자 중국 길림대학교 겸임교수로 유가 사상의 현대화, 동양 경전의 해석과 재해석, 자유·자본·민주에 대한 동양사상적 대안을 모색하는 작업을 계속하고 있다. 저서로 『맹자: 바른 정치가 인간을 바로 세운다』, 『맹자: 이익을 반대한 경세가』, 『순자: 예의로 세상을 바로잡는다』, 『성왕: 동양 리더십의 원형』, 『관념의 변천사: 중국의 정치사상』, 『중국 사상의 뿌리』 등이 있고 역서로 『신어역해』, 『중국 정치사상사』 등이 있다.

14

법치와 공(公)의 확립,
한비자의 정치사상

한비자의 『한비자』 읽기

이승환 (고려대학교 철학과 교수)

한비자(韓非子, B.C.280?~B.C.233)와 『한비자』

전국시대 말기 한(韓)의 왕족 출신이다. 성악설을 주창한 순자에게 배워 법가 사상을 집대성했다. 말을 더듬고 꾸미는 재주가 없었으나 매우 명석하고 글솜씨가 뛰어났다. 전국 칠웅(戰國七雄) 중 가장 작고 국력이 약한 한나라에서 여러 차례 부국강병의 책략을 건의했으나 받아들여지지 않았고, 이에 한탄하며 자신의 법가적 이상을 종합해 10만여 자의 글로 남겼다. 훗날 시황제가 된 진(秦)나라 왕 정(政)이 「고분」, 「오두」 등의 글을 읽고 반하여, 모략을 써 진에 사신으로 불러들인 후 머무르게 하였으나 이를 시기한 이사(李斯)의 모함으로 죽음에 이르렀다.

사후 그의 저작을 정리해 『한자(韓子)』라 하였고 이것이 후에 『한비자』로 불렸다. 20책 55편에 이르며, 인의와 덕치를 주장한 유가 사상을 이상적이라 비판하고 강력한 왕권에 바탕을 둔 분명한 상벌 체제와 엄격한 법 집행을 강조했다.

1   해제 — 한비자와 『한비자』

한비자는 법가의 대표자이자 선진(先秦) 시기 최후의 대사상가
이다. 한(韓)은 그의 성, 비(非)는 이름, 그리고 자(子)는 위대한 스승
에게 붙이는 존칭이다. 한비자는 기원전 280년경에 한(韓)나라의 공
자로 태어나, 이사(李斯)와 더불어 순자에게서 학문을 배웠다. 한나라
는 본래 주(周) 왕실과 동성(姬氏)으로 한원(韓原) 지역에 제후로 봉해
졌기에 후손들이 성을 한 씨로 삼았다. 원래는 진(晉)에 속했으나, 훗
날 진이 한(韓), 위(魏), 조(趙)로 분할됨에 따라 독립 국가로 성립하게
되었다. 전국시대 말기에 들어 한은 비록 7웅(齊, 楚, 燕, 趙, 韓, 魏, 秦)
에 들기는 하였지만, 영토가 워낙 작은 데다 국력이 쇠약하여 서쪽의
진(秦)으로부터 빈번하게 침탈을 받았으며, 동쪽의 제(齊), 북쪽의 위
(魏), 남쪽의 초(楚)나라로부터도 위협을 받았다. 국가 존망의 위기 상
황에서 한비자는 여러 차례 국왕에게 부국강병을 위해 정치 개혁을
요구하는 상서를 올렸지만 받아들여지지 않았고 오히려 중신들의 배
제와 공격을 받았다. 한비자는 말이 어눌하여 언설 능력에는 한계가
있었지만 글재주가 뛰어나 10여 만 자의 저술을 남겼다.

훗날 시황제로 불리는 진왕(秦王) 정(政)은 우연히 한비자의 글을
구해 읽고 "아! 과인이 이 사람을 만나 함께 이야기를 나눌 수 있다면
죽어도 여한이 없겠다."라고 말했다. 진왕을 도와 고위 관직에 있던
이사는 한비자를 얻기 위한 계략을 제시했다. 진이 한을 치면, 한은
진의 공격을 멈추게 하기 위해 사신을 보내오기 마련인즉, 한비자를
사신으로 보내라고 요구하자는 것이었다. 마침내 기원전 237년 진이

한을 공격하여 한이 감당할 수 없게 되자 기원전 233년 한왕은 화친을 위한 사신으로 한비자를 진에 파견하였다. 진왕은 사신으로 온 한비자를 볼모로 잡았다. 한비자는 진에 머물면서, 진과의 화친을 통하여 한의 보존을 도모하는 한편, 진의 공격을 조와 제로 돌리려는 입장에서 진왕에게 건의문을 올렸다. 진왕은 이사에게 건의문을 평가하도록 했다. 이사는 이를 조목조목 반박하는 한편, 한비자가 진왕의 총애를 받는 것을 꺼려서 그를 죽여 없애고자 진왕에게 모함했다. 진왕은 이를 받아들였고, 이사는 채 죄목이 정해지지 않았는데도 한비자에게 사약을 보내 자결하도록 만들었다. 한비자가 죽은 지 3년 후 기원전 230년, 진은 결국 한을 멸망시키고 말았다.[1]

한비자의 저술에 대한 기록은 『사기』 「노자한비열전」에 최초로 보인다. 사마천은 "(한비자가) 예전 정치의 성패와 득실의 변천을 고찰하여 「고분(孤憤)」, 「오두(五蠹)」, 「내외저(內外儲)」, 「세림(說林)」, 「세난(說難)」 편 등 10만여 자의 글을 저술하였다."라고 전하고 있다. 현존하는 『한비자』[2]는 모두 55편으로, 이 중 「초견진(初見秦)」과 「존한(存韓)」 편은 후대에 첨가된 것이다.

『한비자』에는 역사의 변천에 관한 광활한 시야와 현실 정치에 관한 깊이 있는 통찰력이 들어 있으며, 정치 이론의 측면, 역사 문헌적 측면, 그리고 문학·문체의 측면에서 고루 뛰어난 가치를 담고 있다. 먼저 정치 이론의 측면에서 다루고 있는 주제들은 다음과 같다. 관료 부패와 정실주의를 억제하기 위한 제도적 방략, 경제적 이익을 증대하기 위한 각종 정책, 법과 형벌의 사회적 기능과 효과, 군주의 리더십과 정치술, 보편적이고 절대적인 원리(理)에 대한 탐구, 관념과 이론을 현실의 장에서 검증하는 문제, 현실적이고 자연주의적인 인간관, 도덕과 공리의 관계, 사회 변동에 따른 규범의 변천 문제 등이 그것이다. 이로 볼 때 『한비자』는 당시 사회에서 답이 요구되던 중대한 문제들을 거의 망라하고 있어서, 선진 정치사와 사상사 연구에 필수적인 학술서라고 할 수 있다.

역사 문헌적 가치의 측면에서 보자면, 『한비자』에는 상고 시대부터 전국 말기까지의 귀중한 역사 자료를 담고 있다. 예를 들면, 고대 인류의 실상에 관한 자료를 포함하여 요·순·우의 업적과 생활에 대한 전설, 은·주의 법률 제도와 사회 상황, 관자·자산·공자 등 춘추 시기의 인물과 제도, 그리고 전국 말기의 사회 상황에 이르기까지 다양한 역사적 자료를 생생하게 전하고 있다.

마지막으로 문학적 가치의 측면에서 보자면, 『한비자』는 선진 시기의 다른 저작들에 비해 문체가 뛰어날 뿐만 아니라 구성 방식도 매우 다양하다. 예컨대 『한비자』에는 장편으로 된 정론(政論), 단편으로 된 잡문, 경설체(經說體), 주석체, 논박체, 문답체, 서신체, 4자 1운의 운문체 등이 고루 들어 있으며, 이 책에 실려 있는 300여 편의 우언과 고사는 깊은 철학적 통찰을 담고 있다. 『한비자』에 실린 역사 고사들이 갖춘 서사적 구성의 완결성이나 선명한 인물 묘사 때문에 명대 사람들은 그를 소설 장르의 비조로 평가하기도 하였다.

법치와 공(公)의 확립, 한비자의 정치사상

2 덕치와 법치 ── 어떤 정치 체제가 효율적인가?

전국시대는 철기의 보급에 따른 생산력의 증가와 소유욕의 확대로 인하여 제후국들은 주 왕실의 통제에서 벗어나 독립 국가로 이행을 서두르고, 각국 내에서도 기존의 지배 질서에 도전하여 새로운 계급 질서가 태동하던 시기였다. 이렇게 격동하는 시대적 상황 속에서, 서주(西周) 이래 국제 관계와 국내 질서를 규정해 주던 예(禮)는 규제력을 상실하고, 제후국 간에는 토지를 쟁탈하기 위한 전쟁이 가속화되었다. 이렇게 국제 관계와 국내 영역에서 동시에 발생하는 극심한 혼란에서 벗어나기 위하여 유가와 법가는 서로 다른 처방을 제시하였다. 유가와 법가의 차이는 근본적으로 인간의 본성에 대한 믿음의 차이와 현실에 대한 인식의 차이에서 비롯되었지만, 이러한 차이는 결국 실천적 처방에 있어서도 '덕치'와 '법치'라는 상이한 방향으로 나아가게 되었다.

공자의 덕치사상을 이어받은 맹자는 당시의 혼란이 지배 계급의 탐욕과 포학에서 비롯되었다고 보고, 지배 계급으로 하여금 도덕적 자각과 덕성의 함양을 통하여 인(仁)하고 의(義)로운 정치를 실행하도록 촉구하였다. 반면에 한비자로 대표되는 법가는 당시의 혼란이 이기적 욕망을 추구하는 '힘'들 사이의 갈등에서 비롯되었다고 보고, 엄격한 '법'의 적용과 무거운 형벌을 통하여 강력한 군주권을 확보하는 길만이 혼란에 대처하는 방법이라고 보았다.

물론 유가가 인의와 같은 도덕규범을 앞세웠다고 해서 법의 필요성을 인식하지 않은 것은 아니다. 예를 들어, 공자는 너그러움(寬)과

사나움(猛) 즉 덕(德)과 형(刑)을 조화롭게 운용할 것을 주장하였고,[3] 맹자 역시 인의라는 도덕규범과 법이라는 강제 규범이 동시에 필요함을 역설하였다.[4] 유가 사상가들은 혼란의 극복을 위해 덕과 법의 필요성을 다 같이 긍정하되, 이 중 덕을 일차적인 것으로 그리고 법을 보조적인 수단으로 간주했다고 할 수 있다.[5]

유가가 덕을 주로 하고 법을 보조적 수단으로 삼는 덕주형보(德主刑補)의 정치 이념을 추구한 반면, 한비자는 인의와 같은 도덕규범의 효용성에 의문을 제기하고 오로지 법만이 공적 영역에서 관철되어야 할 유일한 규범이라고 보았다. 이러한 한비자의 정치사상에서 흥미로운 것은 법치의 확립을 위해서 인의와 같은 도덕규범은 반드시 배격되어야 한다고 여긴다는 점이다.(우리의 의식 구조 속에 유교 문화의 영향이 강하게 남아 있어서 그런지 몰라도, 우리는 인자함(仁)과 의로움(義)이라고 하면 보편적인 도덕 가치로 승인하기를 주저하지 않는다. 한국인 가운데 인의와 같은 도덕규범이 모든 사람이 추구해야 할 보편적 가치가 아니라고 강변할 사람은 거의 없을 것이다.) 한비자는 왜 인의를 배격하고자 했던 것일까? 그는 왜 인의가 법치와 양립할 수 없다고 보았던 것일까? 그리고 왜 인의와 같은 도덕규범이 법치의 시행을 가로막는 걸림돌로 작용한다고 보았던 것일까? 과연 인의는 법치의 확립을 위해 배격되어야만 할 가치인가? 이러한 의문에 답하는 일은 유가와 법가의 차이를 규명하기 위해서도 중요한 일이지만, 나아가서는 유교적 가치관을 유산으로 물려받은 한국 사회의 규범 문화를 반성적으로 성찰해 보기 위해서도 중요한 시사점을 제공하리라 생각한다.

3 한비자가 인의를 배격하는 여덟 가지 이유

신하에 의한 인의의 시행은 군주의 통치권을 잠식한다

인의를 배격하고자 하는 한비자의 견해를 살펴봄에 있어서, 먼저 우리가 방법론적으로 고려해야 할 사항은 "한비자가 배격하고자 하는 인의는 과연 누구의 인의인가?" 하는 점이다. 다시 말해서, 한비자는 군주에 의한 인의의 정치(덕치)를 배격하고자 했는가? 아니면 신하에 의해 행해지는 인의를 배격하고자 했는가? 그것도 아니라면 백성까지 포함한 모든 사람의 인의를 통틀어 배격하고 있는가?

『한비자』전편을 통해서 볼 때, 그가 가장 시급하게 배격하고자 하는 인의는 신하에 의해 시행되는 인의이다. 신하에 의해 인의가 시행될 경우, 군주의 통치권에 치명적인 손상을 가져올 수 있다고 판단했기 때문이다.

대저 오늘에 이르러 작위나 봉록을 경시하고 나라를 쉽게 버리고 떠나 마음에 드는 군주를 골라서 벼슬하려는 자를 저는 '곧은 사람(廉)'이라 부르지 않습니다. 거짓 주장을 내세워 법을 어겨 가면서 군주에게 대들며 강력하게 간언하는 자를 저는 '충성스러운 사람(忠)'이라 부르지 않습니다. 아랫사람들에게 은혜를 베풀어 이익을 주고 그들의 마음을 붙잡아 명성을 얻으려는 자를 저는 '인자한 사람(仁)'이라 부르지 않습니다. 이러한 몇 가지 덕목들은 난세에나 통하는 이론으로, 선왕의 법으로 물리쳐야 할 것들입니다. 선왕의 법에 이르기를 "신하가 위엄을 부리는 일이 있어서는 안 되고 이익을 꾀하는 일이 있어서도 안 된다. 그저 왕의 지시대로 따를 뿐이다. 호감을 표시해서도 안 되고 반감을 표해서도 안 된다. 그저 왕의 길을 따를 뿐이다."라고 하였습니다. 옛날 세상이 잘 다스려졌을 때의 사람들은 공법(公法)을 받들고 사적인 술수(私術)를 버리고서 마음과 행동을 오로지 하나로 하여 군주의 명령만을 기다렸습니다.[6]

고대 동양 사회에서 염치(廉)·충성(忠)·인자함(仁) 등의 덕목은 사회가 건강하게 유지되기 위해 필수적으로 권장되어 온 덕목들이다. 그럼에도 불구하고 한비자는 이러한 덕목들을 일거에 배격하고 있다. 그가 이러한 덕목들을 부정하는 이유는, 이러한 덕목들이 신하에 의해 실행될 경우 오히려 군주의 권위를 손상시키고 공법의 시행에 걸림돌이 된다고 보았기 때문이다. 예를 들어, 신하가 곧음(廉)을 지킨다는 이유로 군주를 버리고 떠나가거나, 충간(忠諫)의 명목을 내세우며 군주의 의지에 거스르는 언행을 한다면, 이는 군주의 권위를 훼손하고 통치권을 약화시키는 결과를 가져온다고 본 것이다. 또한 신하 된 자가 다른 사람들에게 은혜를 베풀어 명성을 얻고 이를 기반으로 하여 점차 세력을 늘려 나가게 되면 군주의 권위에 치명적인 손상을 가져올 수 있기 때문이다. 이런 이유에서 한비자는 신하가 베푸는 인의는 공법(公法)에 위배되는 '사사로운 술수(私術)'에 지나지 않는다고 비판한다.

한비자는 신하가 인을 베풀게 되면 군주의 권위를 침해하게 된다는 예로, 춘추시대 제(齊) 간공(簡公)의 신하였던 전상(田常)을 예로 든다. 전상은 간공에게 청하여 신하들에게 작위와 봉록을 나누어 주게 하고, 백성들에게는 도량형의 크기를 표준치보다 늘려서 곡식을

법치와 공(公)의 확립, 한비자의 정치사상

넉넉히 나누어 주게 하였다. 전상은 이렇게 사람들에게 은혜를 베풀면서 세력을 확대하여, 마침내 제 간공 4년(B.C.481) 서주(舒州) 땅에서 간공을 시해하고 권력을 찬탈하였다.[7] 한비자는 이러한 역사적 경험에 기초하여, 개인적으로 덕을 베푸는 신하를 '여덟 가지 간악한 신하' 중의 하나로 간주한다. 신하 된 자가 다른 사람들에게 은혜를 베푸는 행위는 결국 자신의 세력을 확대하기 위한 것이며, 이는 군주의 권위를 침해하는 간악한 행위라고 파악한 것이다.

신하 된 자가 공공의 재화를 흩뿌려 사람들을 기쁘게 하고, 자그마한 은혜를 베풀어 백성들이 따르게 하며, 조정이나 민간으로 하여금 자기를 칭송하도록 하여, 군주를 가로막고 자기의 야욕을 이루는 자를 민맹(民萌)이라한다.[8]

여기서 한비자는, 신하 된 자가 다른 사람에게 은혜를 베푸는 일은 곧 '공공의 재화'를 유용하는 일이며, 이는 백성들의 환심을 얻어 자기 야욕을 이루기 위한 것이라고 비판하고 있다. 그에 의하면, 은혜를 베풀거나(포상권) 형벌을 내리는 일(형벌권)은 전적으로 군주의 고유 권한이다. 따라서 "덕을 베푼다고 국가의 재물을 방출하거나 곡식 창고를 열어 백성들에게 혜택을 주는 일은 반드시 군주의 명을 거쳐야 하며, 신하가 사사로이 덕을 베풀게 해서는 안 된다."라고 주장한다.[9] 신하는 개인적인 도덕 판단에 의하여 백성들에게 은혜를 베풀어서는 안 되며 오로지 법에 규정된 한계 내에서만 직무를 수행해야한다. 한비자는 「주도(主道)」편에서 군주의 권위를 해치는 다섯 가지 장애 요인[10]을 거론하면서, 그중 하나로 "신하가 의(義)를 행하는 일"을 들고 있다. 여기서 '의를 행한다'는 말은 신하가 개인의 도덕적 판단에 입각하여 백성들에게 은혜를 베풀거나 형벌을 시행하는 일을 말한다. 한비자는 신하가 자신의 도덕 판단에 의하여 백성들에게 혜택을 주는 행위를 사의(私義)라고 부른다. 사의란 '사사로운 도덕 판단' 혹은 '자의적인 도덕 판단'이라고 번역할 수 있을 것이다. 한비자는 신하의 자의적인 도덕 판단은 결국 군주의 고유 권한인 상벌권을 침해하게 되고, 이는 결국 군주의 권위와 통제력을 상실하게 한다고 보았다. 따라서 그는 신하들로 하여금 개인적인 도덕 판단을 멈추게 하고 오로지 규정된 법의 테두리 내에서만 직무를 수행하게 해야 한다고 강조하는 것이다.

현명한 군주는 신하들로 하여금 제멋대로 법의 테두리 밖으로 벗어날 생각을 갖지 못하게 하고, 또 사사로운 은혜를 법의 테두리 안으로 끌어들여서 베풀지 못하도록 해야 합니다. 모든 행동이 법에 의하지 않은 것이 없도록 해야 합니다.[11]

공이 없는 자에게 인애를 베푸는 일은 사회적 신뢰를 훼손한다

한비자가 인의를 배격하는 주된 이유는 신하가 개인적으로 인을 베풀게 되면 군주의 권위에 손상을 가져온다는 점 때문이었지만, 그는 나아가서 군주가 백성들에게 인애(仁愛)를 베푸는 일에도 반대한다. 군주가 인을 쉽게 베푼다면, 공이 없는 자가 상을 받게 되고 죄지은 자가 사면받게 되어 사회적 신뢰를 훼손하게 된다는 이유에서였

법치와 공(公)의 확립, 한비자의 정치사상

다. 한비자가 공자의 '인정(仁政)' 이념을 비판하는 이유도 바로 여기에 있다. 한 예로, 공자는 섭공(葉公) 자고(子高)가 정치의 비결을 물어오자 이렇게 대답한 적이 있다. "정치의 비결은 가까운 사람을 기쁘게 하고 멀리 있는 사람을 다가오게 하는 데 있다."[12] 그러나 한비자에 의하면 공자의 이러한 대답은 나라를 망치기에 딱 좋은 말이다. 왜냐하면 "은혜를 베푸는 정치를 하면 공이 없는 자가 상을 받게 되고 죄지은 자가 사면 받게 되어서, 장차 법이 무너지는 원인이 되기 때문이다."[13] 한비자는 자기 당시에 유가 학파에 의해 주장되던 인정의 이념을 이렇게 비판한다.

세상의 학자들은 군주에게 자기 의견을 말할 때, "권력의 위세를 사용하여 간사한 신하를 혼내 주라"고 말하지 많고, 모두가 인의(仁義)라든지 은혜(惠)나 사랑(愛)을 강조하곤 한다. 또한 세상의 군주들은 인의라는 명분에 이끌려 현실을 직시하려 하지 않는다. 이런 까닭에 심하면 나라를 망치고 자신도 죽게 되며, 그만 못할 경우에는 영토가 깎이고 군주의 권위가 낮아진다. 빈곤한 자에게 물질적 혜택을 베풀어 주는 일이 세상에서 말하는 인의이고, 백성을 가엾게 여겨 차마 처벌하지 못하는 것이 세상에서 말하는 은혜와 사랑이다. 그런데 막상 빈곤한 자에게 베풀어 주게 되면 공이 없는 자가 상을 받는 셈이 되고, (측은한 마음 때문에) 차마 처벌을 하지 못하게 되면 난폭한 일이 끊이지 않게 된다. 나라에 공이 없이 상 받는 자가 있게 되면 백성은 적과 맞서 목을 베려고 힘쓰지 않게 되며, 안으로는 농사짓는 일도 부지런히 하지 않게 될 것이다.[14]

한비자에 의하면, 군주가 아랫사람에게 은혜를 베풀 때는 반드시 이에 상응하는 공적이 있어야 한다. 상응하는 공적이 없는데도 은혜를 베푸는 일은 결국 '신상필벌'이라는 사회적 신뢰의 훼손을 가져오게 되기 때문이다. 한비자는 군주가 인을 쉽게 베풀면 사회적 신뢰가 훼손된다는 점을 드러내기 위하여, 위(魏) 혜왕(惠王)[15]과 그의 신하인 복피(卜皮)의 대화를 예로 든다. 위 혜왕이 복피에게 "자네가 들은 나의 평판은 어떠한가?"라고 물었다. 복피가 대답하기를 "제가 듣기로는 왕께서 인자롭고 은혜롭다고 합니다."라고 하였다. 왕이 기뻐하며 말하기를 "그렇다면 장차 성과가 어느 정도에 이르겠는가?" 대답하기를 "왕의 성과는 망하는 데 이를 것입니다."라고 하였다. 왕이 묻기를 "인자하고 은혜로운 것은 선을 행하는 일이다. 선을 행하여 망한다 함은 무슨 까닭인가?" 복피가 대답하기를 "대저 인자하다는 것은 동정하는 마음씨이며, 은혜라는 것은 베풀어 주기를 좋아하는 마음씨입니다. 그러나 동정하는 마음이 있으면 측은히 여기게 되어 잘못이 있어도 처벌하지 않게 되고, 베풀어 주기를 좋아하면 공이 없어도 상을 주게 됩니다. 잘못이 있는데도 죄를 받지 않고, 공이 없는데도 상을 받는다면 망한다 하여도 또한 당연한 일이 아니겠습니까?"라고 하였다.[16] 이로 볼 때, 한비자가 군주의 인이나 덕에 반대했던 이유는 신상필벌의 원칙에 의하여 사회적 신뢰를 엄격하게 확립하기 위해서였음을 알 수 있다.

인애는 이득을 얻기 위한 도구적 수단에 불과하다

유학에서 인(仁)이나 애(愛)는 공리적 조건을 전제로 하지 않는 본래적 가치에 해당한다. 이러한 가치는 맹자의 '유자입정(孺子入井)'

의 예에서도 볼 수 있듯이, 물질적 보상이나 세속적 명예를 전제로 하지 않는 순수한 도덕 의지에서 발현되는 것이다. 그러나 한비자의 인애에 대한 인식은 이와 다르다. 한비자는 '인'을 공을 이룬 사람에게 제공하는 상(賞)의 의미로 파악하고, '애'를 조건부적 보답으로 해석한다. 따라서 그에 있어서 인이나 애는 그 자체로 추구할 만한 본래적 가치가 아니라 단지 '공적에 대한 대가' 또는 '이득을 얻기 위한 수단'에 불과한 것이다.

한비자는 이에 대한 근거로 다음과 같은 예를 제시한다. 춘추시대에 말을 잘 다루던 왕량(王良)이 말을 아끼고 사랑했던 이유는 말을 빨리 달리게 하기 위해서였으며, 월(越)왕 구천(勾踐)이 백성을 사랑했던 이유도 결국은 백성들을 전쟁터로 내보내기 위해서였다. 또한 의원이 다른 사람의 종기를 입으로 빨아서 나쁜 피를 빨아내는 것도 환자를 아끼고 사랑해서가 아니라 물질적 이득을 얻기 위해서이다. 뿐만 아니라 가마를 만드는 사람은 가마를 만들면서 사람들이 부귀해지기를 바라고, 관을 짜는 사람은 관을 짜면서 사람들이 빨리 죽기를 바라는 것도, 가마를 만드는 사람이 어질고 관 짜는 사람이 잔혹해서가 아니다. "사람이 존귀해지지 않으면 가마가 팔리지 않고 사람이 죽지 않으면 관이 팔리지 않기 때문이다."[17]

이로 볼 때, 한비자가 파악하는 인애는 인간의 내면에서 발현되는 순수한 도덕 감정이 아니다. 한비자의 인과 애는 이기심과 경쟁심으로 얼룩진 '이익 사회'에서 통용되는 '물질적 대가' 혹은 '조건부적 보답'에 지나지 않는다. 유학에서는 정치를 가족 윤리의 연장선상에서 파악했기 때문에, "백성 돌보기를 아기 돌보듯 하라(若保赤子)"거나, "백성 보기를 다친 사람 보듯 하라(視民如傷)"는 식의 도덕적 권고를 할 수 있었다. 그러나 생산력의 발달에 따른 소유욕의 확산으로 제후국 사이에 겸병전이 일상화된 전국 말기의 상황에서 유가적 도덕 정치의 이념은 너무도 이상적인 것이었는지도 모른다. 이러한 현실 인식에 기초하여, 한비자는 유가의 인정 이념을 이렇게 비판한다.

유가와 묵가는 모두 말하기를 "선왕은 천하를 두루 사랑했으므로 백성 보기를 부모가 자식 보듯 하였다."라고 한다. 그들은 이런 사실을 무엇으로 증명하는가? 그들은 말하기를 "법관이 형을 집행하면 군주가 (그를 측은히 여겨) 음악을 연주하지 못하게 하고, 사형 집행 보고를 들으면 군주가 눈물을 흘렸다."라고 한다. 도대체 법을 가지고 형을 집행하면서 군주가 그 때문에 눈물을 흘렸다고 하는데, 이것은 인(仁)을 드러낸 것이라고 할 수는 있어도 이로써 나라를 다스렸다고는 할 수 없다. 대저 눈물을 흘리며 형벌을 원치 않는 것은 '인'이지만, 그럼에도 불구하고 처형하지 않을 수 없는 것은 '법'이다. 선왕이 법을 앞세우고 눈물에 따르지 않았으니, 인을 정치의 수단으로 삼을 수 없는 것은 또한 분명한 일이다.[18]

한비자가 인(仁)한 정치를 거부하는 또 다른 중요한 이유는, 인이 가족과 같은 관계에서나 통용될 수 있는 사적 규범이지, 군-신과 같은 이익 관계에서는 적용될 수 없는 비현실적인 이념이라는 점 때문이었다.

군주와 신하 사이에 부자지간과 같은 정은 없다. 그런데 의(義)와 같은 도덕규범을 가지고 신하를 다스리려 한다면 그 관계에 반드시 틈이 벌어지게 될 것이다. 부모가 자식을 대할 때도, 아들을 낳으면 서로 축하하지만 딸을 낳으면 죽여 버린다. 이들이 다 같이 부모의 품 안에서 나왔지만 아들은 축하받고 딸은 죽여 버리는 것은, 노후의 편의를 생각하여 먼 훗날의 이득을 계산하기 때문이다. 이처럼 부모가 자식에 대해서도 오히려 계산하는 마음으로 상대하는데 하물며 부자지간의 정도 없는 (군신)관계에 있어서이랴.[19]

여기서 볼 수 있듯이, 한비자는 군-신 관계는 부-자 관계와 구별되어야 한다고 생각한다. 부모-자식과 같은 혈연관계에서도 노후의 편의를 생각하여 이득을 계산하는데, 하물며 군주-신하의 관계에서 정(情)이나 인(仁)과 같은 도덕규범이 적용될 리 만무하다고 보는 것이다.[20] 이와 같은 한비자의 현실 인식은 생산력의 발달과 소유권의 분쟁으로 '계약적 관계'가 확산되어 가던 전국 말기의 시대 분위기를 반영한다. 한비자의 '법'은 종법 관계에 기초한 '예'가 종지부를 찍고, 이익과 계약으로 이행하는 역사 변천의 과정에서 필연적으로 강조될 수밖에 없는 사회 규범인 것이다. 그는 이익 분쟁으로 얼룩진 당시 현실을 객관적으로 파악하고 인간의 도덕성에 대한 신뢰 대신 신상필벌이라는 공리적 기준에 의거하여 법치 사상을 전개하게 된 것이다.

현명한 군주가 신하를 제어하기 위하여 의존할 것은 두 개의 권병(權柄)뿐이다. 두 개의 권병이란 형(刑)과 덕(德)이다. 무엇을 일컬어 형과 덕이라 하는가? 처벌하여 죽이는 것을 '형'이라 하고 칭찬하여 상 주는 일을 '덕'이라

한다. 신하 된 자는 처벌을 두려워하고 상 받는 것을 이득으로 여긴다. 그러므로 군주가 직접 형을 집행하고 덕을 베푼다면 신하들은 그 위세를 두려워하여 이득을 얻는 쪽으로 돌아오게 될 것이다.[21]

권병이란 '권력의 수단'을 의미한다. 한비자가 덕의 의미를 "칭찬하여 상 주는 일"이라고 해석하고 있는 데서 우리는 그의 덕 개념이 이미 유가적인 '내면으로부터 발현되는 도덕 의지'의 범주를 벗어나서 '공리적 수단'의 의미로 전이되고 있음을 알 수 있다. 한비자의 어법을 관찰해 볼 때, 그가 덕을 부정할 때는 '내면에서 발현되는 도덕 의지'의 공소성(空疎性)을 지적하지만, '공적에 상응하는 대가(賞)'의 의미로 여전히 덕 개념을 운용하기도 한다. 그가 사용하는 덕 개념은 인간의 내면에서 발현되는 도덕 의지가 아니라 객관적 공적에 상응하는 물질적 대가임을 알 수 있다.

백성들의 인성은 비열하기 때문에 인애로 교화할 수 없다

한비자가 인의를 배격하는 또 하나의 이유는 인성(人性)에 대한 불신에서 연유한다. 한비자에 의하면, 부모가 사랑을 베푼다고 해서 불초한 자식이 바르게 고쳐지는 것은 아니며, 군주가 인을 베푼다고 해서 백성들이 질서를 지키게 되는 것은 아니다. 불초한 자식을 길들이기 위해서 부모의 사랑이나 스승의 가르침과 같은 교화의 방식은 별 효과가 없으며 차라리 법이 더욱 효과적인 수단이 된다고 본다. 그는 백성들이란 사랑해 주면 오히려 기어오르려 하고, 힘으로 위압할 때 비로소 고개를 조아리는 비열한 존재라고 여긴다.

불초한 자식이 있어 부모가 노해도 고치려 하지 않고, 마을 사람이 꾸짖어도 움직이지 않으며, 스승이나 어른이 가르쳐도 바뀌려 하지 않는다고 하자. 부모의 사랑이나 마을 사람의 지도와 스승과 어른의 지혜라는 세 가지 미덕이 가해져도 움직이지 않고 고치지 않다가, 지방 관청의 관리가 관병을 이끌고 공법(公法)을 내세워 간악한 행동을 바로잡으려고 하면 그때서야 비로소 두려워하며 생각을 바꾸고 행동을 고치게 된다. 그러므로 부모의 사랑도 자식 가르치기에는 부족하며, 반드시 관청의 엄한 형벌을 기다려야 하는 이유는 백성은 본래 사랑에는 기어오르고 위압에는 복종하기 때문이다. 그러므로 현명한 군주라면 법을 험준하게 하고 형벌을 엄격하게 한다.[22]

인애에 의한 도덕적 교화가 불가능하다는 한비자의 입장은 자연히 '형벌과 포상' 즉 '당근과 채찍'이라는 공리적 수단을 사용하여 백성들을 제어하는 통치 방식으로 나아가게 된다. 형벌과 포상이라는 두 수단 가운데, 한비자는 특히 형벌을 주된 수단으로 삼아야 하며 포상은 자주 내려서는 안 된다고 강조한다.

형벌을 가함은 백성을 미워함이 아니라 사랑의 근본이 된다. 형벌을 우위로 하면 백성이 안정되고, 포상을 빈번히 하면 간악이 생긴다. 그러므로 백성을 다스릴 때 형벌을 우위로 함이 다스림의 첫째이며, 포상을 빈번히 함은 혼란의 근본이다. 도대체 백성의 심성은 혼란을 좋아하고 법에 친숙하지가 않다. 그러므로 현명한 군주가 나라를 다스림에 있어 포상을 분명히 하면 백성이 공을 세우려 힘쓰고, 형벌을 엄격히 하면 백성이 법에 친숙해진다.[23]

백성들의 본성을 "사랑에는 기어오르고, 위압에는 굴복하는 비열한 존재"로 여기거나 "혼란을 좋아하고 법에 친숙하지 않은 존재"로 파악하는 한비자의 관점은 자연스럽게 '상과 벌'이라는 공리적 수단을 가장 유효한 통치 방법으로 채택하게 한다. 이 때문에 한비자는 "군주가 불인(不仁)해야 오히려 패업(霸業)을 이룰 수 있다."라고 역설하는 것이다.[24]

인의라는 사적 도덕은 법의 공공성을 파괴한다

위에서 보았듯이, 한비자는 신하에 의해 시행되는 인(仁)은 자신의 지지 세력을 확대하기 위한 도구적 수단에 불과하다고 파악했다. 이런 관점에서 파악된 인은 보편적 도덕규범의 성격을 띠지 못하고 편파적이거나 파당적인 사덕(私德)으로 여겨질 수밖에 없다. 담당하고 있는 관직을 이용하여 지인이나 친인척에게 베푸는 은덕은 공정성과 객관성을 파괴하고 특정 집단에만 이익을 몰아다 주는 정실주의에 불과하기 때문이다. 이런 이유에서 한비자는 공직에 몸담고 있는 관리가 인과 애를 베푸는 일은 곧 '공공 재화의 유용'과 '편파적인 특혜'로 귀결될 수밖에 없다고 지적한다.

오랜 친구라 하여 사적 은혜를 베풀면 '자기를 잊지 않았다'라고 말한다. 공공의 재화를 마구 흩뿌리면 이를 가리켜 '인자한 사람'이라 한다. 봉록을 가볍게 여기고 처신을 중시하면 이를 가리켜 '군자'라고 한다. 법을 왜곡하여 친족을 곡진하게 대하면 이를 가리켜 '덕이 있다'고 한다. 오랜 친구를 버리지 않는 자는 관리로서 악을 저지르는 자이다. 인자한 사람이란 공공의 재화를 손상시키는 자이다. 군자는 백성을 부리기 어렵게 만드는 자이다. 친족에게 곡진히 대하는 자는 법의 공정성을 훼손하는 자이다.[25]

신하가 사사로이 덕을 베푸는 일도 불공정성의 의혹을 낳지만, 군주 자신에 의해 시행되는 인도 이와 비슷한 결과를 초래한다. 한비자는 제왕(齊王)의 인자함을 예로 들어, 군주에 의한 인의 시행은 특정 집단에게만 특혜를 가져다줌으로써 사회 질서의 공정성을 파괴한다는 점을 지적한다. 성환(成讙)이 왕에게 말하기를 "왕께서는 너무 인자(仁)하시고 지나치게 남을 동정하십니다.(不忍)"라고 하였다. 이에 왕이 말하기를 "인자함이 많고 동정심이 많은 것은 좋은 일 아닌가?" 성환이 답하기를 "왕께서는 설공(薛公)[26]에게 너무 인자하시고 전(田)씨 일족에게는 지나치게 동정을 베푸십니다. 설공에게 너무 인자하시면 (설공에게 권력이 집중되어) 다른 중신들의 권위가 없어지고, 전씨 일족에게만 동정을 베푸시면 그 일족의 장로들이 법을 어기게 될 것입니다. 이는 나라가 망하는 길입니다."라고 하였다.[27]

이상에서 볼 때 한비자가 인을 배격하는 또 다른 이유는, 국가라는 공적 영역에서 인애라는 사적 규범이 작동하게 되면 편파성과 파당성이 발생하여 객관성과 공정성을 상실하게 될 뿐 아니라 특정 가문이나 집단에 힘을 실어주게 되어, 결국은 공적 질서가 무너지고 군주의 권위가 약화된다고 보았기 때문이다. 이런 이유에서 한비자는 국가라는 공적 영역에서 관철되어야 할 유일한 규범은 오직 법뿐이라고 여기는 것이다.

효율적인 지배 질서 확립을 위해서는 인애보다 중형(重刑)이 효율적이다

백성들의 본성을 "사랑에는 기어오르고 위압에는 굴복하는 비열한 존재"로 파악하는 한비자의 입장은 자연히 인애에 의한 교화 대신 관료 체제의 '위엄'과 형벌 제도의 '엄격함'에 의거한 권위주의적 통치를 선호하기 마련이다.[28]

백성을 법으로 금하지 염치(廉)로 그만두게 할 수는 없다. 어머니의 자식 사랑은 아버지의 곱절이나 되지만, 아버지의 명령이 자식에게 행해지는 것은 어머니의 열 배나 된다. 관리가 백성들에게 애정은 없지만 명령이 백성들에게 행해지는 것은 아버지의 만 배나 된다. 어머니가 사랑을 쌓더라도 명령이 통하지 않지만, 관리는 '위엄'을 사용하므로 백성이 따르게 된다. '위엄'의 방법과 '애정'의 방법은 이렇게 서로 다른 것이다.[29]

백성을 다스리기 위해서는 애정보다 위엄이 훨씬 더 효율적이라는 위하주의(威嚇主義)적 통치 이념은 자연히 엄격한 법 집행과 무거운 형벌을 선호하는 중형주의적 통치 방식으로 이어지기 마련이다. 중형주의는 전기 법가인 상앙(商鞅)에 그 기원을 둔다. 한비자는 상앙의 법을 예로 들어 중형주의적 통치 방식을 이렇게 정당화한다.

공손앙(公孫鞅)[30]의 법에서는 작은 잘못도 무거운 형벌로 다루었다. 중죄는 사람이 범하기 어려운 것이지만, 작은 잘못은 사람이 쉽게 피해 갈 수 있는 것이다. 쉽게 피할 수 있는 작은 잘못을 피하도록 함으로써 범하기 어려운 큰 죄에 걸리지 않도록 하는 것이 잘 다스리는 길이다. 작은 잘못이 일어나지 않음으로써 큰 죄에 이르지 않게 한다면, 사람이 죄를 짓지 않고 혼란도 발생하지 않게 될 것이다.[31]

여기서 볼 수 있듯이, 작은 잘못에도 무거운 형벌을 부과함으로써 큰 잘못을 사전에 예방하자는 것이 중형주의의 요점이다. 한비자는 백성을 가엾게 여겨 형벌을 감면해 준 제(齊) 경공(景公)을 예로 들면서, 인애의 정치는 오히려 악한 자를 이롭게 하고 선한 자를 해치게 되어 공적 질서를 혼란스럽게 만드는 원인이 된다고 비판한다. 한비자가 제시하는 일화에 의하면, 제 경공에게 안영(晏嬰)이 형벌을 낮추어 주기를 청했다. '다리 잘리는 형벌(刖刑)'을 받은 사람이 늘어나 의족 값이 등귀하고 신발 값은 폭락할 정도로 형벌 받은 사람이 많아졌다는 이유에서였다. 이에 제 경공은 자신의 포학함에 놀라며 형벌을 한 단계를 낮추도록 지시했다. 그러나 한비자는 경공의 처사를 이렇게 비판한다. "형벌이 정당하다면 많더라도 많은 것이 아니며, 정당하지 못하다면 적더라도 적은 것이 아니다. 형벌을 느슨히 하고 너그럽게 은혜를 베푼다면 이는 간악한 자를 이롭게 하고 선량한 사람을 해치게 된다. 이는 잘 다스리는 길이 아니다."[32]

한비자는 공적 질서를 유지하기 위한 방책으로 엄격한 법 집행과 무거운 형벌을 제안하는 외에도, 주민들 사이에 '상호 감시 체제'를 도입할 것을 주장한다. 훗날 진(秦)이 천하를 통일한 후에는 한비자의 이러한 주장이 채택되어 연좌제(連坐制)의 형식으로 굳어지게 되었다. 봉건 시대의 악법이라고 평가되는 이러한 제도는 여기서 비롯된 것이다.

공공성의 확립을 위해서는 평등하고 엄격한 법 집행이 필요하다

사회 규범의 공공성은 '규범의 보편적 적용'이라는 절차적 합리성에서 찾을 수 있다. 상과 벌은 반드시 공정하고 엄격한 원칙에 따라 시행되어야 하며, 신분의 상하나 친분 관계의 친소에 따라 다르게 적용되어서는 안 된다. 한비자는 법 적용의 엄격성에 대하여 이렇게 설파한다.

상을 아무렇게나 주면 공신도 그가 할 일을 게을리 하게 되고, 형벌을 용서하면 간악한 신하가 쉽게 잘못을 저지르게 될 것이다. 그런 까닭에 정말 공이 있다면 비록 멀고 낮은 신분의 사람이라도 반드시 상을 주어야 하며, 정말로 허물이 있다면 비록 친하고 총애하는 사람일지라도 반드시 처벌해야 한다.[33]

신분의 상하에 관계없이 평등하고 엄격하게 법 적용이 이루어져야 한다는 예로, 한비자는 초(楚) 장왕(莊王)의 태자가 법 규정을 어긴 일을 든다. 초나라에는 궁전 출입에 관한 규정이 있었다. 규정에 의하면 "여러 신하와 대부 그리고 공자들이 조회에 들어올 때 말발굽으로 빗물받이를 밟는 자가 있으면 수레 채를 자르고 수레 모는 종을 죽인다."라고 했다. 하루는 태자가 조회에 들어올 때 잘못하여 말발굽으로 빗물받이를 밟자, 지키던 관리가 태자의 수레 채를 자르고 종을 죽였다. 이에 태자가 왕에게 달려가 그 관리를 죽여 달라고 읍소했다. 그러나 왕은 법이 지켜지지 않으면 신하가 군주를 넘보게 되고, 신하가 군주를 넘보게 되면 사직이 망하게 된다는 이유를 들어 태자의 청

법치와 공(公)의 확립, 한비자의 정치사상

을 거절하였다. 이에 태자는 자신의 잘못을 시인하고 사흘 동안이나 궁 밖에서 자면서 죽을죄를 청하였다.[34] 이처럼 지위의 상하나 친분 관계의 친소에 관계없이 엄격한 법 집행이 이루어져야 한다는 점에서 한비자의 정치사상은 진보적인 성격을 지닌다.

한비자는 엄격한 법 집행과 관련하여, 아무리 '좋은 동기'에서 나온 행위라 할지라도 이러한 행위가 정해진 규정을 넘어서거나 직분을 위반한 것이라면 가차 없이 처벌해야 한다고 본다. 한비자는 그 예로 한(韓) 소후(昭侯)의 궁전에서 일어난 일을 든다. 한의 소후가 술에 취하여 잠이 들었다. 관(冠)을 담당하는 시종이 군주가 추울 것을 염려하여 몸 위에 옷을 덮어 주었다. 소후가 잠에서 깨어나 옷을 덮어 준 자가 누구냐고 물었다. 좌우가 "관을 담당하는 자"라고 답하였다. 이에 소후는 옷을 담당하는 시종과 관을 담당하는 시종을 함께 처벌하였다. 옷을 담당하는 시종을 처벌한 것은 그가 수행해야 할 직무를 게을리했기 때문이며, 관을 담당하는 시종을 처벌한 것은 그가 직분을 넘어서는 일을 하였기 때문이다.[35] 한비자는 이를 예로 들면서, 아무리 좋은 동기에서 나온 선행일지라도 직분을 넘어서거나 규정을 위반하는 행위에는 가차 없는 처벌이 내려져야 한다고 강조한다.

엄격한 법 집행과 관련된 한비자의 언급 가운데 흥미로운 점은 "규정보다 더 잘해도 안 된다"는 점이다. 『한비자』에서는 이와 관련된 예로, 오기(吳起)와 그의 처에 관한 이야기를 들고 있다. 오기가 그의 처에게 관에 매는 끈을 보여 주며 똑같은 것으로 하나 만들어 주기를 부탁했다. 끈이 완성되어 받아 보니 자기가 이전에 썼던 것보다 유달리 좋았다. 오기가 처에게 "내가 그대에게 보여 준 것과 똑같이 만들

어 달라고 부탁했는데 이것은 유달리 좋으니 어찌된 일인가?"라고
물었다. 처가 말하기를 "사용한 재료는 한 가지이나 제가 정성을 더
하여 만들었습니다."라고 답했다. 이에 오기가 말하기를 "내가 부탁
한 것과 다르오!" 하고서는 처를 친정으로 쫓아 보냈다. 이에 장인이
달려와 용서해 줄 것을 청하자, 오기는 "저의 집안은 거짓말을 못 합
니다."라고 하며 용서해 주기를 거절하였다.[36] 엄격하다 못해 자신을
배려하려는 선한 동기까지도 배격하려는 이러한 법 집행의 자세는
과연 바람직한 것인지 의문스럽다.

시대의 변천으로 말미암아 인과 예의 도덕 정치는 효력을 상실했다

한비자는 인이나 예에 의한 도덕 정치가 불가능한 이유로 '시대
의 변천'을 든다. 옛날처럼 인구가 적고 소규모의 공동체 안에서 모두
가 친하게 지내던 시절에는, 자원도 풍부하고 이기심도 적어서 서로
양보하는 일이 가능했다고 본다. 이런 시절에는 예를 중시하고 임금
자리를 선양(禪讓)하는 일도 가능했다. 그러나 인과 예는 이처럼 소박
한 시대에나 가능했던 덕목이지, 현대의 시대적 조건에는 맞지 않는
다는 것이다. 인구가 증가하고 생산력이 발달하여 서로가 이익을 다
투는 상황에서는 인이나 예 대신 '법'이라는 객관적이고 강제적인 규
범이 요청된다는 것이다.[37] 한비자는 상고에서 중세를 거쳐 자기 시
대에 이르는 역사의 변천을 이렇게 설명한다. "상고 때는 도덕(道德)
을 가지고 경쟁했고 중세에는 지모(智謀)를 가지고 겨루었지만, 오늘
날에는 기력(氣力)으로 다툰다. (지금 시대에) 인의(仁義)나 변지(辯智)
는 나라를 지탱하는 수단이 못 된다."[38]

　　　　　　　　　　법치와 공(公)의 확립, 한비자의 정치사상

도덕의 시대는 가고 기력으로 다투는 시대가 되었다는 한비자의 역사 인식은 매우 현실적이다. 한비자가 설명하는 것처럼, 혈연 공동체에 기초한 서주(西周) 시대에는 인이나 예와 같은 도덕규범을 확장하여 정치 영역에까지 적용하는 일이 가능했다. 그러나 혈연 공동체와 종법 제도가 무너져 버린 전국 말기의 상황에서는 '이익 분쟁'과 '힘의 다툼'이라는 객관 현실에 기반을 둔 새로운 규범의 탄생이 필요했던 것이 사실이다. 이처럼 이익을 둘러싸고 분쟁이 벌어지는 상황에서는 '객관성'과 '강제성'을 담보할 수 있는 새로운 사회 규범으로 법이 요청될 수밖에 없었다. 한비자는 이러한 역사 인식에 의거하여, 인의와 같은 도덕적 가치는 더 이상 효율적인 사회 규범으로 작동될 수 없다고 여긴다.

4 덕치와 법치 그리고 왕도와 패도의 갈림길에서

이상에서 우리는 한비자가 '덕치'를 배격하고 '법치'를 주장하는 이유를 여덟 가지로 나누어 살펴보았다. 한비자가 제시한 이유들은 나름대로 강한 설득력을 지니고 있으며, 그가 처했던 현실 속에서 객관적이고 효율적인 사회 질서를 구축하기 위해 절실하게 요청되는 제안이었다고 여겨진다. 더욱이 강대국 사이에 끼어 국가의 존립이 위협받던 한나라의 공자였던 한비자로서는 공권력을 확보하고 군비를 강화하기 위해 인의(덕치) 대신에 신상필벌을 골자로 하는 공리적 사회 규범을 강조할 수밖에 없었다.

과연 한비자보다 조금 앞서 전국 시기를 살았던 맹자는 인의를 부정하는 한비자의 견해를 어떻게 생각할 것인가? 과연 인정(仁政)과 덕치를 이상으로 삼는 맹자는 인애의 시행으로 발생할 수 있는 사회적 신뢰의 훼손에 어떻게 대처할 것인가? 그리고 시대의 변천으로 말미암아 인의의 정치는 효력을 상실했다고 여기는 한비자에 대하여 맹자는 어떠한 응답을 내놓을 수 있는 것일까?

인의와 같은 도덕 가치를 배격하고 법만을 유일한 규범으로 강조하는 한비자의 입장에는 비인도적이고 가혹한 측면이 있기도 하지만, 강대국에 둘러싸여 국가 존망의 위기에 처해 있던 한나라의 상황에서는 타당한 제안이었다고 여겨진다. 특히 사집단의 발호에 의해 군주의 통치권이 위협받고, 세력 집단 간의 정실주의와 연고주의로 사회 규범의 공공성이 심각하게 위협받던 당시의 상황에서 한비자의 제안은 상당히 호소력이 있는 것이 사실이다.

다른 한편으로 인의에 의한 덕치를 주장하는 맹자의 입장은 너무도 인도적이고 도덕적인 제안이어서 현실성이 떨어져 보이는 측면이 있기는 하지만, 강대국 간의 쟁탈전으로 인하여 무고한 생명이 죽어 나가던 전국시대의 상황에서는 또한 정당한 주장이었다고 여겨진다. 통치 계급에 의해 자행되는 잔혹한 형벌과 무자비한 수탈을 종식시키고 군주들에게 인의의 정치를 시행하도록 촉구하는 맹자의 입장은 당시의 상황에서도 정당한 주장이었을 뿐 아니라 시대를 넘어서는 보편적 의의를 지니고 있다.

인의를 배격하는 한비자와 인의를 옹호하는 맹자의 입장은 겉으로는 서로 정면으로 충돌하는 듯이 보인다. 하지만 이 두 사상가가 발

법치와 공(公)의 확립, 한비자의 정치사상

언하는 담론적 상황을 살펴본다면, 이 주장들이 결코 화해 불가능한 것이라고 여길 필요는 없다. 가령 신하가 인의를 가장하고 세력을 확대하여 군주의 권위를 침해하는 행위에 대해서는 한비자뿐 아니라 맹자 역시 비판적 눈길로 바라볼 것이다. 또한 인정(仁)과 의리(義)라는 이름으로 사집단 사이에 특혜를 주고받는 정실주의적 행태에 대해서는 한비자뿐 아니라 맹자 역시 비판의 화살을 보낼 것이 틀림없다.

한비자와 맹자의 상충하는 듯 보이는 입장들은 서로 다른 차원에서 각기 정당성을 확보한다. 한비자는 군주권을 확립하기 위해 발호하는 중신(重臣) 세력과 사가(私家) 집단을 약화시키고자 했지만, 맹자는 군주를 선정(善政)으로 이끌기 위해 어진 신하를 중용하여 군주권을 견제하고자 했다. 군주권을 강화하여 외세의 침략에 대처하려는 한비자의 입장과 군주권을 견제하여 선정으로 이끌려는 맹자의 입장은 각기 '자국의 안전 도모'와 '폭정의 방지'라는 합목적성을 지닌다. 이러한 두 가지 합목적성은 결코 평면적 차원에서 대립되는 것은 아니며, 각기 다른 차원에서 정당성을 지닌다.

엄격한 신상필벌의 원칙을 적용하여 공리주의적 통치 체계를 확립하려던 한비자의 입장은 외세의 침략에 의하여 국가가 풍전등화의 운명에 처했던 한나라의 상황에서는 지극히 타당한 제안이었다. 다른 한편으로, '인한 정치'에 의해 민생을 안정시키고 복지 사회를 이룩하려는 맹자의 입장은 통치 계급에 의해 잔혹한 처벌과 수탈이 자행되던 전국시대의 현실에서 보자면 이 또한 지극히 정당한 제안이 아닐 수 없다.

한비자와 맹자가 지녔던 서로 다른 차원의 문제의식과 해결 방안은 오늘날에도 여전히 유효하다고 여겨진다. 국제적으로는 강대국의 약소국에 대한 침략이 자행되고 국내적으로는 부패 권력의 서민에 대한 침탈이 공공연하게 자행되는 현실에 직면해서 과연 어떻게 대처하는 것이 현명한 길일까? 우리는 한비자의 입장과 맹자의 입장을 동시에 필요로 한다. 국내적으로는 부패한 권력 구조를 공정하고 객관적인 모습으로 개혁하면서 국방력과 경제력을 강화해 나가야 하고, 국제적으로는 강대국의 횡포를 견제하고 약소국을 지원할 수 있는 인도적 수단을 강구하지 않으면 안 된다. 힘과 힘이 다투는 냉엄한 현실에 직면해서, 약자는 한편으로는 자신의 "힘을 기르면서" 동시에 강자의 "힘을 약화시킬 수 있는" 방안을 함께 강구하지 않으면 안 된다. 이 두 가지 방안이 서로 대립되는 것은 아니다. "힘 기르기"와 "힘 약화시키기"는 서로 다른 차원에서 요구되는, 하지만 동일한 목적을 위해 결국은 서로 만날 수밖에 없는 해결책들이다. 덕치와 법치의 관계 역시 이와 마찬가지로 보인다.

한비자와 맹자가 인간을 바라보는 관점 또한 평면적인 차원에서 충돌하는 것은 아니다. 맹자는 탐욕스럽고 포악한 군주들의 내면에 '가능성(端)'으로만 잠재하고 있는 측은지심을 계발하여 인정(仁政)의 형태로 실현해 내고자 유도하였다. 반면에 한비자가 자기 시대의 인간에게서 발견했던 것은 세(勢)를 확보하고자 연고 집단끼리 결탁 관계를 맺고 있는 중신 세력들의 정실주의, 그리고 추위와 굶주림에서 벗어나고자 기회만을 엿보는 백성들의 비열한 행태였다. 인성이라는 주제와 관련해서, 맹자의 주된 관심이 군주의 측은지심을 계발하여 선정으로 유도하는 데 있었다면, 한비자의 관심은 중신 집단과 우중들의 속성을 간파해서 이를 효율적으로 통제하기 위해서였다. 맹자의 인성은 가능성 또는 잠재태로서 군주의 인성이지만, 한비자의 인성은 현실태로 드러나 있는 민(民) 계층의 인성이다. 서로 충돌하는 듯이 보이는 한비자와 맹자의 인성관은 "누구의 인성인가?" 그리고 "왜 인성이 문제인가?" "현실적으로 드러나 있는 인간의 모습인가, 장차 계발이 가능한 잠재적 인성인가?"라는 물음이 풀릴 때 비로소 평면적으로 충돌하는 것이 아님이 밝혀지게 될 것이다.

물론 한비자와 맹자에게는 결코 화해하기 어려운 측면도 있다. 인성을 철저하게 불신하는 한비자의 입장은 인성의 교화 가능성을 신뢰하는 맹자의 입장과 선명하게 상충한다. 탐욕과 폭력이 지배하는 현실 세계를 피할 수 없는 역사의 법칙이라고 보는 한비자의 입장은 이러한 현실을 개선하기 위해 고군분투하는 맹자의 입장과 상충한다. 도덕과 인의를 도구적 수단으로 간주하려는 한비자의 입장은 도덕과 인의를 궁극적 가치라고 믿는 맹자의 입장과 상충한다. 이렇게 서로 대립하는 두 입장은 단지 한비자와 맹자의 시대에만 제기되었던 특수한 대립이라고 할 수는 없다. 이러한 입장 차는 동서고금을 막론하고 '공적 세계'에 속한 모든 인간들이 숙명적으로 부닥쳐 온 문제이며 헤어나고자 고뇌해 온 문제이다. 우리는 후대의 지성사 속에서 이러한 두 입장을 하나의 체계 안으로 융섭하려는 노력의 흔적들을 발견한다. 법가의 법치 이념과 유가의 덕치 이념을 하나의 체계 안으로 융섭하려는 한대의 '유법합류(儒法合流)'의 흐름, 인성의 어두운 면과 밝은 면을 의리지성(義理之性)과 기질지성(氣質之性)으로 설명하려는 성리학자들의 노력, 그리고 왕도 정치와 패도 정치 사이에 가교를 놓으려는 주희-진량 사이의 왕패 논쟁 등은 그러한 고뇌가 남긴 사상사적 흔적이라고 할 수 있다.

한비자의 방략에 입각하여 천하를 통일했던 진나라의 단명(短命)은 잊을 수 없는 역사적 교훈을 남겨 주었다. 천하를 힘으로 얻을 수는 있어도 힘만으로는 천하를 다스릴 수는 없다는 사실……. 인의가 결여된 세상은 동물의 세계이지 인간의 세계는 아니다. 공적 세계의 합리화는 도덕을 배제한 힘의 논리만으로는 가능하지 않으며, 역으로 힘을 무시한 도덕적 호소만으로도 가능하지 않다. 공적 세계의 합리화는 "힘과 탐욕이 난무하는 이 현실을 어떻게 정치적·도덕적으로 원만하게 질서 지울 수 있는가?"하는 질문에 답할 수 있을 때 비로소 가능하게 될 것이다. 왕충(王充)의 시 한 구절로 이 글을 마무리하고자 한다.

천지는 세월이 어지럽다고 하여 봄날을 없애지 않고(天地不爲亂歲去春)

좋은 임금은 세상이 쇠락했다고 하여 덕을 버리지 않는다(人君不以衰世屛德)**39**

이승환　고려대학교 철학과를 졸업하고 국립대만대학교 철학연구소에서 석사 학위를, 미국 하와이 주립대에서 박사 학위를 받았다. 동아대학교를 거쳐 현재 고려대학교 철학과 교수로 재직 중이며, 한국동양철학회 회장과 고려대학교 철학연구소 소장을 역임했다. 저서로 『횡설과 수설: 400년을 이어 온 성리 논쟁에 대한 언어분석적 해명』, 『유교 담론의 지형학』, 『유가 사상의 사회철학적 재조명』, 『서양과 동양이 127일간 e-mail을 주고받다』(공저), 『중국 철학』(공저) 등이 있고 주요 논문으로 「주자 수양론에서 미발(未發)의 의미」, 「성리학 기호 배치 방식으로 보는 조선 유학의 분기」 등이 있다.

15

우주적 사건으로서의 일상적 삶

『화엄경』 읽기

이효걸 (안동대학교 한국문화산업전문대학원장)

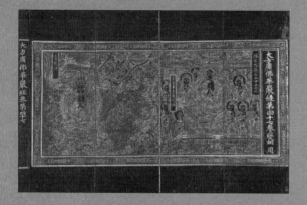

『화엄경(華嚴經)』

대승 불교 초기의 주요 경전으로 정식 이름은 '대방광불화엄경(大方廣佛華嚴經)'이다. 산스크리트어 원전은 일부만 남아 있으며 한역본(漢譯本)으로 60권본(34장), 80권본(39장), 그리고 양자의 마지막 장인 '입법계품'에 해당하는 40권본이 있다. 각 장이 독립된 경전으로 유통되다가 4세기경 중앙아시아에서 집대성된 것으로 추측된다.

석가모니가 성도(成道)한 직후 스스로 깨달음의 경지를 설파한 경문이라 전해진다. 이 『화엄경』을 근본 경전으로 하여 수·당 시기에 화엄종이 성립되었고, 통일 신라의 승려 의상(義湘)이 당에서 화엄을 공부하고 돌아와 한국 화엄종을 개종하였다.

1 『화엄경』과 우리 역사

『화엄경』이라는 불교 경전은 오늘날 우리에게는 매우 낯설다. 그러나 우리의 역사에 끼친 영향력은 대단히 크다. 그것은 무엇보다도 우리 민족을 역사상 처음으로 하나의 통일체 국가로 만든 통일 신라의 국가 이념이었고, 동일한 언어를 사용하는 우리 민족을 하나의 문화 공동체로 만든 철학이었기 때문이다. 우리는 동일한 언어를 쓰는 민족이 하나의 국가로서 동일한 문화를 가진 것을 당연한 것으로 여기지만, 이러한 경우는 보편적 현상이 아니라 오히려 특수한 현상이라고 봐야 한다. 아랍어나 에스파냐어처럼 동일한 언어를 쓰지만 국가가 다른 경우가 허다하고, 반면 러시아·중국·미국·인도 등 인구가 많은 거대 국가가 대개 그런 것처럼 다른 언어를 쓰지만 하나의 국가인 경우도 적지 않다. 또한 과거의 소련이나 동유럽 혹은 지금의 중국처럼 한 국가이지만 여러 문화권이 공존하는 경우도, 무슬림 문화처럼 문화는 비슷하지만 다른 국가로 존재하는 경우도 많다. 우리가 '하나의 언어를 사용하는 민족은 동일한 문화 정체성을 가지고 하나의 국가이거나 혹은 하나의 국가가 되어야 한다.'라고 생각하는 것은 우리 민족이 걸어온 독특한 역사 경험 때문이다. 우리 민족의 그러한 사고가 설사 편협한 것이라 해도, 영토와 인구 그리고 지정학적 위치를 고려할 때 우리 민족이 독자적 정체성을 가지고 긴 역사를 지켜올 수 있게 한 중요한 요인이었음을 부인할 수 없다. 우리 민족 문화의 정체성을 확립하는 데 철학적 바탕을 제공하고, 우리 민족이 통일체 국가를 지향할 수 있도록 하는 '사회적 결속의 이념'으로서 역할

우주적 사건으로서의 일상적 삶

을 한 중심에는 『화엄경』과 화엄 사상이 있었다.

통일 국가의 이념이자 민족 문화 정체성의 철학인 화엄 사상은 그 이후 불교 시대와 유교 시대를 막론하고 우리의 정신사에서 지속적으로 영향을 끼쳤다. 고려의 건국은 통일 신라 말기 흥성하기 시작한 선불교와 이에 밀착한 지방의 호족 연합 세력에 의해 가능했다. 고려의 불교는 통일 신라의 지배 체제를 뒷받침하는 화엄종이라는 교종에 대립하는 선불교가 새로운 대세로 자리 잡고 불교문화의 내적 변화를 끊임없이 자극하면서 '통합의 체제'에서 '개별의 고유성'으로 나아가고자 하였다. 선불교는 소위 "교외별전 직지인심(敎外別傳 直指人心, 불교의 참된 가르침은 경전을 떠나 별도로 전해지며, 그것은 곧 지금 살아 숨 쉬고 있는 개개인의 마음에서 이루어진다.)"을 내세우고 있지만, 그 철학적 바탕은 여전히 화엄 사상에 있었다. 인간의 본래적 완전성을 전제로 하는 주체의 실천 철학으로서 선불교는 화엄 사상의 또 다른 면모에 지나지 않았기 때문이다. 특히 화엄 사상은 우리 역사에 문화적/사상적으로 압도적 영향력을 가지고 있었으므로 한국의 선불교는 '화엄과 선'의 관계에서 자유롭지 못했다. 화엄과 선의 이와 같은 역사적 특수 관계로 말미암아 교종에 대한 반(反)명제로 출발한 중국의 선불교는 한국에 이르러 교종과 선의 일치로 방향을 선회하는 독자 노선을 걷게 되었다고 할 수 있다. 그만큼 한국의 문화와 사상에서 화엄종의 영향력은 실로 막대하였다.

유교 사회의 건설을 기치로 내건 조선 시대에 들어와서도 화엄 사상의 영향력은 모습을 달리하여 지속되었다. 억불을 정치 이념으로 내세운 조선 시대의 성리학은 겉으로 보면 화엄종과 대척의 위치에 있다. 그러나 성리학의 중심 과제는 주체인 인간과 외부의 존재 일체를 통일적으로 설명하려는 것인데, 이는 철학적 논법으로 말하면 우주론적이고 존재론적인 접근법이라 할 수 있고 바로 이 점에서도 『화엄경』혹은 화엄 사상의 기본 발상과 크게 다르지 않다. 더구나 성리학 설명의 기반이 되는 중심 개념인 이(理)와 기(氣)는 화엄 사상의 대표적 교리인 사법계(四法界說: 理事無碍, 事事無碍)의 중심 개념인 이(理)와 사(事)에서 事를 氣로 대치하면 동일한 주제를 동일한 방식으로 설명한 것이라 할 수 있다. 실제로 성리학의 체계를 완성한 주희가 심혈을 기울인 것은 개체적 삶에 중심을 둔 선불교의 비체계적이고 비역사적인 태도 때문에 당대의 지식인들이 정신적으로 해이해져 이민족 지배의 위험에 대처하지 못하는 점을 경계하고 대응하는 것이었다. 화엄종의 사상적 지배력을 거부하며 개체의 자주성을 내세운 중국의 선불교가 오히려 화엄 사상의 기본 발상을 차용한 주희의 성리학으로 다시 도전받게 된 것은 역사적 아이러니다. 성리학의 비전은 인간이란 존재를 우주론적으로 바라보고 인간과 외부 존재의 통일성을 추구하면서 동시에 인간의 독자성을 정립하려는 것인데, 이점에서 화엄 사상의 비전과 정확하게 일치한다. 이와 같이 성리학의 기본 발상에는 화엄 사상이 변종된 모습으로 침투해 있다. 마치 화엄 사상이 불교의 몸체를 벗어나 새로운 숙주인 유학에 자리를 틀고 은밀하게 생존을 지속하는 듯하다.

그런데 성리학이 어떻게 우리 역사에 깊게 뿌리를 내릴 수 있었을까? 통일 신라 이후 고려까지 약 700년간의 불교 시대를 거치는 동안 우리의 정신과 문화에 지속적으로 작용한 화엄 사상과 무관하지

우주적 사건으로서의 일상적 삶

않다. 화엄 사상이 드리운 그림자는 쉽게 재생할 수 있는 익숙한 기억으로 존재했고, 한 걸음 더 나아가 그 기억을 새롭게 편집하는 무의식적 발상법으로 우리의 집단 무의식에 각인되어 있을지도 모른다. 700년 넘게 우리는 무엇보다도 '인간'이란 존재를 우주론적 시야에서 바라보고, 그 깊은 정신의 내면을 마주하며 한 개체의 완전성 혹은 자족성을 찾으려는 지칠 줄 모르는 여정을 계속해 왔다. 인간에 대한 그러한 거시적 전망은 비록 터무니없는 몽상일 수도 있고 혹은 비참한 현실에서 도피하고자 하는 위안일 수도 있지만, 인간을 단순히 경험에 고착되어 있는 왜소한 존재로 한정 지우지 않았다. 인간을 경험적 존재 그 이상으로 바라보고, 인간과 외부의 존재 전체를 함께 생각하면서도 인간의 정신에 깃든 힘을 온전히 발휘할 수 있도록 탐구하고 행동으로 드러내고자 하였다. 그리하여 인간이란 무엇이고 우리의 삶이란 과연 어떤 것인가를 끊임없이 자문하였다. 이러한 태도는 일상적 경험을 기준으로 인간을 사회적/정치적 존재 혹은 역사적 존재로 규정하는 관점과는 확실히 다르다. 인간이란 존재를 우주론적 시야와 내적 정신력의 관점에서 바라보는 화엄 사상의 발상법이 우리의 역사에서 문화 생성력으로 존재했기 때문에 비슷한 발상법을 가진 성리학적 사유가 쉽게 뿌리내릴 수 있었다고 본다. 언뜻 보면 성리학적 사유가 불교의 비역사적 태도를 비판하기 위해 인간을 우주론적/존재론적으로 바라보면서도 궁극적으로는 현실 역사를 담당하는 사회적/윤리적 존재로 귀착시키려고 했다는 점에서 불교와 대립된다. 그러나 한국의 화엄 사상은 통일 신라의 국가 이념으로 역할을 했듯이 처음부터 현실 역사와 타협했다. 더구나 한국 화엄 사상은 우주론적 존재로서의 인간이 역사적인 현실의 인간과 일체화되었을 때 비로소 인간(의 삶)이 완성된다고 주장한다는 점에서 한국 성리학과 대립적이라 말할 수 없다. 양자는 오히려 상동적(相同的, stereotype)이라 할 수 있다.

2 『화엄경』의 판타지 스토리 구성과 사상적 의의

정각의 빛(비로자나)의 방광과 우주 무대의 설정, 그리고 보살의 등장

『화엄경』의 스토리는 판타지(fantasy) 스토리다. 그것도 우주를 무대로 하는 판타지다. 이 판타지 스토리의 출발점은 석가모니불의 '깨달음의 상태(正覺)'다. 석가모니불의 깨달음은 불교에서는 최고의 극적 사건이다. 다른 경전이 인간의 언어로 설법한 석가불의 가르침을 기록한 것이라면, 『화엄경』은 깨달음이라는 정신적 사건의 내면 세계를 이미지와 상징 혹은 언어적 기호를 사용하여 밖으로 드러내고자 한다. 일상의 인간 정신이 언어와 사유에 의해 이끌리고 있다면, 깨달음의 정신 상태는 언어와 사유에 의해 가로막히고 억압된 본원의 정신 에너지가 다시 활성화된 상태라 할 수 있다. 『화엄경』은 본원적 정신 에너지가 활성화된 상태를 '빛(virocana)'으로 표현한다. 즉 깨달음이 빛의 이미지로 재현된 것이다. 인간의 정신은 깨달음이라는 본원의 상태에 도달하면 강력한 빛의 에너지로 방광(放光)하고, 그 빛을 받는 모든 존재는 자신의 빛으로 자기 존재를 투명하게 드러낸다.

『화엄경』은 세계의 모든 존재가 빛에 의해 무한한 상호 작용을 하며, 모든 타자와 자기를 동시에 드러낸다고 말한다. 석가모니불에게 일어난 깨달음이라는 정신적 사건은 단순히 한 개인의 사건이 아니라 인류의 사건이면서 궁극적으로 모든 존재의 사건이 된다. 석가모니불이 성취한 깨달음의 정신적 사건은 (1) 한 인간을 인간답게 하는 사건이며, (2) 동시에 한 인간이 다른 인간을 변화시킬 수 있는 사건이고, 나아가 (3) 외적 존재와 소통하고 일체화가 가능한 사건이라고 보며, 마지막으로 (4) 모든 존재는 빛을 자기의 본질로 하므로 본래적으로 완전하며 서로 평등하다고 보는 것이 『화엄경』의 근본 취지다.

『화엄경』의 스토리는 석가모니불의 정각이 '우주의 일대 사건'으로 표명되면서 시작한다. 석가모니불이 정각을 이룰 때, 깨달음의 정신 에너지는 빛이 되어 전 우주로 방광한다. 그 빛을 받은 주변의 모든 존재들은 자신이 가진 고유한 빛으로 반응하며 서로 중첩적인 상호 작용을 통해 각기 자기 존재의 본성을 드러내면서 화려하고 현란한 빛의 축제를 전개한다. 모든 존재의 본성이 깨어나 빛의 축제로 나타나는 장엄한 장면을 『화엄경』은 연화장세계 혹은 법계라고 부른다.

이렇게 『화엄경』의 배경과 무대가 완성되면 스토리를 끌어갈 인물들이 등장한다. 주역은 보살들이다. 『화엄경』을 설파하는 스토리텔러(法主)도 보살이고, 『화엄경』의 중심 사건인 '연화장세계로 들어가는 일', 즉 입법계(入法界)를 담당하는 주역도 보살이다. 『화엄경』에는 주연급 보살이 여럿 등장하지만, 제1순위 대표자는 보현보살이고 제2순위가 문수보살이다. 그러나 진짜 주인공은 모든 보살, 즉 보살 군단이다. 이러한 점에서 『화엄경』은 석가와 같은 깨달음을 얻고 불타가 되고자 하는 '보살들의 웅장한 꿈과 실천 의지'에 대한 이야기라고 할 수 있다. 대승 불교가 자기 스스로를 구제(成佛)의 주체로 자각하고 이타행(利他行)을 수행의 본질로 삼는 보살의 불교라고 한다면, 『화엄경』이야말로 대승 불교의 정신에 가장 충실한 경전이라 할 수 있다.

『화엄경』의 주역인 보살들의 등장은 화려하다. 석가모니불이 방광한 깨달음의 빛은 우주를 진동시키고 지구에서 보내온 강력한 빛의 신호를 받은 보살 군단이 저 아득한 은하계 멀리 모든 방향으로부터 우주선을 타고 지구로 몰려온다. 깨달음의 절정에 이른 순간 인간의 불타(석가모니불)가 빛의 불타로 변신하여 석가불로부터 유체 이탈한 비로자나불이 지구 위 허공에 머물고, 온 우주에서 몰려온 보살 군단이 이 극적인 상황에 참여하면서 『화엄경』의 스토리는 비로소 시작된다. 보살 군단의 대표자가 나서서 비로자나불이 향유하고 있는 정신적 내용을 주제로 서로 문답을 한다. 이때 이루어지는 문답의 방식도 인간의 언어가 아니라 정신 감응(텔레파시)의 방법으로 이루어진다.

그렇다면 보살들이 어떻게 비로자나불의 정각 내용을 투명하게 알 수 있을까? 보살은 아직 깨달음을 완성하여 법계에 들어가지 못한 자이다. 깨달음에 이른 자와 그렇지 못한 자의 틈, 즉 비로자나불과 보살의 간극을 메워 주면서 그 양자를 일체화해 주는 것은 과연 무엇일까? 바로 이 점이 『화엄경』의 가장 중요한 특징이면서 『화엄경』이 불교 사상사에서 독보적 위치를 차지하는 이유이다. 문제를 푸는 실마리는 먼저 비로자나불과 보살의 차이가 어디에서 비롯되는가를 짚어 보는 데서 찾을 수 있다. 기준을 어디에 두느냐에 따라 양자는 차이가 있을 수도 있고 없을 수도 있다. 깨달음이 무차별의 관점을 견지하는 것이라면, 비로자나불이 방광하는 깨달음의 빛은 보살을 자신과 같은 존재로 비출 것이다. 더구나 그 강렬한 빛은 보살의 차별적 관점마저 녹여서 무차별의 정신으로 되돌릴 수 있다.『화엄경』의 첫 무대(제1세주묘엄품)에 이미 표현되었듯이 석가모니불의 방광은 주변의 모든 존재를 빛의 본질로 드러나게 하였다. 그것은 보살이라는 인격적 존재라고 해서 예외가 될 수 없다. 따라서 보살이 비로자나불의 정신적 내용을 투명하게 알 수 있는 것은 비로자나불의 정신 에너지 때문이다. 이것을『화엄경』에서는 불타의 위신력(威神力)이라 부른다.

그러나 인간은 일반적 존재와 달리 태생적으로 자기 분열의 경향을 가진 정신을 소유한 까닭에 불타의 위신력과 같은 외부의 힘을 그대로 수용하지 못한다. 그러므로 인간이 외부의 힘에 조응하는 정신 상태를 갖춘 경우에만 불타의 위신력도 효과를 발휘할 수 있다.『화엄경』에서는 비로자나불이 삼매(三昧)에 들어 빛을 방광할 때 보살도 삼매로써 법계에 들어가 불과 보살이 일체가 될 수 있음을 하나의 전형인 것처럼 반복하고 있다. 불타의 삼매가 빛을 방광하고 위신력을 송출할 수 있게 하는 원동력이라면, 보살의 삼매는 그 빛과 위신력을 수용하고 불타에게 접근할 수 있는 추진력이다. 불타의 관점에서는 보살이 불타와 같지만, 보살의 관점에서는 양자의 간극이 존재한다. 불타의 관점에서 보살도 이미 완전한 불타라고 보는 것은 존재론적이고 본질적이지만, 보살의 관점에서 아직 불타가 되지 못했다는 생각은 표피적이다.

불타의 깨달음을 스토리 구축의 원점으로 삼고 있는『화엄경』은 불타에 의해 드러난 존재의 본질을 바탕에 깔고 보살의 관점에서 불타를 향해 다가가는 형식을 취한다. 전통의 화엄 교리에서는 불타의 깨달음에 의해 드러난 존재론적 본질(인간을 포함)에서 보살을 조명하고 있음을 '과(果) → 인(因)'이라 말하고, 보살의 관점에서 불타를 향해 나아가는 실천 수행을 '인(因) → 과(果)'라 말하는데, 이것은 동시적으로 일어나는 '인과원만(因果圓滿)'의 사건이다. 『화엄경』의 서사 구조는 인과의 역순(逆順)이 동시에 진행되는 이 두 개의 인과 관계를 교차적으로 조합하고 있다. 『화엄경』의 서론에 해당하는 초반부는 '과 → 인'의 관점을 취하고, 중심부의 보살 수행도(화엄보살도)는 '인 → 과'의 관점을 취한다. 그리고 후반부(보왕여래성기품＝平等因果, 이세간품＝成行因果, 입법계품＝證入因果)는 한 인간의 행위에 인과의 역순이 통합되어 동시적으로 나타나는 관점을 취하고 있다.

동시에 진행되는 역순의 인과 관계는 사실상 분리가 불가능한 사건이다. 즉 불타를 향해 가는 보살이라는 한 주체의 관점에서 볼 때, 보살과 불타는 서로 분리되어 있는 타자가 아니라 한 인간의 정신 속에 긴밀하게 엉켜 있는 하나의 정신 현상이다. 더구나 존재론적 본질로 볼 때 보살은 그의 정신 레벨이 어떠한 상태에 있든 이미 불타이다. 불타를 향해 가는 보살의 모든 수행은 불타의 몸짓이다. 『화엄경』은 말한다. "보살이 불타가 깨달은 사실을 그대로 믿고 자신의 수행이 불타의 몸짓임을 자각하고 일체화해 나갈 때, 보살의 삶에서 불타의 삶으로 전환될 수 있다." 불타와 보살의 관계가 인과원만의 역순 관계를 가지면서 한 인간의 삶에서 동시적으로 일어나는 사건이라는 『화엄경』의 핵심적 메시지는 각 품의 세부적 서사에서 거듭 반복된다.

우주적 사건으로서의 일상적 삶

천상의 우주 설법과 화엄보살도

무대 설정과 인물의 등장과 그들이 취해야 할 행동 강령이 설정된 다음『화엄경』의 스토리가 본격적으로 시작된다. 석가모니불이 정각을 이루어 비로자나불이 되는 순간 석가모니불이 성취한 정각의 세계가 불과 보살들 사이에 정신 감응의 방법으로 공유되는 이 독특한 설법은 주변뿐만 아니라 우주의 곳곳에서 몰려온 모든 생명체가 함께 듣는다.『화엄경』에서 전개되는 이와 같은 설법은 여러 번 반복된다. 소위 '7처 8회' 혹은 '7처 9회'라 하여 일곱 장소에서 여덟 번 혹은 아홉 번의 설법이 베풀어진다. 그런데 이 장소는 지상(두 곳에서 세 번 이루어짐)보다 천상(네 곳)이 더 많다. 즉『화엄경』은 지구와 우주 공간을 떠다니며 하는 설법이고, 설법하는 주체와 설법을 듣는 자들 모두 삼매의 상태에서 정신 감응의 방법으로 일체가 되어 인간과 우주의 모든 존재가 무한한 상호 작용을 하며 역동적으로 움직이고 있다는 '우주 판타지 스토리'다.

특히 천상(도리천궁, 야마천궁, 도솔천궁, 타화자재천궁)에서 이루어지는 네 번의 우주 설법(제9~22품)은 보살의 수행을 단계별로 체계화한 내용인데, '십주(十住) → 십행(十行) → 십회향(十廻向) → 십지(十地)'의 40단계로 전개되는 화엄보살도(華嚴菩薩道)가 여기에서 제시된다. 경전 성립사의 관점에서 볼 때 이 부분이『화엄경』의 중심부라고 할 수 있다. 석가모니불이 정각을 이룬 순간 육신은 지구에 두고 빛의 형태로 유체를 이탈하여 우주에서 설법하는 내용이 바로 보살의 수행에 관한 것이라면, 화엄보살도는 우주와 같은 깊이와 넓이를 가진 인간 정신이 어떻게 우주적 깊이와 넓이로 숙성되어야 하는지를 말하는 것이라 할 수 있다.

40단계의 화엄보살도에 대해 뒷날 화엄교학에서는 '십주 → 십행 → 십회향 → 십지'의 네 가지 가운데, 앞의 세 가지인 '십주 → 십행 → 십회향'을 현인(賢人)의 인품으로, 마지막의 '십지'를 성인(聖人)의 인품으로 본다. 요컨대 화엄보살도의 핵심은 '십지(十地)'에 있고 앞의 세 가지는 십지에 오르기 위한 발판의 단계이다. '머무름 → 행함 → (남에게)되돌려 줌'의 삶이 인간의 품격을 완성하기 위한 조건인 셈이다. 여기서 우리는 '머무름(住)'과 '터전 닦기(地)=자기화'의 근본적 차이를 알아야 할 필요가 있다. 머무름이 주어진 환경에 적응하는 것이라면 터전 닦기는 어떤 환경에서라도 주변을 자기의 삶터로 만드는 것이라 할 수 있다. 즉 머무름이란 우리의 마음이 주어진 조건(인연)에 편안하게 어울리는 것이고, 터전 닦기란 우리의 마음이 주변의 인연을 자신의 품으로 안고 녹여 자신과 일체화하는 것을 말한다.

끊임없이 마주치는 새로운 상황과 어울릴 수 없는 마음가짐이라면, 우리의 삶은 고달프고 피폐해질 것이다. 화엄보살도의 첫 단계인 십주는 여기에 대응하는 우리의 마음 자세를 단련해야 함을 뜻한다. 그다음의 십행은 마음과 외부 세계를 이어 주는 실제의 연결고리가 '행동'임을 전제하고, 우리의 행동이란 생각과 감정을 표출하고 욕망을 실행하는 과정이 아니라 존재와 어울릴 수 있는 인간의 본성(생각에 억압된 무의식적 마음 바탕)을 드러내는 과정이라 보고 그렇게 되는 훈련에 집중하는 단계다. 우리의 일상적 행동이 자기의 본마음을 바탕으로 하지 않고 습관화된 행동을 반복하는 것이거나 혹은 사회적

우주적 사건으로서의 일상적 삶

규범을 이행하는 것일 때, 우리의 삶은 소외될 뿐 아니라 외부 세계와 점점 더 어긋날 것이다.

그다음의 십회향은 우리의 마음과 행동이 보살의 수행길이 될 수 있게 하는 결정적 문턱이라 할 수 있다. 그것은 보살의 이념이 '이타행'에 있기 때문이다. 우리의 행동이 마음의 본바탕에서 우러나온 것이라면 그 행동은 외부를 지향하고 외부의 존재와 어울려야 한다. 왜냐하면 마음의 본바탕은 자기(보는 마음=見分)와 타자(보이는 마음=相分)를 나누는 분별의 마음이 없어야 하기 때문이다. 자기와 타자를 나누어 보는 마음이 일상적 행동을 통해 굳어진 것이 바로 자아 정체성인데, 우리는 누구나 이러한 자아의식을 삶의 뿌리로 받아들이고 있다. 그러나 불교는 이 자아의식이야말로 자신과 타자를 어울릴 수 없게 하는 근본적인 장애이며, 궁극적으로는 삶을 스스로 무너뜨리게 하는 내부의 독버섯이라 본다. 그래서 자아의식을 버려야 한다는 '무아설(無我說)'을 불교의 근본 교리로 삼았던 것이다. 자아의식은 인간 정신의 본성이 아니라 일상적 삶의 경험에서(그것도 집단적 경험의 공유에서) 구축된 임의적인 정신 현상으로서, 정신의 본질을 파악한 깨달음의 관점에서 보면 허구일 뿐이다. 그러나 자아의식이 실질적으로 허구라고 하더라도, 우리 의식에 깊게 뿌리박혀 있는 자아의식을 해체하는 일은 결코 쉽지 않다. 가장 효과적인 방법은 대승 불교의 행동 지표인 이타행이다. 이타행은 행동을 통해 굳어진 자아의식이 행동을 통해 해체되는 것이기 때문이다. 화엄보살도는 왜곡된 의식이 왜곡된 행동으로 현실화되듯이 바름을 지향하는 행동이 바른 마음을 현실화한다고 본다. 화엄보살도의 세 번째 단계인 십회향은 행동을 통해 자아의식을 해체하고자 하는 수행으로서 보살의 자격을 보증하는 이타행의 다른 표현이다.

지상에서 실행된 천상의 보살도 —— 여래의 출현과 성기(性起)

천상에서 화엄보살도의 체계적 수행을 마친 다음, 『화엄경』의 스토리는 다시 지상에서 이루어진다. 『화엄경』(60화엄) 제23십명품(十明品)에서 제32보왕여래성기품(寶王如來性起品)까지 10품이 여기에 해당한다. 지상에 내려와 보현보살이 주도하는 설법은 천상에서 설법한 보살 수행이 우리가 살고 있는 지상에서는 어떤 의미가 있고 어떤 방법으로 수행할 수 있는가에 대한 내용이다. 이 10개의 품은 '화엄보살도 수행 체계의 재구성'이라 볼 수 있다. 천상의 설법이 정신의 깊이와 넓이를 드러내는 설명이라면, 그 수행 체계를 지상의 것으로 재구성한 설법은 일상적 삶에 적합한 형태여야 하므로 특정한 순서를 갖지 않는다. 천상의 설법이 이상적인 표준 모델을 가정하여 설명한 것이라면, 그것을 재구성한 지상의 설법은 인간 행위의 현실태로 설명한 것이다. 따라서 천상의 설법 다음에 이루어진 지상의 설법은 천상 설법이 담고 있는 보살도의 핵심적인 요소를 강조하는 데 중점을 두고 비체계적으로 설명된다. 그 핵심적 요소는 세계 실상(존재 세계)의 무한성, 인간 정신(지혜)의 무한성, 보살 수행의 무한성, 불타 세계의 무한성의 네 가지다. 이 네 가지가 상응하여 드러낸 세계가 연화장세계 즉 법계다. 그리고 10품으로 구성된 지상의 설법은 이 네 가지 가운데 '보살 수행의 무한성'과 '불타의 무한성'을 두 개의 축으로 하여 이루어진다. 원래 완성된 불타의 존재이지만 그것을 알지 못하는

우주적 사건으로서의 일상적 삶

보살이 불타를 향하여 수행해 나아가면 마침내 자신이 불타임을 자각할 수 있게 되는데, 이것은 불타가 비춘 깨달음의 빛 때문이다.

태양의 빛이 응집되어 어떤 존재를 불태우면 그 존재가 본래 모습으로 되돌아가듯, 불타가 비춘 깨달음의 빛이 축적되어 보살의 삶을 무르익게 하면 우리 모두는 본래 모습인 불타로 되돌아간다. 불타가 비춘 깨달음의 빛과 그 빛의 안내로 화엄보살도를 따라 수행한 보살이 마침내 불타가 되는 극적 상황을 『화엄경』에서는 '여래(如來)의 출현'이라 말한다. 그러나 『화엄경』에서 말하는 여래의 출현은 보살이 불타가 된다는 인간의 사건만이 아니다. 불타가 된다는 것은 인간이 본래의 존재(우주의 한 존재)로 회복하는 사건이므로, '불타가 곧 존재와 일치(佛=法)'하는 사건이 된다. 즉 불타의 깨달음이란 인간 정신의 본래성 회복이자 인간 정신의 본래성에 의해 모든 존재가 비로소 제 모습을 드러내는 사건이 된다. 인간 정신의 본래성을 회복하는 것과 존재의 참모습이 현현되는 것은 동일한 사건인 셈이다. 이것을 『화엄경』은 '성기(性起)'라고 부른다. 천상에서 내려온 다음 지상에서 설법한 10품 가운데 제32보왕여래성기품이 하이라이트가 되는 것도 그런 까닭이다. 성기품을 80화엄에서 여래출현품(如來出現品)이라 부르는 것도 여래의 출현을 곧 성기로 보기 때문이다. '깨달음으로 불타가 될 때, 존재의 세계가 비로소 제 모습을 나타낸다(세계 성취)'는 성기의 사상은 화엄 철학의 근간을 이루고 있다. 또한 화엄의 성기 사상은 존재를 인간 정신에 의해야만 비로소 드러나는 사건으로 볼 뿐만이 아니라, 반대로 존재 세계의 본질은 인간 정신과 관계없이 자신을 드러내므로 비본래적인 인간의 정신 현상(깨치지 못한 정신 상태)조차 존재가 드러낼 수 있는 다양한 모습의 하나로 여긴다. 다시 말하면 인간의 온갖 정신 현상과 일상의 모든 행동은 깨달음의 관점에서만 본래적인 것으로 긍정되는 것이 아니라, 일체 존재 세계의 관점에서도 본래적인 것으로 긍정되어 존재 세계의 일부가 된다. 그와 동시에 일체의 세계 존재는 정신을 가진 인간에게 인간 정신의 일부가 되기도 한다.

요컨대 화엄의 성기 사상은 인간의 관점에서만 세계를 파악하는 것이 아니라, 외부 존재의 관점에서 인간을 파악한다. 인간의 관점에서 세계를 파악할 경우에는 인간에게 '깨달음'이라는 사건이 충족되어야 하지만, 외부 존재의 관점에서 인간을 파악할 경우에는 존재의 본래성이 그대로 작용한다고 전제한다. 즉 인간을 포함한 모든 존재는 자신의 본래성을 그대로 드러내지만, 그것을 제대로 알지 못하는 것은 인간의 미몽 때문이다. 그러나 성기의 관점에서 보면 인간의 미몽조차 인간이 만든 허구일 뿐 사실은 그것조차 존재의 본성을 드러내는 우주의 한 모습이다.

이와 같은 화엄의 성기 사상에 이르면 매우 혼란스러워진다. 깨달음이 필요하다는 말인지 그렇지 않은지 도무지 알 수 없게 된다. 논리적인 모순에 봉착하기 때문이다. 여기에서 화엄의 성기 사상으로 이 난점을 해결해 보기로 하자. 존재의 세계는 논리적인 모순이 없다. 논리적 모순은 인간의 사고 작용에서만 일어나는 인간 정신 현상의 한 측면이다. 존재 세계는 모순이 없지만 존재 세계를 해석하는 우리의 사고에는 모순이 발생한다. 그리고 우리는 사고의 모순을 존재의 모순으로 전가한다. 이 전가된 모순을 결코 분리하려고 하지 않는

우주적 사건으로서의 일상적 삶

다. 왜냐하면 존재는 사고에 의해서만 존재하기 때문이다. 존재가 사고에 의해서만 나타나게 되는 '존재와 사고의 내적 밀착성'을 깨뜨리는 정신 활동이 깨달음의 과정이고 그 정점에 불타의 정각이 있다. 『화엄경』은 불타의 정각을 통해 존재와 사고의 밀착성을 분리시켜 존재 세계를 본래의 모습대로 복원하고, 복원된 존재 세계에 인간의 정신세계 일체를 편입시켰다고 할 수 있다. 이것이 화엄의 성기 사상이다. 성기의 관점에서 보면 지금 우리가 봉착한 논리적 모순을 인간 정신에서 벌어진 하나의 현상으로 보아야 하는지 아니면 그 정신 현상에 존재 세계를 밀착시켜 보아야 하는지가 분명해진다. 성기의 관점은 논리적 모순에 봉착하는 것은 사고 작용의 영역이지만, 존재(세계)와 모순 없이 어울린다는 것은 인간의 실존적 체험의 영역이므로 양자는 다르다고 본다. 이러한 측면에서 『화엄경』의 스토리에서 불타의 삶으로 나아갈 수 있는 방법은 사고를 넘어 실존적 체험으로 다가가는 것이라 말할 수 있다.

보현보살의 행원과 범부보살(선재)의 입법계

『화엄경』 마지막 품은 입법계품(入法界品)인데, 이 품은 분량도 제일 많을 뿐 아니라 구성 면에서도 독립된 경전의 형식을 취하고 있다. 『화엄경』은 사실상 같은 계열의 여러 단행별경(도사경, 제보살구불본업경, 보살본업경, 십지경, 여래흥현경, 도세경, 보현보살행원찬 등)이 기반이 되어 재편집되고 증보된 경전이므로 '화엄대경(華嚴大經)'이라 불리기도 한다. 따라서 『화엄경』은 원시 화엄경에서 화엄대경으로 발전해나간 대승 불교의 진화 과정을 담은 독특한 경전이다. 여러 원시 화엄경 가운데『화엄경』(화엄대경) 속에 들어가 있는 것은 60화엄 34품 중 12품(3, 5, 7, 9, 10, 11, 22, 26, 29, 32, 33, 34)이다. 그 가운데서도 화엄경 형성에 바탕 역할을 하는 것은 제22십지품(十地品)과 제34입법계품 이다. 이 두 품은 산스크리트어로 된 원본으로도 전해진다. 십지품은 천상 설법의 마지막 내용으로서 화엄보살도의 중추를 이루고 있고, 40화엄 또는 '보현보살행원찬(普賢菩薩行願讚)'이라 불리는 입법계품 은『화엄경』의 마지막 품에 편입되어 그 앞의 모든 품을 망라한 것에 대등한 위상을 차지하는 독특한 성격을 가진다. 40화엄경의 부제인 '입부사의해탈경계보현행원품(入不思議 解脫境界 普賢行願品)'이라는 명칭을 보면, 입법계품의 주제가 '우리의 사고로써는 가능할 수 없는 (不思議) 깨달음의 세계(解脫境界)에 들어가기(入) 위한 보현보살의 수 행(行＝利他行)과 바람(願＝廻向願)을 범부보살인 선재(善財, Sudhana)의 현실적 삶을 통해 구현하는 것'임을 알 수 있다. 입법계품의 대강은 '선재라고 하는 구도자가 보살도에 대해 의문을 품고 지혜의 상징인 문수보살의 권유로 52인의 선지식(善知識)을 차례로 찾아가 가르침 을 받고 마침내 자비의 상징인 보현보살을 만나 진리의 세계인 법계 에 들어가 수행을 완성한다'는 이야기다.(52인의 선지식으로는 이교도, 석공·뱃사공·창녀 등의 비천한 자, 장자 등 신분 높은 자, 문수·보현·미륵·관 세음보살과 같은 다양한 인물이 등장한다. 그 가운데 지상에 구체성을 가지고 잘 나타나지 않는 미륵보살과 관세음보살의 등장은 주목할 만하다. 특히 고려 불화에서 선재동자가 관세음보살을 만나는「수월관음도」가 유행한 것은 보현 보살을 주인공으로 하는 입법계품의 스토리로 볼 때 특이하다고 할 수 있다. 한 국 화엄종의 초조(初祖)인 의상이 화엄종의 정착화 단계에서부터 관세음 신앙을 화엄 사상에 연결시키려 했던 사실과 무관하지 않을 것이다.)

입법계품은 오늘날의 TV 드라마나 영화와 같은 이야기 형식을 갖추고 있다. 입법계품 이외의 『화엄경』 이야기가 우주 판타지 구성인 것에 비추어 보면 입법계품 이야기는 여러 면에서 대립적이라 할 수 있다. 전자가 빛의 방광에 의해 드러난 우주 세계를 배경으로 하고 보현·문수와 같은 일급 수준의 보살(一生補處菩薩)을 주인공으로 하며 그들의 삼매와 정신 감응에 의해 말해지는 판타지 스토리라면, 후자는 우리가 사는 실제의 사회를 배경으로 하고 우리와 같은 평범한 사람인 선재라는 주인공이 수많은 멘토를 찾아다니면서 인간으로서 참된 삶이 무엇인지를 배우고 실행해 나가다 마침내 보현보살과 같은 삶을 살 수 있게 된다는 리얼 다큐멘터리와 같은 이야기다. 전자의 이야기를 판타지로 구성할 수 있는 것이 정각을 이룬 석가모니불이 비춘 깨달음의 빛(비로자나) 때문이라면, 후자의 이야기를 리얼 다큐멘터리이면서도 전자의 판타지를 재현하는 것으로 만든 것은 보현보살의 수행(行)과 바람(願)이라고 할 수 있다. 즉 보현의 행원은 불타의 깨달음에서 나온 방광의 빛에 대응하는 장치다. 이 밖에도 우주 판타지 스토리를 리얼 다큐멘터리의 인생 드라마로 교묘하게 환치(換置)하는 장치는 스토리 주인공을 보현보살(일생보처보살)에서 선재동자(범부보살)로, 스토리의 배경을 우주 무대에서 현실의 세계로 끌어내리고, 전자에서 추동력으로 작용한 불타 정각의 빛(비로자나)과 삼매에 대응하여 후자의 입법계 이야기에서는 52인 선지식을 배치해 선재의 구도행을 이끌게 하는 것 등이다.

이처럼 우주 판타지 스토리를 인생 드라마로 각색한 입법계품은

『화엄경』의 성격을 새로운 눈으로 보게 한다. 『화엄경』에서 그토록 황당한 이야기를 하는 이유를 입법계품에서 찾을 수 있기 때문이다. 입법계품의 취지가 '한 평범한 인간이 일상적 삶의 조건에서 불타가 깨달은 세계에 들어가 불타와 같은 삶을 살 수 있을지에 대한 구체적 방법을 제시하는 것'이라면, 그 앞에 전개한 모든 판타지 스토리는 결국 입법계품을 위한 것이라는 사실을 받아들일 수 있다. 왜냐하면 불교의 근본적 가르침은 한 개인의 실존(天上天下 唯我獨尊, 인생은 이 세상에서 각자 홀로 가는 고독한 여행이다. 그러므로 각자의 삶은 고유하고 고귀하다.)에서 인간의 의미를 묻고, 거대한 존재 세계에서 각자가 자신의 고유성을 가지고 외부 세계와 어울리며 살아가는 방법을 찾는 것이기 때문이다. 그러므로 범부의 보살이든 일생보처의 뛰어난 보살이든 불타의 깨달음과 불타의 삶을 지향하는 것을 석가모니불을 추종하는 일로 받아들인다면, 보살과 불타의 간극은 영원히 좁혀지지 않는다. 수행을 통해 불타로 향하는 것은 불타를 따르는 것이 아니라 스스로 불타가 되는 것이다. 그것은 석가모니불처럼 자아를 해체하여 인류를 품을 수 있고 외부 존재와 일체가 되어 어떤 존재와도 어울릴 수 있는 자유로운 정신으로 사는 삶, 혹은 자신에게 주어진 고유한 것을 거리낌 없이 온전하게 발휘하는 삶을 의미하며, 그 자신이 빗나간 자기로부터 원래부터 완전한 자기를 실현하는 것을 말한다. 입법계품은 '한 개인의 완성(成佛)'을 목표로 하는 불교의 근본정신을 석가모니불의 깨달음이라는 절정의 사건에서 다시 되묻고, 그 답을 보통 사람의 일상에서 찾고 있는 이야기다.

우주적 사건으로서의 일상적 삶

3 우주적 비전과 일상적 삶의 절대적 가치화

그렇다면 입법계품을 이야기하기 위해 그 앞에 전진 배치한 우주 판타지 스토리는 왜 필요한가? 우리의 현실적 삶이 짐작하는 것 이상으로 경험에 고착되어 있기 때문이다. 우리가 매일 마주하는 삶은 자신이 반복하고 있는 기존의 경험에서 크게 벗어나지 않는다. 이러한 관행적 나의 경험은 나와 비슷한 타인의 경험과 상호 작용을 하고 집단적으로 공유되면서 경험의 방식마저 문화로 고착시키고 강화한다. 삶을 겹겹이 포획하고 있는 온갖 경험 방식은 우리의 정신에 기억과 기억의 틀로 내재하면서 삶을 안으로부터 무의식적으로 제약한다. 이러한 제약을 무력화하고 자유로운 삶을 향하게 하는 '이성적 사유(통찰)'조차 인류의 집단 경험에서 자유롭지 못하다. 그러한 집단 경험은 언어와 사유 방식으로 혹은 역사와 문화로 혹은 다양한 사회 제도로 삶을 안팎에서 구속하고 있다. 그렇다면 우리의 삶은 인류의 집단 경험이 구축한 견고한 울타리를 벗어날 수 없는가?

『화엄경』 스토리의 작가들은 인간의 정신 안에 깊숙이 뿌리박힌 견고한 집단 경험의 울타리를 뛰어넘는 힘이 우리의 정신 안에 함께 존재함을 감지하고 있었다고 추정할 수 있다. 그들은 우리의 정신에 비축되어 있는 강력한 정신 에너지를 석가모니불의 궁극적 깨달음과 등치시킨다. 불타의 깨달음은 우리의 관행적 의식 행위와 차원이 다르며, 오히려 의식 행위에 내장되어 있는 집단 경험의 제약 혹은 경험 방식의 제약을 깨뜨리는 힘으로 받아들인다. 동시에 그들은 불타의 깨달음을 그의 개인적 사건으로 보지 않고 정신을 소유한 '인류'의 본원적 힘이자 존재 일반의 본성으로 파악한다. 그러므로 그들은 본성에 다가간 석가모니불의 사건을 인류의 보편적 사건이자 존재 일반의 사건으로 확장한다. 그리하여 마침내 그들은 협소한 경험에 고착되어 있는 인간 정신 안에 타인과 소통하고 외부 존재와 어울리면서 저 드넓은 우주로 나아갈 수 있는 비전을 심을 수 있었다. 그 웅장한 비전이 일상적 경험을 고수하는 우리에게 판타지로 보일 수밖에 없는 것은 당연하다.

그렇지만 7세기 후반 통일을 향해 소용돌이치는 역사적 정황에 있던 중국과 한국의 지성인들이 일상적 삶 속에서 하늘의 무수한 별을 가슴에 품고 우주와 교유하며 사는 일이 가능함을 믿고 있었다는 사실은 놀랍다. 그들은 『화엄경』 스토리를 통해 우리의 삶이 경험의 울타리에 속박되어 있음을 발견하고 그 속박을 넘어 우주로 무한히 뻗어 나갈 수 있음을 알게 되었다. 그것은 일상적 삶이 우주적 깊이와 넓이만큼의 가치와 의미를 가진다는 것을 뜻한다. 선재와 같은 보통 사람이 불타와 같은 삶을 꿈꾸는 순간 그는 이미 불타의 삶을 걷기 시작할 것(初發心是便成正覺)이고, 그 꿈의 강도가 강할수록 자신이 불타에 다가갔음을 점점 더 분명하게 확신하게 될 것이다. 그러한 믿음은 인생의 여정에서 만나는 모든 사람이 불타의 화신(化身)이 되어 그의 꿈이 실현되도록 도와주는 조력자 역할을 하게 할 것이다. 우리는 모두 인생에서 만나는 이러저러한 상황이 자기 뜻대로 되지 않는 것을 원망하지만, 우주적 비전을 품은 사람(하늘의 별이 되기를 꿈꾸는 사람)은 자기가 마주한 모든 정황을 우주적 사건의 특별한 기연으로 받아들일 수 있다. 그 특별한 기연을 타고 우리 모두는 각각 자신의 빛

깔과 향기를 가지고 우주 그물망의 한 결절점이 되어 한순간도 머물러 있지 않는 우주적 사건에 주인공으로 개입하여 우주를 장식할 수 있다.

입법계품으로 마무리되는 『화엄경』의 우주 판타지 스토리에 이러한 인생관이 들어 있음을 발견한 동아시아 지성인들은 그러한 스토리로부터 화엄 철학을 탐구하고 화엄종을 일으킴으로써 동아시아 정신사를 비약적으로 발전시켰다. 『화엄경』의 우주론적 비전은 경험적 사유에 기반을 둔 경쟁적 논리를 포괄하거나 초월하여 철학적 사유의 지평을 넓혔으며, '일상적 삶의 절대적 가치화'를 가르친 입법계품은 우리의 일상적 행위가 불타의 몸짓이자 우주적 사건임을 자각하게 하여 사회적 인간관의 굴레에서 벗어나게 했다. 그러나 무엇보다 놀라운 것은 처음으로 통일 국가를 이룬 7세기의 우리나라에 『화엄경』의 스토리를 널리 알리고 화엄 철학과 사상을 역사의 길라잡이로 접목시키려 했으며 한 걸음 더 나아가 『화엄경』 스토리와 그 핵심적 가르침을 당대 사람들의 일상적 삶에 직접 스며들도록 종교적·문화적 노력에 심혈을 기울였다는 사실이다.

4   한국의 화엄 사상과 의상의 「법성게」

한국에서는 『화엄경』의 스토리를 언제 어떻게 받아들였을까? 한국 화엄종을 개창한 의상(625~702)으로부터 답을 찾을 수 있다. 의상은 원효(617~686)와 함께 중국에서 한창 유행하던 현장(602~664)의 신유식학(新唯識學)을 배우고자 대당 유학을 시도했다. 대당 유학을 포기한 원효와 달리 의상은 현장이 있는 당나라의 장안에 갔으나 무슨 이유에서인지 현장의 신유식학을 배우지 않고 당시 새롭게 떠오르기 시작한 중국 화엄종으로 발길을 돌려 2조 지엄(602~668)의 문하에서 화엄 사상을 배운다. 스승이 죽자 곧바로 귀국하여 신라 변방인 소백산 아래 부석사를 창건하고 화엄종을 이 땅에 널리 펼치고자 했다. 그의 화엄 사상은 정치적 통일을 이룬 통일 신라가 진정한 사회 통합을 위해서 필요하다는 점을 인식하고 국가 정책으로 지원한 결과 한국 화엄종으로 정착되어 갔다. 의상 자신은 당대의 일반 대중이 화엄 사상을 받아들여 각자 자기의 현실적 삶을 통해 구현하기를 희망했고 또 그렇게 되도록 부단히 노력했다. 그의 화엄 사상은 한국 불교 사상사에서 지속적으로 영향력을 미치고 있는데 그 이유는 무엇보다도 방대한 『화엄경』의 스토리와 화엄 사상의 요체를 정리한 『화엄일승법계도(華嚴一乘法界圖)』의 내용인 「법성게(法性偈)」 때문이다. 7언 30구로 된 「법성게」를 보자.

【자리(自利)】

[증분(證分)]　1 法性圓融無二相　　　　　　　　증분(證分)을 보임

　　　　　　　법의 성품은 원융하여 두 모습이 없고,

　　　　　　　2 諸法不動本來寂

　　　　　　　모든 법은 본래 고요하여 움직이지 아니하네.

　　　　　　　3 無名無相絶一切

　　　　　　　이름도 꼴도 없고 모든 것과 끊겼으니

　　　　　　　　　　　　　　우주적 사건으로서의 일상적 삶

4 證知所知非餘境

깨달음의 지혜로만 알 뿐 다른 경계 아니네.

[연기분(緣起分)] 5 眞性甚深極微妙　　　　　　　연기체(緣起體)를 가리킴

참된 성품은 심히 깊고 지극히 오묘하여

6 不守自性隨緣成

자기 성품을 지키지 않고 인연 따라 이루어지네.

7 一中一切多中一　　　　　　다라니이용(陀羅尼理用)

하나 속에 일체 있고 여럿 속에 하나 있어

8 一卽一切多卽一

하나가 곧 일체이고 여럿이 곧 하나이네.

9 一微塵中含十方　　　즉사(卽事) 섭법분제(攝法分齊)

한 티끌 속에 온갖 세계 머금고

10 一切塵中亦如是

모든 티끌 속도 또한 그러하네.

11 無量遠劫卽一念　　　　　　세시(世時) 섭법분제

셀 수 없는 영원한 시간이 곧 한 생각이며,

12 一念卽是無量劫

한 생각도 또한 영원한 시간이네.

13 九世十世互相卽

과거 현재 미래의 모든 시간, (마음에) 함께 있으면서도

14 仍不雜亂隔別成

얽히지 않고 따로 이루어져 있네.

15 初發心時便正覺　　　　　　의위(依位) 섭법분제

처음 마음을 낼 때가 곧 정각을 이루고,

16 生死涅槃相共和

삶과 죽음은 열반과 늘 함께하네.

17 理事冥然無分別   총론(總論)

참세계와 현실계가 그윽하여 분별되지 않는 것은

18 十佛普賢大人境

모든 부처와 보현보살과 같은 큰사람의 경지라네.

【이타(利他)】

19 能入海印三昧中   이타행(利他行)

시불이 해인 삼매 속에 들어갈 때

20 繁出如意不思議

여의와 부사의가 쏟아져 나오네.

21 雨寶益生滿虛空

법보의 비가 허공 가득히 중생을 적시는데

22 衆生隨器得利益

중생들은 제 그릇에 따라 이익 얻는다네.

【수행(修行)】

[방편(方便)]   23 是故行者還本際   수행 방편을 밝힘

그러므로 수행자가 본바탕으로 돌아가려면

24 叵息妄想必不得

헛된 생각을 끊지 않을 수밖에 없다네.

25 無緣善巧捉如意

무연대비의 좋은 방편을 뜻대로 잡아

우주적 사건으로서의 일상적 삶

26 歸家隨分得資糧

집으로 돌아가 분수 따라 자량을 얻어야 하네.

[이익(利益)] 　27 以多羅尼無盡寶 　　　　　　　수행에 따른 이익을 말함

다라니의 다함없는 보배로써

28 莊嚴法界實寶殿

법계를 참된 보배의 궁전으로 꾸며

29 窮坐實際中道床

마침내 참세계의 중도 자리에 앉으면

30 舊來不動名爲佛

예부터 움직이지 않음을 부처라 하네.

「법성게」의 후반부인 제19구 이후의 내용을 살펴보자. "시불(十佛)은 능히 해인 삼매에 들어 부사의한 위신력을 여의하게 쏟아내어 중생을 이롭게 하는 진리의 비를 허공 가득하게 내리고 있으니, 중생들은 제각각의 그릇만큼 이익을 얻게 된다. 이러한 까닭에 수행자(견문을 넘었으나 만증(滿證)에 이르지 않은 수행자)가 본바탕으로 돌아가려면 헛된 생각을 끊어 버려야 할 것이다. 그리고 시불이 이타심으로 전 우주에 뿌려 놓은 수많은 진리의 길 가운데 특별하게 인연으로 다가가려 하지 말고 무연한(자기에게 우연히 주어진) 계기들이 가장 좋은 자신의 기회요 길이라 생각하고(善巧方便) 마음껏 움켜잡아 집으로 돌아와(남의 시선을 의식하지 말고 자신의 꿈에 충실하며) 자기 분수에 맞고 (자기 호흡과 맥박에 맞추어) 자기가 할 수 있는 일을 마음껏 펼쳐라. 그러면 참된 세계(법계)와 통하는 값진 보배의 인연의 길을 따라 빛나는

법계의 궁전에서 내 몫의 꽃다움을 피워 내어 더욱 아름답게 그 궁전을 꾸밀 수 있을 것이다. 그렇게 하면 (결국) 법계에 진입하여 우주의 궁극적 실상의 자리에 앉아 자신의 꽃을 피울 것이다. 그것이 본래부터 그렇게 되도록 되어 있는 우주의 진리이며, 그 자리에 섰을 때 너 또한 부처가 되리라. 네가 우주의 진리가 되리라."

『화엄경』의 우주 판타지 스토리는 의상에 의해 이렇게 요약되면서 우리의 혈맥에 지금도 흐르고 있다.

우주적 사건으로서의 일상적 삶

〈참고〉 60화엄과 80화엄의 비교

60화엄(34품)	80화엄(39품)	설법 장소	설법 주체
1 세간정안품(世間淨眼品)	1 세주묘엄품(世主妙嚴品)	보제도장 (菩提道場)	보현보살 (普賢菩薩)
	2 여래현상품(如來現相品)		
	3 보현삼매품(普賢三昧品)		
	4 세계성취품(世界成就品)		
	5 화장세계품(華藏世界品)		
2 노사나불품(盧舍那佛品)	6 비로차나품(毘盧遮那品)		
3 여래명호품(如來名號品)	7 여래명호품(如來名號品)	보광명전 (普光明殿)	문수보살 (文殊菩薩)
4 사제품(四諦品)	8 사성체품(四聖諦品)		
5 여래광명각품 (如來光明覺品)	9 광명각품(光明覺品)		
6 보살명난품(菩薩明難品)	10 보살문명품(菩薩問明品)		
7 정행품(淨行品)	11 정행품(淨行品)		
8 현수보살품(賢首菩薩品)	12 현수품(賢首品)		
9 불승수미정품 (佛昇須彌頂品)	13 승수미산정품 (昇須彌山頂品)	도리천궁 (忉利天宮)	법혜보살 (法慧菩薩)
10 보살운집묘승전상설게품 (菩薩雲集妙勝殿上說偈品)	14 수미정상게찬품 (須彌頂上偈讚品)		
11 보살십주품(菩薩十住品)	15 십주품(十住品)		
12 범행품(梵行品)	16 범행품(梵行品)		
13 초발심보살공덕품 (初發心菩薩功德品)	17 초발심공덕품 (初發心功德品)		
14 명법품(明法品)	18 명법품(明法品)		
15 불승야마천궁자재품 (佛昇夜摩天宮自在品)	19 승야마천궁품 (昇夜摩天宮品)	야마천궁 (夜摩天宮)	공덕림보살 (功德林菩薩)
16 야마천궁보살게품 (夜摩天宮菩薩偈品)	20 야마천궁게찬품 (夜摩天宮偈讚品)		
17 공덕화취보살십항품 (功德華聚菩薩十行品)	21 십행품(十行品)		
18 보살십무진장품 (菩薩十無盡藏品)	22 십무진장품 (十無盡藏品)		
19 여래승도솔천궁일체보전품 (如來昇兜率天宮一切寶殿品)	23 승도솔천궁품 (昇兜率天宮品)	도솔천궁 (兜率天宮)	(공덕림보살) 금강당보살 (金剛幢菩薩)
20 도솔천궁보살운집게찬품 (兜率天宮菩薩雲集偈讚品)	24 도솔천궁게찬품 (兜率天宮偈讚品)		
21 금강당보살십회향품 (金剛幢菩薩十廻向品)	25 십회향품(十廻向品)		
22 십지품(十地品)	26 십지품(十地品)	타화자재천궁 (他化自在天宮)	금강당보살

	27 십명품(十明品)		보현보살
23 십명품(十明品)	28 십통품(十通品)		
24 십인품(十忍品)	29 십인품(十忍品)		
25 심왕보살문아승지품	30 아승지품(阿僧祇品)		세존(世尊)
(心王菩薩問阿僧祇品)			
26 수명품(壽命品)	31 수량품(壽量品)		심왕보살
27 보살주처품(菩薩住處品)	32 제보살주처품		(心王菩薩)
	(諸菩薩住處品)		
28 불부사의법품	33 불부사의법품	보광명전	연화장보살
(佛不思議法品)	(佛不思議法品)		(蓮華藏菩薩)
29 여래상해품(如來相海品)	34 여래십신상해품		보현보살
	(如來十身相海品)		
30 불소상광명공덕품	35 여래수호광명공덕품		세존
(佛小相光明功德品)	(如來隨好光明功德品)		
31 보현보살행품	36 보현행품(普賢行品)		보현보살
(普賢菩薩行品)			
32 보왕여래성기품	37 여래출현품(如來出現品)		
(寶王如來性起品)			
33 이세간품(離世間品)	38 이세간품(離世間品)	보광명전	보현보살
34 입법계품(入法界品)	39 입법계품(入法界品)	선재(善財)의 구법행(救法行)	

이효걸 고려대학교 철학과를 졸업하고 동 대학원에서 「화엄경의 성립 배경과 구조 체계」로 박사 학위를 받았다. 1987년부터 안동대학교 동양철학과에서 불교 철학과 노장 철학을 강의해 왔으며 최근에는 안동대학교 한국문화산업전문대학원으로 옮겨 주로 스토리텔링 분야를 강의하고 있다. 저서로 『천등산 봉정사』와 『장자 강의』, 『논쟁으로 보는 불교 철학』(공저), 『노장 철학의 현대적 조명』(공저), 『우리들의 동양철학』(공저), 『중국 철학의 이단자들』(공저) 등 20여 권이 있다.

주축 시대와 인간 존재의 형성

야스퍼스의 『역사의 근원과 목적에 대하여』 읽기

김우창 (고려대학교 명예교수)

16

카를 야스퍼스(Karl Jaspers, 1883~1969)
독일의 소도시 올덴부르크에서 태어났다. 대학에서 법률과 정신의학을 수학하고, 하이델베르크 대학 심리학과 조교로 있으면서 1913년 『정신병리학 총론』을 써냈다. 1차 대전이 끝나고 『세계관의 심리학』을 출간할 즈음 심리학에서 철학으로 관심을 돌렸다. 1921년 하이델베르크 대학 철학과 정교수로 전임한 뒤 칸트, 키르케고르, 니체 등의 영향을 받은 실존철학을 본격적으로 전개했다. 1937년 나치 정권에 의해 교수 직위를 박탈당했다가 전후 복직하여 대학 부흥에 힘썼고, 1948~1961년에는 스위스 바젤 대학의 교수로 있었다.

20세기 초반 서구 사회에 닥친 기계 문명, 대중 사회, 정치적 불안정 특히 1차 대전으로 야기된 가치의 위기 등에 대한 깊은 성찰을 바탕으로 인간 존재의 의의를 규명하고자 하여, 하이데거와 함께 독일 실존주의 철학의 대표자로 꼽힌다. 주요 저서로 『철학』, 『현대의 정신적 상황』, 『이성과 실존』, 『진리론』, 『역사의 근원과 목적에 대하여』 등이 있다.

1 실존, 주체적 사고, 주축 시대

1) 야스퍼스의 자리에 대한 의문 카를 야스퍼스의 『역사의 근원과 목적에 대하여(*Vom Ursprung und Ziel der Geschichte*)』(1947)가 고전 읽기의 프로그램, 그것도 근대가 아니라 고대의 고전을 다루는 강연 마디에 끼어들어 있는 것에 대하여 의문을 가진 사람들이 있을 것이다. 이 책이 이 자리에 있는 데 대하여서는, 시대적 관점에서 또 서구 사상사의 관점에서 변호가 필요하다.

고전 읽기에 끼어 있는 것을 생각하기 전에, 일단 이 책이 시대적으로 맞지 않는 것에 주목하게 되는 것이 불가피하다. 또 철학자로서의 야스퍼스의 위치에 대하여도 문제가 있을 수 있다. 야스퍼스가 현대 서양철학 또는 독일 철학에서 중요한 철학자임에는 틀림이 없다. 그렇다고 하더라도 이번의 고전 강연 시리즈에는, 푸코나 데리다 또는 하버마스와 같이 오늘날 화제에 오르는 철학자를 빼고는, 20세기 서양 철학자로서는 하이데거만이 올라 있는데 야스퍼스가 참으로 두 번째의 대표적인 사상가로 선택될 수 있는가를 물을 수 있다.

2) 시대와 개체적 실존 이야기를 조금 개인적인 추억과 관련하여 펼쳐 보겠다. 야스퍼스가 현대가 아니라 고대 편에 들어 있는 것을 제쳐 두고도, 조금 전에 "현대 서양철학 또는 독일 철학"이라는 말을 하였지만, 20세기 초반의 사상가를 현대 속에 넣고, 그때에 일어난 일이

나 생각되었던 것을 현대사의 일이라고 부르는 것에 대하여 주저하는 느낌이 있을 수 있다. 이제는 현대나 근대라는 말이 가고, 서양어로 '포스트모던'이라는 말이 쓰인다.('탈근대'라고 번역들 하지만, 사실 번역은 '근대 이후'가 적절할 것이다.)

그런데 근대 또는 현대인가 아닌가 하는 것을 말하는 것은, 시대의 구분이나 시대 전체의 특성에 대한 감각도 얼마 되지 않는 세월의 흐름 속에서도 얼마나 빨리 변하는가 하는 것을 생각하게 한다. 이제 구세대 중 구세대에 속하는 발표자로서 말할 수 있는 것은 나의 느낌에는 20세기는 현대이고 또 야스퍼스와 같은 철학자는 그 현대의 철학자라고 생각된다는 것이다. 우리가 대학을 다니고 있던 무렵에 중요했던 철학은 실존철학이었고, 거기에서 대표적 철학자 가운데 하나가 야스퍼스였다.

하이데거의 경우도 그러하지만, 야스퍼스 자신은 실존주의 철학자라 불리는 것을 별로 달가워하지는 않았다고 한다. 그러나 그들의 철학을 실존주의라는 이름으로 불렀던 것은 크게 잘못된 것은 아닐 것이다. 그 이전의 철학에 비하여, 그것만이 주제였다고 할 수는 없지만, 실존주의 철학자들의 관심의 핵심은, 개인적 존재로서의 인간의 삶이었다. 한국 전쟁의 전후가 되는 젊은 시절에 이것을 주제로 하는 실존주의 철학이 관심의 초점에 놓였던 것은 자연스러운 일이었다고 할 수 있다. 개인의 실존이 문제가 되는 것은 대체로 그 사회적 조건 또는 자연적 조건이 어지러운 때이다. 이것은 복잡한 의미를 갖는다.

골로 만과 실존주의 젊은 시절에 하이델베르크 대학에서 야스퍼스의 지도를 받았던 독일의 역사가 골로 만은, 베스트셀러가 되었던 그의 역사서 『19~20세기의 독일사』에서 어지러운 시대에 자신의 실존에 집착한 철학자에 대한 비판으로서, 역사적 서술을 대신하고 있다. 실존주의는 시대에 관계되고 시대를 표현하는 철학이기는 하지만, 시대의 중요한 주제인 "공화국, 민주주의, 경제, 사회"의 문제를 멀리하였다. 또는 달리 말하건대, 혹 시대에 대하여 관심을 표명했다면, 그것은 바로 그것의 의의를 부정함으로써 그렇게 했다고 한다. 그들은 공적 영역에서는 개체적인 삶의 의의가 충족될 수 없다고 말하였던 것이다. 그들의 생각으로는 충실한 삶을 살고자 하는 사람은 "대중"에 ─ 또는 막연한 의미의 "사람들"이란 말에 휘말리지 않고 자유롭게 자신의 대담한 기획에 투신하는 것이 옳다.

골로 만은 대표적인 실존주의자로서 야스퍼스와 하이데거를 든다. 그리고 야스퍼스는 그래도 학문이 깊고 진지한 학자였지만, 학생에게 신뢰할 만한 신념을 심어 주지는 못했고, 하이데거는 "깊은 의미에 정신적 속임수를 섞은" 말장난에 빠진 철학자였다고 말한다. 이 두 철학자가 헤겔 이후 찾기 어려웠던 체계적인 철학을 발전시키기는 했지만, 그들은 당대의 정치에 무관심하거나 등을 돌린 철학자였다. 그중에도 하이데거는 명예욕에 사로잡혀 충분히 사악하게 행동했다.[1] 토마스 만의 셋째 아들인 골로 만은 2차 대전 중 나치에 반대하여 체코군과 미국군에 들어가 참전하였다. 야스퍼스는 독일에 남아 있었지만, 나치즘을 비판적인 눈으로 보았다. 그리고 유태인 혈통의 아내가 있어서 하이델베르크 대학을 그만두어야 했다. 하이데거는 나치에 호감을 가지고, 나치 치하에서 프라이부르크 대학 총장이 되고 나치에 가입하였다.

혼란의 시대의 삶   실존주의가 혼란의 시대에 연결되는 것은 당연하다. 그러나 실존의 철학은 공적인 관점 — 장기적이고 근본적인 관점에서도 그 나름의 의의를 가지고 있다. 개인적 삶을 모든 것의 출발점으로 삼았다고 해서, 그 개체적 삶에 대한 관심이, 천박한 의미로 취할 수도 있는 개인적 삶의 고민에만 이어지는 것은 아니다. 그 원인이야 어디에 있든, 그것이 인간과 존재 일반에 대한 철학적 반성의 심화에 기여한 것은 틀림이 없다. 칸트 또는 그에 앞서 데카르트로부터 시작하여 모든 인식의 출발이 인식 주체에서 시작된다는 깨달음은 서양의 철학적 사고에서 벗어날 수 없는 공리가 되었다. 실존주의는 이 주체에 보다 경험적이고 개체적인 내용을 부여하고자 하였던 철학적 사상의 흐름이라고 할 수 있다. 이것은 야스퍼스의 경우에도 해당된다. 개인의 실존은 야스퍼스에 있어서 그 자체로 관심의 핵심에 있을 뿐만 아니라 주어진 자연 세계와 사회 공동체의 진리의 매개자로 생각되고 그러니 만큼, 개인적 삶을 넘어서도 철학적 반성의 대상이 되는 것이 마땅했다. 이것이 철학적 사고의 유일한 거점이 되어야 한다고는 할 수 없으나, 이러한 반성적 사고 — 개체적인 실존을 충분히 고려하는 사고가 그 자체로 중요할 뿐만 아니라 인간과 사회와 세계에 대한 보다 더 바른 이해에 이르는 데 중요한 요소가 되어야 한다고 말할 수는 있다.

생존과 사고   다시 이러한 문제를 보다 넓게 생각해 보기로 한다. 실존의 문제는 되풀이하건대, 혼란한 시대에 생겨난다. 사람이 살아가는 데에는 중심이 있어야 한다. 그것은 자기의 선 자리를 확인하기 위해서 필요하다. 이 필요는 삶의 지도가 확실치 않다는 것을 말한다.

이 지도를 가지고 그 안에서 자신의 향방을 가늠하는 것은 어떤 경우에나 아마 삶의 필수 조건이겠지만, 이 지도는 평정된 삶의 환경 속에서는 직관적 상황 인식에 늘 들어 있을 것이다. 이것이 의식적인 작업이 되는 것은 지도가 가늠하기 어렵게 되었다는 것을 의미할 것이다. 그렇다는 것은 전쟁, 민족 이동, 정치와 사회 변혁, 또는 일반적으로 생존 수단의 대변혁 등이 일어났다는 것을 말한다. 그런데 대체로 혼란한 환경에서 삶의 지도 그리기는 무엇보다도 생존의 수단으로서 필요해진다. 그러나 생존은 일단 그것을 위한 수단 — 물질적 수단, 그리고 참으로 극한적인 상황이 아니면 사회적 조직을 통해서 확보되는 것이기 때문에 사회적 이점의 확보를 요구한다. 이 요구는 그 자체가 생존의 조건을 결정하는 것이 된다. 그리하여 생겨나는 것이 생존을 위한 경쟁적 투쟁이다.

그러나 그 최종적인 결과로 생각해 볼 때, 그것이 참으로 평화로운 생존의 조건을 — 폭과 깊이에 있어서 참으로 보람된 삶의 조건을 확보하는 방법인지는 확실치 않다. 적어도 필요한 것은 이러한 자기 정위(定位)의 문제를 깊이 있게 되돌아보는 일일 것이다. 그 시작은 생각의 주체를 분명히 밝히고 어떻게 생각하는 것이 바른 것인가를 밝히는 노력이라고 할 수 있다. 어려운 시대에 등장하는 것이 생각하는 일의 문제이고, 그 원리로서의 이성 로고스의 문제이다.(얼마 전 우리 강연 시리즈에 있었던 『맹자』론에서 장현근 교수가 언급했던 맹자의 심성(心性)은 동양 전통에서 이에 해당하는 것이라 할 수 있다.) 서양 사상사에서 데카르트적인 사고의 등장은 그러한 사건의 하나라고 할 수 있다. 그것은 사상적 정위의 노력이면서, 시대가 흔들리고 있다는 증표이다. 19세기로부터 20세기에 이르면서 제국주의, 전체주의, 혁명, 전쟁, 자본주의의 세계체제화 등 ── 천재지변을 촉발하는 듯한 시대의 흔들림은 어느 때보다도 커졌다고 할 수 있다. 이러한 흔들리는 시대에 인간의 주체성을 다시 한 번 확인하고자 한 것이 실존주의라고 할 수 있다. 21세기에 들어서고도 조금 세월이 지난 오늘날은 어떠한가? 다른 격동의 요인을 생각하지 않더라도, 흔히들 세계화라고 부르는 현상만으로도 삶의 여러 조건은 물론 그 지도가 혼란스러워지고 있다는 것은 많은 사람이 느낄 것이다. 여기에 실존철학이 시도했던 바와 같은 존재론적 반성은 어떤 도움이 될 것인가? 여기에 대한 정답이 쉽게 주어질 수는 없지만, 그것이 전혀 무의미한 것이라고 할 수는 없다.

그런데 사고의 주체를 통한 삶의 정위는 예로부터 서양 역사의 한 주제였다고 할 수 있다. 야스퍼스가 『역사의 근원과 목적에 대하여』에 문제 삼은 것은 이러한 사고의 역사적 등장이다. 그리고 다음에도 언급하겠지만, 그것은 고전의 등장과도 무관하지 않다고 할 수 있다.

3) 오늘의 시대의 개인 오늘날은 말할 것도 없이, 세계적으로도 그러하지만, 특히 우리 사회에서, 말이야 어떻게 하든지, 인간의 크고 작은 행동의 동기가 되어 있는 것은 개인적인 이해득실의 계산이다. 다른 한편으로 사회적으로 유통되는 담론은 전적으로 집단적 의무에 대한 강조이다. 그러면서 이 두 개의 축은 기묘하게 얽혀 있어 쉽게 풀리지 않는 상태에 있다. 그렇다는 것은 집단적 의무에 대한 강조 그것도 개인의 자기주장 ── 크고 작은 권력 의지의 다른 면이 되는 수가 많기 때문이다. 그리하여 사고와 언술의 담지자가 되는 개인의 동기 ── 반드시 스스로 의식하는 것은 아닌 동기 관계를 명징화(明澄化)

할 필요가 있다. 그렇다고 이 동기를 밝히는 일이 참으로 개인의 숨은 의도를 들추어내거나 개인적인 이야기 ─ 개인적인 하소연을 담은 실화(實話)가 되게 하여야 한다는 말은 아니다. 이러한 이야기의 방식은 우리 사회의 또 하나의 지배적인 담론의 양식이 되어 가고 있다. 이것은 좋게 말하면 추상적 담론들의 비현실성에 현실적 실체를 부여하려는 노력으로 볼 수도 있지만, 대체로 상투화된 센티멘털리즘 속에 인간의 실존적 현실을 허구화하는 일이 된다. 위에서 말한 동기의 명징화란 구체적인 의미에서의 개인적 동기에 앞서 담론의 구성 요소가 되는 테마를 가려내는 것을 말한다.

이루어야 하는 자아　다시 말하여 실존주의에서 강조되는 것은 개인의 개인 됨이다. 그러나 여기의 개인은 다층적 구조를 가지고 있다. 야스퍼스가 말하는 개인은 다른 어떤 것으로 대체될 수 없는 유일무이한 존재를 말하는 것이면서도, 완전히 보편적인 지평에 열려 있는 자아이다. 이러한 자아는 우리 자신에게도 새롭게 찾거나 형성해야 할 자아이다. 이 관점에서 문제는 자아의 진정성(Eigentlichkeit)이다. 진정한 자아, 진정성을 얻은 자아는 한편으로 주어진 대로의 자아이면서, 사회적인 조건화를 넘어서는 유일자로서의 자아이다. 그러나 유일자로서의 진정한 자아는 역설적으로 보편성에 이르는 통로이다. 또는 보편성이 보편성으로 그 모습을 드러내는 것은 진정성을 회복한 자아에 매개됨으로써 가능하다. 다시 말하여, 이 보편성에 이르는 ─ 또는 개념적인 의미에서의 보편성보다는 조금 더 진정한 깊이의 보편성에 이르는 자아의 존재 방식이 실존적 자아, '엑시스텐츠(Existenz)'이다. 그것은 이루어야 하는 자아이다.

그러나 이 독자적인 존재이면서 보편성에 이르고자 하는 자아는 객관성을 지향하면서도 역시 주관 또는 주체의 변증법 속에 사로잡혀 있는 것이 될 수 있다. 야스퍼스의 실존 해명의 일부를 이루는 한 관찰은, 개인적 실존의 분석이 그대로 초시간적으로 인간에 두루 해당되는 것이 아니라 ─ 물론 그것이 인간의 본질에 관계되는 것도 사실이라고 하겠지만 ─ 역사와의 관계에서 일어나는 사건이라는 것이다. 그러나 일단은 이 역사성이라는 인간의 삶이 지금 이 자리의 시간 속에서만 현실이 된다는 의미로 취할 수 있다. 그리하여 그것은 그 진정성에도 불구하고 개인 속으로의 무책임한 후퇴가 될 수도 있다.

말할 것도 없이 실존주의나 야스퍼스의 철학을 이렇게 설명하는 것은 편의상의 단순화에 불과하다. 그러나 그것을 보다 온전하게 설명하는 것이 이 자리에 맞는 일도 아니다. 실존주의에 주의하는 것은, 위에 말한 바와 같이, 우리의 젊은 시절 ─ 전쟁을 비롯하여 여러 엄청난 역사의 시련 속에서 모든 사고의 틀이 깨어진 사회에서 ─ 폐허가 된 듯한 우리 역사의 한 시기에서의 느낌에 맞아 들어간 때문이다. 그러면서도 실존주의의 중심 개념이 되어 있는 개인적 실존의 개념은, 이것도 이미 말한 바이지만, 개인의 삶에 관계되면서, 동시에 그 개인이 보편성으로 지양될 수 있는 가능성을 말한다. 이것은 오늘의 문제를 생각하는 데에도 도움을 줄 수 있다. 심화된 개인의 관점은 개인의 삶을 생각하는 관점에 국한될 수도 있으면서도, 사회와 시대 상황에 대한 많은 주장 ─ 특히 당위적 주장에 대하여 시금석이 될 수도 있기 때문이다. 모든 진술은 객관성의 시험을 받게 된다. 그러나 객관성에 대한 판단을 수행하는 것은 주관성이다. 문제는 그것이 얼마나 보편화를 지향하고 있는가 하는 것이다.

고전의 의미 이러한 의미에서의 주관의 보편화는 여기에 있는 우리의 과제 ― 고전을 읽는 과제에도 관계된다. 그렇다는 것은 고전의 의미도 인간 생존의 두 조건 ― 개인적 생존과 그 보편적 지평의 결합으로 우리를 인도해 가는 일에 도움을 주는 데에 있다고 할 수 있기 때문이다. 이 개인과 보편성의 결합은 어떤 사안에 대한 판단에도 작용한다고 할 수 있지만, 문학과 예술을 접하는 데에서 특히 중요하다. 사회적 명제는, 특히 문제가 되어 있는 사안이 긴급하다고 할 때, 그것을 개인의 판단에 ― 보편자로서의 개인의 판단에도, 맡길 수 있는 여유가 없는 것일 수 있다. 자연과학적 판단에서 개인의 절실한 느낌은 그렇게 중요한 것은 아닐 것이다. 사실과 이론에서 유리된 세부 사항은 연구의 과정을 지연하는 요인이 될 수 있다. 그러나 문학과 예술에 있어서, 심화된 주관의 해석은 가장 중요한 독해법이다. 그리고 바로 그것은 그러한 개인의 주체가 형성되는 과정이기도 하다. 이 주체의 형성은 다른 분야를 판단하는 데 기초가 되고, 그 분야들에서 이룬 업적의 인간적 의미를 생각하는 데에 근본적 준거점을 제공한다.

4) 사고의 역사적 테두리 ― 동시대, 긴 지속의 역사, 계몽주의, 주축 시대 그런데 개인이 보편적 자아로 지양된다고 할 때, 그것이 단순히 개인이 자신의 삶을 깊이 살핌으로써 가능하다고 할 수는 없다. 야스퍼스에게 개인의 실존은 오늘 이 시간의 삶을 말한다. 그러면서도 그것은, 위에서 말한 바와 같이, 개인의 삶이 단순히 시간 속에 있다는 것을 넘어, 역사 속에 일어나는 사건이라는 말이다. 이것은 인간의 삶이 시대에 의하여 규정된나는 것이지만, 다른 한편으로, 이 역사적 조

주축 시대와 인간 존재의 형성

건은 당대적인 사건들만을 의미하는 것이 아니라 긴 역사 속에서 일어났던 특정한 변화를 말한다. 이 긴 역사의 변화를 그는 그의 역사에 대한 이론으로 파악한다. 이것을 설명하려고 한 것이 『역사의 근원과 목적에 대하여』이다. 그런데 이 역사를 그가 특히 이해하고자 하는 것은 그것이 바로 이 이해를 가능하게 하는 요인을 형성한 역사이기 때문이다. 이 역사의 변화로 인하여, 개인의 보편성에로의 지양이 가능하게 된 것이다. 여기의 긴 역사는 페르낭 브로델의 '긴 지속(la longue durée)'을 생각하게 한다. 야스퍼스의 긴 역사의 시간은 브로델의 긴 지속보다 긴 역사이다. 그리고 그것은, 브로델의 긴 지속 속에 일어나는 경제 그리고 사회의 주기적 변화에 비하여, 이념적 사건에 의하여 특징 지워진 역사의 긴 시간을 말한다. 야스퍼스가 밝히려 한 것은, '지속적 역사'의 리듬이 아니라, 여기에 언급한, 사람의 인식론적 지평의 열림과 한계를 보여 주는 '메타 히스토리'이다. 『역사의 근원과 목적에 대하여』는 이 열림을 역사적으로 이론적으로 설명하려는 책이다.

5) 주축 시대 야스퍼스의 실존적 자아에 대한 생각은, 위에 말한 바와 같이, 당대의 유럽의 상황 — 특히 19세기 말, 1차 대전, 나치스의 등장과 집권, 또 2차 대전 등 독일의 계속되는 위기적 상황에 의하여 자극되었을 것으로 말할 수 있다. 그러면서, 그것을 사고할 수 있게 한 것은 더 길게는 사고의 형식이 등장하게 된 세계사의 한 시점에 일어난 특정한 전환에 관계된다. 그 전환이란 — 지적인 인간의 경우에 그렇다고 하겠지만 — 반성적이고 이성적인 사고의 출현이다. 이러한 사고의 유형을 생각할 때, 쉽게 생각할 수 있는 것은 서양

의 근대 사상사에서 말하여지는 18세기 이후의 계몽사상이다. 계몽의 시대에 두드러지게 된 것이 이성이다. 이때로부터 세계를 설명하고 인간을 이해하는 데에 있어서, 관습과 전통이 아니라 이성이 사실 그리고 사실 연관의 보편타당성을 확인하는 기준이 된다. 이것은 과학과 기술의 발전을 위한 토대가 되기도 하였다. 다른 한편으로 그것은 민주주의 정치 제도의 실현을 위한 원리가 되고, 그 제도 안에서 자유, 평등, 우애 등은 정치적 삶의 이상이 되었다.

그런데 야스퍼스는 이러한 계몽주의의 대두에 비슷하면서도 그것보다도 더 거대한 사상적 전환 — 그리고 그의 관점에서는 계몽주의의 합리주의보다도 더 깊은 의미를 가진 변화가 기원전 800년부터 200년 사이에 일어났다고 말한다. 그리고 이러한 변화가 일어났던 시기를 "주축의 시대(Die Achsenzeit, The Axial Age)"라고 부른다. 이 시기에 등장한 것이 중국의 공자, 노자, 또는 장자, 인도의 우파니샤드나 불교, 페르시아의 조로아스터, 팔레스타인의 엘리야, 예레미야와 같은 예언자들, 희랍에서는 호메로스, 파르메니데스, 헤로도토스, 플라톤, 비극 작가들 — 이러한 작가와 선지자 들이다. 이러한 대사상가들이 출현한 것은, 지구의 세 또는 네 지역, 즉 중국, 인도, 중동, 그리고 희랍에서의, 기원전 800년으로부터 기원후 200년까지 1000년 사이의 일이지만, 그때의 사상의 영향은 오늘날까지도 인간의 사고, 또는 위에 말한 여러 문명 지역의 사고의 큰 틀을 지배하여 온 것으로 말할 수 있기 때문에, 주축의 시대는 오늘날까지를 포함하는 것으로 볼 수도 있다.

주축 시대의 구역/ 그 동시성의 기적   야스퍼스는 위에 말한 현자들

주축 시대와 인간 존재의 형성

이 중국, 인도, 중동, 희랍 등에서 출현한 것을 경이의 눈으로 본다. 그러한 사상적 전환이 서로 교환 관계에 — 적어도 빈번한 교류 관계에 있었다고 할 수 없는 여러 지역에서 동시에 일어난 것은 어떤 이유에서인가? 중앙아시아의 기마 민족의 이동이 고대 문명의 질서를 혼란에 빠지게 하고 문명 사이의 소통을 중개하였다는 설도 있지만, 야스퍼스는 주축 시대의 출현이 인간의 역사상 기적적인 전환을 나타낸다는 느낌을 가지고 있다.

그는 지구의 역사 또는 지구에 인간이 출현했던 장구한 시간을 되돌아보면서, 이때의 1000년이 길기보다는 짧은 한순간이라는 점에 주목한다. 그리하여 그것이 반드시 우연이라고만 할 수는 없다고 생각했던 것으로 보인다. 원인이 어디에 있었든지 간에, 이때에, 인간의 문명은 스스로의 삶 그리고 사물의 현실을 반성적으로 또는 성찰적으로 보는 정신의 작업을 사고의 한 부분으로 지니게 된 것이다. 그것은, 위에서 이미 비친 바와 같이, 한편으로 독자적인 존재로서의 개인의 대두를 상정하고, 다른 한편으로는 이 개인의 보편적 인간으로서의 변용을 상정한다. 이때 그것을 매개하는 것은, 위에서 말한 요인에 추가하여, 미지의 것이면서 이성적 자각을 가능하게 하는 초월자이다. 개인은 초월적 차원으로 뛰어듦으로써 주어진 현실의 여러 조건들을 넘어서게 된다. 이 도약은 또한 자체의 반성 과정의 결과로 도달하게 되는 무한의 세계에로의 도약일 수도 있다. 이것은 수학적 사고에서 모든 것을 포함하고자 하는 집합이 결국 무한에 이르게 되는 것과 비슷하다. 그리하여 그것은 현실 세계 속에 있으면서 동시에 참으로 현세를 넘어가는 어떤 차원으로 옮겨 가는 일이 될 수도 있다. 어쨌든 이 사고의 무한 운동을 통하여 개인은 스스로의 이성적 능력의 창조성을 얻어 낼 수 있게 된다. 그리하여 어떤 논평자에게는, 이러한 초월적 요인이 주축 시대의 사고의 등장 여부를 헤아리는 척도가 되기도 한다. 물론 핵심은 반성적 사고이다. 다만 그것이 진정으로 자유롭게 창조적인 것이 되기 위하여서는 현실을 넘어가는 초월성이 필요하다는 것이다.(이것은 주축 시대를 더 면밀하게 보는 데에 하나의 시금석이 된다.) 야스퍼스는 이러한 요인들로 등장하는 반성적 이성의 틀이 사라져 가는 것이 그의 시대라고 생각한다. 그리하여 그것을 위기로서 느낀 결과 주축 시대의 개념을 말하게 된 것이다.

2 주축 문명과 사회 구조

서양과 동양

6) 주축 문명의 이념적 성격　이러한 주축 시대의 사건은 우리에게 어떤 의미를 갖는가? 여기에서 우리란 아시아를 말한다. 야스퍼스의 관점에서 주축 시대는 주로 서양에서 일어난 역사적 전환이다. 물론 그는 그것이 다른 지역, 동양에서도 일어났다고 말한다. 참으로 그러한가? 그렇다고 하더라도 동서양에는 어떤 차이가 있을 것이다. 그것은 어떠한 것인가? 이러한 질문들을 하지 않을 수 없다.

다시 한 번 우회의 길을 가는 것이 되지만, 이야기를 야스퍼스의 주축 시대의 개념에 이르게 된 개인적인 경험으로부터 풀어 나가 보겠다. 이것은 우리의 과제 ─ 고전적 사고의 의미를 밝히는 데에 도움이 되는 것이다. 고전을 읽는 데에서 얻어지는 정신의 단련은 초시대적인 것이면서 동시에 역사의 산물이고 그러면서 또 역사 속에서 생겨나는 사고 유형에 의하여 달라질 수 있는 것인데, 야스퍼스가 깨닫게 하는 것은 정신 작용의 이러한 다각적인 요인이다. 여기에서 말하고자 하는 개인 경험은 이 마지막 요인에 약간의 관계를 가질 것으로 생각한다.

7) 동양과 서양   우리는 개인적인 관점에서의 지적 경험을 이야기하면서도 동양과 서양 — 동서 대립의 개념을 사용한다. 이것은 의식적이고 반성적인 사고의 과정을 통해서 그러는 것일 수도 있고, 무의식적으로 당대의 상투적 사고의 형식을 받아들인 결과일 수도 있다. 동서양을 나누어 생각하는 것이 과학적인 근거가 없다는 입장도 있다. 동양이든 서양이든 사고의 유형은 시대와 지역에 따라 다를 수 있고, 그것은 큰 테두리의 구별에서 발견할 수 있는 차이에 못지않게 큰 것일 수도 있다. 무엇보다도 개인 간의 차이는 그러한 큰 범주로서는 설명할 수 없는 것이라고도 할 수 있다. 그러나 사람의 체험적 현실 그리고 그것을 지각하는 인지 작용에서도, 또 문학적 철학적 또 다른 학문적 기술에 있어서도, 그러한 범주적 구별이 작용한다는 것은 부정할수는 없을 것이다. 필요한 것은 이러한 범주적 인식의 존재를 부정하는 것보다도 그것을 보다 객관적으로 학문적으로 분석하는 것이다.

8) 이해의 틀/ 메타 이념   말할 것도 없이 이 차이에 대한 이해는 사실적 조사에 근거하여야 하지만, 전체를 유형적으로 이해하는 것은 너무나 많은 경험적 사실과 개념적 일반화를 요하기 때문에, 완전히 과학적인 설명은 쉬운 일일 수가 없다. 거대한 현상을 이해하는 데

에는 그것을 포괄하는 거대 이념이 필요하다. 막스 베버의 프로테스탄티즘에 대한 연구는 종교 또는 한 시대의 심성을 지배하는 사상에 대한 연구이면서 어떤 예비적으로 구성된 개념이 개입되는 연구라고 하겠지만, 한발 더 나아가 인도나 중국의 사상에 대한 그의 연구는 더욱 문화적 사회적 규정에 대한 거대 이념을 설정한 연구라 할 수 있다. 거기에 문화와 사회를 이해하는 수단으로 활용된 것이 베버 자신의 설명으로 '유형 이념(Idealtypus)'이다. 그것은 사실들을 집성하기보다는 특징적인 사실에 기초하여 총체적 형태를 구성하고 설명하는 가설적 개념을 말한다. 그렇다고 그것이 사실이나 사회와 역사를 관념론적으로 설명하려는 것이라고 할 수는 없다. 한 이념형은 현실 속의 여러 동기 관계를 하나로 집약하여 설명한다. 가설적 구성을 시도하는 것이다. 그러면서 그 가설은 사실들의 관찰로부터 구성된 것이다. 자연과학의 사실 탐구와 이론도 이에 비슷하다고 할 수 있다. 다만 그 사실 검증과 이론의 알고리즘적 정밀성에 있어서 베버적인 이념형을 이것에 비교할 수 있는 것은 아니다. 야스퍼스의 '주축 시대'는 그러한 '유형 이념'에 속한다. 또는 그것은 베버의 경우에서보다도 더 큰 범주의 것을 말하는 것이기 때문에, '메타 이념 유형'이라고 할 수도 있다.

주축 문명과 일본 — 하나의 예외

9) 아이젠슈타트의 주축 문명 연구 하여튼 한국인으로서 서양 문학이나 사상을 공부하면, 연구자와 연구 대상 사이에 존재하는 문화적 실존적 차이를 의식하지 않을 수 없게 된다. 그리하여 문명적 차이에

대한 관심은 너무나 자연스러운 것이 된다. 필자의 '주축 시대'에 대한 관심은 이러한 데에서 출발했다.(이것은 우리 시대의 실존주의에 대한 관심에 더하여 필자가 야스퍼스에 관심을 갖는 또 하나의 동기이다.) 그런데 구체적으로 이것에 대한 적극적인 관심을 가지게 된 것은 1996년 일본에서 이스라엘의 사회학자 — 또는 비교 문명 사회학자 S. N. 아이젠슈타트(1923~2010)의 강연을 듣게 된 것에 관계된다.(교토의 국제일본문화연구센터에서 있었던 이 강연은 이 연구소의 다른 심포지엄에서 다시 발표되었다. 지금 참고할 수 있는 것은 그때의 회의록에 실린 텍스트이다.[2]) 이 강연에서 이야기된 것은 일본 문명에 관한 그의 다른 저서,『일본 문명: 하나의 비교 문명적 관점(*Japanese Civilization: A Comparative View*)』 그리고『주축 문명의 근원과 다원성(*The Origins and Diversity of Axial Civilizations*)』등에서도 대체로 반복하여 이야기되고 있다.

10) 비주축 문명 일본 앞에 말한 교토 심포지엄에서 발표된 논문의 제목은「주축 문명과 비주축 문명: 비교 문명적 관점에서 본 일본의 경험: 일반화된 특수주의적 신뢰의 구축(Axial and Non-Axial Civilizations: the Japanese Experience in a Comparative Perspective: The Construction of Generalized Particularistic Trust)」이다. 여기에서 우리는 일본 문명에 대한 아이젠슈타트의 견해를 간단히 살펴보고자 한다. 그것은 일본을 본격적으로 논하자는 것이 아니라, 일본을 생각함으로써, 주축 시대의 의미를 생각하는 데에 도움을 얻을 수 있다고 보기 때문이다.(이러한 논의와의 관계에서 한국이 어떤 위치에 있는가를 생각해 볼 수 있는데, 여기에서 한국 문명론을 펼치지는 못한다.)

일본 사회와 문화에 대한 아이젠슈타트의 가설의 핵심은 '일본 문명'이 '비주축 문명'에 속한다는 것이다. 이것은 야스퍼스의 생각과는 다른 판단이다. 야스퍼스의 저서는 일본을 주축 문명의 테두리에 드는 것으로 본다. 심각한 논의를 펴는 것은 아니지만, 13세기 일본의 승려 신란(親鸞)과 주축 문명의 중심 지역 서양사의 루터주의를 비교하는 것과 같은 것은 일본과 독일이 주축 문명을 공유한다는 것을 시사하는 예가 된다. 그렇기는 하지만, 아이젠슈타트의 생각이 틀렸다고 할 수는 없다. 그리고 그의 논의는 그 나름으로 주축 문명론의 의의를 높이는 면이 있다.

선진국 일본과 비주축 문명   일본은 누가 평가해도 소위 선진국에 속한다 하지 않을 수 없다. 선진국은 어떤 나라를 말하는가 하는 것이 문제가 되겠지만, 적어도 선진국은 경제적으로 국민 총생산이나 개인 소득의 측면에서 일정한 세계적 수준을 유지하고, 정치 체제에 있어서 민주적 또는 적어도 합리적 체제를 가지고 있는 나라를 말할 것이다. 일본이 오랫동안 이러한 점에서 세계적인 인정을 받아 온 나라임에는 틀림이 없다. 그런데 아이젠슈타트의 평가로는 이러한 선진국의 반열에 오른 나라들이란 모두 주축 문명을 계승한 나라들이다. 물론 그 문명에 들어가는 것으로 분류되는 모든 사회나 국가들이 선진국이 된 것은 아니다. 그러나 아이젠슈타트에게 주축 문명을 후계하는 사회라는 것은 선진국의 조건이 된다. 그런데 주축 문명에 속하지 아니면서 선진국이 된 유일한 나라가 일본인 것이다.

합리적 보편주의/ 특수주의의 일반화   위에서 비친 바와 같이, 주축 문명의 특성은, 어떤 계기에 의한 것이든지 간에, 사물과 사회, 자아 그리고 세계를 생각하는 과정에 반성적 사고의 규범을 기본으로 한

주축 시대와 인간 존재의 형성

다는 데에서 찾을 수 있다. 이 사고의 규범이 개인과 집단을 합리적 원칙으로 이해할 수 있게 하고 그 이해를 정당화하는 근거가 된다. 그리고 그것이 사람을 움직이는 동기가 된다. 이 반성적 사고에서 나오는 정당화의 근거는 한편으로 사고의 자기반성에서 발견되는 합리성에 있다. 그리고 스스로를 그리고 모든 의식의 대상을 되돌아보는 반성적 사고는, 앞에서 말한 바와 같이, 주어진 사고의 대상을 초월할 수밖에 없는 주체의 운동 ── 스스로를 대상적으로 포착하지 못하면서도 사물을 합리적으로 이해하고 구성하는 의식의 운동의 자기 초월성을 가리키기도 하고, 대상적 세계를 초월하는 영성의 세계, 신의 차원을 가리키기도 한다.

초월적 사고와 그 사회적 기능   이렇게 하여 탄생하는 합리성은 모든 것을 하나로 통합하는 데에 중요한 기능을 갖는다. 그것은 세계의 과학적 이해에 기반이 되기도 하고, 사회 조직의 합리화를 기획하게 하고, 또 집단적 삶이 지역을 넘어가는 국가 단위로 확장하는 데에도 중요한 역할을 한다. 아이젠슈타트 교수의 주축 문명에 대한 연구는, 위에 말한 바와 같이, 우리에게도 의미가 없지 않은 반대 명제를 제공해 줌으로써 우리의 이해를 더 분명하게 하지만, 동시에 주축 문명이 가져온 사고가 갖는 사회적 의미를 생각하게 한다는 데에 의의가 있다. 그의 초점은 사실 사고 혁명 자체에 있기보다는 그것이 갖는 사회적 기능에 있다.

사회 기능과 구조의 관점에서 중요한 사실의 하나는 독자적 이성의 세계 또는 초월적 세계를 내면화한 사람들이 하나의 독립된 계층 또는 계급을 이룬다는 것이다. 이렇게 하여 등장하는 자율적 지식 집단은 그들의 생각에 따라 정치 조직을 정비하려 하고 그들의 세계관의 척도에 근거하여 — 또는 이데올로기로 고착된 합리적 초월적 척도에 근거하여, 정치 체제와 집단에 정당성을 부여한다. 그리고 이것이 서로 합치되지 못할 때, 현실을 구성하면서 그것을 초월하는 사고는 저항과 혁명의 이념이 된다.

　　특수주의적 신뢰　일본이 비주축 문명이라는 것은 이러한 반성적 사고의 내면화 없이 고도의 독자적인 문화를 발전시키고 근대화에 성공한 나라라는 말이다. 그렇다면 어떻게 하여 지역적 국부적 집단성을 넘어서 하나의 국민 국가가 되었는가? 여기에 대한 답을 잠깐 생각해 보기로 한다. 그것은 우리의 호기심을 만족시키는 일이 되기도 하고, 주축 문명의 합리성을 이해하는 일에 대조의 편리를 얻는 일이기도 하다. 사회가 하나의 국가로 통합되기 위해서는 그것을 가능하게 하는 원리가 있어야 한다. 그것은 쉽게는 합리성이다. 일본에서, 합리적 반성적 사고에 맞먹는 통합의 기제가 된 것은, 앞에 말한 논문의 제목에 나와 있는 '일반화된 특수주의적 신뢰'이다. 말할 것도 없이 사람은 사회적 존재이고, 사회 구성원 간의 신뢰는 사회의 보이지 않는 기반을 이룬다. 가장 원초적인 관점에서는 혈족, 씨족, 지역, 종교적 신앙 등의 문화적 관습이 이러한 사회의 바탕이 된다. 이러한 관계에 기반을 두었을 때, 개인과 개인은 저절로 상호 신뢰를 가질 수 있게 된다. 일본은 보편성과 초월성의 원리에 의하여서가 아니라 이러한 개인적 상호 신뢰에 근거하여 국가 공동체가 성립한 나라이다. 이 신뢰는 개인과 개인 간의 관계에 존재한다. 일본이라는 국가를 하나로 통합한 것은 소집단 내에 존재하는 신뢰의 일반화이다.

통합의 기초로서의 가족   여기에서 중요한 소집단은 가족이다. 그러나 그것이 보다 넓은 사회적 기능을 가지기 위해서는 가족은 흔히 생각하는 것보다는 넓은 의미에서 이해될 수 있어야 한다. 가령 "이에모토(家元)는 어떤 직업을 전유하고 계승하는 가족적 집단을 말한다. 그리하여 가족은 혈통을 같이하는 사람들이면서 동시에 다른 혈통의 인간으로 가족에 편입되어 직업의 계승자가 되는 자를 포함한다."(우리나라에서 '종갓집 김치'와 같은 것이 이것에 비슷한 개념에서 나온다고 할 수 있다. 또는 더 일반화하여 형, 오빠, 동생, 선배, 후배 등의 개념도 이에 비슷한 이해를 나타내는 것이라 할 수 있다.) 즉 가업의 계승자는 혈통적 유대를 가진 자일 수도 있고 그 집안에 양자로 입양된 자일 수도 있다. 이렇게 가문으로 하나가 되는 경우가 아니라도 사회적 분업에 의하여 독립된 집단을 이룬 사람들이 서로 연결되는 경우도 상호 유대는 비슷한 '특수주의적 신뢰'의 확대를 통하여 이루어진다. 이러한 유대에서 나오는 사회적 규범은, 아이젠슈타트가 말하는 바에 의하면, "집단성 수호, 충성, 조화, 의견 합일"의 가치를 중시하는 인간을 만들어 낸다. 이것은 대표적인 주축 문명인 서구의 "고도한 원칙에 입각한 개인주의, 공리주의적 태도, 이념적 대결" 등을 특성으로 하는 인간 유형에 대조된다. 일본의 이러한 사회와 인간의 관계들은, 가족적 유대 관계 그리고 그 비유에 추가하여, 보다 넓은 사회 범위에서는 "심미주의와 인격 수련" 그리고 그것에 기초한 교환 행위에 의하여 매개된다.[3] 이에 대하여 서구적 태도에서는 역시 합리적 소신과 이념이 중요하다.

일본적 합리성   그렇다고 일본 사회와 의식을 움직이는 합리주의가 부재하다는 말은 아니다. 일본이 합리적 질서와 기술의 관점에서 후진 사회가 아닌 것은 물론이다. 다만, 아이젠슈타트의 의견으로는, 일본 사회에 존재하는 합리주의는 의식의 깊이에서 우러나오는 원리가 아니다. 그것은 특정 목적에 동원되는 도구적 이성이다. 즉 그 합리성은 궁극적 가치와 그 초월적 근거를 주제화하는 '가치 합리성 (Wertrationalitaet)'이 아니라 사회적 삶의 여러 분야를 합리화하는 데 주력하는 '목적 지향적 합리성(Zweckrationalitaet)'이다.[4]

여러 주축 문명들　이러한 일본을 말하면, 우리는 그에 대조되는 서구 문명에 대하여, 다른 주축 문명, 즉 이슬람이나 인도 문명, 특히 중국 문명을 생각하지 않을 수 없다. 물론 한국도 이러한 주축 문명의 테두리에서 생각되어야 한다고 할 수 있다. 아이젠슈타트 교수가 그의 저작물에서 한국을 자세한 분석의 대상으로 삼지는 않지만, 중국을 논할 때에는 한국을 거기에 아울러 언급하는 경우가 적지 않다. 발표자는 위에 말한 교토의 강연회가 끝난 자리에서 아이젠슈타트 교수에게 한국의 경우를 어떻게 생각하는가 하고 물었다. 그는 단호하게 한국을 주축 문명권에 드는 것으로 답하였다.

3　사고의 혁명으로서의 주축 문명

11) 주축 문명의 사회학　어쩌면 아이젠슈타트는 야스퍼스의 주축 문명론을 가장 많이 활용하고 그것을 여러 분야에 도입하기를 시도한 학자라 할 수 있다. 위에서 비친 바와 같이 그는 여러 저작물에

서 야스퍼스의 개념을 논의하였다. 야스퍼스의 개념은 여러 문명을 포괄한다. 아이젠슈타트는 1983년에 이 개념에 언급된 여러 문명을 논의한 국제회의를 주관하였다. 그리고 그 결과가 책으로 출판된 것이 위에 말한 『주축 문명의 근원과 다원성』이다. 일본 문명을 논하는 경우에도 그는 비교 문명적 관점을 떠나지 않는다. 책의 서문 그리고 여러 부분을 소개하는 글에서 그는 여러 지역에서 발견되는 주축 문명의 문제를 다각도로, 더 일반화하여 논한다. 그런데 이에 대한 그의 토의는, 이미 시사한 바와 같이, 이 문명의 대두와 함께 초월과 세속 사이에 출현한 반성적 사고의 의미를 해석하려는 것보다는 그것의 사회적 의의를 밝히려는 데에 있다. 사회학자로서 이것은 자연스러운 일이다. 반성적 사고는 자연스럽게 보편적 규범을 만들어 낸다. 이것이 원초적 집단의 확대 — 궁극적으로는 국가의 테두리에 일치하는 공동체의 형성의 이념적 기초가 된다. 물론 반성적 사고의 기초에는 사고하는 자아가 있다. 그러나 이러한 사고는 지식인의 공동 작업 — 의도했든 아니든 공동 작업의 성격을 갖는다. 그리고 사고의 전문가들은 사회 다른 부분으로부터 독립된 지식 계급을 형성한다. 사회적으로 중요한 것은 이들이 사회와 국가에서 가지게 되는 위상과 기능이다. 이들의 사고에서 발전하게 된 이데올로기는 정치 체제에 정당성을 부여한다. 물론 그들도 이 체제의 지배 계층의 일부가 된다. 동시에 그들은 정치 현실에 대한 비판적 이론을 만들고, 그 관점에서 정치적 지배층에 대립하기도 한다. 반성적 사고와 지식 계급의 등장은 사회 구성의 기본적인 원리에 큰 영향을 미치고, 다른 한편으로는 대안적 사고를 비롯하여 사상의 다양한 표현을 자극하고 사회 여러 분야의 세분화와 합리화, 그리고 이념적 갈등을 포함한 사회 갈등의 중심점을 만들어 낸다.

12) 주축 문명의 인간학과 철학 사회적 측면을 도외시하는 것은 아니지만, 야스퍼스의 주축 문명론의 중점은 주축 시대를 도래하게 한 사상적 전환의 의미를 밝히는 데에 있다고 할 수 있다. 이 전환의 의미는 단순히 사회적이고 정치적인 데에 있다기보다는, 적어도 그의 생각으로는, 그것을 계기로 하여 보다 본질적인 인간됨이 가능해진다는 데에 있다. 이것이 나타내는 정신의 새 출발로부터 시작하여 "인간 존재의 형성(die Gestaltung des Menschseins)"[5]의 가능성이 열리게 되는 것이다.

반성적 사고의 모험 그러나 이러한 인간 존재의 형성은 쉽게 이루어지는 것이 아니다. 그것은 근본적인 모험을 요구한다.('근본성(Radikalität)'은 주축 시대의 사고의 전환과 관련하여, 야스퍼스가 자주 사용하는 말이다.) 위에 설명한 바와 같이, 주축 시대에 일어난 변화로 하여, 사람은 "존재 전체와 자신과 자신의 한계를 의식하게 된다." 그것은 일단 인간으로 하여금 스스로의 힘을 깨닫게 한다. 그러나 역설은 그러한 가능성에 대한 깨달음이 인간 존재의 아래에 뚫려 있는 심연, 바닥없는 심연에 대한 체험에 연결되어 있다는 사실이다. 그것은 인간에게 스스로의 힘과 함께 세계의 무서움과 무력을 깨닫게 하는 일이다. 그리하여 인간은 두려움을 느끼면서 해방적 그리고 창조적 가능성에 대하여 근본적인 물음을 묻게 된다. 그러면서 심연 앞에서 구원을 갈구한다. 목표를 생각하는 것도 탈심연(脫深淵)의 충동에 관계된다. 이러한 극단적 한계와 가능성 그리고 목표를 분명하게 하는 의식의 상태를 말하여 야스퍼스는 "사람이 자기 존재와 초월의 무조건성(Unbedingheit)을 그 깊이와 투명성 속에서 아는 것"이라고 말한다. 이러한 앎의 계기가 되는 것이 "반성적 사고(Reflexion)"이다. 이 사고를 통하여 "의식이 의식을 의식하고, 사고(Denken)가 사고를 지향한다." 그리고 "자신의 생각과 그 이유와 경험을 공유함으로써 다른 사람을 설득하려는 싸움이 벌어진다." 물론 이렇게 제시되는 것과 반대되는 가능성들도 시도된다. 그리하여 "토의, 파벌 구성, 서로 모순되는 명제들로 맞서는 정신적 지도자들의 분열이 생기고 이것으로 하여 정신 혼란에 가까이 가는 불안과 움직임이 생겨나게 된다." 그러나 부정과 긍정을 포함하여, 이때 현대에 이르기까지의, 인간 사고의 기본 범주들이 만들어지고, 인류를 지탱해 온 세계 종교가 생겨난다.[6]

신화, 종교, 윤리, 철학 그렇다고 그 이전의 전통적 문화의 기초가 모두 없어지는 것은 아니다. 다만 그것은 질적인 변화를 거쳐 재구성된다. 반성적 사고와 더불어 나타나게 된 합리성으로 하여 전통적 신화는 종교 — 일신교로 대표되는 종교가 되고 종교는 다시 윤리적 성격을 띠게 된다. 새로 나타난 정신적 차원에 이와 더불어 등장한 것이 철학이다. 철학을 통해서 사람은 단독자로서의 자기 자신으로 돌아온다. 동시에 자기를 넘어 보다 넓은 세계로 나가는 것도 가능해진다. 사변철학은 사람을 존재 자체로 나아가게 하려 한다. 그리하여 그것은 자신이 존재와 하나가 되는 '신비한 일체성(unio mystica)'의 경험이 될 수 있다. 그러나 반성적 사고의 각성의 핵심은 반성적 사고가 다시 반성자를 존재로부터 자신으로 되돌아오게 하는 데에 있다고 할 수 있다. 물론 그 자아는 무반성적인 자아 — 세간적(世間的)으로 구성된 또는 자기 확신에 의하여 보강된, 자기중심적인 자아는 아니다.

13) 정치와 반성적 사고의 쇠퇴/ 엘리트와 대중　주의할 것은 이러한 진정한 자아 그리고 초월적 체험이 한 시대의 모든 사람에게 쉽게 형성될 수 있는 것이 아니라는 점이다. 그것은 특별한 정신적 성찰에 정진하는 사람이 겪게 되는 체험을 통하여 구성된다. 그 주인공은 흔히는 세상을 떠나 깊은 숲이나 사막을 방황하는 외로운 인간이다. 그러나 그는 세상으로 돌아오고 추종자를 가지게 되고 다른 사람들과 이야기를 나누게 된다. 이에 따라 동시대의 대중도 그의 사유의 체험에 동참한다. 그리고 그는 공식적으로 정치 개입 의도를 가지게 된다. 그의 인간과 세계에 대한 비전에 비추어, 시대는 위기의 시대이기 때문에,(실제 이러한 선지자의 시대는 한 시대의 종말이기기가 쉽다.) 자신의 통찰과 가르침과 개혁안으로써 세계를 구하고자 한다. 그것이 그들로 하여금 정치에 가까이 가게 한다. 그러나 그들은 실패하게 마련이다. 그것은 가장 전형적으로 플라톤의 시라쿠사의 정치 개혁, 또는 공자의 위(魏)국의 개혁 시도의 실패에서 볼 수 있다.(다만 그들의 생각은 문화유산 속에서 가치의 척도로 남는다.)

무정부, 거대 질서, 제국　다시 말하여 선각자들이 일깨운 사유와 실천의 가능성은 곧 공동체적 자산이 되고 현실이 되는 것이 아니다. 많은 인간들은 그것을 쫓아갈 수가 없다. 그리하여 움직임의 자유의 한 결과는 무정부 상태의 혼란이다. 흥미로운 것은 그들의 가르침에 근거하여 다시 정치 질서가 생겨난다는 것이다. 그대로 방치될 수 없는 무질서는 보다 안정된 통일의 움직임을 낳는다. 그렇게 하여 성립한 것이 중국에서의 진시황의 진, 인도의 마우리아 왕조, 희랍의 식민 제국, 로마 제국이다. 이러한 제국들에서 복합적인 형태로 현자들의 정신이 계승되고, 그들의 저작과 인물됨은 숭앙의 대상이 된다. 그들의 가르침이 왕조의 기본 정신이 되고 학교의 교재가 된다. 그러나 창조의 시대가 끝난 다음에, 현자들의 가르침은 이들 제국에서 그 질서를 뒷받침하는 경직된 교조가 된다. 그러나 영속할 듯하던 이들 '보편 제국(Universalreiche)'도 얼마 가지 않아 멸망한다. 그리고 다시 부흥이 시도된다. 그리하여 그 후의 역사는 사상적으로나 정치적으로나 같은 멸망과 부흥의 되풀이가 된다.

14) 주축 시대의 인간의 자각/ 과거와 현재의 인식론 야스퍼스는 자신이 말하는 반성적 재귀적 사유의 혁명이 참으로 일어났던가("Ist der Tatbestand gegeben?") 하고 묻는다.[7] 야스퍼스가 제기하는 이 질문은 스스로 강조하고 있는 사실에 다시 물음을 던지는 것이기에, 주장하면서 회의하는 이 모순은 조금 기이한 일로 보인다.

그러나 그것은 역사적 사상의 전환의 의미에 대한 흥미롭고 중요한 설명이 된다. 그러한 사건이 일어났던가 하는 질문은 쉽게 이해하기는 어려운 그의 인식론적 사고에 기초하여 제기되는 것으로 말할 수 있다. 거기에는 주축 시대의 인간 의식의 전환은 그것을 인지하는 관점에서만 사실이 될 수 있다는 함의가 들어 있는 것으로 생각된다. 그렇다는 것은 주축 시대의 변화란 역사를 되돌아보는 인간이 그것을 자신의 내면에서 확인하여서만 비로소 알아볼 수 있는 사건이라는 말이다.(서양의 중세에 희랍 철학이 잊혔다면, 그것은 적어도 그동안의 인간 의식 안에서는 존재하지 않았던 것과 같다는 사실을 생각해 볼 일이다.) 그러나 그것은 단지 주관적인 조작이 아니라 인간의 내면에 — 어떤 종류의 역사적 조건하에서 모든 인간에게 일어날 수 있는 사건이다.

야스퍼스에게는 주축 시대의 변화가 기적이라는 생각도 있다. 그가 특이하게 생각하는 것은 같은 현상이 지구의 세 지역에서 동시에 — 물론 야스퍼스가 제시하는 바로 이 '동시'라는 것도 1000년에 걸친 사건을 말하는 것이지만 — 일어났다는 사실이다. 이것이 기적처럼 생각되는 것이다. 그러나 기적이란 무엇인가? 그것은, 보다 현세적인 입장에서, 결국 주축 시대의 혁명이 인간의 상황에 자연스럽게 일어날 수 있는 일로서 필연성을 가진 것이면서도, 인간적 선택에 의하여 일어난 것이라는 사실을 의미한다고 할 것이다.

주축 혁명의 사실적 기반　어찌 되었든, 그것이 일어났다면, 그 원인은 무엇인가? 주축 시대의 전환 — 여러 지역에 걸쳐 일어난 전환의 사건의 동시성은 일단 여러 사실적인 원인으로써 설명된다고 할 수 있다. 인간 생존에 관계된 공동 요소들이 복합적으로 얽혀서 비슷한 일이 여러 곳에서 일어났다고 생각하는 것은 그러한 설명의 하나이다. 또는 생물학적 진화에 비슷하게 인간의 역사적 진화가 여러 지역 또는 몇 개의 선택된 지역에서, 동시에 일어난 것이라고 할 수도 있다. 농업 경제에서 관개(灌漑)의 문제라든지 홍수 방지의 문제와 같은 현실적 필요가 비슷한 대책과 사고방식을 요구했고, 동시에 그에 앞서 일어났던 문자의 발명 등이 관리 조직의 확대를 가능하게 하여, 이것이 동시적 전환에 도움을 주었다고 할 수도 있다. 또는 상업적 문화적 교류의 발달이 동시성을 설명할 수 있다고 볼 수도 있다. 재미있는 생각의 하나는 알프레트 베버가 제시한 것으로서, 중앙아시아의 기마 민족의 움직임이 유라시아 전역에 걸쳐 있던 고대 문명의 안정을 교란한 데에 그 원인이 있다고 하는 것이다.

이러한 여러 원인 가운데, 야스퍼스가 분명하게 동의하는 원인은 희랍에서나, 중동에서 또는 중국에서 일정한 지역이 여러 국가와 공동체로 분할되고 서로 경쟁 관계에 들어간 것이 하나의 조건이었다는 것이다. 그것은 고대의 고급 문명의 안정성을 깨트리고 삶의 조건을 흔들리게 하였다. 그리하여 사회적으로 불안이 증대되고, 동시에 물음과 탐구의 자유가 열리게 되었다. 다원적 공동체의 대두와 그 혼란이, "극한적 상황 속에서의 자유를 향한 돌파(Druchbruch in die Freiheit vor der Grenzensituationen)"[8]가 일어나게 한 원인이 된 것이다.

의식의 혁명/ 하나의 인류   그런데 야스퍼스가 강조하는 것은, 사실적 요인들을 완전히 부정하는 것은 아니면서, 주축 시대의 사건이 어디까지나 의식의 혁명이라는 점이다. 핵심에 있는 것은 상황에 의하여 자극된 의식의 깨침이다. 그것은, 위에 지적한 바와 같이, 자아나 세계 그리고 존재 전체를 향한 깨침이다. 그 의식은, 역설적으로 공동체의 다양화 속에서 개인적 자각을 가져오고, 동시에 보편성을 지향한다. 또 하나, 야스퍼스에게 중요한 것은 이 보편성이 구체적으로 인간 전체 ─ 인류 전체를 향한다는 것이다. 즉 "인간의 단일성(die Einheit der Menschheit)"의 이념이 탄생하는 것이다. 그러나 이미 지적한 바와 같이, 이러한 깨달음은 구체적인 주체의 체험과 사고에 의하여 매개된다. 그것은 지구 전체에 걸쳐서 일어난 것이 아니라 극히 제한된 지역에서 일어났고, 또 그 가운데에도, 제한된 선각자들 사이에 일어난 것이라는 사실이 벌써 그것을 말하여 준다. 그렇다는 것은 그것이 특별한 사건으로서만 일어날 수 있는 일이라는 말이다.

감동의 이념/ 전인격적 체험　그리고 야스퍼스가 지적하는 또 하나 중요한 점은, 보편적 사고와 개념들은 추상적인 개념으로 존재하는 것이 아니라 구체적인 사고의 체험으로써 비로소 깨달음이 된다는 사실이다. 여기에서 말하는 사고의 체험은 감동의 체험이다. 그렇다는 것은, 보편성의 확인이 추상적 수긍이 아니라 사건적 성격을 가진다는 것을 말한다. 이런 점에서 야스퍼스는 실존주의의 입장을 지킨다고 할 수 있다. 실존적 체험의 관점에서, 개념적, 이념적 이해를 '깨침', '깨달음'에 연결할 때에, 대체로 그것은 실존적 감동을 함축하는 이해를 말한다. 불교나 유교의 깨침(覺, 惡)도 그러한 것이라 할 수 있다. 이것을 가장 강력하게 표현한 것은 박종현 교수가 해설한 플라톤의 『국가』에 나오는 '동굴의 신화'이다. 이 신화는 진리를 깨닫는 일이 어두운 동굴로부터 밝은 광명 세계로 나올 때 경험하는 바와 같은 황홀함을 수반한다는 것을 시사한다. 이성에 의하여 납득되는 것이 이념이지만, 그것은 동시에 인간의 전인격에 호소한다.

소통, 공감, 역사　이것은 개인적으로도 그러하지만, 사회 전체적으로도 그러하다. 개인적 체험은 언어를 통해서 고정되고 대화 속에서 확인된다. 야스퍼스에게 진리의 궁극적 지평은 소통(Kommunikation)에 있다. 소통이라는 말은 이성적 합의가 진리의 요건이라는 것을 가리키기도 하지만, 동시에 사회적 교류의 기쁨이 그에 따름으로써 진리의 공동체적 확인이 이루어진다는 것을 말하는 것이라 할 수 있다.

물론 이러한 사고와 체험의 등장은 역사 속에서 일어난 사건이다. 인간 실존 자체가 역사적인 성격을 가지고 있다는 것은 야스퍼스가 되풀이하여 강조하는 것이다. 그러면서 다시 한 번 상기할 것은 주축 시대의 돌파라는 역사적 사건이 체험에 연결되어 있다는 점이다. 그 체험은 보편적 진리에 대한 깨달음 또는 존재의 드러남에 대한 경험이다. 그러면서 그 체험은 개인의 자각에 의하여 매개된다. 그때의 개인의식은 자신이 처한 상황을 똑바로 대면하는 의식이다. 그러면서 이것은, 앞에서 말한 바와 같이, 보다 큰 존재 속에서 진정한 자아를 찾고자 하는 자아의 의식이다.

자아의식과 역사의식의 인식론 야스퍼스의 관찰은 주축 시대의 사건을 사실적으로 설명하는 데에 그치는 것이 아니다. 자아의식은 주축 시대를 생각하고 이해하려는 노력 또는 일반적으로 역사를 이해하려고 하는 여러 노력 속에서 작용한다. 이 노력에서 얻게 되는 체험적 깨달음은 인식론적 의미를 갖는다. 이것이 이 부분의 맨 앞에 말한 의문, 재귀적 사유의 혁명이 참으로 일어났던가에 대한 답이 된다고 할 수 있다. 그것은 반드시 객관적 사실로 존재하는 것이 아니라 그러한 재귀적 체험 속에서 역사적 사실로서 확인되는 것이다. 그것은 개인적 체험으로 받아들여져야 하고, 그러면서 동시에 그것을 초월하는—그러니까 개인을 넘어서 보다 큰 역사 그리고 그 존재론적 바탕에 이르는 절차에 의하여 확인된다. 개인적 체험으로부터, 특히 감동을 수반하는 체험으로부터, 사유가 역사적 사실에 이르게 되는 과정을 야스퍼스는 다음과 같이 말한다.

이런 (감동을 수반하는) 사유로 하여 전체 인간(der ganze Mensch) 그것이 역사 연구의 수단이 된다. "각자는 자신의 마음속에 있는 것을 본다." 이해의 근본은 우리의 현재성, 바로 지금 여기, 우리 자신의 독자적인 현실이다. 그리하여 우리가 보다 높아지면 높아질수록 우리는 주축 시대를 더 분명하게 본다.

역사적 사건의 내용의 높낮이는 인간적 실존(menschliche Existenz)의 주체성에 의하여서만 파악될 수 있는 것이지만, 이 주체는 순전한 객체성 속에 스스로를 해체하는 것이 아니라, 통찰의 객체성 — 공동체의 측면에서 볼 수 있는 객체성 속에 스스로를 해체한다. 개인은 이미 그러한 객체성 속에 있을 수도 있고 그것을 찾으려고 노력하고 있을 수도 있다. 그 객체성, 객관성 속에서 스스로를 해체하는 것이다. 진리는 우리를 하나로 맺어 주는 그것이다.[9]

이렇게 개인적인 것, 시대적인 것, 역사적인 것, 그리고 공동체적인 것, 보편적인 관점에서 인간적인 것, 그리고 그 모든 것 아래에 놓여 있는 진리에 대한 추구가 하나가 됨으로써, 오늘의 인간은 주축 시대를 이해할 수 있게 된다. 주축 시대를 인간 역사의 획기적인 시대가 되게 하는 것은 이와 같은 정신적 존재로서의 인간의 추구가 등장하게 되었다는 사실이다. 그것은 개인적 체험이면서 동시에 보편적 진리를 향한다. 그리고 그것은 보다 구체적으로 모든 인간이 공유하는 것이 무엇인가 그것의 발견을 지향한다. 여기에서 모든 인간이란 다른 인간적 근거에서 다른 믿음을 가지고 있고, 우리와는 다른 의식을 가진 사람들을 포함한다. 그리하여 이러한 움직임의 목표는, 위에서 말한 바와 같이, 타자와의 "제한 없는 소통(grenzenlose Kommunikation)"이다. 이 소통에 열려 있음으로 하여 새로운 각성을 갖는 의식은 그 보편적 진리를 향한 움직임에도 불구하고 광신적 도

그마가 되지 아니한다.

15) 인식의 정신적 패러다임 위에 말한 것은 야스퍼스가 생각하는 주축 시대의 인간적 각성 그것과 동시에 객관적 진리의 인식의 방법을 정리해 본 것이다. 여기에서 강조되는 것은 주관성 또는 주체성이면서 동시에 그것이 자의적인 해석, 이념, 또는 주관적 인상이 아니라는 것이다. 그러면서도 사실 또는 주어진 사실을 그 자체로 받아들여야 한다는 것도 아니다. 사실 파악도 가치 판단에 의하여 구성되는 인식의 패러다임을 필요로 한다. 그 패러다임은 주관적인 것이면서 동시에 진리를 향한 인간의 정신적 지향 그리고 그 지향의 종착점에서 얻어지는 보편적 관점에 의하여서만 드러난다. 그리고 그것을 확인하는 것은 공동체적 소통이다. 야스퍼스의 역사 해석은 사실적 역사 연구, 해석학적 조명을 넘어가고 또 그것을 포함하면서, 그것을 지양(止揚)하고, 다시 인간 실존에 내재하는 진리에의 이끌림 그리고 정신성에의 열림을 그 동력으로 인정하고자 한다. 이렇게 다각도적인 관점과 입장을 수용하려 한다는 점에서 그의 역사 이해의 방법은 이해하거나 평가하기가 쉽지 않다. 이러한 점 또는 그 불가피한 취향은 야스퍼스 자신도 인정하는 것 ― 그러나 아이러니를 가지고 인정하는 것이다. 그의 저서의 첫 부분에서, 그는 인간 역사에 대한 그의 도식이 직관적인 것이라고 말하고, 또 그것이 하나의 신조(Glaubenthese) ― "인간은 하나의 근원과 목적을 가지고 있다."라는 신조의 테제에서 유래한다고 말한다. 이 근원과 목적을 우리가 분명히 알 수 있는 것은 아니다. 그러면서도, 그것이 다원적 의미를 가진 상징들 속에 명멸하고 있음을 우리는 느낄 수 있다. 철학은 이것을 해

명하려 한다.[10]

그러나 위에서 말한 바와 같이, 야스퍼스의 역사론이 반드시 주관적 주장을 내놓는 것이라고 할 수는 없다. 그것은 그것 나름으로 인간과 인간의 상황에 대한 철저한 사고를 통하여 도달하게 된 것이다. 보다 객관적이고 사실적인 역사 인식에 비하여 그것이 주관적이라고 한다면, 그것은 주어진 역사적 상황에 직면한 인간 인식의 모든 요소를 다 참고하고자 한 때문이다. 그것은 일반적인 인간 상황을 말하면서 동시에, 나치즘과 2차 대전의 지옥을 겪은 다음 그것으로부터 헤쳐 나오는 방법을 진지하게 밝혀 보려는 데에 관계될 것이다. 실존주의에서 흔히 말해지듯이 그것은 관심과 걱정(Sorge)을 포함한다. 여기로부터 그는 보편적 사고의 능력 — 그러면서 개인적인 실존의 진정성을 벗어나지 않는 보편적 사고의 능력의 확인이 상황 대응의 시작이라고 생각한다. 그 궁극적인 근거는, 사람의 마음의 깊이에 자리하고 있는 믿음 — 또는 그것이 이데올로기나 신앙적 도그마에서 나오는 것이 아니라는 점에서, 양심에 있다고 할 수 있다.

또 한 번의 인식론적 반성 2   지금까지 설명하고자 한 것은 야스퍼스가 말한 주축의 시대의 핵심적인 인간 체험 — 그리고 그것으로부터 시작하는 반성적 의식의 체험이다. 이것은 야스퍼스의 철학과 역사 이해 그리고 『역사의 근원과 목적에 대하여』의 기초에 있는 사고의 구조를 설명한 것이다.(또한 이것은 고전의 의의를 밝히는 데에도 관계된다고 할 수 있다. 사실 반성적 사고와 그 의의에 대한 그의 해석은 우리가 고전이라고 하는 사상가들에서 끌어낸 것이라고 할 수 있다.)

위에 말한 설명은 주로 『역사의 근원과 목적에 대하여』 첫 부분

주축 시대와 인간 존재의 형성

에 의존한 것이다. 나머지 부분은 다른 여러 사실들을 설명해 나가면서 위에 말한 철학적 테두리를 보강하는 것으로 읽을 수 있다. 이 책은 역사에 관한 책이고 역사철학이라고 하겠지만, 야스퍼스에게 더 중요한 것은 역사적 사실보다도 인간이 지향해야 할 미래의 목적을 제시하는 일이다. 그러면서 그것을 위한 지표를 역사에서 찾으려 한다. 그러나 야스퍼스는 훈육의 교사가 아니다. 객관성을 무시하면서 교훈으로 넘어가는 것은 철학자로서의 책무 — 철학의 기본적 방법으로서의 사실적 논리적인 사고를 버리는 것이다. 교훈이 있다면, 그것은 엄격한 인식론적 반성에 입각한 것이라야 한다. 그의 교훈의 객관성은 두 가지에 기초해 있다. 위에서 시사한 바와 같이, 진리에 이르는 길은 개인의 실존적 깊이를 통하여야 한다. 그 길은 보편성으로 통한다. 개인의 실존은 보편성에 이르러 스스로를 완성한다. 그리고 그 바탕 위에서 진리가 드러난다. 그러면서 그것은 개인적 실존의 완성에 일치한다. 물론 이 보편성은 영원한 명제로 표현되는 것이 아니라 끊임없이 새로 드러나는 사건이다. 그러면서 이 보편성이 주관적으로 확인되는 진리를 보증한다. 그리고 이것은 학문적 또는 과학적 객관성에서 드러나는 사실에 어긋나지 않는다. 가령, 새로 발굴되는 고대인의 유골은 하나의 사실이다. 그러나 그 의미는 이데알티푸스에 의하여서 구성되어야 한다. 이 이데알티푸스는, 막스 베버에서처럼, 어떤 역사적인 사실을 총체적으로 파악하는 데 도움을 주는 것이면서, 동시에 최고의 도덕적 정신적 가치를 포괄하고 있는 것이라야 한다. 부분적 현상의 이념적 재구성은 이 정신적 가치를 통하여 그 부분성을 드러낸다. 그리고 그 부분성이 보편성의 당위를 드러낸다. 이러한 복잡한 다층적 사고의 움직임으로 하여 야스퍼스의 역사적 사고는 끊임없는 인식론적 반성을 요구한다. 이러한 복잡한 인식론적 오퍼레이션을 마음에 두면서, 이제 보다 구체적인 사례를 통한 그의 역사 개관을 정리해 보기로 한다.

16) 지구의 역사, 인간의 역사, 주축 시대의 사건 야스퍼스에게 사람의 일을 가장 포괄적으로 보는 것은 인간의 정신의 관점이다. 그런데 이것은 실존의 깊이에 이름으로써 얻어지는 관점이다. 한 해설자의 표현으로는, "실존(Existenz)"은 "신화적인 표현"으로 말하건대, "영혼(die Seele)"이다. 또는 세계 존재에로 꿰뚫고 나아가는 현실이다. 그러면서, 그것은 "세계 존재 전체에 맞서는 존재" 자체이다.[11] 이 전체를 포용하는 "영혼"은, 야스퍼스 자신이 더 자주 쓰는 말로는 "정신(Geist)"이다. "정신은 지적으로 이해될 수 있는 사고, 행동, 느낌의 전체 — 스스로에게 갇혀 있는 지식의 대상이 아니라 (명징성과 연관을 부여하는) 이데아로 남아 있는 전체이다."[12]

그런데 야스퍼스가 포괄적인 눈으로 역사를 본다는 것은 이러한 총체적인 정신의 관점에서 역사를 본다는 것만을 말하지 아니한다. 전문적 역사가 제시하는 사실 또는 지리학의 사실적 증거를 설득력 있게 그리고 자세하게 제시한다고 할 수는 없지만, 그는, 지구의 역사, 생물의 진화, 지형을 포함한 인간 생존의 물질적 환경에 대한 전체적인 관찰도 시도한다. 기독교 성경의 창세기에 나오는 인간 창조의 이야기에 언급하는 경우가 있지만, 그것은 그의 신앙을 말하기보다는 지구상의 인간의 존재를 가장 넓게 보려는 그의 의도를 나타내는 것으로 말할 수 있다. 보다 현실적인 개관은 지구의 역사가 20억

년쯤에 시작하고,(현재 그것은 대체로 45억 년쯤으로 상향 조정된 것으로 보인다.) 인간의 역사가 10만 년 전쯤에 시작하였다는 관찰을 포함한다.(이것이 언어와 도구를 사용한 인간이라고 한다면, 오늘날의 상식은 이것을 5만 년 전쯤으로 하향 조정하는 것으로 보인다.) 야스퍼스는 강이나 산, 바다, 사막 등의 지형, 지리적 조건에 대하여서도 언급한다. 주축 문명이 발생한 서양, 중동, 인도 그리고 중국은 유라시아 대륙을 가로질러 연속되는 지역이라는 것도 주목의 대상이 된다.(간단한 언급이기는 하지만, 총괄적이라는 면에서는, 야스퍼스의 지형과 생태 조건을 내리 보는 눈은 재러드 다이아몬드의 탁견에 유사하다고 할 수 있다. 다이아몬드는 어떠한 지형적 요인으로 유라시아 대륙의 동서 축이 문명의 발상지가 되었는가를 설명한 바 있다.[13] 앞서 「오늘의 사상의 흐름」이라는 제목의 강연에서 김상환 교수는 알랭 바디우의 총괄적인 철학 판도에 대한 논의가 '지리학적'이라는 점을 지적하였다. 다만 여기의 지리는 지형학적인 관찰이 아닌 보다 추상적인 사상의 문화적 다기성(多岐性)을 말한 것이다.)

역사의 의미 이러한 점에 언급하는 것은, 야스퍼스의 역사관이 추상적이면서도 현실적 기초를 등한히 하는 것이 아니라는 것을 지적하기 위한 것이다. 이러한 긴 안목 — 지구의 시간 그리고 지구 위에 존재한 긴 시간의 관점에서 볼 때, 주축 문명의 반성적 사고가 등장한 것이 극히 최근이라는 사실은 야스퍼스에게는 경이의 대상이 된다. 그것은 소급하여 3000년 전에 시작되었을 뿐이다. 이것은 거의 하나의 계시와 같은 사건이라는 느낌을 그에게 가지게 한다. 역사 재구성에서의 인간의 주체적 관점을 강조하는 것도 이러한 느낌 — 그러면서 그 나름의 근거가 있는 느낌에 관계된다고 할 수 있다. 인간의 주체성이라는 것도 그러한 관점에서는 우주와 지구의 역사의 흐름 가운데 투입된 우연과 자의성에 기인한 사건이라고만 할 수는 없다. 역사도 이러한 기이한 관련에서 생각할 수 있다. 역사는 인간의 역사이다. 역사를 통해 인간은 인간이 된다. 역사는 인간이 인간이 되는 특이한 사건이다. 과거를 되돌아보는 인간이 없이는 역사는 존재하지 않는다. 이것은 야스퍼스의 독특한 역사 이해의 한 요소이다. 인간의 기억이 역사를 재구성하는 것인데, 그 재구성은 인간적 가치 선택을 포함한다. 그러면서도 선택은 반드시 자의적인 것이 아니다. 이가치는 역사의 전전(輾轉) 속에서 드러난다. 그러면서 인간의 깊은 심성에 불가항력의 의무가 된다.

17) 역사 이전의 시대 야스퍼스는 인류의 역사를 네 개의 시기로 구분한다. 그는 이것을 인간이 인간으로서 네 번을 새로 출발한 것으로 말한다. 첫째는 역사 이전의 시대(Vorgeschichte) 또는 선사(先史) 시대이다. 또는 그는 이것을 프로메테우스의 시대라고도 부른다. 이 시기에 언어, 도구, 불의 사용이 시작된다. 이러한 것들이 인간으로 하여금 처음으로 인간이 되게 하였다. 두 번째의 인간의 출발은 고대의 고도 문명(Die alte Hochkulturen)의 시대에 일어난다. 나일 강가의 이집트 문명, 메소포타미아, 인더스 강가의 인도 문명, 중국의 황하 문명이 여기에 포함된다. 세 번째가 주축 문명이다. 이때에 인간은 정신적 인간의 가능성으로 완전히 열리게 된다. 네 번째는 '과학 기술 시대(Das wissenschaftliche-technische Zeitalter)'이다. 지금 인간이 체험하고 있는 것이 그 형성 과정이다.

문화 기억의 상실, 전쟁과 이념화 인간의 역사는 이와 같이 여러 단계로 이루어지지만, 인간이 인간의 가능성으로 열리는 것은 주축 시대 이후이다. 야스퍼스의 생각에 인간의 인간됨은 그 의식 또는 한 발자국 더 나아가 그 정신성에 있고, 이 시기에 인간이 완전한 자의식을 갖게 된다. 그러나 그 이전의 시기가 오늘의 인간됨에 의미가 없는 것은 아니다. 인간 존재의 기본은 선사 시대에 이루어진다. 그 시기의 기초적인 충동과 특징이 인간 존재의 근본적 구조와 기반을 이룬다. 그 이후에 역사의 과정 속에서 이루어진 교육, 믿음, 지식, 기타 능력은 이것에 기초하여 발전한 것이다. 인간이 발전시킨 '역사적 유산'은 "인간이라는 화산 위에 엷게 씌워진 표피와 같다."[14] 이 선사 시대의 기반이 아직도 그대로 존재하고 있다는 것을 잊는 것은 위험한 일이다. 그러한 위험을 가장 잘 나타내는 것이 전쟁이다. 사람은 돌도끼 대신에 비행기를 무기로 전쟁을 벌이는 석기 시대로 돌아갈 수도 있다. 그러한 사태가 일어나는 것은 사람이 문화의 유산에 대한 기억을 상실하는 일에 관계된다.(이것은 야스퍼스가 경험한 나치 시대의 야만성을 생각하여 말하는 것일 것이다. 정신과 의사로 출발한 야스퍼스에게 정신 질환은 이 선사 시대의 화산의 존재를 확인하게 하는 가장 직접적인 체험이었을 것이다.) "(인간사에 대한 단순화된) 개념적 해석, (그것으로부터 만들어지는) 세계상, 가치화, 폭력"도 문화유산의 상실을 가져온다. 다만 이것은 종종 드러나지 않는 상실이다.[15]

　　선사로부터 역사에로　어떤 경우에나 이 문화유산과 대조되는 선사 시대에 이루어진 인간 존재의 기반을 분명하게 인지하는 것은 중요한 일이다. 그런데 기록을 남기지 않은 선사 시대, 또는 반성적 의식이 성립하지 못한 시대의 일을 어떻게 알 수 있는가? 선사 시대를 생각할 때 낭만주의자들은 흔히 낙원의 환상을 갖는다. 그러나 그것은 허상일 뿐이다. 이에 대하여, 과학적 연구 — 민족학, 민족지학, 역사 그리고 심리학적 성찰이 우리의 "내면을 비추는 거울"이 되어, 원시적인 인간성을 짐작할 수 있게 한다. 사람은 동물의 경우나 마찬가지로 원시적인 선의를 가질 수도 있지만, 악의 또는 고통을 가하는 것을 즐길 수도 있다. 생물학적인 관점에서 볼 때, 사람은 동물이나 마찬가지로 지능과 우둔함을 함께 가지고 있다. 이것이 지양되어 인간됨의 기초로서 발전하기 시작하는 것이 역사의식이다. 그것으로부터 문화유산이 쌓이기 시작한다. 그리고 그것으로부터 인간의 인간됨이 시작한다. 인간이 동물과 달리 문화와 역사의 존재가 되는 데에는 여러 가지 생물학적 특징이 그에 관계된다고 생각할 수 있다. 뇌의 용량이 크다거나, 미완성된 상태로 태어남으로 하여 문화적으로 성장할 수 있는 시간을 가지게 된다거나 여러 가지 것들이 흔히 말하여진다. 그러나 야스퍼스의 생각으로는 인간으로 하여금 인간이 되게 하는 고유한 특성은 문화이다. 그의 표현으로, "인간이 문화를 만드는 것이 아니라 문화가 인간을 만든다."[16] 이 생물학적 기초에 서 있으면서 그것을 넘어 인간은 "정신의 자유로운 행위와 창조를 통한 의식적이며 빠른 변용으로써 역사를 만든다."[17] 야스퍼스는 여기에 움직이고 있는 것이 정신(der Geist)이라는 것을 확인한다. 그리하여 처음에 세계사의 구도를 설명하면서 말하는 바와 같이 그에게 역사의 근원은 "인간의 창조"에 있으며, 역사의 목적은 "영원한 정신의 영역"에 있다.[18]

인간의 보편적 역사 그런데 이렇게 말하면서 또 한 가지 주목하여야 하는 것은 이러한 역사의 진전이 지역적으로 이루어지는 것이 아

주축 시대와 인간 존재의 형성

니라 세계적으로 이루어진다는 것이다. 그에게 역사는 인간이 지구에 거주하게 된 전(全) 시간을 의미하고, 또 전 지구, 전 인간을 포괄한다. 그러니까 야스퍼스의 생각에는, 지역에서 일어나는 인간화의 역사는 전 지구, 전 인간을 대표하여 일어나는 역사이다. 역사는, 지역의 일이면서도, 보편적인 의미를 가진 인간 현상이고 우주적인 현상이다. 주축 시대는 지구의 여러 지역에 걸쳐서 일어난 일이면서 점진적으로 세계 전역으로 확산되어 간다. 이것은 구체적으로는 지구의 인간이 모두 하나가 된다는 것을 말한다.

하나가 되는 역사　야스퍼스는, 인류는 하나가 아니라 하나가 되어 가는 것이라고 생각한다. 여기에서 일어나는 한 가지 물음은 인간이 당초부터 하나의 종을 이룬 것인가 하는 것이다. 야스퍼스는 이것은 사실적으로 확인할 수 없는 일이라고 한다. 그러나 인간의 종족들이 서로 피를 섞으면서 혼종화되어 온 것은 부정할 수 없는 역사적 사실이다. 순수한 종족은 존재하지 않는다.(이것은 나치즘의 인종주의에 대한 야스퍼스의 강한 비판으로서 특별한 의의를 가지고 있다.) 그런데 모든 인간의 하나 됨은 무엇보다도 "인간이 서로 이해할 수 있다는 것, 인간은 모두 의식이며 사유이며 정신이라는 것"에 근거한다. "인간과 동물과의 사이에는 깊은 심연이 있는 데 대하여, 인간은 다른 모든 인간에 대하여 가장 내면적인 혈연관계를 가지고 있다." 이것은 역사적으로 발전해 나온 믿음이기도 하다. 말하자면 이 믿음의 발전이 역사의 큰 뜻이라고도 할 수 있다. 이 믿음에서 다시 하나의 소망 또는 의지가 자란다. 사람에게는 다른 사람에게 수단이나 자연이 아니라는 생각이 있다. 사람은 그 자신을 마음 깊이에서 그렇게 느낀다. 그리고 다른 사람에게서 그것을 확인한다. 자신 그리고 다른 사람이 수단이 아니라는 것은 내가 내면 깊이 의식하는 것이고 그것을 받아들이는 것이 인간으로서의 의무가 되는 것이다. 그러면서 이러한 의무감은 그것을 적극적으로 받아들이는 정신의 결단에 이어져 있다. 식인(食人)의 습관, 인종 학살은 끝이 난 것 같으면서도 언제나 다시 일어날 수 있는 일이다. 인간이 된다는 것은 전 인간의 유대에 동의한다는 것을 말한다. 이것은 내면적으로 느낀 절실한 자기의식의 공감적 확장에서 저절로 이루어진다. 사람이 가장 멀리 있는 인간과 소통하는 것에서 만족을 느끼는 것은 이러한 절실한 자기 인식, 인간 동질감의 의식 때문이다. 이러한 관련에서 렘브란트는 흑인을 사람으로 그리고, 칸트는 사람을 수단으로가 아니라 목적으로 대하여야 한다고 말하게 된다.[19]

다시 역사 인식론 3　선사 시대를 설명하는 부분에서의 야스퍼스의 이러한 결론은 그가 객관적 사실을 버리고 윤리적 훈계로 옮겨 간 것으로 보일 수 있다. 앞에서 그는 역사가 하나라는 사실이 그의 믿음에서 나온다고 말하였다. 이것은 다시 소망과 의무로 이어진다. 믿음, 소망, 의무와 같은 말이 객관성을 떠난 자의성을 띠는 것을 부정할 수는 없으나, 앞에서 말한 바와 같이, 이것은 그의 인식론 — 깊은 실존적 깨달음에 그 뿌리를 두는 인식론에 의하여 그 나름으로 정당화된다. 그러면서 앞에서 우리는 주관적 느낌, 깊은 느낌 또는 깨달음을 포함한 야스퍼스의 진리 인식이 반드시 사실이나 현실을 떠난 것은 아니라고 말한 바 있다. 선사 시대의 이후의 역사를 다루는 부분에서도 그의 가설적 인식론은 동시에 사실적 지시(reference) 그리고 그것의 이념적 구성으로 이어진다.

　　　　　　　　　　　　주축 시대와 인간 존재의 형성

18) 고대 고도 문명: 말의 등장   야스퍼스의 세계사 구분에서, 고대의 고도 문화 또는 문명(Die alte geschichtlichen Hochkulturen)은, 그 오랜 지속에도 불구하고, 주축 시대에 이르는 과도기에 해당한다. 주축 시대를 위한 많은 준비가 이때에 이루어진다. 수메르, 바빌로니아, 에게 해 지역, 아리안의 이동이 있기 전의 인더스 지역, 중국의 황하 지역에서 인간이 일정한 조직으로 묶이고, 국가가 이루어지고 예술이 생기고 문자가 생겨난다. 그러나 이들 문명에는 "주축 시대의 특징으로 이야기하였던바, 그리고 우리의 인간 존재를 새로운 인간 존재로서 기초하게 한 정신 혁명이 결여되어 있었다."[20]

문명의 사실적 원인   고도 문명이 성립하는 데에는 여러 물리적 원인들이 있다. 이미 말한 대로 조직이 만들어지는 원인으로는 관개와 홍수 대책들이 필요했고, 사람들이 스스로를 하나의 민족으로 의식하게 되는 데에는 같은 언어를 사용한다는 사실이 있어야 하고, 침공해 오는 유목 민족에 대한 방어의 필요도 느껴야 한다. 거대한 제국들이 성립하게 되는 것도 이에 관계된다. 흥미 있는 관찰의 하나는 인간사에 말(馬)이 등장하게 된 사실에 관한 것이다. 말을 부리는 데에는 특별한 제어술과 용기가 있어야 한다. 그런데 그것이 전환의 계기가 되는 것은 그보다는 정신적으로 사람을 한군데의 토지에 얽매여 있는 것으로부터 해방하였다는 것이다. 그리하여 말은 사람에게 "거리와 자유"를 준다. 19세기 중반 미국에 일어난 역사적 변화를 『교통 혁명』이라는 제목의 저서로 종합한 것이 있지만, 교통의 발달로 높아지는 가동성이 거리를 조정할 수 있게 하고, 신체와 마음의 자유의 폭을 넓혀 주는 효과를 갖게 한다는 것은 틀리지 않는 말일 것이다.(이러한 가동성이 가속화된 것이 오늘의 사회이다. 교통수단의 가속적 발달에 더하여 전자 매체의 발달은 모든 인간에게 소통의 범위를 세계화하는 결과를 가져왔다. 이것은 인간 조건의 혁명적 변화를 가져오고 있다고 할 수 있다. 그 의미는 아직 분명하게 짐작할 수 없는 것으로 보인다.) 이러한 현실의 요소들의 의미는, 야스퍼스에게는, 무엇보다도, 그것이 가져온 정신적 변화에 있다. 거리와 자유는 물질적 조건을 말하기도 하지만, 정신이 주어진 현실에서 거리를 유지하고 보다 자유롭게 생각할 수 있게 되었다는 것을 말한다. 즉 보다 큰 사유의 가능성 — 그리고 물론 그에 따른 현실 변용의 가능성이 열리게 된 것이다. 가령 의식이 문자의 발명으로 보강되는 기억을 통하여 주어진 현재를 떠나 보다 긴 시간을 생각하고 동시에 시간의 무상함과 영원을 생각할 수 있게 되는 것도 그러한 가능성 속에서 실현된 것이다.

정신의 해방과 예속/ 서기의 위치   그러나 다음에 이어지는 시대의 전환에 비하면, 이러한 정신의 해방은 제한된 것이었다고 하는 것이 옳다. 고대 문명 시대에 의식이 깨어났다고 하더라도 그것은 진정한 의미에서의 반성적 이성이 생겨난 것을 뜻하는 것은 아니다. 이 시대에도 뛰어난 개인들이 출현했다. 그리하여 인간 역사에서 처음으로 지도자가 생기고 현자가 생긴다. 그러나 그러한 사람들의 정신은, 야스퍼스의 생각으로는, 범용한 다수 대중의 압력 속에서 질식한다. 문자를 통하여 조직과 체제를 유지하는 데 빼놓을 수 없는 것이 서기(書記)들이다. 서기들은 귀족의 특권적 위치를 차지하게 된다. 그러나 이들은 질문의 대상이 될 수 없는 현실 질서 속에 얽매여 있는 사람들이었다. 그들은 참으로 새로운 탐구에 종사하는 것이 아니라 마술적 성격의 경전의 지식을 수호하는 사람들이었다. 그들이 새로운 의식의 합리성을 나타낸다고 하여도 그것은 "특별한 기술적 이성을 말하고, 진정한 성찰이 들어 있지 않는 (……) (어떤 종류의) 몽매(蒙昧)를 벗어나지 못한 이성과 함께 존재하는 (합리성)이었다."[21]

역사, 물음, 결단 그리하여 전체적으로 보건대, 이 고대 문명의 시기는 참으로 의식이 깨어난 시대가 아니다. 여러 문명들이 존재하였음에도 불구하고 그것을 하나로 통일된 것으로 볼 수 없다는 것도 그것을 나타낸다. 즉 문명이 보편적 차원에 이르지 못한 것이다. 역사가 제대로 시작된 것이라고 할 수도 없다. 역사는, 야스퍼스의 생각으로는, 큰 물음의 대상으로 성립한다. 물음에 답하고 그에 따른 결단 (Entscheidung)을 행하면, 역사가 생겨난다. 그러한 내적인 과정이 없이는 그것은 단지 사실의 연속일 뿐이다. 고대의 고도 문명의 기간 중에는 수천 년이 지나도 큰 정신적인 움직임이 없다. 많은 것이, 재난으로 중단되었다가, 되풀이되어 다시 시작하여 옛날로 돌아갈 뿐이다. "수천 년에 걸친 이 기간 중의 이야기에는 일어나는 일은 많지만, 그 사건들은 인간 존재에 대한 역사적 결정의 성격을 지닌다고 할 수 없다."[22]

19) 주축의 시대와 그 후속 결과 『역사의 근원과 목적에 대하여』의 머리 부분에 이미 주축의 시대의 본질이 무엇인가에 대하여서는 거의 충분할 정도로 설명이 되어 있다고 할 수 있다. 그리고 우리가 개관한 것은 그것을 바탕으로 한 것이었다. 이 책의 제5장에 해당하는 '주축 시대와 그 후속 결과'는 여기에서 자세히 설명할 필요가 없을는지 모른다. 기본 개념은 이미 나왔다. 그러나 선사 시대에 관한 부분에서

나 마찬가지로 이 부분을 돌아보는 것은 한편으로는 야스퍼스의 주축 개념을 되뇌는 것이 되면서, 또 다른 보충 설명과 사실을 통해 그것의 역사적 연계와 뉘앙스를 추가하는 것이 될 것이다. 사실 주축 시대에 일어난 변화는 그 후속 결과에서 더 분명해진다고 할 수 있다.

반성적 사고   되풀이하건대, 주축 시대를 규정하는 것은 반성적 사고의 대두이다. 이것은 모든 것으로부터 거리를 유지하며 물음을 묻고 그에 대한 답변 — 진리 또는 보이지 않는 존재에 대한 탐구를 시작한다.(모든 것의 근본을 야스퍼스는 존재(Sein)라고도 하고, 우리를 에워싸고 있는 모든 것, 포괄자(包括者, Umgreifende)라고도 한다. 『진리론(Von der Wahrheit)』 참조.) 전제가 되는 것은 인간됨에 일어나는 변화이다. 인간의 자기 변용은 이러한 물음의 과정의 사건이라고 할 수도 있다. 이 과정에서 사람은 "요지부동의 자아로부터 스스로 있는 존재(Existenz)가 되고 그에 기초하여 자유로운 인격이 된다." 자율적인 인간이 되는 것이다. 그리고 인간과 세계 존재와 존재 자체에 대하여 알게 되고, 초월(Transzendenz)을 의식하게 된다.[23](여기의 요약은 본격적 주축 시대 이후 서구에서 다시 더욱 강화된 내용이라고 야스퍼스가 말한 것에 기초한다.)

한계 상황과 도약   이렇게 하여 사람이 살아가는 방식 — 그것을 통괄하는 정신의 상태가 전체적으로 바뀌게 되는 "도약(Durchbruch)" — 새로운 삶의 방식으로, 새로운 주축 시대로의 도약이 일어난다. 선사 시대에 비하여 이 과정은, 첫 도약에서나 후속의 재생(再生)에서나, 끊임없는 움직임과 변화와 갈등의 과정이다. 움직임 속에서, 역사가 시작된다. 그것은 물론 내적인 변화를 동반한다. 그리고 많은 것은 새로 시작되어야 한다. 이러한 과정이 순조로운 것일 수는 없다. 야스퍼스

주축 시대와 인간 존재의 형성

에게 진실된 존재의 방식은 언제나 극단적인 모순이 서로 부딪고, 그 가운데에서 실존적 결단을 요구하는 한계 상황(Grenzsituation)이다. 가령 개인에게 죽음, 고통, 싸움, 죄 등이 그러한 한계 상황을 구성한다. 집단적 삶에서는 질서의 붕괴와 혼란의 여러 사건들이 그것에 해당할 것이다. 그러면서 그것은 삶의 방식을 명료화하고 새로운 가능성으로 나아가는 계기가 된다. 주축 시대에로의 도약에 내포된 모순의 과정을 야스퍼스는 다음과 같이 설명한다. 이것은 원래의 도약에 후속하는 게르만-라틴족들의 역사와 관련하여 말한 것이다. 그러면서 이 지역 역사는 주축 시대의 전형(典型)으로 간주되기 때문에, 이것은 그대로 그 본질을 지적하는 것이기도 하다. "인간 존재의 극한적 긴장, 한계 상황의 명료함, 도약 시대에 시작되었다가 후기 고대에 거의 다시 가라앉았던 모든 것이 같은 깊이로, 어쩌면 보다 큰 넓이로 완성된다. (……) 사람의 가능성에 대한 새로운 탐구가 시작되는 것이다."[24] 즉 "긴장"과 "명료함", "가능성" — 이 세 가지가 도약 시대의 어려움과 열림의 특징이다.

　게르만-라틴족의 도약　위에서 말한 바와 같이, 이러한 주축 시대의 성취는 게르만-라틴 계열의 종족 사이에서 일어난 것인데, 대체로는 유라시아 전반에 그대로 해당되는 것이다. 게르만-라틴 종족들은 미개한 유목민이었다. 그러나 그들은 새로운 문명에 부딪침으로써 한결 더 높은 도약을 하게 된다. 계기가 된 것은 이동과 불안정이다. 중국이나 인도는 이에 비하여 비교적 안정된 상태가 계속된다. 거기에서도 문화와 정치의 중심이 이동하고, 역사를 담당하는 종족이 여러 번 교체된다. 그런 점에서, 야스퍼스는 완전히 주축 시대로의 도약을 비켜 나간 바빌로니아나 이집트에 비하여, 중국이나 인도는 정신적으로 유럽에 근접한 곳이라고 말한다. 다만 1500년대 이후, 유럽은 문예 부흥과 혁명을 경험하면서 어느 때보다도 비약적 발전으로 들어서는 데 대하여, 중국과 인도는 문화적 쇠퇴를 경험하게 된다.

일단 주축 시대의 도약에 접하게 되면 사람들은 그 강력함과 깊이에 감명을 받고 거기에 합류하지 않을 수 없게 된다. 듣고 알고 하는 능력을 가지고 있는 한, 그 정신이 열어 주는 무한한 가능성을 깨닫게 되는 것이다. 그리하여 그들은 도도하게 흘러가게 될 인간의 역사에 합류한다. 주축 시대의 도약은 "인간 존재의 신성한 봉헌과 시작(Einweihung des Menschenseins)"이다. 이것을 거쳐 사람들은 본격적인 역사 속으로 들어간다. 그러나 이 봉헌이 비밀한 가르침이 되는 것은 아니다. 그것은 시험되고 검증될 수 있고, 누구에게나 열려 있다. 그것은 스스로를 새로 바꾸는 사람 누구에게나 열려 있다. 언제나 새로워지는 봉헌은 "해석하고 습득하는 데"에서 다시 일어난다. "의식적인 전수, 권위 있는 고전, 학습이 필수적인 삶의 수단이 된다."[25]

고전 시대에 이어, 계승된 주축 시대의 도약은 오늘날까지 계속된다. 그런데 고전 시대의 원형을 전수하고 재활성화하는 데에 핵심적 역할을 하는 것이, 적어도 야스퍼스의 관점에서는, 위에서 지적한 바와 같이, 게르만-라틴 종족이다. 그리하여 『역사의 근원과 목적에 대하여』에는 "인도 게르만 민족의 의미", "서양의 역사"라든가 "서양의 특성"과 같은 부분들이 있다. 요즘 흔히 쓰이는 말로 이것은 '유럽 중심주의'의 오만을 드러내는 것이라고 할 수도 있지만, 보다 순수하게 주축 시대 도약의 핵심적 의미를 밝히려는 의도를 가진 것이라고 할 것이다. 또 반드시 국수주의적인 의도를 가진 것으로 취할 수는 없는, 나치즘과 패전의 고통을 겪은 독일 국민에게 그 역사적 사명 — 인류 역사의 정신을 계승하는 역사적 사명을 깨닫게 하려는 것이라고 할 수 있다.

20) 서유럽의 도약/ 그 특징, 다원적 요인의 긴장과 융합   서유럽의 특성은, 간단히 말하면, 다양한 요소를 하나로 종합하는 힘에 있다고 할 수 있다. 요즘의 용어로 말하여, 혼종 융합(hybridization)에 능한 것이다. 그러면서도 그것은 긴장과 대결을 완전히 극복한 것이 아니라 그것을 교묘하게 하나로 융합한 것이다. 유럽은 양극성(兩極性)을 지닌 문명이다. 그것은 스스로와 타자를 구분하면서 사고한다는 말이다. 희랍인은 희랍어를 사용하는 사람들과 그것을 말하지 못하는 바르바로이, 야만인을 구분하였다. 중국의 화이(華夷) 구분은 우리가 익숙하게 아는 바와 같다. 서유럽인은 다른 종족과 자신을 구분하면서, 동시에 스스로 안에도 양극을 지닌다. 자신 안에 존재하는 양극은 반드시 철저한 대치 관계에 있는 것은 아니다. 이 내부 분열의 양극은, 폭파의 위험을 지니면서, 창조적 에너지를 위한 원천이 된다. 유럽 역사에서 볼 수 있는 단절과 계속의 반복도 이러한 교차하는 양극성의 표현이다. 그 과정에서 기원전 500년으로부터 기원후 500년까지에 서방이라는 단위가 의식적으로 형상화된다. 그리고 다시 서양이 동서로 갈라지고, 서방의 문명이 동유럽과 달리 1500년까지 계속된다. 자주 있었던 민족 이동도 단절과 연속의 반복을 보여 준다. 서기전 2000년경에 인도·게르만어를 말하는 민족들이 인도와 페르시아 그리고 이태리와 희랍에 들어가고, 기원전 1000년쯤부터 로마 제국이 막고 있

던 북방의 민족들 — 켈트족, 게르만족, 슬라브족, 터키족, 몽고족들이 유럽으로 들어간다.

서유럽 문명의 세 원천   그런데 민족 이동으로 서유럽에 형성되는 정신적 사고의 틀을 야스퍼스는 세 가지로 요약하여 말한다. 첫째는, 인도 게르만 족이 아니라, 유태인들로부터 유래하는 기독교이다. 그것은 인간 정신의 가장 거대하고 높은 조직이라 할 수 있다. 그다음, 희랍에서 나온 것이 "사고의 철학적 폭과 해명력(解明力)"이다. 그리고 로마로부터는 "조직의 에너지와 현실 세계 속의 지혜"가 나온다. 여기에서 교회는 일단 이러한 요소들을 하나로 묶는 중심이 된다. 그럼에도 불구하고 이 통합에 완전히 성공하지는 못한다. 교회의 정신적 권력은 세속 권력과 싸움을 계속한다. 그리하여 서유럽에서 종교는, 비잔티움의 기독교 교회나 아랍 세계에서의 이슬람처럼, 도그마로 굳어지지 아니하고, 오히려 세속 권력에 대항하는 하나의 축이 된다. 그리고 교회는 그 자체에 대하여도 싸우게 되는 자유 수호의 동력이 된다. 야스퍼스의 설명으로는, 서유럽의 정치는 완전히 종교를 벗어나지 않는다. 정치는 종교를 그 나름으로 받아들이면서, 그것을 세속의 삶 속에 — 아마 세속의 필요를 수용하면서, 구현해 보고자 한다. 그러니까 반드시 갈등과 긴장이 없는 것은 아니면서, 하나의 종합을 시도하는 것이다. 야스퍼스의 표현에 따르면, "큰 정치인들은 경건한 인물들이었다." 그러면서 그들은 그들의 힘을 "일시적인 권력 의지"의 실현이 아니라 "윤리와 종교가 삼투되어 있는 삶과 국가의 형태"를 실현하는 데 사용하고자 했다. 종교의 영향이 권력에 의의를 부여하고, 정치는 종교 안으로 세속적인 삶을 — 아마 그것을 지나치게 단순화하지 않고 ─ 끌어들이려 한 것이다. 서유럽에서, 다면성, 다원성은 이렇게 유럽 문명의 동력이 된다. 그러면서 그것은 중세 이후 "자유의 원천"이 된다.

서유럽 문화의 동역학 되풀이하건대, 전반적으로 서양의 전통은 여러 요소와 여러 문화의 단절에 대결하면서 다시 그것을 융합하고 그 자체의 연속성을 유지함으로써 형성된다. 중국과 인도가 스스로의 과거와의 연속성 속에서 새로운 도약을 하게 되는 데 대하여, 희랍은 이질적인 동방적 과거를, 그리고 북방 민족은 그들에게 생소한 지중해 문명을 수용하면서 스스로의 지속성을 유지한다. 이렇게 하여 선행하는 낯선 문화를 변형하면서 스스로의 연속성을 유지하는 것이다. 그리하여 이질적인 것을 스스로 안에서 자원화하고, 그것의 자극으로 도약하는 것이 유럽 문화의 특성이 된다.[26]

헤브라이즘, 헬레니즘, 인문주의적 교양의 이상 조금 더 다른 요소를 붙여, 다시 정식화하면, 서양은 기독교와 고전 시대 ─ 후기 고전 시대가 변형한 기독교와 고전 시대의 기반 위에 세워진 문명이다.(보다 쉬운 이름을 붙이면, 다른 사상가가 말한 바와 같이, 헬레니즘과 헤브라이즘의 혼합이 근본이 되는 것이다.) 그 문명은 되풀이하여 성서의 종교와 희랍의 본질적 형태를 수복(收復)해 보고자 한다. 여기에 로마의 스키피오로부터 시작한 인문주의, 여러 변화에도 불구하고 오늘날까지 계속되는 교양 의식이 추가 된다.

그러나 이 교양 의식은 고정된 것이 아니고 계속적으로 스스로를 새롭게 한다. 고전 시대를 새롭게 한 르네상스나 기독교를 새롭게 한 종교 개혁 등이 그 예이다. 이 두 개혁의 움직임은 세계사의 주축을 알리는 일이었다. 야스퍼스는 세계사에서의 인도 게르만 문명의 위치를 돌아본 다음, 그 자신 또는 당대의 유럽인에 대하여 이러한 문명의 유산이 갖는 의의를 다음과 같이 요약한다. "1500년에서 1830년에 이르는 세계사의 시기는 위대한 인물, 창작된 불후의 시와 예술, 깊은 종교적 충동, 최종적으로, 과학과 기술의 새로운 창조로 뛰어난 시기이다. 이것은 우리 자신의 정신적 삶의 전제이다."[27]

(조금 추가하여 말한다면, 야스퍼스가 말하는 다원인(多原因)은, 방금 말한 바와 같다. 그러나 세 가지 정신적 근원으로 요약된 것 외에, 다른 요인들도 추가될 수 있을 것이다. 중국의 과학사가 조지프 니덤은 유럽의 근대 과학이 보다 앞섰던 중국의 과학을 압도하게 된 하나의 원인이 다민족 다국가 체제에 있다고 말한 바 있다. 가까이 등을 맞대고 있는 여러 개의 다른 국가들은 사고의 다양성에 다른 정도의 보호를 허용하는 틀이 되었다. 사고의 자유로운 도약을 위한 하부 조직이 된 것이다.[28] 야스퍼스도 반드시 유럽의 다면성을 세 원류로만 한정하는 것은 아니다. 니덤이 언급한 바와 같은 과학의 발전에 그것을 연결하지는 않지만, 야스퍼스의 서양 역사의 정신적 서사적 파악에도 종족이나 문화 시대 교체의 다양한 병존에 대한 언급이 있다.)

21) 서양 문명의 특징/ 야스퍼스의 요약의 요약 『역사의 근원과 목적에 대하여』는 세 부분으로 이루어진다. 첫 부분은 위에서 간추려 보려 한 바와 같이, 주로 '주축 시대'의 개념을 설명하고 그에 해당하는 역사 시대를 살펴보는 것이고, 두 번째는 오늘의 시대, 또는 야스퍼스의 당대의 인간학적 의미를 살피는 것이고, 세 번째는 역사가 무엇인가를 반성해 보는 것이다. 주축 시대에 관한 부분은 이 책의 3분의 1이 될 뿐이다. 책의 나머지 부분은 20세기 이후에 대한 그의 생각

을 담고 있다. 사실 이 책에 대한 그의 발상은 이 당대의 상황과 문제를 포괄적으로 조명하려는 데에 있다고 할 수 있다. 그는 주축 시대에 일어난 역사적 변화가 참으로 인간의 인간됨에 기초가 되었다고 생각한다. 개체적 존재로서 또 집단적 또는 전체적인 인간 존재로서, 진정한 존재 방식이 계시된 것이라는 것이다. 주축 시대와 관련하여 그가 말하고자 한 것은 인간 존재에 대한 시대를 넘은 철학적인 진리이다. 이 철학적 성찰의 핵심은 이 첫 부분에 들어 있다. 위에서 우리가 시도한 것은 『역사의 근원과 목적에 대하여』의 야스퍼스의 역사 서술의 첫 부분을 간추려 보려는 것이었다. 그런데 야스퍼스는 이 부분의 끝을 마무리하면서 그 요지를 다시 되살펴 본다. 이것은 앞에 말한 것을 되풀이하는 것이라고 할 수 있다. 사실 야스퍼스는 같은 주제를 되풀이하는 경우가 많다. 그러면서 거기에 새로운 뉘앙스들이 추가된다. 우리도 되풀이의 혐의를 피하지 못하면서도, 이 요지를 다시 요약해 보기로 한다.

과학 시대의 도래와 그 위험 야스퍼스는 서양 문명의 특이성(Das Spezifische)을 설명하고자 한다.[29] 핵심은, 위에서 살핀 바와 같이, 다양한 요인이 공존하고 그것들의 독자성에 대하여 긴장을 유지하면서, 다시 그것들을 자체적 일관성 속에 하나로 통합하는 과정이 서양 역사의 과정이라는 것이다. 그 끝에 오는 것이 일찍이 볼 수 없었던 과학과 기술의 발전이다. 그런데 이것은 주축 문명의 핵심을 흔들리게 하는 일이 된다. 과학과 기술의 발전은 삶의 외면은 물론 내면에 큰 변화를 가져온다. 존재의 기초가 되돌릴 수 없게 완전히 새로 설정되는 것이다. 이것은 게르만-라틴족으로부터 시작된 것이지만, 세계적으로 확산되는 현상이 되고, "참으로 보편적이고 참으로 전 지구적인 인간의 역사"가 시작되게 한다. 그리하여 서양에서 시작한 과학과 기술을 흡수하지 않고는 다른 민족들도 세계사의 흐름에 참여할 수 없다. 그것은 새로운 가능성과 함께 새로운 위험을 내포한다. 야스퍼스가 이 점을 강조하는 것은 아니지만, 세계가 현실적으로 또는 지적인 차원에서 서양의 지배하에 들어간다는 것도 그 위험의 하나이다. 그 외에도 물론 많은 위태로운 일이 벌어질 가능성이 생겨난다. 앞에서도 시사한 바와 같이, 과학 기술의 큰 위험은 그로 인하여 인간의 인간됨이 약화되고 사라질 수 있다는 것이다.

　반성적 사고에서 과학으로/ 서양 문명의 아홉 가지 동인(動因)　서양으로 하여금 과학 기술의 도약의 주인공이 되게 한 서양의 특성은 무엇인가? 위에서도 살펴보았지만, 그것은 다양한 사실들을 긴장을 유지하면서 교환하고 통합하는 힘이다. 이것은 강하고 유연한 주체 과정을 나타낸다. 이것이 과학으로 나아가는 역사 과정을 가능하게 한다. 야스퍼스가 가려내는 요인들을 더 자세히 열거해 보기로 한다. (1) 첫째의 동인은 지리에 있다. 반도, 섬, 들고 남이 심한 해안선, 평지, 고지, 사막과 오아시스, 지중해 기후와 알프스와 그 이북의 보다 심한 한란 격차가 있는 지역을 두루 포함한 것이 유럽이다. 이것은 인도나 중국의 광대하게 연속되는 대륙과 대조된다.(물론 이것은 시각의 차이일 수도 있다. 멀리서 보면 많은 것이 구체적 다양성을 잃어버리고 하나로 합치게 된다.) 지형적으로 다양한 땅에 다시 다언어의 다민족이 이동하고 거주한다. (2) 두 번째의 동인은 자유의 이념이다. 이것은 희랍에서 시작하여 서유럽의 역사에 계승되는 당위가 되었다. 희랍에도 종교가 있고 비교(秘敎)의 사제(司祭)가 있었지만, 그것보다는 국가(polis)와 그 기초로서의 자유의 이념이 유럽을 위한 유산으로 전승되었다. 그리고 그것은 인류 전체가 받아들이는 보편적 정치 이념이 되었다. 이것은, 야스퍼스의 관점에서는, 서유럽을 인도나 중국과 구별하는, 독특하면서 보편적 의미를 갖는 유산이다. (3) 세 번째의 동인은 합리성이다. 이것으로 하여 인간의 사고는 일관된 논리와 사실 검증의 요청에 열리게 되고, 거기에서 나오는 생각이 누구에게나 열려 있는 것이 된다. 중요한 역할을 한 것은 수학과 논리학이다. 희랍으로부터의 이 유산은 중세가 끝나고 나서 보다 큰 역할을 하게 되고 서양의 과학적 탐구의 기반이 된다. 합리성은 연구자나 연구에서 폐쇄성을 요구하지 않는다. 그것은 언제나 비판적 사고에 열려 있다. 과학에서의 지적 탐구는 "전체로서의 미완 상태(staendige Unfertigkeit im Ganze)"를 전제한다. 이 말은 모두가 완성되어 있는 것이 아니라는 말로도 취할 수 있고, 전체라는 틀 속에 미완비가 들어 있다는 것, 즉 한없이 열려 있으면서도 일정한 테두리 속에 있다는 말로도 취할 수 있다. 과학적 탐구와 그 합리적 엄밀성을 야스퍼스는 다시 확대하여, 그것이 과학 자체를 넘어 법치 국가의 이념에 연결되고 정확한 계산에 입각한 경제의 이념에 연결된다고 본다.

그다음의 특징들은 객관화할 수 있는 특성들에 비하여 야스퍼스 고유의 조금 더 철학적인 조건들을 말한다. (4) 네 번째의 동인 또는 특성은 "개체적 인격적 자아의 의식화된 내면성"이다. 이것을 법치 국가 그리고 정확한 사고와 계산의 경제학을 가능하게 하는 합리성에 이어서 말하는 것은 ── 그 자신이 그렇게 말하는 것은 아니지만 — 합리성과 내면의 연결이 사회와 정치 그리고 경제 질서를 생각하는 데에도 기본적 축이 된다는 것을 인정하는 것이다. 여기의 특성은 — 위에서 말한 서구 문명의 세 원천에 대응하여 — 희랍의 철학자, 유태의 선지자, 로마의 정치 지도자들이 그것을 "항수적인 척도"로 삼은 데에서 유래한다. 여기에는 희랍 시대 소피스트들의 기여도 있다. 한 인격적 자아의 이념에 의지하여 사람은 자연과 공동체의 뿌리의 고정된 틀로부터 해방되어(다시 거기로 돌아가지는 하지만), "비어 있음으로 진입"하고, "최고의 자유"를 통하여 "무(無)에서 자유의 한 계선(die Grenze der Freiheit im Nichts)"을 알게 된다. 이때 자아는 주어진 대로 고정된 것이 아니라 스스로 형성하는 것이 된다. 그리하여 인간은 마치 "시작"이며 "창조자"에 비슷한 존재가 된다. (5) 그러나 인간의 창조성과 동시에 인정하는 것은 "현실로서의 세계가 에둘러 갈 수 없는 어떤 것(das Unumgaengliche)"이라는 사실이다. 이것은 두 가지 의미를 갖는다. 한 가지는 세계는 지적으로나 현실적으로나 완전히 사람이 장악할 수 없는 실재라는 것이다. 이것은 야성적 삶과 신비주의의 세계로 연결될 수 있다. 그러나 다른 한편 세계 현실의 불가피성은 인간의 이념에 따르는 현실 재구성의 작업을 가동하게 한다. 유럽의 특성은 세계 현실에 부딪혀 "인식, 직관, 그리고 현실 구현" 작업의 간단없는 수행을 인간의 사명으로 깨닫게 되었다는 것이다. 여기에 따르는 또 하나의 발견은 작업의 어려움이고, 그것이 재난에 이를 수 있고 비극적인 것이 될 수 있다는 사실이다. 야스퍼스는 비극이 서양 세계에만 존재하는 문학이라고 말한다.(이것은 조지 스타이너의 주장이기도 하다. 그의 저서, 『비극의 죽음』 참조.) 그러면서 보편

성을 향한 정신의 운동은 쉬지 않는다. (6) 그러나 그것이 교조로, 제
도로 그리고 이미지로 굳어지지 아니한다. 그리고 특이한 것은 설정
된 보편성의 테두리 안에서도 예외가 꿰뚫고 나올 여지가 있다는 것
이다. 이것이 서양 문명에 활력을 부여하고 예외적인 인간의 자기실
현을 허용한다. 그때 이 예외가 다차원적인 삶의 가능성을 비추는 등
대와 같은 역할을 한다. 물론 이러한 것은 서양 세계를 늘 불안정, 불
만 속에 흔들리게 한다. 그러나 이것이 서양 문명에서 절대적인 광신
이 유지되기 어려운 근본 요인이다. 거기에서 나오는 정신의 에너지
로 하여, 묻고 답하고 탐구하는 작업이 계속된다. (7) 물론 서양에서
도 "신앙적 진리의 절대성에 대한 요청"이 없는 것은 아니다. 그러나
그러한 요청은 절대적인 명령이 되지 않는다. 국가나 기독교의 요청
에 이러한 것이 있지만, 그것은 곧 여러 분파의 투쟁으로 바뀌고 교조
는 분파의 서랍 속에 수장(收藏)된다. 이것이 "통일 그리고 서양에 비
견할 만한 긴장의 부재"를 특징으로 하는, 비잔티움으로부터 중국에
이르는 동방 제국과 서양을 다르게 한다.(야스퍼스는 이것을 말하면서
"이러한 전체성에 대한 요구가 하나의 원칙으로 오늘날의 서양에 등장했다."
라고 말하는데, 이것은 이 책의 뒤에서 또 다른 그의 저술에서 발언하는 것으
로 보아, 마르크스주의를 마음에 둔 것으로 보인다.)[30] (8) 이러한 정신의 동
역학에 의하여, 보편성은 보편성이 아니라 보편성을 향한 지향이 된
다. 다시 말하여 이 보편성의 세계는, 예외를 진리로 인정하는 세계
이다. 그러면서 정신은 그 임계선에까지 이르게 된다. 그러나 이러한
불확실한 상태에서 필요한 것은 "결단(Entschiedenheit)"이다. 다원적
으로 열려 있는 세계는 '이것이냐, 저것이냐'의 선택을 위한 결단을

요구한다. 이러한 이유로 하여, 기독교와 세속 문화, 국가와 교회, 제국과 단위 국가, 라틴 민족과 게르만 민족, 가톨릭과 신교, 종교와 철학 등의 갈등과 긴장은 계속적으로 서양 문명의 특징을 이룬다. (9) 이 긴장에서 생겨나는 것이 한편으로는 앞에 말한 "넓은 인격의, 혼자 서는 거인들"이다. 이러한 긴장의 세계가 유독 서양에서만 — 이것은 야스퍼스의 유럽 중심주의의 전망에서 나오는 말이라고 하겠는데 — 유태교의 예언자, 희랍의 철학자, 위대한 기독교인, 16세기로부터 18세기에 이르는 동안에 나타난 큰 인물들의 배경이다. 마지막으로 서양을 움직인 또 하나의 동인은 "인격적 사랑, 쉼 없는 움직임을 통한 무한정의 자기 조명"이다. 이 발언에서 단호한 선택 그리고 사랑과 자기 이해가 논리적으로 어떻게 연결되는지는 분명치 않다. 아마, 앞에서 이념의 수용이 감동을 수반한다는 것을 말할 때에 그렇듯이, 믿음의 결단에는 이념적 납득과 전인격적 동의가 있어야 하고, 인격적 존재는 사랑에 열리고, 그것을 넓게 뒷받침하는 것이 무한히 열려 있는 자기 성찰의 능력이라는 점들이 연결의 고리가 되는 것인지 모른다. 다음에 언급되는 특성들 — 특히 '열려 있음'의 특성은 쉽게 앞의 특성들에 연결된다. 야스퍼스는, "열려 있음, 한계 없는 성찰, 내면성"이라는 척도가 여기에 성장했고, "사람과 사람 사이의 소통 (Kommunikation) 그리고 독자적인 이성의 지평의 완전한 의미가 밝혀진다."라고 말한다.[31] 위에서 합리적 사고 그리고 내면성을 항수적 척도라고 말하였는데, 이것은 사실 탐구에 있어서의 척도이기도 하지만, 윤리적 요구를 말하는 것이라고 할 수도 있다. 마지막으로 사랑과 소통을 말하는 야스퍼스의 의도는 이러한 것이 아닌가 한다.

22) 과학 기술 문명과 동서양　이렇게 세계사의 중심으로서의 서양을 말하면서, 야스퍼스는 그것만으로 참으로 중심이 있는 인류사 또는 세계사가 전개되는 것이 아니라는 것을 보충 설명한다. '동양과 서양'이라는 장에서 그의 핵심 주장은 동서양의 구분이 사고를 돕는 암호이지 사실이 아니라는 것이다. 모든 사고는 두 개의 대립 항을 설정하여 진행된다. 서양이 스스로를 동양과 다른 것으로 생각하였다면, 동양에서도 그렇게 생각하는 것은 당연하다. 모든 문화는 스스로가 세계의 중심이라고 생각한다. 유럽이 세계의 중심이라고 생각하는 것은 착각이면서 불가피한 사고의 방식이다. 그러면서 유럽은 세계사의 형성에 중심이 되는 사상적 문화의 힘 — 개체적 보편적 사유의 동력에 기여하였다. 세계사를 위한 그 최종적인 기여는 과학과 기술이다. 그러나 유럽은 거대한 아시아의 토대로부터 출현하였다. 그리고 스스로를 아시아로부터 분리하는 데에 있어서 일정한 대가를 지불하였다고 할 수 있다. 흔히 서양에서 생각하듯이 아시아, 특히, 인도와 중국으로부터 배울 것이 없다고 생각하는 것은 잘못이다. 잃어버린 것은 되찾아야 한다. 야스퍼스는, 이렇게 말하면서, 동시에 유럽이 앞으로의 세계사에 중심이 되어야 할 정신역학을 발전시켰음을 잊지 않고자 한다. 유럽은 인간의 정신을 해방하고 정신과 의식의 기초를 놓았다. 아시아를 되찾는 것은 필요한 일이지만, 이것이 뚜렷한 의식이 없는 아시아적인 불투명으로 돌아가는 것이라면, 그것은 우려하여야 할 사실이 될 것이다. 전래적인 아시아의 특징은 "전제적 존재 방식, 역사 부재, 결단 부재, 숙명론적인 안정"이다. 이에 대하여, 유럽은 "엄청난 자유의 모험으로 인간의 가능성"을 풀어 놓았다.

그런데 아시아적 지평으로 되돌아가는 것은 "영혼"을 다시 잃어버리는 일이 될 것이다. 그것은 "서양적인 자유, 개체적 인격의 이념, 서양적 사고 범주의 넓은 폭, 투명한 의식"을 놓치게 되는 것이다.[32] 물론 위에 말한 바와 같이 이러한 대비는 사고의 공식이라고 생각하여야 하지만, 적어도 야스퍼스의 표현으로는, 아시아적인 것으로 되돌아갈 수는 없다. 그러나 바로 서양이 발전시킨 과학과 기술은 아시아적인 것으로 되돌아가는 것이 될 수도 있다. 이제 아시아도 과학과 기술의 영향하에서 새로운 문명으로 바뀐다. 그런데 이런 과정 중에 동서를 막론하고 아시아적인 무의식으로 되돌아가는 일이 일어날 수 있다. 사실『역사의 근원과 목적에 대하여』의 발상 동기는, 위에서 말한 바와 같이, 이러한 부정적 가능성을 가진 새로운 과학 기술 문명에 대한 야스퍼스의 불안이다.

4   아시아의 주축 문명

23) 아시아적 초월 도약   야스퍼스가 아시아적인 것으로 되돌아갈지 모른다고 말하면서 우려를 표명할 때, '아시아적'이란 반드시 동아시아가 아니라, 서유럽을 제외한 모든 지역을 말하는 것이고, 또 아시아적인 것으로 되돌아간다는 것은 동서양에서 다 같이 발전시킨 반성적 사고의 전통을 버린다는 것이다. 그리고, 적어도 그의 생각으로는 그러한 반성이 사라지거나 약화된다는 것은, 동서를 막론하고, 과학 기술 시대로 옮겨 가는 데에서 일어나는 역사 변화이다. 그러나

야스퍼스가 주축 혁명이 세계의 여러 곳에서 일어났다고 하면서도, 서유럽의 문화가 그 핵심에 놓여 있다고 말하는 것은 사실이다. 그렇다면 아시아에서의 주축 시대는 어떤 것이었던가? 이러나저러나 이 문제와 관련하여, 아시아적인 것을 생각해 볼 필요를 느낀다. 야스퍼스의 저서를 일별해 보는 이 글이 — 일별로는 조금 긴 논의가 되었는데 — 다시 샛길로 드는 것이 되지만, 그의 주장을 어떻게 받아들이든, 그가 그리는 주축 혁명의 세계사에서 아시아가 어떤 위치에 있는가, 아시아에도 주축 혁명이 있었다고 한다면, 그것은 어떤 것이었는가, 그리고 그것은 서양의 주축 혁명과 어떤 차이를 보여 주는가를 생각해 보지 않을 수 없다. 물론 이것은 거대한 과제로서, 역사 총체를 통괄하는 시각을 요구할 뿐만 아니라 문제의 항목으로도, 가령, 서양과 동양, 그리고 동양 문명의 중심으로서의 중국 그리고 중국적 문명(sinitic civilization)의 일부로서의 한국, 그리고 중국과 한국의 차이 등 이러한 물음의 항목에 대한 고려를 요구하는 과제이다. 여기에서는 잠깐만 그러한 문제들에 눈을 돌려 볼 수 있을 뿐이다. 그것도 다른 학자들의 글을 잠깐 살피자는 것이다. 이 글의 첫 부분에서 간단히 언급한 아이젠슈타트의 심포지엄 자료집에 나오는 논문들, 그중에도 옥스퍼드 대학의 중국학 연구자 마크 엘빈의 글, 「중국에 초월적 도약이 있었는가?(Was There a Transcendental Breakthrough in China?)」를 잠깐 참고하면서 이러한 문제들을 생각해 보기로 한다.

중국에 초월 도약이 있었던가 엘빈 교수의 글은 중국의 주축 혁명과 관련하여 중국 춘추전국시대의 사상가들을, 짧게나마 두루 검토한다. 그러나 글의 제목에 붙인 의문 부호가 표현하고 있듯이, 주축 혁명이 있었다는 데 대하여 또는 서양의 관점에서 본 그 혁명의 성격에 대하여 그는 적지 않은 회의를 표현한다. 그러나 회의는 특수한 의미를 가지고 있다. 엘빈 교수가 묻는 질문의 하나는 중국의 주축 시대의 사고가 초월의 상징으로서의 피안의 세계, 다시 말하여, 신(神)을 상정했다고 할 수 있느냐 하는 것이다. 물론 이것은 그 자체로서 종교가 있었느냐 하는 것을 묻는 것은 아니다. 위에서 시사하였듯, 시대적 이데올로기로부터 일정한 거리를 유지하면서 독자적이고 비판적인 입장을 가지려면 일단 초월적 차원으로의 도약이 필요하다는 것이 야스퍼스의 테제이다. 그럼으로써 사람은 사고의 자유를 얻고, 그 자유로부터 다시 자율적 결정의 규범을 끌어낼 수 있다. 이때의 초월적 차원은 사고의 자유가 가능해지는, 조건 없는 세계의 차원이지, 하늘나라는 아니다. 엘빈 교수는 중국 고대의 여러 사상가를 검토하면서, 자율적 규범은 있으면서도 신의 세계는 없다는 것을 보여 주려고 한다. 그러나 신의 세계의 부재는 자율적 사고의 성격을 달라지게 한다. 야스퍼스가 초월을 말할 때에, 신이나 종교를 상정한 것은 아니다. 그는 그의 개념을 신학이 아니라 철학의 사고 속에 위치하게 하려고 한다. 그러면서도 초월에 대한 그의 생각에 신이 끊임없이 어른거리는 그림자로서 비치고 있는 것은 사실이다. 이것은 물론 서양의 종교 전통에 관계되어 있다. 이에 대하여 엘빈 교수는 주어진 세계와의 거리를 가질 수 있게 하는 초월은 있으면서도, 보다 절대적인 의미에서의 초월적 차원이 없는 것이 중국적 사고라고 생각한다. 그는 서양의 전통에서의 신의 세계와 현세의 대립은 서양의 영혼에 치유할 수 없는 갈등의 상처를 남겼다고 말한다. 서양 종교 전통에 상정되어 있는 것은 완전한 신과 불완전한 피조물의 세계의 대조이다. 거기에서 피안과 차안, 선과 악, 정신과 육체, 정신과 물질, 이상과 현실, 진리와 허위, 종교와 정치 등의 대립과 갈등이 생기게 된다. 종교의 밖에서 생각을 밀고 나가는 경우에도, 이러한 대립은 계속된다. 그리고 대립이 만들어 내는 임계 상황의 끝에 초월이 보이고, 그 초월에 기초하여 자율적 사고가 가능하게 된다. 여기에 대하여, 중국적 사고에서는 "궁극적인 균열이 없이, 모든 것이 상통 교류하는 하나의 체제를 이룬다." 그것은 "생태적"으로 모든 것을 포괄하는 체제이다.[33] 그렇다고 중국 또는 아시아적인 사고에 규범과 현실의 차이가 없는 것은 아니다. 그것은 그것 나름으로서의 초월을 요구한다. 그러나 그것은 커다란 심연을 생각하는 초월은 아니다. 규범의 세계는 현실로부터 독립하여 존재하고 또 거기에 영향을 끼치고 그것을 형성한다. 거기에 이르기 위해서는 현실을 벗어나는 초월에의 도약이 필요하다. 그러나 그 초월의 세계는 완전히 저세상에 따로 존재하는 것이 아니다. 또 그러니만큼 중국인에게 독자적인 규범의 세계는 완전한 독자적인 세계가 되지 못한다. 엘빈 교수가 보여 주고자 하는 것은 중국 문명에서는 초월적 차원이 현세적으로 인정되는 규범의 세계와 거의 일치한다는 점이다. 두 가지는 따로 존재하면서 공존한다.

현실과 규범/ 천, 법, 덕, 통치자 중국적 사고에서의 초월적 세계와 현실의 분리 그리고 공존을 보여 주는 가장 오래된 증거로 엘빈 교수가 내세우는 것은 『시경』의 「대아(大雅)」에 나오는 다음 구절이다.(그가 인용하는 영역 대신 한국어 번역과 원문을 인용한다.)

하늘이 여러 백성을 내시니	天生烝民
사물이 있음에 법(法)이 있도다	有物有則
백성이 똑똑한 성품을 갖고 있는지라	民之秉彝
이 덕을 좋아하도다	好是懿德

여기에는 세상에 일정한 법칙이 있고, 이것은 또한 사람들의 마음에 지닌 덕이 된다는 생각이 들어 있다. 법과 덕의 출처는, 엘빈 교수의 인용에는 빠져 있지만, 위 구절의 다음 부분에 시사되어 있다.

하늘이 주나라를 굽어보시니	天監有周
밝은 덕으로 아래에 강림하기에	昭假于下
천자를 보우하사	保茲天子
중산보를 낳으셨도다	生仲山甫[34]

이 부분에는 두 가지 의미가 들어 있다. 하나는 하늘이, 즉 하늘의 법과 덕이 국가를 내려 보며 감시한다는 것이고, 다른 하나는, 이러한 하늘과의 관계에 이어, 통치자는 그 보호를 받고, 알맞은 후계자 — 중산보 — 도 확보하여 준다는 것이다. 이 두 번째의 진술이 가지고 있는 함의는, 규범의 근거로서의 천(天)이 혈통으로 이어지는 통치자의 정당성을 보장한다는 것이다. 이것은 권력과 그 정당성 합법성을 분리하면서도, 철저한 비판을 허용하지 않는 구실이 될 수 있다. 하늘의 가르침에 따라서만 권력이 정당화된다는 천명(天命)사상은 이미 중국 역사의 초기에 등장했는데, 권력의 합리화 그러면서 비판의

주축 시대와 인간 존재의 형성

수단이 되던 천명의 모호성은 중국 사상의 시작부터 존재했다고 할 수 있다.

하늘은 무엇인가? 옛 전통에서는 하늘은 신, 천(天, 티엔)이나 제(帝, 디)였기에 하늘을 말하는 것은 종교적인 발언이라고 할 수 있다. 그런데 하늘이 보다 자유로운 사고의 매개가 되려면 그것은 신이 아니라, 또는 신이면서, 자유로운 사고를 허용하는 차원이어야 한다. 서유럽의 문화와 관련하여 야스퍼스가 설명하는 바로는, 이 초월적 차원은 신비한 실체가 아니라, 또는 그것을 차연(差延)하면서, 사유의 절대적인 자유 속에 이르게 되는 무(無) 그리고 그 한계이다.(위 '중국에 초월 도약이 있었던가' 부분 참조) 달리 말하면, 그것은 사고하는 주체의 재귀적 반성의 저편에 드러나는 어떤 것이다. 또는 역으로 이것으로 하여 반성적 사고가 끝까지 진행될 수 있다. 그리하여 아이젠슈타트 그리고 엘빈 교수는 반성적 사고의 등장을, "2차적 사고(Second-Order Thinking)", 즉 사고하는 주체가 스스로의 사고 그것에 마음을 돌리는 사고가 등장하는 것으로 말한다. 그러면서도 그것은 신적인 것을 시사한다. 그러나 중국에서는 이 차원이 없어서 초월은 대체로 규범적 세계만을 의미한다. 그리고 그것은 현실 세계에 대하여 모호한 관계를 갖는다.

중국 사상 개관   이러한 배경으로 하여, 엘빈 교수는 중국의 역대 사상가를 언급하면서 그들을 주로 규범의 교사들로 본다. 그는 공자를 "자의식적 철학 의식(self-conscious philosophical awareness)"[35]을 가진 인물이라고 말한다. 그의 의견으로는 공자는 회의주의자이다. 회의는 일단 현실 너머의 세계에 대한 것이다. 『논어』의 다음 구절은 그

증거의 하나이다. 제자 계로(季路)가 귀신을 섬기는 일과 죽음에 대하여 묻자, 공자는 "사람도 섬기지 못하는데, 어찌 귀신을 섬기는가? 삶을 모르는데 어찌 죽음을 아는가?"[36]라고 하였다. 물론 공자도 조상신이나 다른 신에 대한 믿음을 가지고 있었다. 그러나 "인간세의 현실 우선"을 중요시했다.[37] 그의 기준은 윤리이다. 공자에게 통치자의 합법성은 출생이나 신분이 아니라 도덕적 윤리적 기준에 따르는 자세에 있다. 중요한 것은 다른 사람에 대한 공감 — 인(仁)이고 그것의 외적인 표현으로서 예(禮)였다. 묵자(墨子)는 논리와 보편주의적 사고와 실용성을 말하였다. 양주(楊朱)와 공손룡(公孫龍)은 중국 사상에서는 드물게 보이는 논리 실험을 시도하였다. 맹자는 인간의 내면, 즉 심(心)을 발견한 사상가로 이야기된다. 윤리적 규범은 인간의 마음의 본성에 내재한다. 이것이 초월적 존재로서의 하늘(天)에서 오는 것인지는 분명치 않다. 거기에 어떤 영적인 분위기가 있는 것은 사실이지만, 규범은 마음과 세계에서 나온다. 세속의 세계에 대하여 극단적인 회의를 표명한 사상가가 장자(莊子)이다. 장자는 "인식론적 확신과 도덕적 권위의 위기"를 나타낸다. 그에게 외적인 권위가 있다면, 그것은 도(道)이다. 도는 "자연을 있는 대로의 자연이 되게 한, 가능한 행동 형태의 총계(the sum-total of the patterns of potential action that made nature be the way it was)"이다.[38] 벌레, 잡초, 깨어진 기왓장, 대소변 할 것 없이 만물에 편재하는 것이 도이다. 그러나 도는 전정한 우주의 주재자, 진재(眞宰)가 아니다. 진재는 아무도 접근할 수 없고, 흔적을 찾을 수도 없다.[39] 현실은 초월적인 것에 이어지지 않는다. 말하자면, 거기에 서양 문명에서 보는 바와 같은 변증법적 교환이 없는 것이다. 순자(荀子)는 유학자로 말하여지지만, 그보다는 현실주의자(Realist)라고 하는 것이 옳다. 그에게 현실의 전체는 자연이었다. 천(天)은 성스러운 것이라기보다는 자연 전체에 일치한다. 그는 사람의 인식의 근거가 되는 감각과 인식의 능력을 인정하였다. 그러면서 그것의 선험적 제약을 인정하였다는 점에서는 칸트에 비슷하였다. 어쨌든 현자는 천을 이해하려고 할 필요가 없다. 천은 변함이 없이 항구적이지만, 사람을 도와줄 수 없다. 사람이 가난하거나 부자가 되는 것은 천과는 관계가 없는 일이다. 모든 것은 사람의 노력에 달려 있다. 사람의 힘은 소나 말의 힘을 당할 수가 없다. 그러나 사람은 이러한 동물을 부린다. 사람은 사회적인 결합을 통해서 힘을 얻는다. 사회는 서열을 분명하게 하는 윤리와 도덕으로 질서를 유지한다. 그리고 여기에 중요한 것은 예(禮)이고 악(樂)이다. 그중에도 중요한 것은 예이다. 예의 바른 행동은 "힘과 아울러 마음을 사로잡는 심미적 형식을 통해서 사람의 감정에 기율을 부여한다." "예의 기능은 인간 행동의 여러 국면을 분명히 하고 의미가 결정(結晶)되게 하는, 감정의 단련에 있다."[40] 이 모든 것은 사람의 심리와 사회 질서의 문제이고 사람들이 믿는 신(神)들과는 관계가 없다. 노자(老子)의 생각에서는, 우주는 물론 세속적 선악이나 상하의 개념도 부정된다. 노자의 대표적 상징의 하나는 물이다. "최상의 선은 물과 같은 것이다. 물의 선함은 만물을 이롭게 해 주면서도 다투지 않고, 여러 사람들이 싫어하는 낮은 위치에 처신하는 것이다. 그러므로 도에 가깝다."[41] 그래서 몸과 마음이 자리해야 하는 곳은 낮은 땅, 깊은 물이고, 거기에서 인(仁)이나 선(善)이나 신(信)이 나온다. 이로부터 다툼 없이 일을 처리하는 정치도 가능해진다. 낮은 곳에 자리하는 것이 정치의 핵심이다. "강과 바다가 모든 계곡의 왕자 (王者)가 될 수 있는 까닭은, 그것이 낮은 자리를 차지하고 있기 때문이다. 그래서 모든 계곡의 왕자가 될 수 있는 것이다. 그리하여 백성의 윗자리에 있으려 한다면, 반드시 말을 함에 있어 자신을 낮추어야한다. 백성들의 앞자리에 있으려 한다면, 반드시 자신을 그들의 뒤로 미루어야 한다."[42] 노자가 강조하는 것은 무위자연(無爲自然)이기 때문에, 권장하는 정책은 전혀 반대이지만, 엘빈 교수는, 그를 정치 전략가로 보고, 상앙(商鞅)이나 마찬가지로, "전적인 조종자, 통제자"의 역할을 하는 것이 임금이라고 한다고 말한다.[43] 다만 그 통치술은 더 미묘한 양상을 띤다. 세계의 근본으로서 현묘(玄妙)한 것을 자주 강조한 것이 노자라는 것을 생각할 때, 조금 놀라운 주장이라고 하겠지만, 엘빈 교수는, 장자에게서 발견될 수 있는 초월적 요소도 전적으로 결여되어 있는 것이 노자라고 말한다.[44] 후대 중국 철학자들의 기저가 되는 "종합적 형이상학(syncretic metaphysics)"은 『주역(周易)』에 종합된다. 이것은 음양, 오행, 하도낙서(河圖洛書)에서 나왔다는 수비학(數秘學, numerology) 등을 두루 모아 우주의 이치를 설명하고자 한다. 그러나 『주역』의 목적은 세계의 이치 자체를 밝히는 것 또는 세계의 움직임에 대한 예언을 시도하는 것보다는 개인들의 행과 불행의 운수를 알게 하여, 취해야 할 처신의 방책을 가르쳐 주려는 것이다. 그런 의미에서 그것은 세속적인 책이다. "세계에 일어나는 일들을 결정하는 힘은 세계 내에 존재하고, 서양 전통에서 볼 수 있는 바와 같이, 세계의 밖에 존재하거나 또는 그것을 뛰어넘는 상위를 점하고 있지 않다."[45] 엘빈 교수는 이렇게 말한다.

주축 시대와 인간 존재의 형성

초월의 애매성　위에 언급한 사상가들을 중심으로 중국 고대 사상을 개관한 다음, 엘빈 교수는, 이미 말한 바와 같이, 중국에 초월적 도약이 있었는가 하는 점은 분명하게 답할 수 없다고 결론을 내린다. 상고 시대로부터 제(帝) 또는 천(天)이라는 최고의 신이 있고 또 그 아래 작은 신들이 있다는 생각이 있었으나 — 이것을 그는 '서열적 유신론(hypatotheism)'이라고 부른다. — 최고의 원리는 "가시적이고 가촉적(可觸的)인 일상 세계 속에 내재한다." 논리적으로 이것은 주어진 세계에 선행하고, 『주역』에서 볼 수 있듯이 추상적인 개념으로 표현될 수 있다. 그러나 신, 신들, 보편적 이데아들이 있는 "다른 세계(The Other World)"는 존재하지 않는다. 종교적인 믿음은 윤리화되었는데, 공자, 맹자, 후기 묵가(墨家)들은 윤리의 길을 추구했다. 장자는 윤리를 넘어가는 대원리와의 신비적 일체성을 원했다.(이것은 물론 엘빈이 말하는 것인데, 이 주장은 그 신비한 대원리가 알 수 없는 것이라는 사실에 이어진다고 할 것이다.) 순자의 생각은 모든 것을 통치술 — 사회와 심리의 조종에 의지하는 통치술로 귀착하였다. 노자나 역경에 보이는 '형이상학적 실용주의'도 결국 여러 가지 방법의 '세속적 성공'의 추구로 환원된다. 중국의 사고는 고전 시대에 스스로를 의식하게 되었다. 그러나 논리가 이끄는 대로 움직이는 정확한 사고는 (장자가 했듯이) 궁극적 실재를 잘못 파악하거나 (순자가 주장했듯이) 사회적인 폐단을 가져 오는 것으로 생각하였다.[46]

초월/ 초월적 차원과 사회 전체　중국적 사고에 초월적 도약이 있는가 하는 물음에 대한 답이 모호하다면, 그것은, 다시 한 번 생각해 볼 때, 초월이라는 말을 어떻게 정의하느냐 하는 문제를 제기한다. 간단하게나마 이것을 정의해 보는 것은 우리가 선 자리 — 동서양이 마주치는 지금 시점에서 우리가 선 자리를 생각하는 데에 도움을 줄 것이다. 위에서 초월적 차원에 대한 장자의 생각을 설명하면서 엘빈은 자연이 허용하는 "가능한 행동 형태의 총계"가 그것이라고 말한다고 하였다. 본 필자는 이 구절을, 다른 글에서,[47] 허버트 핑거렛(Herbert Fingarette) 교수의 비슷한 생각에 연결한 바 있다. 핑거렛 교수는 그의 공자 해석에서, 인과 예를 설명하면서, 인은 사람과 사람 사이의 신뢰와 존경의 관계를 지칭하는 것인데, 공자에서 이것은 예라는 구체적인 행동 방식으로 표현된다고 말하였다. 즉 예는 "구체적으로 분명하게 양식화되어 있는 (……) 사회관계"를 의미한다. 전통 속에 적립되는 예절은 하나의 총체를 이룬다. 이 총체의 정신 — 그리고 그에 연결된 심정에 의하여 양성되는 정신이 인이다. 모든 반성적 사고는 사고의 대상의 저편에 그 배경 — 궁극적으로는 전체성이라고 부를 수 있는 배경에 비추어 진행된다. 그런데 중국의 고전적 사고에서는 이 전체성에 해당하는 것이 사회 전체의 예의 규범이다. 이것에 정당성을 부여하는 것은 물론 현실적 실용적 효과, 전통 그리고 아름다움이다. 위에서 본 바와 같이, 중국의 고전적 사고는 주어진 현실에 대하여 비판적인 거리를 유지하고 그 독자성을 주장할 수 있는 사고이다. 그러나 그것은 전반적으로 다시 전통적 행동 양식에로의 복귀를 말하는 것이 된다.

　　정치와 윤리　중국의 고전 사상에서 정치가 중요해지는 것도 여기에 관계된다고 할 수 있다. 공자든 장자든 노자이든, 모든 담론의 목표는 이상적 사회 질서, 정치 질서가 어떻게 가능한 것인가 하는 것이

　　　　　　　　　　　주축 시대와 인간 존재의 형성

다. 이 질서가, 말하자면, 중국적 사고의 초월적 차원을 이룬다. 앞에서 말한 아이젠슈타트의 책에 실려 있는 뚜웨이밍(杜維明) 교수의 논문은 주로 유학자들이 어떻게 정치에 윤리적 질서를 부여하려고 노력하였는가 하는 문제를 다루고 있다. 그러나 그 노력의 많은 것은 현실 정치의 정당화에 기여하는 이데올로기로 작용하였다. 이것은 한(漢) 제국의 정신적 지도자였던 동중서(董仲舒)와 같은 경우로 예시될 수 있다. 그는, 뚜웨이밍 교수의 생각에 따르면, 학문과 수신을 강조하고, "개인의 존엄, 자율성, 독자성"을 중요한 가치로 생각하였다. 그리하여 그것을 단련하여 가진 "도덕적 인격"으로부터 "정치적 봉사"가 나와야 한다고 했다. 그리고 무제(武帝)로 하여금 유학을 나라의 정신적 기초로 채택하게 하였다. 그러나, 무제는 이것을 역전시켜, 수신을 위한 학문을 "사회적 통제를 위한 무기"가 되게 하였다. "실제적으로 유교의 가르침이 통치자의 내면을 움직이는 일은 매우 드문 일이었다."[48]라고 뚜웨이밍 교수는 말한다. 이러한 역전은 어떤 윤리적 사고 또는, 더 일반적으로, 이론의 현실 관계에서도 볼 수 있는 것이지만, 중국의 경우에 이것이 보다 쉬워지는 것은 처음부터 두 관계가 너무 가깝게 그러면서도 완전히 분리된 것으로 설정되었기 때문이라 할 수 있을는지 모른다.

야스퍼스의 초월/ 중국적 사고와의 대조를 위하여 조금 전에 말한 바와 같이, 사고 — 특히 심각한 의미에서의 자율적이고자 하는 사고는 전체성과의 일정한 관계를 전제로 한다. 사람의 사고에는 그것을 규제하는 테두리가 있다. 참으로 생각을 새롭게 하기 위해서는 이 테두리를 벗어날 수 있어야 한다. 즉 주어진 전체성의 임계점까지 나가는 것이 필요한 것이다. 물론 이 전체성이 쉽게 정의될 수 있거나 환기(喚起)될 수 있는 것은 아니다. 야스퍼스의 사상에서, 초월(Transzendenz)은, 현실을 벗어난다는 의미에서, 전체성에의 도약을 나타내는 말이다. 그것은 전체성에 이어져 있고 또 그것을 넘어간다. 여기에서 야스퍼스의 어려운 개념들을 완전히 해명할 수는 없으나, 지금의 논지와 관련하여, 사람과 세계를 에워싸고 있는 지평으로서의 포괄자(das Umgreifende)라고 한다면, 초월은 이것을 하나로 종합하는, 그러면서 그 밖에 위치하는 것을 가리키는 개념이라 할 수도 있다. 포괄자는, 야스퍼스가 『진리론』에서 설명하는 것에 따르면, 조금 더 접근 가능한 것이 있고 그렇지 못한 것이 있다. 포괄자의 경계에 나타나는 것 하나는 ― 현실을 넘어간다는 의미에서 이것도, 다음에 보듯이, 초월의 일종이지만 ― "세계 존재(Weltsein)"이고 다른 하나는 "(진정한) 초월(Transzendenz)"이다. 세계는 인간에게 ― "현존, 보편의식, 정신"으로서의 인간에게 "직관할 수 있고 경험적으로 알 수 있는 타자"이다. 이것이 세계이다. 그러나 인간이 진정한 실존의 위치에서 접하는 타자는 "직관과 체험이 불가능한 타자"인데, 이것이 초월이다. 이 초월과의 관계에서 인간은 자기 자신으로 또 자유로운 존재로 존재한다.[49] 같은 논의와 연결하여 야스퍼스가 말하는 바에 따르면, "우리는 초월하여 포괄자에로 나아간다. 즉 일정한 대상적 성격을 넘어 그 대상성을 포괄하는 포괄자의 내면화로 나아간다. 그리하여 (……) 포괄자가 존재하는 모든 방식을 초월이라고 할 수 있다." 이것은 대상으로서의 세계의 바탕으로서 존재하는, 그리고 인식의 바탕으로서 존재하는 초월성이다. 이것을 야스퍼스는 "포괄자의 보

편적 비본래적인 초월"이라고 하고, 또 하나의 초월이 있다고 말한
다. 그것은 "모든 포괄자를 포괄하는 본래적인 초월"이다. 여기의 어
려운 개념들은 더욱 자세한 해명이 필요할 것이다. 그러나 보다 일반
적인 말로 단순화한다면, 앞의 것은 한정된 원근법에서 파악되는 경
험적 세계를 하나로 묶는 개념을 말하고, 뒤의 초월은 모든 존재를
하나의 존재로 묶는 바탕을 말한다 할 수 있다. 이러한 초월 또는 초
월자는 암호와 같은 기호(Chiffre)로만 암시될 수 있다. "존재, 실재
(Wirklichkeit), 신성(神性, Gottheit), 신"과 같은 것이 이러한 기호에 속
한다고 할 수 있는 이름들이다. 이러한 이름들의 의미는 "확실한 것
이 아니면서도, 전통을 통하여 장엄한 연상을 가지게 되고 한없이 풍
부한 내용을 가진 것이 되었다."[50]

사고의 독자성과 보편성/ 아시아적 사고, 서양적 사고　다시 말하여,
여기에서 말하는 것은 야스퍼스의 실존철학의 개념들을 본래의 뜻대
로 풀이하는 것이 아니다. 다만 그가 말하는 초월이 무한히 열려 있는
존재의 세계, 언어나 개념으로 파악할 수 없는 신비에로 열린 개념을
지시한다는 것을 확인하는 것은 우리의 논의를 위해서 필요한 일이
다. 그러한 초월에 열림으로써 사람의 사고는 주어진 현실 구조를 벗
어나서 세계 전체, 존재 전체에 대한 인식을 새롭게 할 수 있다. 이것
은, 중국적 사고에서, 전체에로 나아가면서, 그것을 사회 전체, 또는
사회 전체에로 되돌리는 초월과는 대조되는 것임이 분명하다. 좀 더
평이하게 말하여, 사고가 전체적인 인식의 구도를 배경으로 하여 움
직이는 것이라고 한다면, 하나는 형이상학적 무규정의 상태를 말하
고 다른 하나는 전체로서의 사회성을 말한다. 이 차이가 독자성과 자

유의 측면에서 사고의 폭에 영향을 미칠 것임은 분명하다. 이 차이는 아마 이미 일어난 세계사적 변화에 있어서 서유럽과 아시아 사이에 존재하는 차이 — 적어도 21세기의 초가 되는 오늘에까지 존재하는 것으로 인정하지 않을 수 없는 차이를 가져온 것이라고 할 수 있다. 또 그것은 서양적 사고를 끌어들이고도 아직도 완전히 자유로운 것으로 보이지 않는 우리의 사고의 바탕이 된다고 할 수도 있다. 그렇기는 하지만, 이것이 동서양의 비교를 생각하는 데에 있어서 결론이 될 수는 없는 것은 물론이다.

동서양과 미래의 전망　인간의 사유가 그 역사적 형성된 패턴으로부터 — 그리하여 오늘의 사고를 제약하는 패턴으로부터 완전히 자유로울 수는 없다. 언제나 지배적인 사고는 스스로 선입견 없는 보편성 속에서 움직이고 있다고 자신한다. 그러나 사람이 생각하는 보편성은 보편성을 향한 개인적 그리고 시대적 노력일 뿐이다. 이것은 오늘의 서양적 사고에도 해당되는 것일 것이다. 또 중국적 사고 또는 동양적 사고의 보편적 지평도 완전히 막을 내린 것이라고 할 수는 없다. 그렇다면, 그 가능성도 새롭게 생각할 필요가 있을 것이다. 인간의 미래라는 관점에서 동서양 그 어느 쪽이나 어떤 의미를 가지게 될지는 지금의 시점에서 쉽게 짐작할 수 있는 것은 아닐 것이다. 그러나 아시아적 사고가 초월적인 것을 완전히 벗어난 것은 아니면서도 그것에 의하여 정당화될 필요가 없는 사회 자체, 자연 자체에 입각하여 진행되는 것이라고 한다면, 그것은 어떤 특정한 종교에 귀의하기 어려운 세계화 시대에 있어서, 보다 큰 가능성을 가진 사고의 모델이 될 수 있는 것이 아닐까? 다만 야스퍼스가 양식화하는 것으로는 거기에 자연의 신비함 그리고 성스러움에 대한 느낌이 결여되어 있는 것으로 보이지만, 앞에서 언급한 펑거렛에게 예나 인은 벌써 인간 존재의 성스러움에 대한 감각을 반영하고 있는 것이다. 그리고 자연과의 교환을 중요시한 중국의 시의 전통도 다른 전통에서 찾아보기 어렵다고 할 수 있다. 자연 시는 일상적 심미적 교환으로 사람의 전체적인 환경을 상기하게 하는 방법이다. 그것은 보다 조용한 초월의 방법이다. 다만 그것은 커다란 정치적인 힘이 되지는 못한다.

하여튼 야스퍼스가 전제하는 초월 도약은 시대 전체의 혼란과 격동을 전제로 한다. 그에 따라 저절로 물어보지 않을 수 없는 것은 인간과 인간, 종족과 종족, 인간 전체를 위한, 보다 잔잔한 소통의 방법 (Kommunikation)은 없는 것인가 하는 것이다. 그러나 그러한 것이 있다고 하더라도, 위에서 말한 바와 같이, 사람이 이룩하여야 하는 것이 진정으로 자유로운 사고의 획득이라면, 그것은 보다 근본적인 초월을 통해서만 얻어질 수 있는 것인지 모른다. 인류에게 주어진 미래의 과제는 초월적 자율과 평화를 아우르는 영구 평화를 확보하는 것이라고 할 수도 있다.

1   세계사의 과도기

1) 과학 기술 시대의 의의   야스퍼스는 주축 시대의 인간적 사고의 혁명을 말하면서, 같은 혁명이 동서양에서 같은 때에 일어났다고 하였지만, 동시에 오늘날까지도 중심적 위치를 차지한 것은 서양적 사고라고 생각했다. 그리하여 아시아에 위치한 우리의 사정에 비추어 동양적 사고의 성격을 조금 살펴보지 않을 수 없었다. 그것이 짧지 않은 우회가 되었지만, 다시 야스퍼스로 돌아가기로 한다.

이미 말한 바와 같이, 그의 관심사는, 지금까지의 사고의 기본이 되었던 주축 혁명의 사고를 규명하는 외에, 그 미래를 내다보려는 것이었고, 이 혁명의 중심이 어느 쪽에 있든지 간에, 인간의 역사가 새로운 시대 — 미지의 시대에 들어가는 것이 무엇을 의미할 것인가를 생각하는 데에 있었다. 이 새로운 시대는 그에게는 무엇보다도, 과학과 기술의 시대로 말할 수 있는 것으로 보였다. 모든 미지의 것에 대하여 사람이 불안한 마음을 갖는 것은 자연스러운 것이지만, 그가 표현하는 것은, 이미 비친 바와 같이, 무엇보다도 불안감 — 특히 그것이 주축 시대에 이룩된 인간의 가능성, 독자적이고 자유로운 사고, 그에 기초한 전면적 인간성의 성취 — 초월적 도약을 통하여 이룩한 이러한 가능성을 잃어버릴 수 있을지 모른다는 데 대한 불안감이었다. 그러나 야스퍼스는 니힐리스트는 아니다. 시대적 전환에 따르는 혼란이 많은 창조적 자유의 계기가 된다는 것은 그의 사고의 불가결의 요소이다. 그리하여 과학과 기술 — 사실 주축 시대의 사상적 해방의 결과라고 할 수 있는 과학과 기술도 일단은 그 나름의 새로운 가능성을 갖는 것으로 보고자 한다. 그리고 그것이 할 수 있는 것을 엄격하게 정의하고자 한다. 다만 우려하는 것은, 과학과 기술이 주축 혁명의 결과라고 하더라도, 그로 인하여 주축 혁명의 인간적 의의가 상실될 수 있을지 모른다는 것이다. 그것을 보존하기 위해서는 과학과 기술이 그 순수한 정신을 잃지 않는 것이다. 그것이 주축 시대의 도약을 — 헤겔식으로 말하여 — 바르게 지양하는 일이다.(우리의 느낌으로는 문제는 과학 기술보다도 그것을 움직이는 동기가 경제에서 온다는 것 — 과잉 이윤 추구의 경제에서 온다는 사실이다. 그러나 이러한 이윤 추구의 경제의 심성적 규제는 이미 과학적 사고의 틀 안에 들어 있다고 할 수 있다.)

되돌아보는 세계사 과학과 기술의 세계화가 가져오는 새로운 가능성에 대하여 희망을 갖게 하는 예비 조작은 다시 한 번 세계사의 경과를 되돌아보는 일을 요구한다. '다시 보는 세계사의 도식 개관(Noch Einmal: Schema der Weltgeschichte)'이라는 장이 이 되돌아봄의 장이다. 이제 시작된 새로운 변화는, 되풀이하건대, 선사, 역사 그리고 세계사의 세 단계를 거치면서 전개되었다. 첫 단계에서, 인류는 고립되어 있는 다수의 사람들로 구성되었었다. 인간 역사의 두 번째 단계가 주축 시대이다. 이로부터 인류는 하나의 역사 속으로 들어오기 시작한다. 세 번째 과학 기술의 시대, 즉 현대에 이르러 지구가 하나라는 것은 현실이 된다. 그리고 세계와 인간이 하나가 되고 하나의 세계사가 시작된다. 조금 전에 말한 바와 같이, 이 세 번째의 시대가 전 시대의 정신적 발견을 계승할 수 있을 것인가?(다시 한 번, 『역사의 근원과 목적에 대하여』의 출판 연도 1949년을 생각하면, 야스퍼스의 말은 참으로 예언적인 것이었다고 하지 않을 수 없다.) 선사 시대는 자연 과정의 일부와 같았다. 두 번째의 단계, 주축 시대는 그 앞 시기의 유산을 완전히 버리지는 아니하면서, 지구의 몇 개의 한정된 지역에서 정신과 의식의 발전을 이루어 냈다. 여기에서 이루어진 것이 보편성 그리고 서로 주고받을 수 있고 소통할 수 있는 정신적 자산이다. 그것은 간단없이 다시 시작되고 계승된다.(그것은 쉬지 않는 온고지신(溫故知新)을 요구한다.) 이것은 서양에서도 그러하지만, 인도나 중국에서도 마찬가지이다.

역사 중심의 서향 이동   그런데 각 지역의 문명은 보편적 차원을 지니면서도, 독자적인 성격을 가지고 현실적으로 하나의 인류사를 이루지는 아니한다. 이것은 제3의 단계에 와서 가능하게 된다. 이 제3의 단계에서 주축이 되는 것은 서양 문명이다. 서기 700년에 인류 최고의 정신문명의 수도는 중국의 장안(長安)에 있었다. 1400년경에는 유럽, 인도, 중국의 문명이 대체로 비슷한 수준에 이르렀다고 할 수 있다. 그러나 1500년경부터 유럽 문명이 우위에 서기 시작한다. 유럽은 이 무렵에 지리적으로 세계를 발견하고, 그 특성을 세계에 각인하기 시작한다. 그리하여 인간의 실질적 보편사가 시작된다. 앞에서 말한 바와 같이, 유태의 선지자들의 종교는 인간을 마술의 세계, 그 "사물적인 초월"로부터 철저하게 해방한다. 희랍인들은 "구분의 투명성, 형상의 유연성, 합리성의 확산"을 이룩한다. 기독교는 "최대한의 초월의 내면화"를 겨냥했다.[51] 비슷한 발전은 인도와 중국에서도 있었던 일이었다. 다만 기독교가 열어 놓은 초월은 현세를 넘어가면서 동시에 현 세계를 떠나지 않고, 그것을 현세에 실현하고자 했다. 이것은 기독교적인 세계 형성에 있어서 불안정의 요인이 되었다.

2) 새로운 주축 시대의 가능성/ 하나의 삽화　그러나 세계적인 인간 사가 시작되는 데에 있어서 핵심적인 요인은 말한 바와 같이 과학과 기술이다. 여기에 선례가 되는 것이 일단 추상 개념보다 물질적 현실을 중시한 중세 말의 유명론(唯名論)이다. 그러나 동시에 유명론의 시대는 마녀(魔女)의 시대이기도 하였다.(야스퍼스가 이것을 말하는 것은 과학과 미신의 공존을 말하는 것인지, 아니면 과학의 시작으로 일어난 인간 심성의 단순화 ── 과학적 이성 그리고 다른 감성적 차원 심성 이 두 차원의 분리를 말하는 것인지 분명치 않다. 시사하고자 하는 것은 후자가 아닌가 한다.) 과거와 현재 그리고 불확실한 미래를 분명하게 갈라놓는 일들은 19세기에 일어난다. 물론 다른 증후들 ── 과학 기술에 흡수되는 것이 아닌 증후들도 없었던 것은 아니다. 르네상스 이후의 서양의 문화적 업적에 대한 야스퍼스의 평결은 매우 특이하다. 그는 1500년에서 1800년 사이에 뛰어난 정신적 창조가 과학과 기술을 넘어 찬란하게 빛난다고 말한다. 라파엘로, 레오나르도 다빈치, 셰익스피어, 렘브란트, 괴테, 스피노자, 칸트, 바흐, 모차르트의 업적은 2500년 전의 주축 시대의 업적에 비교할 만하다. 그러나 참으로 그러한가? 그것을 제2의 주축 시대를 예감하게 하는 것이라고 할 수 있을까? 야스퍼스의 판단으로는, 거기에는 "처음의 주축 시대의 세계에 있었던 순수성, 투명성, 천진성, 신선함"[52]이 없었다. 이때의 업적은 앞서간 성취가 촉발한 것이고 또 곧 어긋나는 길로 들어서게 된 업적이다. 이때의 뛰어난 업적은 뛰어난 인물들, 고독한 단독자들이 거두었을 뿐이다.

물론 그것은 그것대로의 가능성 — 또 하나의 주축 시대를 열고 보다 새로운 가능성을 보여 줄 수도 있었다. 이때의 정신적 업적은 첫 주축 시대에서보다 많은 경험과 사고를 수용하고도 단편화된 상태에 있었기 때문에, 오히려 전에 볼 수 없던 인간 존재의 폭과 깊이를 드러낼 수 있었다. 그럼에도 불구하고, 이 시대는 첫 번째의 주축 시대에 쳐지는 것이라고 할 수밖에 없다. 이때의 많은 것은 독자적인 삶의 바탕에 뿌리내리는 것이 아니었고, 변형과 미로로 빠지는 것이었다. 그러면서도 이 몇 세기의 정신적 성취는 야스퍼스 시대의 인간들의 역사적 기반 — 그 교양과 직관과 통찰의 기반이 되었다. 그러나 그 의미는 주로 유럽인에게 한정되고, 그것이 인류 전체를 위한 문화유산이 되지는 않았다고 해야 한다.(왜 그것이 진정한 인류 유산이 되지 못한 것인가에 대한 야스퍼스의 생각은 분명하지 않다. 기독교나 희랍과 달리, 보편적 의미를 갖는 철학이 산출되지 못한 것이 그 이유인가? 가령 고전 시대의 희랍의 경우를 보면, 희랍은 지금도 인류의 문화유산이라 할 수 있는 철학, 문학 그리고 예술을 산출하였다. 이것들은 모두 하나의 보편적 사고에 기초하여 이루어진 것이라고 할 수 있다. 이에 비슷한 철학적 성취로서, 르네상스 이후의 서양의 문화적 업적에는 칸트와 같은 철학자의 업적을 생각할 수도 있다. 야스퍼스는 칸트주의자였다고 말하여진다. 그러나 칸트의 철학이, 플라톤이나 아리스토텔레스의 경우처럼, 모든 사람에게 보편적 호소력을 가진 것이라고 할 수는 없다. 그러나 이러한 설명은 야스퍼스 자신의 것은 아니다.)

3) 세계 중심의 이동   유럽의 업적이 인류 문명의 새로운 축이 되는 것은 과학과 기술을 통하여서이다. 그런데 과학 기술의 등장은 유럽이 정신과 영혼의 관점에서 뒷걸음치기 시작한 것과 중국과 인도

가 바닥에 떨어진 시점에 일치한다. 19세기 말에 유럽은 세계를 지배하는 듯했다. 그에 이어 세계가 유럽처럼 된 것은 그 과학과 기술 그리고 그 민족주의적 발상을 수용함으로써이다. 그리고 이제 지배적인 세력은 유럽이 아니다. 유럽을 계승한 것은 아메리카와 러시아이다. 아메리카는 유럽에 뿌리를 가지고 있으면서 독자적인 전체성을 만들어 가고 있고, 러시아는 지역적으로 동쪽 유럽과 아시아인들을 바탕으로 하여 출발하였고 정신적으로는 비잔티움에서 뿌리를 갖는 나라이다. 이러한 관찰에 추가하여, 야스퍼스는, 중국과 인도에 대하여, 『역사의 근원과 목적에 대하여』에서 매우 예언자적인 발언을 하고 있다. 즉 세계사의 중요한 부분을 이루는 이들 나라는 다시 세계사의 현장으로 돌아오게 될 것이라는 것이다.

2 과학의 시대

4) 과학적 이성의 대두   물론 세계사에의 재가입은 과학을 받아들인다는 것을 전제로 한다. 그러나 과학의 시대는 — 물론 이들 새로운 회원들 때문은 아니지만 — 그 앞의 시대와 전혀 다른 시대일 것이라고 야스퍼스는 말한다. 지난 200년 동안에 — 이제 야스퍼스의 책이 나온 지도 70년에 가까워 오니 270년 또는 17세기 이후라고 하여야겠지만 — 일어난 변화는 세계사의 흐름에 하나의 금을 긋는다. 그것은 현대를 지난 5000년으로부터 갈라놓을 만큼 확연한 분계선이 된다. 그전의 문명은 일정한 연속성을 가지고 있었다. 그러나 새로 등

장한 동인은 아시아나 희랍 고전 문명을 이룩했던 어떤 것과도 다르다. 1500년대까지는 유럽과 아시아의 문명에는 공유하고 있는 것이 많았다. 그러나 지난 수백 년 동안에 서로 상이한 지역으로 쪼개져 제각기의 길을 갔다. 그러나 과학 기술을 통해서 하나가 된다. 위에서 말한 바와 같이, 야스퍼스의 초미한 관심사는 이 새로운 문명의 동인에 대한 이해이다. 주축 시대에 대한 설명도 이것을 위한 예비 작업이었다. 이것을, 우리의 프로그램, 고전 읽기에 관련하여 말한다면, 위에서 충분히 시사되었다고 보지만, 고전이란 주로 주축 시대의 해방된 반성적 사고를 예시(豫示)하는 것으로 볼 수 있다. 이에 대하여 과학 기술의 시대는 그 예 또는 전범(典範)이 가려지기 시작하는 시대라고 할 수 있다. 이것은 오늘의 대중 매체에서 회자되는 주제만 보아도 알 수 있다. 그리하여 과학의 시대의 문제성은 고전으로 대표되는 사고의 위기에도 관계된다고 할 수 있다.

5) 도구적 합리성 비판   일단 야스퍼스가 시도하는 것은 과학 안에 들어 있는 합리성에 대한 비판이다. 과학과 기술의 이성은, 그의 생각에, 존재론적 모태로부터 분리되어 단순화됨으로써 비인간화될 가능성을 갖는다. 그 비판의 관점은, 호르크하이머와 아도르노의 '도구적 이성'에 대한 비판적 관점에 비슷하다. 이 주제를 다룬 호르크하이머와 아도르노의 저서, 『계몽주의의 변증법(*Dialektik der Aufklärung*)』, 『이성의 쇠퇴(*Zur Kritik der instrumentellen Vernunft, Eclipse of Reason*)』는 야스퍼스의 저서가 출간되기 2년 전에 나온 것으로서, 그가 참고했는지는 알 수 없으나, 시대적으로 비슷한 생각들이 유통되고 있었을 것으로 보인다. 이들이 말하는 도구적 이성은 계몽주의 시대의 보다 포괄적인

이성의 단순화로 성립하게 되는 원리이다. 플라톤이나 아리스토텔레스 그리고 독일의 관념철학이 말한 이성은 "인간과 인간의 (삶의) 목적을 포함하는 모든 것들의 서열 또는 통합적 체계"를 겨냥하고, "이 전체성과의 관계에서 인간의 삶의 적절함을 결정하려는" 원리였다. 본래적인 이성 —— 호르크하이머가 "객관 이성(objective reason)"이라고 부르는 이성은 목적과 도구, 인간 존재의 근본 원리와 그 실현을 위한 수단 —— 이러한 것들을 모두 아울러 살필 수 있게 하는 원리이다. 이에 대하여, 주로 영국의 로크 등에서 출발하는 도구적 이성 또는 "주관 이성(subjective reason)"은 제도나 현실을, "기술적, 논리적, 또는 계산 가능한 방법으로" 조직할 때 요구되는 인간의 능력이다.[53] 이것은 주로 수단의 원리로서 반드시 이성적이라고 할 수 없는 목적 —— 주관적 목적에도 동원될 수 있는 단편화된 합리성의 능력이다. 이 목적은 단순히 자기 보존 본능 그리고 더 나아가 자기 이익의 확대일 수도 있다.(이 차이는 사실, 칸트의 이성(Vernunft)과 오성(Verstand)의 차이에서도 발견할 수 있다. 이성은 단순히 경험적 세계의 현상을 개념적으로 통합하는 오성과는 달리 그것을 넘어가는 존재의 전체성, 인간의 정신적 근원에 이어지는 이념들의 원리를 말한다.) 야스퍼스의 비판은 프랑크푸르트의 비판이론에 비슷하나 비판의 내용은 프랑크푸르트의 비판이론가들의 글에 훨씬 분명하게 또 논리적으로 설명되어 있다. 야스퍼스의 비판이 선명하지 않은 것은 논리보다는 내면적인 직관에 의존하는 그의 사고와 서술의 경향에도 관계되지만, 과학 기술 현상의 양면적 가능성에 대한 그의 기대로 인한 것이라고 할 수도 있다.

6) 새로운 과학의 특징　새로운 과학은, 케플러, 갈릴레오의 발견,

지구 일주 항해, 현미경, 망원경 발명, 고대 문명에 대한 고고학의 발견, 성서에 대한 역사 비평 등 — 이러한 발명과 발견 속에서 성장한다. 이러한 사건들이 만드는 일반적 분위기 속에서 과학은 대체로 실용적 목적으로 시작하여, 곧 그 자체 목적을 추구하는 학문이 된다. 이렇게 성장한 과학적 사고의 특징은 어떻게 정의할 수 있는가? 야스퍼스는 과학 고유의 사고의 특징으로서 세 가지를 든다. (1) 방법론적 지식, (2) 추론의 확실성, (3) 보편타당성이 그것이다. 그러나 이러한 특징은 희랍 시대의 과학에도 해당되는 것이다. 그런데 현대 과학은 이에 비슷하면서도 그와 다른 특징들을 가지고 있다. (1) 현대 과학의 보편성은 보편적 타당성 이외에 자연, 인간, 언어, 행동 그리고 그에 따른 모든 것을 연구 조사의 대상으로 삼을 수 있다는 사실을 함축한다. 종교 또는 어떤 지적인 문제도 과학적 연구의 대상이 된다. (2) 과학은 완전히 끝나지 않는다. 희랍인들은, 수학, 천문학, 의학 등에서 진전을 보이면서도, 닫힌 범위 안에서 그 연구를 끝냈다. 완전함을 추구한다고 하여도 희랍의 과학은 모든 것에 대한 지식을 지향하지 않고 무한한 진리에 대한 의지를 드러내지도 않았다.(투키디데스, 유클리드, 아르키메데스에서 발견할 수 있는 입장이 그러하다. 그들의 추구는 완전함의 비전을 향하는 것이지 무한한 지식을 향하는 것이 아니다.) 이에 대하여 현대 과학은 모든 것을 알고자 하고 기존의 개념과 가설을 넘어가기를 원한다. 그러면서 그것은 존재 자체에 이르고자 한다. 그러나 현존재를 기초로 하여 존재 자체에 이르는 것은, 적어도 야스퍼스의 생각으로는, 불가능하다. 그리하여 현대 과학은 연구의 무의미함을 느끼고 그것을 고민한다. 과학 연구가 목적에 이를 수 없다는 것인데, 목

주축 시대와 인간 존재의 형성

적이 존재하지 않는다면, 연구는 무슨 소용이 있는가? 이러한 의문이 일어난다. (3) 현대 과학의 관심의 대상이 되지 않는 것은 없다. 이것은, 과학 연구가 위에서 말한 바와 같은 분야의 보편성이 아니라 구체적인 연구 대상의 선정이 미리 정해져 있는 이념의 지배를 받지 않는다는 말이다. 즉 과제에 있어서 보편적 개방성을 갖는다. 희랍 과학은 우연히 선택된 개별자에 관심을 가지면서도, 이상과 유형과 형상과 선행하는 지식의 지표를 따랐다. 이와 다르게, 대상과 우연 — 그 것이 어떤 것이든지 간에 — 그리고 온전하든 비뚤어졌든, 모든 형상에 마음을 맡기는 것이 현대 과학이다. 그것은 안정이 없는 심리 그리고 다른 한편으로는 자신만만한 심성을 표현한다. 거기에는 알 수 있는 것은 무엇이든지 알고, 또 알 수 있다는 생각이 있다. 이것은 희랍의 경우에 비하여, 지적 추구가 반드시 좋은 형상의 추구, 즉 진선미의 추구와 관계가 있는 것이 아니라는 말이다. (4) 현대 과학은 개별사상에 주의하면서 모든 것의 연결을 추구한다. 그러나 추구하는 것은 존재의 총체적 질서(코스모스)가 아니라 과학 자체의 질서이고 통일성이다.(희랍인들이 추구한 것은 코스모스 전체에 대한 아이디어였다.) 그러니까 호르크하이머식으로 말하면, 지향하는 것은 주관적 이성의 통일성이다. 그러면서도 분과 과학에 정진하여야 하는 과학은 이 통일성에 이를 수가 없다. 분과 과학들이 지향하는 것은 모든 것이 과학에 열려 있기를 요구한다. 그러면서, "정의할 수 없는 통일성"을 지향한다. 이 점에서 과학이 추구하는 것은 다시 무한히 계속될 수밖에 없는 추구이다. 그리하여 과학은 도달 가능한 목적이 없는 "길"이 된다. (5) 다시 말하여, 과학의 탐구는 구체적인 사실 인식에서 출발하면서 한계에 이르지 아니한다. 그리하여 그것은 무(無)나 절대적 보편자에 이르게 되지 아니한다. 그 목적은 가시적(可視的) 세계를 끝까지 탐구하는 것이고, 그 결과는 구체적 인식이 될 수 없는, 그러면서, 초월적인 것은 아닌, 수학적 알고리즘으로 표현된다. 그리고 현실적인 실험을 계속한다. (6) 이것은 과학적 사고에서 현상 이해의 수단이 되는 개념적 범주(category)의 사용에서도 볼 수 있다. 아리스토텔레스에서 탐색은 주어진 현상을 이미 정리되어 있는 범주에 포섭함으로써 의문의 종결에 이르고자 한다. 현대 과학에서 범주는 관찰과 실험과 사고의 진행을 위한 방편이다. 중요한 것은 동원된 "범주와 방법의 보편성"을 추적하고 확인하는 것이다. 희랍적 사고의 방법은 명상 또는 성찰이고 그것으로 확인되는 개연성이다. 과학적 사고는 실험과 관찰이다. 사고의 범주의 성격이 어떠한 것이든지 간에 중요한 것은 실험을 계속하면서 그것을 확장해 나가는 것이다.(야스퍼스가 생각하는 것은 아리스토텔레스의 범주, 네 가지의 인과율, 질료, 형상, 작용, 목적으로 분류되는 원인 탐구의 수단일 것으로 생각되는데, 과학적 탐구에서의 범주가 무엇인지는 말하지 않는다.) (7) 현대 과학은 "과학적 태도"를 일반화한다. 과학은 모든 것을 포괄적인 이성의 관점에서 접근한다. 그리하여 비과학적인 신념에 발 딛고 있는 모든 분파와 파당의 소신으로부터 초연한 거리를 지킨다. 과학의 언어는 일상적 언어의 대략적인 판단으로부터도 거리를 지킨다. 그리고 이러한 과학적 진실성은 인간의 진실성의 척도가 되고 인간적 위엄의 일부가 된다.[54](야스퍼스의 관점에서, 이것이, 실용적 응용을 빼고는, 거의 유일하게 과학이 갖는 윤리적 의미라고 할 수 있다.)

7) 문화 전통과 과학

과학/ 권력 의지와 자연 순응　이러한 과학의 특징들은 과학 특유의 것이면서도, 야스퍼스의 생각에는, 서양의 전통에서 이루어진 문화적 결과이다. 사회적 역사적 배경을 생각하면, 정치적 자유, 인쇄술의 발달, 경제적 요인(광물 발굴의 필요나 물질적 탐욕), 지구 탐험, 선교사업, 문화적 교류 등과 같은 것들이 과학 발전을 촉진한 배경이라고 할 수 있다. 야스퍼스는 이러한 요인들과 함께 과학에 스며 있는 동기에 대한 통상적인 해석을 부정하면서 과학을 옹호하기도 한다. 과학의 배경에 있는 것은 "권력 의지(Machtwille, Wille zur Macht)"나 "공격성(Aggressivitaet)"에 있다고 하는 주장이 있다. 그러한 면이 없는 것은 아니지만,(생체 실험 그리고 그것의 확대된 사건으로서 나치즘과 같은 것이 그 예(例)가 된다.) 진정으로 위대한 과학자의 연구에 작용하는 것은 "정신적 자세에서 나오는 직관", "필연에 대한 숙고", "자연에의 순응" 등의 마음이다. 권력 의지가 있다면, 그것은 지배욕이 아니라 "내면적 자유"를 향한 의지이다. 지식을 원하는 사람 또는 과학자는 자유로워진 의식으로 하여 사실을 있는 그대로 "존재의 기호"로서 포착할 수 있다. 과학자는 "그럴싸한 것, 대강의 것, 일시적인 것, 스스로 바라는 것"을 지향하는 것이 아니라 "명료성과 신뢰성에의 의지"를 가지고 있다.[55]

물음과 그 배경/ 전통과 현대 과학　이러한 동기 이외에 과학의 출현에는 역사적인 요청(imperative)들이 있다. 성경에 기초한 기독교는 '진실'을 위해서는 어떤 대가도 지불해야 한다는 윤리적 요청을 받아들이게 하였다. 또 세계가 신의 창조물이라면, 세계의 모든 것은 알아서 마땅하다는 생각도 기독교에서 나온다. 희랍인에게도 세계는 합법칙적이고 이성적이고 완전한 질서를 이룬다. 현대 과학은, 닫힌 세계가 아니라 무한히 열려 있는 세계, 이성(logos)에 맞서는 모든 무이성(alogon)의 세계를 탐색하지만, 과학이 가진 세계 탐색의 욕구는 이러한 전래의 습관을 변형시키면서 그것을 계승한 것이라고 할 수 있다. 위에 말한 생각에 이어지면서 그것을 조금 변형하여, 기독교 전통은, 좋고 나쁘고를 가리고 없이 모든 것을 연구의 대상으로 삼게 하는 계기를 과학에 제공하였다. 이러한 열린 연구는 신이 창조한 세계에서의 선악의 문제에 관계된다. 신의 세계에서의 존재가 선악을 가릴 것 없이 — 그러한 구분은 인간의 관점일 뿐이다. — 모두 선한 것이라는 것은 당연한 전제가 된다. 이에 대한 다른 하나의 접근은, 욥이 그러했던 것처럼, 신에게 악의 존재 이유에 대하여 묻고 — 오묘할 수밖에 없는 것이지만 — 거기에 답을 요청하는 것이다. 야스퍼스는 과학 연구에서 연구 절차로서 반대 의견을 요구하고 환영하는 것은 기독교에서 모든 창조물에 대하여 질문을 내는 것에 유사한 것으로 본다.(이러한 연결은 쉽게 납득할 만한 것이 아닐지 모른다. 그러나 창조주 신과 선과 악 이 둘 사이의 기이한 연결은 어떤 무엇도 질문의 대상에서 벗어나지 못하게 하는 회의 — 절망에 가까운 회의의 심리를 만들어 낼 것이라고 할 수 있다. 그리하여 여기에서 과학 그리고 학문 일반에서 어떤 권위를 주장하는 이론도 일단 물어보게 되는 일반적인 심리의 바탕이 이루어진다고 할 수도 있을 것이다.)

8) 과학의 순수성과 한계 과학을 위와 같이 전통적 사고방식에 연결하여 생각하는 것은 가치 판단이나 비판이 아니라 사실적 연계 가

능성을 시사하는 것이다. 이러한 연계를 돋보이게 하는 것은 과학의 긍정적인 면이다. 그것이 궁극적으로 어떤 의미를 가졌든지, 진실, 진리 또는 그것을 위한 정직성에 대한 엄정한 헌신과 같은 것이 이런 연계를 보여 주는 예이다. 그러나 과학이 그 나름으로 뛰어난 인간 정신의 업적이라고 하더라도, 진정한 과학적 태도는 지극히 희귀하다고 야스퍼스는 생각한다. 그 점에서만이 아니라, 진정한 "과학성, 보편적 인식의 자세, 신뢰할 수 있는 방법론 비판, 순수한 과학 인식은 오늘날 오류와 혼란 위에 엷게 씌워 놓은 헝겊과 같다."라고 그는 말한다. 그러나 보다 본질적인 문제는 과학의 한계에 대한 인식이 부족하다는 것이다. 과학적 연구의 전제는 "세계의 인식 가능성"이다. 이것이 구체적인 대상에 관한 것이라면, 그것은 타당한 전제이다. 그러나 그것이 세계 전체에 대한 것이라면, 그것은 정당한 전제라고 할 수 없다. 세계 전체를 이해하려는 노력은 곧 오류나 모순에 빠진다. 세계를 전부 알 수 있다는 착각이 낳는 결과의 하나는 세계는 전체적으로 아름다운 것이며, 과학 기술과 사회 공학을 통해서, 완전한 사회를 만들 수 있다는 "전형적인 현대의 미신(typisch moderne Aberglaube)"이다. 물론 이러한 미신은 곧 오류를 드러낼 수 있기 때문에, 그에 반대하여 불합리적 낭만주의가 생겨난다. 그러나 중요한 것은 분명하게 그 한계를 인식하면서 과학을 수호하는 일이다.(야스퍼스가 여러 군데에서 표현하고 있는 사회철학에 의하면, 그는 불완전할 수밖에 없는 인간 세계의 한계를 받아들이면서, 혁명이 아니라 개혁적 변화를 지지한다. 그 자신의 표현으로 그는 사회 민주주의를 옹호한다.)

　　과학과 역사의 정신　진정한 그리고 포괄적인 과학은 "깊은 영혼의 역사적 구조"에 이어져 있다. 과학은 복잡한 역사적 모티프의 테두리 속에 있다. 그것으로부터 분리될 때, 과학은 진정한 과학이기를 그치게 된다. 그러나 오늘날 그러한 총체적인 의미에서의 과학은 점점 발견하기가 어려운 것이 되었다. 물질세계를 개조하고 세계적으로 "계몽된 세계관"을 가져올 것이라는 요란한 외침은 계속되지만, 진정한 과학은 "가장 감추어져 있는 비밀"이 되었다.[56]

9) 과학 기술 비판　이러한 관점에서 야스퍼스는 현대 과학에 대해서는 대체적으로 매우 비판적인 입장을 취한다. 물론 위에서 말한 바와 같이, 과학과 기술에 대한 그의 입장은 긍정과 부정의 양편에 걸쳐 있다. 그러나 전체적으로는 매우 부정적이라고 하는 것이 옳다. 앞에서 과학의 시대는 서양 문명이나 인도 중국 문명이 하강한 시기에 일치한다는 말에 언급하였다. 얼핏 보기에 현대에 일어나고 있는 세계사적인 변화는 제2의 주축 시대가 열리는 듯한 인상을 줄 수 있다. 사실 그것은 적어도 표면적으로는 인류 역사의 새로운 전기를 이루는 것일 수도 있다. 그러나 그것이 인간적 삶의 심화를 예상하는 것이라면, 실상은 이것과는 정반대라고 하여야 할 것이다. "기술의 시대(technische Zeitalter)"는 수천 년에 걸쳐 발전되어 왔던 주축 시대의 노동, 삶의 방식, 사고, 상징 형식들을 뒤로 밀어 제쳐 버리는 시대라고 야스퍼스는 말한다. 과학 기술의 시대는, 주축 시대에 비하여 볼 때, "정신, 인간다움, 사랑, 창조력"의 관점에서 빈곤의 밑바닥에 이르는 파국의 시대이다. 발견과 발명은 인간의 삶에서 중요한 기쁨의 원천이다. 과학과 기술은 그 기회를 더 크게 해 주는 것처럼 보일 수 있다. 그러나 발견과 발명은 거대화된 기구 안에서 개인적인 성격을 잃어

버린다. 그것은 "모든 것을 포괄하는 영혼의 위대함" 가운데 일어나는 것이 아니라, 형성되고 있는 거대한 익명의 기구의 일부에 끼어드는 일이다. 이것은 특히 기술 분야에서 그렇지만, 과학 자체도 그 기술 과정 속에 쉽게 예속되어 들어간다. 한 분야에 숙달한 과학자가 그 분야를 넘어가면 완전히 어리석은 사람이 되고, 자기 전공을 궁극적인 목표로 삼은 기술자가 자기 분야 밖에서는 지적으로 어찌할 바를 모르게 되고, 또 자기 일에서 행복을 느끼지 못하는 것과 같은 일도 이러한 정신의 단편화에 연유한다.[57] 과학은 인간 정신의 전체적 자유를 얻는 과정이 아닌 것이다.

과학에 거는 희망   이렇게 평하면서도, 이미 비친 바와 같이, 야스퍼스가 새로운 과학 기술의 시대에 대하여 완전히 절망하는 것은 아니다. 과학 기술에 의한 새로운 역사의 전환은 "프로메테우스의 시대"에 비슷한 것으로 생각할 수도 있다. 프로메테우스의 불의 발견으로 상징되는 역사적 전환은 인간을 동물의 처지로부터 해방하여 주축 시대로 나아가는 준비 단계로 들어서게 하였다. 오늘의 과학 기술의 시대도 그러한 과도적 의미를 가질 수 있을지 모른다. 그러나 그것은 두고 보아야 할 일이고 지금에는 상상하기 어려운 일이다. 부정적인 징조가 너무 많은 것이 지금의 상황이다.

10) 현대 기술과 인간

환경의 인간화/ 인간의 기계화   과학이 그 기초가 되기는 하지만, 인간의 삶을 현실적으로 바꾸어 놓는 것은 기술이다. 기술은 제일차적으로 인간이 삶의 노동을 가볍게 하려는 데에서 시작한다. 삽, 쟁기 등 연장의 발명, 그리고 배, 수레, 동물 길들이기 등은 노동과 이동을 보다 편하게 하였다. 또 연장을 사용한 자연의 조종 가능성은 삶의 환경을 전체적으로 변경하고 향상하려는 계획이 된다. 여기에서는 다른 것보다도 환경과 인간을 두루 하나의 관점에서 통일하려는 태도가 생긴다. 그로 하여 사람은 "궁핍에서 해방될 뿐만 아니라 스스로의 창조 속에서 스스로를 인지하고, 특히 그 창조물의 아름다움, 적절성, 형상이 호소해 오는 힘 가운데 스스로를 확인한다."[58] 그러나 연장 또는 도구와는 그 성격을 달리하는 기계의 발명은 이 자연스러운 환경의 개선을 바꾸어 놓는다. 모든 것이 거대화되고, 추상화되고, 계량화된다. 기술로 다스리려던 자연은 변형이 되어 제2의 자연이 되고 오히려 인간을 압제하는 폭군이 된다.

기술은 삶의 환경 자체를 완전히 바꾸어 놓는다. 기술 변화를 통하여 지구 전체가 하나의 공장이 되고, 사람은 거대한 기계의 장치 속의 한 부분이 된다. 기계가 지배하는 환경에서 일어나는 변화된 삶의 모습에 대한 야스퍼스의 기술은 사뭇 극적인 호소력을 가지고 있다. 그것을 요약하여 본다. 사람은 기계화된 환경 속에서 그 뿌리를 상실하여, "고향이 없는 지구의 거주자가 된다." 지속되어 온 전통은 단절된다. "정신은 오로지 공리적 기능에 맞는 학습과 훈련을 받는 능력으로 단순화된다. 그리고 어떤 실용적 목적을 위해서도 쉽게 동원된다." 마음을 움직이는 것은 "쉽게 바뀔 수 있는 가짜의 확신이다." 개인은 이러한 상황 속에서, 자신에 대하여 불편과 불만을 갖게 되고, 진실된 자아를 잃고, 상황과 대상에 맞추어 변화하는, "가면"을 쓰고 살게 된다. 그러다 보면, 자신이 누구인지도 알지 못한다. "진정한 자아"는 존재하지 않는다. 주변에서 돌아오는 반응과 존경도 없다. 가면과 위장(僞裝)에 존경이 있을 수가 없다. 있는 것은 오로지 가짜로 만들어진 "물신"에 대한 경배일 뿐이다.(사람을 그가 차지하는 자리, 높은 자리에 따라서만 알아주는 우리의 관습도 여기에 포함하여 생각할 수 있다.) 갑자기 감추었던 자아가 터져 나올 수도 있지만, 최종적 반응은 절망감이다. 키르케고르와 니체가 표현하고 있는 것이 이러한 절망감이다.[59]

기술 세계의 노동과 그 심리   기술이 가져오는 삶의 환경의 변화에 있어서 핵심적인 요소는, 이와 같이, 그 안에서 일하는 사람들의 삶이 전혀 다른 것이 된다는 사실이다. 조금 더 보태어 말해 본다. 원래 기술은 노동을 쉽게 하는 방편이 된다고 생각되었지만, 기술이 계속 발달 확장된다고 하여 반드시 노동이 줄어드는 것은 아니다. 대규모의 기계들은 끊임없이 제작되고 수리되어야 한다. 특히 군사 무기 제작의 공정은 규모와 강도가 큰 것일 수밖에 없다. 그것은 파괴하고, 파괴되는 것이기 때문에, 계속 되풀이되어야 한다. 어쨌든 기계화된 노동의 많은 부분은 인간적 성격을 상실한다. 소규모의 작업에는 발명의 기쁨이 있지만, 발명을 응용하는 대규모 생산 공정은 컨베이어 벨트에 맞추는 반복 노동이 되고, 그 무미건조한 작업은 피로와 무감각을 가져온다. 현대적 생산 체제가 필요로 하는 큰 조직은 생산품 제작 작업에서 얻을 수 있는 보람과 개인적 자유를 더욱 제한한다. 그리고 거대 기계의 한 부분이 된 노동자는 자신이 하는 일의 총체적인 의미를 파악하지 못한다. 큰 조직은 관료 체제를 필요로 한다. 이것은 삶의 전체에 퍼져 들어간다. 관료적 행동 방식은 정치에 그리고 여가 활동과 오락에도 스며들어 간다. 노동자는 자유 시간이 있어도 그것을 어떻게 할지 모른다. 그것은 기술적으로 조직화된 오락의 시간이 되든가, 아니면 단순히 몽롱한 정신의 휴지(休止) 기간이 된다.

기술 노동의 삶의 풍경　인간의 자연으로부터의 소외는 앞에서도 말한 바 있지만, 조금 뉘앙스를 달리하여 되풀이하는 삶의 풍경을 야스퍼스는 전체적으로 아래와 같이 요약한다.

사람은 뿌리 없는 존재가 된다. 토지를 잃고 고향을 잃는다. 그리고 기계 체제 안에 자리를 얻는다. 배당되는 집과 주변 풍경도 일종의 기계이다. 그것은 언제나 바꿀 수 있고 지속하는 것이 아니다. 풍경도 아니고 개성적인 주택도 아니다. 지구의 표면 자체가 기계-풍경의 모습을 갖게 된다.

이러한 배경에서 노동과 작업의 삶은 단순화된다.

삶의 지평은 과거와 미래가 없이 더 없이 좁은 것이 된다. 사람은 그 유산 그리고 인생의 최종적 목표를 향한 탐구를 잃고, 오로지 현재에 산다. 기억도 없고 미래의 가능성을 배태하는 씨앗도 없어진 현재는 점점 더 공허해진다. 노동은 단순히 순간적이고 급속한 힘의 사용이 된다. 에너지를 탕진한 다음에는 피로가 뒤따른다.

문화적인 요구도 달라진다.

이러한 삶에 반성적 사고가 있을 수가 없다. 피로 속에 남은 것은 본능과 감각적 쾌락에 대한 요구이다. 사람들은 영화를 보고, 신문을 훑어보고,

뉴스를 듣고, 그림을 본다. 물론 그것도 기계적으로 상투화된 테두리 안에서의 일이다.[60]

11) 기술 세계의 인간적 가능성

인간성에 있는 근원   이러한 부정적 부작용에도 불구하고, 위에서 말한 바와 같이, 과학 일반이 그러한 것처럼, 현대의 거대 기술이 새로운 가능성을 갖지 않은 것은 아니다. 야스퍼스는 궁극적으로 인간성이 기술에 의한 인간의 비인간화를 허용하지 않을 것이라고 말한다. "기술이 인간을 노예화하는 것이 아니라 기술이 인간에 따르게 하는, 근원이 사람 안에 있는 것이 아닌가?"[61] 하고, 그는 묻는다. 그의 생각에 인간은 특별한 "근원(Urprung)"을 스스로 안에 가지고 있다. 여기서 "근원"이라고 하는 것은 사실 그가 책 제목에서 말하고 있는 "근원"에 일치한다고 할 수 있다. 그것이 역사를 움직이고 인간의 궁극적인 우주적 목적을 움직이는 것이다. 물론 이것은, 앞에서 본 바와 같이, 야스퍼스의 믿음에 속하는 것이어서 객관적으로 평가할 수는 없다. 하여튼 그는 역사와 인간을 움직이는 정신이 있다고 믿는다. 이것이 초월적인 세계에 이어져 있는지는 확실치 않지만, 인간 정신에는 적어도 인간됨에 대한 어떤 고양된 이상이 있고 다른 세속적인 요구에 못지않게 그 요청에 응하지 않을 수 없게 하는 어떤 것이 있다는 것 ― 이것이 인간의 삶, 개인적 그리고 집단적 삶의 전체를 형상하는 힘이라는 것 ― 이것은 일단 수긍할 수 있을 것이다.

노동의 위엄   기술은 본래 중립적인 것이다. 거기에 어떤 가치의 편향이 있는 것은 아니다. 육체노동은 고대 희랍인에게 경멸의 대상이었다. 그것은 보다 높은 정치, 스포츠 또는 학문적 추구로 나아가는 인간의 이상적 삶으로부터 먼 것으로 생각되었다. 기독교에서 노동은 죄에 대한 형벌이었다. 그러나 프로테스탄티즘의 대두와 더불어 다른 관점이 생겨난다. 그 관점에서 일과 노동은 의무이고, 기쁨이고 축복이고 자랑이고 인간적 존엄의 표현이 된다.(야스퍼스는 기독교에서 볼 수 있는 이러한 대조의 단초를 파스칼과 밀턴의 예를 들어 말한다. 파스칼은 일은 진정한 인간의 사명으로부터 마음을 빼앗아 가는 것으로 생각하였고 밀턴은,『실낙원』의 끝에서 쓰고 있듯이, 새로운 세계 건설이 인간에게 주어진 의무라고 생각하였다.) 이 관점에서는 세계 전체를 새로 창조하는 것이 인간에게 주어진 과제이다. 그러나 그것은 자기 소외의 노동을 통해서가 아니라 기쁨과 보람을 가져오는 노동을 통하여 이루어져야 한다.

인간적 노동의 조건   인간의 본분을 찾는 노동을 위해서는 노동의 조건들이 달라져야 한다. 새로운 세계의 창조를 가능하게 할 동인을 하나로 단순화하자는 사람들이 있지만, 노동을 한 가지로 단순히 생각해서는 안 된다. 그것은 일에 주어지는 존경, 제품 향수(享受)에의 참여, 일의 조직, 권위 행사의 방식, 노동하는 사람들의 유대감 ─ 이러한 여러 관점에서 고려되어야 한다. 현실적 과제의 관점에서 다시 말하건대, 작업의 환경이 전체적으로 보다 인간적인 것이 되어야 한다. 동시에 노동의 물질적 환경 그리고 노동의 조직을 개선하여 명령 계통의 서열이나 작업의 방법이 개개인의 자유와 양립할 수 있게 하여야 한다. 사회적으로는 물질 분배가 고르게 되어야 하고, 작업의 기여도나 인간으로서의 존엄성에 있어서 모든 사람들에게 정당한 지위가 보장되어야 한다.

자연 형상의 재발견/ 지적 능력의 확대 작업의 성질도 달라져야 한다. 환경의 향상을 위하여 작업한다는 것은, "신의 이미지"로 창조된 인간이, "영원한 창조적 아이디어를 찾아내고 제2의 자연을 창조하는 일이다." 그것은 이미 있던 미적인 형태를 재확인하고 확대하는 일이 된다. 기술은 이러한 일에 기여할 수 있다. 기술은, 그 본래적인 의미에서는, "외면적으로 존재하는 현실이 아니라, 내면적 요청에 답하는 정신적 삶의 영토이다."[62] 필요한 것은 기술을 위한 새로운 지표와 방향이다. 새로운 기술은 인간을 주어진 자연으로부터 떨어지게 한다. 그러나 바른 기술은 다시 제2의 자연을 만들고 사람으로 하여금 새로운 환경 속에 새로운 의식으로써 다시 자연에 더욱 가까이 가게 한다. 기술은 인간의 지각과 지적 능력을 확대한다. 그것은, 가령 자동차나 기계 또 다른 일용품에서 볼 수 있듯이, 새로운 아름다움의 형상을 만들어 낸다. 새로운 기술의 생산품의 아름다움은 단순히 기능적 적응이 아니라 인간의 세계에 대한 완전한 적합성에서 온다. 그럴 때, 그것은 인간의 인식 능력을 확장한다. (1) 기술은 새로운 아름다움의 존재를 알게 하는 역할을 한다. 기술 생산품의 아름다움은 단순히 장식의 아름다움이 아니라 "기능적 구조물에서 드러나게 되는 자연의 (법칙적, 형상적) 필연성"을 느끼게 하는 데에 근거한다. 이 자연의 필연성은 인간의 제작물에서 순수한 형상을 드러내 보여 준다. 그로 하여, 사람은 생명의 무의식적 산물(가령 동물의 신체나 식물의 모양의 구조)에서 그것을 새삼스럽게 확인하게 된다. (2) 기계제품은 사람의 지각을 확대한다. 현미경이나 망원경은 자연의 일부가 아니면서, 자연의 세계를 자세히 넓게 열어 준다. 축음기나 필름은 기억을 보존한다. 전체적으로 보고, 듣고, 경험하고 하는 능력을 확대하는 것이다. 교통수단은 사람들로 하여금 지구의 많은 지역과 물상에 보다 가까이 쉽게 접근하여 알 수 있게 한다. (3) 그리하여 기술은 세계에 대한 인간의 의식을 바꾸어 놓는다. 통신의 발달, 뉴스의 빠른 배포 등은 지구 공간에 대한 인간의 느낌을 바꾸고, 전 지구를 실감을 가지고 하나로 포용할 수 있게 한다. 이와 같이 기술은 인간에게 새로운 가능성을 열고, 기술의 즐거움, 지구 전체와 그 구체적인 사실들을 알 수 있게 하고, 그 전부를 숭고미의 체험 속에 거두어들일 수 있게 한다. 여기에서 중요한 것은 정신이다.

기술 문명의 폐해   그러나 이러한 것은 아직은 예외적 가능성이고 사실이다. 더 많은 것은, 기술 문명이 가져오는 문제적인 변화들이다. "생각 없음, 공허한 기계적 기능화, 자동적 움직임에서 오는 인간 소외, 오락의 효과로서의 자기 상실, 의식 없음의 확대, 얄팍한 신경 자극의 찌꺼기 퇴적 — 지금에서 기술 시대가 보여 주는 것은 이러한 인간성 쇠퇴이다."[63] 이것은 기술의 성질에서 나오는 불가피한 결과이다. 기술은 본질적으로 생명으로부터 유리되어 있다. 그것은 방향과 목적으로 필요로 한다. 기술은 생명이 없는 수단일 뿐이다. 인간적 삶의 내용을 이루는 것들, "자연스러운 양육, 교육, 소통하는 의식, 정신적인 작품 창조, (기술의 핵심인) 발명, 이러한 것들은 그에 이어지는 기술의 규칙을 따라 획득되는 것이 아니다. 살아 있는 정신이 창조할 수 있는 것을 기술은 가짜로서 모방하여 만들 수 있을 뿐이다. 그림, 시, 과학은 기술을 수단으로 이용한다. 그러나 그것이 완전히 기술의 산품이 된다면 그것은 공허한 창조물이 될 뿐이다."[64]

주축 시대와 인간 존재의 형성

산업 기술은 인간의 삶을 기술의 일부가 되게 하고 인간을 기계가 되게 하였다. 그리하여 그것을 "악마적인 것"으로 보는 입장이 생기는 것도 당연하다. 기술 시대가 시작할 무렵에 괴테가 뉴턴을 공격한 것은, 그것을 분명하게 의식하지는 아니하면서도, 기술 문명의 참담한 결과를 예감하였기 때문이다. 야코프 부르크하르트는 열차나 터널을 이용하면서도 그것을 극도로 혐오하였다. 기계로 하여 장인술과 생활 수단을 빼앗긴 장인들은 기계를 때려 부쉈다. 전면적으로 확산되어 간 기계화 그리고 계산 가능성, 확실성의 척도는 영혼이나 신앙에 속하는 것까지도 공리적 이익에 맞아 들어가는 한도에서만 허용하게 하였다. 그것은 인간을 강압적으로 다수 속에 편입하고, 정신의 해방을 의미하였던 뉴스의 확산은 인간 조종의 수단으로 전락하고, 통신 수단의 발달은 국가 권력으로 하여금 광대한 지역, 삶의 매 순간, 모든 가정에 침투할 수 있게 하였다. 이 모든 기술화의 과정은 불가항력의 역사 과정으로 보인다. 그리하여 지구의 모든 것은, 인간을 포함하여, 거대한 공장의 원료가 되고, 생산과 소비와 순환 과정의 한 부분으로 존재하게 된다. 그러나, 앞에서 인용한 바 있듯이, 사람과 역사의 과정에는 다른 "근원"이 있다. 합리성의 관점에서 기술화 ― 그리고 비인간화는 저지될 수 없는 것으로 생각될 수 있다. 그러나 사람의 인간성에 대한 의식은 그러한 과정의 계속은 불가능할 것이라고 말한다.

12) 인류의 미래를 위한 결단   새로운 삶의 조건이 열어 놓은 가능성이 어떤 형태를 가지게 될 것인가에 대한 세계사적인 결단은 지금과 앞으로의 몇 세기에 이루어지는 것이 될 것이다. 그리하여 인간은,

"역사적으로 옛날에 이루어졌던 것들이 오늘날 갖는 의미는 무엇인가, 그것은 되풀이될 수 있는 것인가 그리고 스스로의 진실성을 증명해 보여 줄 것인가 하는 물음을 묻지 않을 수 없게 것이다." 그리고 이에 대한 결정이 필요할 것이다. 생각만으로 문제들을 풀 수는 없다. 그러나 "철학이 이 문제들을 직시하지 않을 수 없다. 철학이 하는 것은 생각과 내적 자세와 가치 측량을 제시하고 개인들이 할 수 있는 가능성의 선택을 보여 줄 수 있을 뿐이다. 그러나 이 개인들은 예측을 넘어 사물의 진전에 있어서 본질적인 요인이 될 수 있을는지 모른다."[65]

　　야스퍼스가 『역사의 근원과 목적에 대하여』에서 시도하고 있는 것은 바로 인간됨에 대한 옛 업적 —— 주로 주축 시대로 대표되는 업적을 검토하고, 그것이 오늘에 가질 수 있는 의미를 공구(攻究)하여, 인류 미래를 위한 결단에 기여하려는 것이다.

김우창　서울대학교 영문학과를 졸업하고 미국 코넬 대학에서 영문학 석사 학위를, 하버드 대학에서 미국문명사 박사 학위를 받았다. 서울대학교 영문학과 전임강사, 고려대학교 영문학과 교수와 이화여자대학교 학술원 석좌교수를 지냈으며 《세계의문학》편집위원, 《비평》편집인이었다. 현재 고려대학교 명예교수, 대한민국예술원 회원으로 있다. 저서로 『궁핍한 시대의 시인』, 『지상의 척도』, 『심미적 이성의 탐구』, 『풍경과 마음』, 『깊은 마음의 생태학』 등이 있고 역서 『가을에 부쳐』, 『미메시스』(공역) 등과 대담집 『세 개의 동그라미』 등이 있다. 팔봉비평문학상, 대산문학상, 금호학술상, 고려대학술상, 한국백상출판문화상 저작상, 인촌상, 경암학술상 등을 수상했고 2003년 녹조근정훈장을 받았다.

주

08 삶과 나라 설계

1 요즘 독일에선 원어 그대로 '폴리테이아'로 쓰는 경향이 있다.

2 이 중에서 살라미스(Salamis)와 엘레우시스(Eleusis)는 훗날 아테네에 합병된다.

3 면적 약 75평방킬로미터에 열세 마을에 흩어져 살며, 인구는 1980년대에 6000명이 조금
   넘었고 1956년 지진이 일어나기 전에는 그 배가 살았다고 한다.

4 제6권 499c, 제7권 536b, 540d, 541a 등.

5 이 물음에서 앞쪽은 올바름의 '의미 규정'을, 뒤쪽은 그 속성을 말하고 있는 것이다.

6 이와 관련해서는 졸저『적도(適度) 또는 중용의 사상』(아카넷, 2014) 84~88쪽에서도
   다루고 있다.

7 이와 관련해서 보다 자세한 설명은 위의 책 53~58쪽을 참조.

8 이 말의 번역어로 필자는 '정의'보다도 '올바름'을 앞세우는데, 그 이유는 앞으로의 논
   의 과정에서 확인될 것이다.

9 '디케'의 구체적인 쓰임과 관련된 문헌상의 용례들에 대해서는 위의 책 77~79쪽을 참조.

10 남녀를 가리지 않은 통치자들과 관련된 가장 강력한 발언은 제7권 끝 쪽(540c)에 보인다.

11 같은 언급이 제6권 499b-c, 501e 및 「일곱째 서한」 326a-b에도 보인다.

12 외숙 카르미데스와 외당숙 크리티아스가 그들이다.

13 그로부터 4년 뒤(B.C.395)의 그의 행적에 대해서는 전혀 알려진 바가 없다고 한다.

14 박종현 역주,『플라톤의 법률』(서광사, 2009), 20~21쪽 참조.

15 R. L. Nettleship, *Lectures on the Republic of Plato*(London: Macmillan, 1958), p. 6.

16 흔히 "기하학을 모르는 이는 들여놓지 말지니라(mēdeis ageōmetrētos eisitō)."로 간결하
   게 말한다.

17 아리스토텔레스는 이런 학문들을 통틀어서 '수학적인 것들(ta mathēmatika)'로 언급했
   다.『형이상학』A 987b15; M 1076a17 참조.

18 이런 언급을 통해서 플라톤이『파이돈』편에서 말한 혼의 정화(katharsis)가 단순히 종교

적인 의미의 것이 아니라, 인식 주관의 '순수화'를, 즉 지성의 능력을 확보하기 위한 준
비 과정임을 확인하게 된다.

19 이 경우에 노에시스(noēsis)가 지성의 작용이라면 디아노이아(dianoia)는 이성(logos)의
추론적 사고나 지적 사고를 뜻하는 것으로 보면 되겠다.

20 『형이상학』, M XⅢ, 4, 1078b17-32; 9, 1086a32-1086b7.

21 Plutarch, *Moralia*, XIV, Adversus Colotem, 1115b8-c4.

22 궁극적 원리로서의 '좋음 자체'에 대한 긴 설명은 졸저 『적도(適度) 또는 중용의 사상』
제2장을 참조하면 되겠다.

23 바로 앞의 '죽게 마련인 (자의) 혼의 천성(자질, physis)'을 가리킨다.

24 『논어』「위정(爲政)」 3장의 다음 내용도 같은 취지의 것이라 할 수 있겠다. "(백성을) 이
끌기를 정령(政令)으로써 하고, 가지런히 하기를 형벌로써 하면, 백성은 형벌을 면하려
고만 할 뿐 부끄러워함이 없다. (백성을) 이끌기를 덕으로써 하고, 가지런히 하기를 예
로써 하면, 부끄러워함이 있을뿐더러 마음이 바로 잡힌다.(道之以政, 齊之以刑, 民免而
無恥. 道之以德, 齊之以禮, 有恥且格.)"

25 『맹자』, 「등문공장구(滕文公章句) 상」 3장.

26 pas(모든)+rhēsis(말을 함)의 합성어로서, '무슨 말이든 다 할 수 있음'을 뜻하는 말이다.

27 여기서 말하는 '일종의 평등'은 산술적 평등(arithmētikē isotēs)을 가리킨다.

28 이는 이때가 다른 사적인 그리고 공적인 일들에서 모두가 가장 한가로울 때이기 때문이다.

29 A. N. Whitehead, *Process and Reality*(New York: Free Press, 1978), p. 39.

09 행복의 윤리학

1 인용은 강상진·김재홍·이창우 옮김, 『니코마코스 윤리학』(길, 2011)을 따랐으며 필요
한 경우 수정했다.

2 조대호 외, 『위대한 유산』(아르테, 2017), 42~50쪽과 340~348쪽을 참고.

3 E. Morgan, *The Descent of the Child*(Oxford: Oxford University Press, 1995), p. 137.

4 에토스의 형성에 대해서는 조대호, 「기억, 에토스, 행동: 아리스토텔레스의 도덕심리학
에서 '기억'」, 《범한철학》 제74집(2014), 129~164쪽 참고.

5 덕 윤리에 대한 비판에 대해서는 R. B. Louden, "On Some Vices of Virtue Ethics,"
Virtue Ethics, ed. R. Chrisp and M. Slote(Oxford: Oxford University Press, 1997)을 참고.

6 『형이상학』 A 1, 980a21: "모든 사람은 본성적으로 알고 싶어 한다." 조대호 옮김, 『형이
상학』(길, 2017), 31쪽.

7　조대호, 「숙고의 인지적 조건: 아리스토텔레스 도덕 심리학의 숙고 개념」, 《서양고전학 연구》 55, no. 2(2016), 87~120쪽을 참고.

8　J. L. Ackrill, "Aristotle on Eudaimonia," *Essays on Aristotle's Ethics*, ed. A. O. Rorty(Berkeley-Los Angeles-London: University of California Press, 1980), pp. 15~34.

11 인간다운 삶, 더불어 사는 사회

1　『사기』, 「공자세가」. "生而首上圩頂, 故因名曰丘."

2　『논어』, 「자한(子罕)」 6장. "吾少也賤, 故多能鄙事."

3　『논어』, 「공야장(公冶長)」 28장. "子曰, 十室之邑, 必有忠信, 如丘者焉, 不如丘之好學也."

4　『논어』, 「위정(爲政)」 4장. "子曰, 吾十有五而志于學, 三十而立, 四十而不惑, 五十而知天命, 六十而耳順, 七十而從心所欲, 不踰矩."

5　『논어』, 「안연(顏淵)」 1장 부분. "顏淵問仁. 子曰, 克己復禮爲仁. 一日克己復禮, 天下歸仁焉. 爲仁由己, 而由人乎哉?"

6　『논어』, 「공야장」 23장. "子曰, 孰謂微生高直? 或乞醯焉, 乞諸其鄰而與之."

7　고병권, 『고추장, 책으로 세상을 말하다』(그린비, 2007), 79쪽.

8　『논어』, 「이인(里仁)」 15장. "子曰, 參乎! 吾道一以貫之. 曾子曰, 唯. 子出, 門人問曰, 何謂也? 曾子曰, 夫子之道, 忠恕而已矣."

9　아렌트는 이스라엘에서 집행된 전범 재판을 관찰하면서, 피고인 아이히만이 원고나 판사가 해야 할 말을 자기가 한다고 지적한 바 있다. 우리 속담을 빌리자면 "사돈이 남 말하고 있는 셈"이다. 아렌트가 지적한 아이히만의 무능성, 즉 "말하기의 무능성, 생각하기의 무능성, 타인의 입장에서 생각하기의 무능성" 가운데 앞의 둘은 충(忠)의 무능성이라고 할 수 있으며, 뒤의 '타인의 입장에서 생각하기의 무능성'이란 서(恕)의 불능성이라고 재명명할 수 있을 것이다. 한나 아렌트, 김선욱 옮김, 『예루살렘의 아이히만』(한길사, 2006) 참고.

10　『논어』, 「위령공(衛靈公)」 24장. "子貢問曰, 有一言而可以終身行之者乎. 子曰, 其恕乎. 己所不欲, 勿施於人."

11　『논어』, 「옹야(雍也)」 28장. "夫仁者, 己欲立而立人, 己欲達而達人. 能近取譬, 可謂仁之方也已."

12　정화열, 박현모 옮김, 『몸의 정치』(민음사, 1999), 253쪽.

13　『논어』, 「헌문(憲問)」 35장. "子曰, 驥不稱其力, 稱其德也."

14　『논어』, 「위정」 1장. "子曰, 爲政以德, 譬如北辰, 居其所而衆星共之."

15 『논어』, 「안연」 19장. "君子之德風, 小人之德草, 草上之風必偃."

16 『도덕경』, 제38장. "上德不德, 是以有德. 下德不失德, 是以無德."

17 『도덕경』, 제38장. "上德無爲而無以爲."

18 『논어』, 「이인」 25장. "子曰, 德不孤, 必有鄰."

19 『논어』, 「자로(子路)」 16장. "葉公問政. 子曰, 近者說, 遠者來."

20 『도덕경』, 제23장. "飄風不終朝, 驟雨不終日."

21 『논어』, 「헌문」 6장. "南宮适問於孔子曰, 羿善射, 奡盪舟, 俱不得其死然. 禹稷躬稼而有天下. 夫子不答. 南宮适出, 子曰, 君子哉若人! 尙德哉若人!"

22 정문길, 『삶의 정치』(대화출판사, 1988), 141~142쪽.

23 정화열, 「생태학 시대에 있어서 정치체에 관하여」, 『정치학의 전통과 한국 정치: 안산김영국박사화갑기념논문집』(박영사, 1990), 74~75쪽.

24 『논어』, 「계씨(季氏)」 13장. "陳亢問於伯魚曰, '子亦有異聞乎?' 對曰, '未也. 嘗獨立, 鯉趨而過庭. 曰, 學詩乎? 對曰, 未也. 不學詩, 無以言. 鯉退而學詩. 他日又獨立, 鯉趨而過庭. 曰, 學禮乎? 對曰, 未也. 不學禮, 無以立. 鯉退而學禮. 聞斯二者.' 陳亢退而喜曰, '問一得三, 聞詩, 聞禮, 又聞君子之遠其子也.'"

12 생명, 평화, 자유의 길

1 판본에 따라 글자 수가 다르지만 대략 5250자 내외라고 본다.

2 저명한 중국 사상 연구가 아서 웨일리는 『도덕경』을 *The Way and Its Power*라고 번역하기도 했다.

3 마르틴 부버는 서양 언어로 된 『장자』 번역서들을 취합해서 독일어 번역판을 출판했다. 이것을 하이데거나 헤세 등이 읽고 영향을 받았다. Jonathan Herman, *I and Tao: Martin Buber's Encounter with Chuang Tzu*(Albany, NY: State University of New York Press, 1996) 참조.

4 스즈키 다이세쓰는 그의 책 *Zen and Japanese Culture*(Mythos: The Princeton/Bollingen Series in World Mythology, 2010)에 『장자』를 많이 인용하고 있다.

5 N. J. Girardot, *Myth and Meaning in Early Taoism*(Berkeley: University of California Press, 1983), p. 79.

6 『장자』에 등장하는 공자, 안회 등은 역사적 실존 인물인 공자나 안회와 이름만 같을 뿐 사실은 장자의 사상을 대변해 주는 인물로 등장한다.

7 흥미롭게도 서양 중세 신비주의 전통에서도 영적 성장에 세 단계가 있음을 이야기하는

데, 그것은 (1) 정화(purgation), (2) 조명(illumination), (3) 합일(unity)의 단계이다. 『장자』에서 말하는 '잊어버림(外)', '아침 햇살(朝徹)', '하나와 하나 됨(見獨)'이 이에 엇비슷하게 상응하는 것으로 볼 수 있을 것이다.

13 도덕의 정치학

1 맹자의 탄생 연도에 대해선 이설이 분분하다. 대체로 서기전 372년 설이 다수이지만 그렇더라도 맹자의 유세 시기와 『맹자』의 내용 간에 어긋나는 곳이 많다.

2 고염무(顧炎武, 1613~1682)가 쓴 『일지록(日知錄)』 권17 「주말풍속」은 춘추시대와 전국시대의 차이를 선명하게 대비시켜 보여 준다. 전국시대는 춘추시대까지 명목상으로나마 유지되던 예의, 신용, 종실, 사절, 연회 등의 의식마저 없어지고 오직 이해타산의 경연장이 되었다고 한탄한다.

3 『상군서(商君書)』, 「근령(斬令)」.

4 두 고사는 맹자가 살았던 시대에서 300년도 더 지난 한(漢)나라 때 유향(劉向)이 편찬한 『열녀전(列女傳)』에 처음 나온 얘기라 신빙성이 떨어진다. 한나라 때 책인 『한시외전(韓詩外傳)』 권9에는 맹자의 어머니와 관련해 다음과 같은 이야기가 실려 있다. 맹자는 스무 살 남짓에 장가를 들었는데 어느 날 그가 밖에서 들어오니 아내가 무례하게 걸터앉아 쳐다보았다. 화가 난 그는 출처(出妻, 『순자』 「해폐」)를 강변하다 어머니에게 야단을 맞는다. "네가 무례한 것이지 며느리애가 무례한 게 아니다. 예법에 뭐라 하더냐? 장차 대문에 들어오려면 안에 누가 있나 물어야 하고, 마루에 올라서려면 반드시 먼저 소리를 내어 알리고, 방 안으로 들어서면 시선을 반드시 아래로 두어야 하는데, 이는 아직 준비가 안 된 사람을 가려 주려는 것이다. 오늘 너는 여인네의 사사로운 곳으로 가면서 방에 들어설 때 소리를 내지도 않았고 걸터앉은 모습으로 사람을 쳐다보게 만들었으니 이는 너의 무례이다. 며느리애의 무례가 아니다." 어머니의 말을 듣고 맹자는 크게 반성했다고 한다. 이 고사가 사실인지는 알려지지 않았다.

5 송견(宋銒)이라고도 부른다. 제나라 직하(稷下)에서 유학하였으며 묵자를 추종하는 학자이다.

6 크릴(H. G. Creel)은 맹자를 논쟁의 승리에 집착한 인물이라고 평가한 적이 있다. H. G. 크릴, 이동준 옮김, 『중국 사상의 이해』(서울: 경문사, 1997), 6장 참조. 동한의 왕충(王充)은 『논형(論衡)』 「자맹(刺孟)」 편에서 맹자를 궤변이라고 비난하였다.

7 초순(焦循)의 『맹자정의(孟子正義)』 「이루 상」 편의 주(注)와 소(疏)에는 부모를 섬기고 형에 순종하려는 생각이 자연스럽게 생겨난다고 한다. 焦循, 『孟子正義』(中華書局,

1998), 533~534쪽 참조.

8 유민호, 「'어질다, 모질다'의 뜻과 '인격 교육'」, 《인격교육》 제7권 제2호(2013. 8), 85~103쪽 참조. 위로 뾰족함이 모짊(∧)이고 위가 열림이 어짊(∨)이라 한다. 맹자의 인(仁)을 잘 드러내 주는 표현이다.

9 맹자는 인의를 정의하며 "仁, 人之安宅也; 義, 人之正路也"라고 한다.(「이루(離婁) 상」10)

10 고자는 맹자보다 나이가 훨씬 많았으며 직하학궁의 학자들과 논쟁 경험이 풍부한 사람이다. 그의 실체에 대해서는 맹자의 제자라거나 묵자의 일원이라는 등 다양한 주장이 있으나 확인이 어렵다.

11 인과 의의 상관관계에 대해서는 논쟁이 활발하다. 陳大齊, 『孟子待解錄』(臺北: 臺灣商務印書館, 1991), 25~68쪽에 매우 상세하며, 백민정, 『맹자: 유학을 위한 철학적 변론』(서울: 태학사, 2005), 76~105쪽 등이 그렇다. 제자백가 사이에서도 논쟁이 있었다. 『관자』 「계(戒)」, 『묵자』 「경설(經說) 하」 등에 보인다.

12 원문은 선정(善政)이다. 이 글에선 政 자를 관례대로 '정치'로 번역하지만, 중국 고대 사상에서 政은 오늘날의 정치와 의미가 다르다. 특히 오늘날의 정치는 선거 등 권력을 창출하는 정치 과정과 권력론이 핵심인데, 중국 고대에 권력의 변동이나 창출 과정을 전문적으로 다룬 사상가는 없다. 고대어 政은 오늘날의 정책, 정무, 행정, 정부 명령 등의 의미이다.

13 순자의 성악설과 맹자의 성선설의 차이에 대해서는 장현근, 『맹자: 바른 정치가 인간을 바로 세운다』(한길사, 2010) 및 장현근, 『순자: 예의로 세상을 바로잡는다』(한길사, 2015) 참조.

14 예를 들면 맹자는 "사람이 어릴 땐 부모를 사랑하고, 색을 알게 되면 예쁜 여자를 사랑하고, 처자식이 있게 되면 처자식을 사랑하고, 벼슬하면 임금을 사랑하고, 임금의 은총을 얻지 못하면 얻으려 열중한다."라고 말한다.(「만장 상」1)

15 장현근, 『맹자: 바른 정치가 인간을 바로 세운다』, 122쪽.

16 예(禮)와 지(智)에 대해선 『맹자』를 통해서는 구체적인 모습을 알 수 없다. 맹자는 예를 인의에 종속되는 외재적 표출로서 양보나 진퇴 등 몇 가지 행위 규범을 뜻하는 정도로만 취급한다. 예라는 글자는 『맹자』에 68차례나 등장하지만 60차례가 행위 규범에 대한 얘기이며 철학적 논쟁을 한 곳은 없다.

17 '패권적 의식', '패도주의' 등 우리가 사용하는 霸 자에 대한 부정적 의미는 맹자 개인의 의도적 설정으로부터 시작된 것이며, 패도를 역정(力政) 즉 '힘의 정치'로 상정하여 왕도와 선명한 대조를 이루도록 설정하여 정치권력에 대한 도덕 권력의 우위를 표방하고 이것이 관념사에서 역사적 승리를 거둔 것 또한 맹자의 기획이라는 주장에 대해서는 장현근, 「덕의 정치인가, 힘의 정치인가: 맹자 왕패 논쟁의 정치 기획」, 《정치사상연구》 20

집 1호(2014. 5), 65~86쪽 참조.

18　왕도 실천과 패도 부정에 대한 맹자의 심리적, 시간적, 공간적 압박감에 대한 상세한 설명은 장현근,『맹자: 바른 정치가 인간을 바로 세운다』, 242~254쪽 참조.

19　같은 성씨에 의해 종묘사직이 유지되는 것이니 역성(易姓)의 혁명이 아니다. 다른 성씨의 경에 의해 왕위가 바뀔 수 있다고 주장했다면 혁명일 수 있지만 맹자는 이성(異姓)의 경은 통치자의 생각을 바꾸기 위해 노력하다 안 되면 그 나라를 떠난다는 소극적 입장을 견지하고 있다. 맹자는 왕도를 실천하지 못하면 당하게 될지도 모른다는 경고에 무게를 둔 것이지, 혁명이나 쿠데타를 정당화하지 않는다.

20　전 왕조를 무력으로 정벌하여 새로운 왕조를 개창한 은나라 탕(湯)왕과 주나라 무(武)왕을 성군으로 격상하고 정벌당한 걸왕과 주왕을 폭군으로 만든 '성왕-폭군 구조'의 정형화를 공자가 제창하고 맹자가 정교하게 만들었다는 주장에 대해서는 장현근,『성왕: 동양 리더십의 원형』(민음사, 2012), 224~246쪽 및 장현근,「성인의 재탄생과 성왕 대 폭군 구조의 형성」,《정치사상연구》17집 2호(2011. 11), 104~125쪽을 참조.

21　합종연횡(合縱連橫, 약하여 종횡(縱橫))이란 외교적 술수를 통해 정치적 위기를 타개하는 방법을 말한다. 합종이란 약한 여러 세력이 연합하여 강한 세력에 대항하며 정치적 균형을 유지하는 것을 말하고, 연횡이란 약한 세력이 강한 세력과 독자적인 거래를 틈으로써 생존을 모색하는 것을 말한다.『사기』에 따르면 초강대국 진나라를 중심에 두고 소진(蘇秦)의 합종과 장의의 연횡이 경쟁하였다 한다. 두 사람은 귀곡자(鬼谷子) 밑에서 함께 공부한 것으로 알려져 있지만 마왕퇴(馬王堆)에서 발굴된『전국종횡가서(戰國縱橫家書)』등에 따르면 소진은 서기전 284년에 죽었고, 장의는 서기전 310년에 죽어서 동시대에 정치적 경쟁을 했을 수 없다.『맹자』「등문공 하」편의 말대로 맹자 시대에는 공손연과 장의가 경쟁하였다.

22　물론 최고의 경지에는 성인이 존재하지만 성인은 통치자와 피통치자 또는 정치와 무관한 경우에도 사용되는 통칭이다.「등문공 하」14장에는 성왕(聖王)이란 말이 한 번 등장하기도 한다.

23　『맹자』에서는 대장부의 반대되는 말로 천장부(賤丈夫)라고 한다.

14　법치와 공(公)의 확립, 한비자의 정치사상

1　이상은『사기(史記)』「노자한비열전(老子韓非列傳)」을 요약한 것이다.

2　한비자의 책은 역대 경적지에서 모두『한자(韓子)』라고 칭했다. 송대 이후 한유(韓愈)를 한자(韓子)라고 칭했기 때문에 한비자의 저서와 혼동할 수 있어서 한비자의 저서를

『한비자』라고 칭하기 시작했다. 謝雲飛, 『韓非子析論』(臺灣: 東大圖書公社, 1980) 참조.

3 『춘추좌전(春秋左傳)』, 「소공(昭公) 22년. "仲尼曰, 善哉! 政寬則民慢, 慢則糾之以猛. 猛則民殘, 殘則施之以寬. 寬以濟猛, 猛以濟寬, 政是以和."

4 『맹자』, 「이루(離婁) 상」. "徒善不能以爲政, 徒法不能以自行."

5 이와 관련해서는 졸저 『유가 사상의 사회철학적 재조명』(고려대학교출판부, 1998), 169~199쪽 참조.

6 『한비자』, 「유도(有度)」. "今夫輕爵祿, 易去亡, 以擇其主, 臣不謂廉°詐說逆法, 倍主强諫, 臣不謂忠. 行惠施利, 收下爲名, 臣不謂仁. 離俗隱居, 而以非上, 臣不謂義. 外使諸侯, 內耗 其國, 伺其危險之陂, 以恐其主曰: 交非我不親, 怨非我不解. 而主乃信之, 國聽之. 卑主之 名以顯其身, 毀國之厚以利其家, 臣不智智. 此數物者, 險世之說也, 而先王之法所簡也. 先 王之法曰: 臣毋或作威, 毋或作利, 從王之指; 毋或作惡, 從王之路. 古者世治之民, 奉公法, 廢私術, 專意一行, 具以待任."

7 『한비자』, 「이병(二柄)」편과 「외저설 우상(外儲說右上)」편에 나오는 이 이야기는 『좌 전』 「애공(哀公) 14년조와 『사기』, 「12제후연표(12諸侯年表)」, 「제태공세가(齊太公世 家)」, 「전제세가(田齊世家)」편에도 기록되어 있다.

8 『한비자』, 「팔간(八姦)」. "爲人臣者散公財以說民人, 行小惠以取百姓, 使朝廷市井皆勸譽 已, 以塞其主而成其所欲, 此之謂民萌."

9 『한비자』, 「팔간」. "其於德施也, 縱禁財, 發墳倉, 利於民者, 必出於君, 不使人臣私其德."

10 군주의 권위를 해치는 다섯 가지 장애 요인이란 (1) 신하가 군주의 이목을 닫아 버리는 것(臣閉其主曰壅制), (2) 신하가 나라의 재정을 장악하는 것(臣制財利曰壅), (3) 신하가 마음대로 명령을 내리는 것(臣擅行令曰壅), (4) 신하가 제멋대로 상벌권을 행사하는 것 (臣得行義曰壅), (5) 신하가 사사로이 작당하는 것(臣得樹人曰壅) 등을 말한다.

11 『한비자』, 「유도」. "明主使其群臣不遊意於法之外, 不爲惠於法之內, 動無非法."

12 『논어』, 「자로(子路)」. "葉公問政. 子曰, 近者悅, 遠者來."

13 『한비자』, 「난삼(難三)」. "惠之爲政, 無功者受賞, 則有罪者免, 此法之所以敗也."

14 『한비자』, 「간겁시신(姦劫弑臣)」. "世之學者說人主, 不曰 乘威嚴之勢, 以困姦之臣, 而 皆曰 仁義惠愛而已矣. 世主美仁義之名而不察其實, 是以大者國亡身死, 小者地削主卑 (……) 夫施與貧困者, 此世之所謂仁義; 哀憐百姓, 不忍誅罰者, 此世之所謂惠愛也. 夫有 施與貧困, 則無功者得賞; 不妨誅罰, 則暴亂者不止. 國有無功得賞者, 則民不外務當敵斬 首, 內不急力田疾作."

15 위 혜왕은 곧 양 혜왕(梁惠王)을 가리킨다.

16 『한비자』, 「내저설 상(內儲說上)」. "魏惠王謂卜皮曰, 子聞寡人之聲聞亦何如焉? 對曰, 臣聞王之慈惠也. 王欣然喜曰, 然則功且安至? 對曰, 王之功至於亡. 王曰, 慈惠, 行善也.

行之而亡, 何也? 卜皮對曰, 夫慈者不忍, 而惠者好與也. 不忍則不誅有過, 好予則不待有功而賞. 有過不罪, 無功受賞, 雖亡, 不亦可乎?"

17　『한비자』,「비내(備內)」. "故王良愛馬, 越王勾踐愛人, 爲戰與馳. 醫善吮人之傷, 含人之血, 非骨肉之親也, 利所加也. 故輿人成輿, 則欲人之富貴; 匠人成棺, 則欲人之夭死也. 非輿人仁而匠人賊也, 人不貴, 則輿不售; 人不死, 則棺不買. 情非憎人也, 利在人之死也."

18　『한비자』,「오두」. "今儒·墨皆稱先王兼愛天下, 則視民如父母何以明其然也? 曰, 司寇行刑, 君爲之不擧樂; 聞死刑之報, 君爲流涕. 此所擧先王也. 夫以君臣爲如父子則必治, 推是言之, 是無亂父子也. 人之情性莫先於父母, 父母皆見愛而未必治也, 君雖厚愛, 奚遽不亂? 今先王之愛民, 不過父母之愛子, 子未必不亂也. 則民奚遽治哉? 且夫以法行刑, 而君爲之流涕, 此以效仁, 非以爲治也. 夫垂泣不欲刑者, 仁也; 然而不可不刑者, 法也. 先王勝其法, 不聽其泣, 則仁之不可以爲治亦明矣."

19　『한비자』,「육반(六反)」. "今上下之接, 無子父之澤, 而欲以行義禁下, 則交必有郄矣. 且父母之於子也, 産男則相賀, 産女則殺之. 此俱出父母之懷衽, 然男子受賀, 女子殺之者, 慮其後便, 計之長利也. 故父母之於子也, 猶用計算之心以相待也, 而況無父子之澤乎?"

20　『한비자』,「비내」. "군주의 화는 사람을 신뢰하는 데서 생긴다. 다른 사람을 믿으면 그 사람으로부터 제압을 받게 된다. 신하는 군주에 대해 혈육 간의 친함 때문이 아니라 세력 관계에 매여서 어찌할 수 없이 섬기는 것이다. 처만큼이나 가까운 사이와 자식만큼이나 친밀한 사이까지도 오히려 믿을 수 없는 것이니, 그 나머지는 신뢰할 만한 자가 있을 수 없다.(人主之患在於信人. 信人, 則制於人. 人臣之於其君, 非有骨肉之親也, 縛於勢而不得不事也 (……) 夫以妻之近與子之親而猶不可信, 則其餘無可信者矣.)"

21　『한비자』,「이병」. "明主之所導制其臣者, 二柄而已矣. 二柄者, 刑德也. 何謂刑德? 曰, 殺戮之謂刑, 慶賞之謂德. 爲人臣者畏誅罰而利慶賞, 故人主自用其刑德, 則群臣畏其威而歸其利矣."

22　『한비자』,「오두」. "今有不才之子, 父母怒之弗爲改, 鄉人譙之弗爲動, 師長教之弗爲變. 夫以父母之愛, 鄉人之行·師長之智, 三美加焉, 而終不動, 其脛毛不改. 州部之吏, 操官兵, 推公法, 而求索姦人, 然後恐懼, 變其節, 易其行矣. 故父母之愛不足以教子, 必待州部之嚴刑者, 民固驕於愛, 聽於威矣 (……) 故明主峭其法而嚴其刑也."

23　『한비자』,「심도(心度)」. "故其興之刑, 非所以惡民, 愛之本也. 刑勝而民靜, 賞繁而姦生. 故治民者, 刑勝, 治之首也; 賞繁, 亂之本也. 夫民之性, 喜其亂而不親其法. 故明主之治國也, 明賞, 則民勸功; 嚴刑, 則民親法."

24　『한비자』,「육반」. "君不仁(……)則可以霸王矣."

25　『한비자』,「팔설(八說)」. "爲故人行私謂之'不棄', 以公財分施謂之'仁人', 輕祿重身謂之'君子', 枉法曲親謂之'有行' (……) 不棄者, 吏有姦也; 仁人者, 公財損也; 君子者, 民難使

也; 有行者, 法制毀也."

26 맹상군(孟嘗君)의 아버지인 전영(田嬰)을 가리킨다. 설(薛) 땅에 봉후 받았으므로 설공
이라 한 것이다.

27 『한비자』, 「내저설 상」. "成驩謂齊王曰, 王太仁, 太不忍人. 王曰, 太仁, 太不忍人, 非善名
邪? (……) 對曰, 王太仁於薛公, 而太不忍於諸田. 太仁薛公, 則大臣無重; 太不忍諸田, 則
父兄犯法. 大臣無重, 則兵弱於外; 父兄犯法 (……) 此亡國之本也."

28 "애정이 많을 경우 법이 서지 않으며, 위엄이 적을 경우 아랫사람이 위를 범하게 된다."
(『한비자』, 「내저설상(內儲說上)」. "愛多者, 則法不立; 威寡者, 則下侵上.")

29 『한비자』, 「육반」. "使民以法禁而不以廉止. 母之愛子也倍父, 父令之行於子者十母; 吏之於
民無愛, 令之行於民也萬父母. 父母積愛而令窮, 吏用威嚴而民聽從, 嚴愛之筴亦可決矣."

30 전국 중기에 진(秦) 효공(孝公)을 섬겨서 법치의 질서를 확립한 상앙을 말한다.

31 『한비자』, 「내저설 상」·「칠술(七術)」. "公孫鞅之法也重輕罪. 重罪者, 人之所難犯也; 而
小過者, 人之所易去也. 使人去其易, 無離其所難, 此治之道. 夫小過不生, 大罪不至, 是
人無罪而亂不生也."

32 『한비자』, 「난이(難二)」. "夫刑當無多, 不當無少. 無以不當聞, 而以太多說, 無術之患也
(……) 今緩刑罰, 行寬惠, 是利姦邪而害善人也, 此非所以爲治也."

33 『한비자』, 「주도」. "賞僭, 則功臣墮其業, 赦罰, 則姦臣易爲非. 是故誠有功, 則雖疏賤必賞;
誠有過, 則雖近愛必誅."

34 『한비자』, 「외저설 우상」. "荊莊王有茅門之法曰, 羣臣大夫諸公子入朝, 馬蹏踐霤者, 廷理
斬其輈戮其御. 於是太子入朝, 馬蹏蹄踐霤, 廷理斬其輈, 戮其御. 太子怒, 入爲王泣曰, 爲
我誅戮廷理. 王曰, 法者, 所以敬宗廟, 尊社稷. 故能立法從令尊敬社稷者, 社稷之臣也, 焉
可誅? 夫犯法廢令不尊敬社稷者, 是臣乘君而下尚校也. 臣乘君, 則主失威; 下尚校, 則上
位危. 威失位危, 社稷不守, 吾將何以遺子孫? 於是太子乃還走, 避舍露宿三日, 北面再拜請
死罪."

35 『한비자』, 「이병」. "昔者韓昭侯醉而寢, 典冠者見君之寒也, 故加衣於君之上, 覺寢而說,
問左右曰, 誰加衣者? 左右答曰, 典冠. 君因兼罪典衣殺典冠. 其罪典衣, 以爲失其事也; 其
罪典冠, 以爲越其職也."

36 『한비자』, 「외저설 우상」. "一日, 吳起示其妻以組曰, 子爲我織組, 令之如是. 組已就而效
之, 其組異善. 起曰, 使子爲組, 令之如是, 而今也異善, 何也? 其妻曰, 用財若一也, 加務善
之. 吳起曰, 非語也. 使之衣而歸. 其父往請之, 吳起曰, 起家無虛言."

37 『한비자』, 「팔설」. "古者人寡而相親, 物多而輕利易讓, 故有揖讓而傳天下者. 然則行揖讓,
高慈惠, 而道仁厚, 皆推政也. 處多事之時, 用寡事之器, 非智者之備也; 當大爭之世, 而循
揖讓之軌, 非聖人之治也."

38 『한비자』, 「오두」. "上古競於道德, 中世逐於智謀, 當今爭於氣力 (……) 夫仁義辯智, 非所以持國也."

39 『논형(論衡)』, 「비한(非韓)」.

16 주축 시대와 인간 존재의 형성

1 Golo Mann, *Deutsche Geschichte des 19. und 20. Jahrhunderts*(Hamburg: S. Fischer Verlag, 1958, 1967) pp. 728~729.

2 Sonoda Hidehiro ed., *Japan in a Comparative Perspective*, International Symposium 12(International Japanese Research Center, Kyoto, 1999).

3 S. N. Eisenstadt, *Japanese Civilization: A Comparative View*(University of Chicago, 1996), pp. 5~6.

4 Ibid., p. 424.

5 이 부분의 인용과 논의 요약은 다음을 참조. Karl Jaspers, *Vom Ursprung und Ziel der Geschichte*(München: Piper & Co. Verlag, 1949), pp. 19~42.

6 Ibid., p. 20.

7 Ibid., p. 28.

8 Ibid., p. 33.

9 Ibid., pp. 29~30.

10 Ibid., p. 17.

11 I. M. Becheński, *Europäische Philosophie der Gegenwart*, 2. Auflage(Bern: A. Francke AG Verlag, 1951), p. 196.

12 Karl Jaspers, *Reason and Existenz*, trans. William Earle(New York: Noonday Press, 1955), p. 57. *Vernunft und Existenz*(1935)의 영역본이다.

13 Jared Diamond, *Guns, Germs, and Steel: The Fates of Human Societies*(New York: W. W. Norton, 1997), Ch. 10 "Spacious Skies and Tilted Axes."

14 Karl Jaspers, *Vom Ursprung und Ziel der Geschichte*, p. 50.

15 Ibid., p. 51.

16 Ibid., p. 61.

17 Ibid., p. 59.

18 Ibid., p. 47.

19 Ibid., pp. 66~67.

20 Ibid., p. 68.

21 Ibid., p. 73.

22 Ibid., p. 75.

23 Ibid., p. 82.

24 Ibid., p. 79.

25 Ibid., p. 80.

26 Ibid., pp. 84~85.

27 Ibid., p. 86.

28 Joseph Needham, "Science and China's Influence on the World," *The Legacy of China*, ed. Raymond Dawson(Oxford: Clarendon Press, 1964).

29 Karl Jaspers, *Vom Ursprung und Ziel der Geschichte*, pp. 67~97.

30 Ibid., p. 91.

31 Ibid., p. 92.

32 Ibid., p. 96.

33 Mark Elvin, "Was There a Transcendental Breakthrough in China?" *The Origins and Diversity of Axial Civilizations*, ed. S. N. Eisenstadt(Albany, NY: University of New York Press, 1986), p. 376.

34 성백효 역주, 『시경집전(詩經集傳) 하』(전통문화연구회, 1993), 「대아 증민(烝民)」, 322~323쪽.

35 Mark Elvin, op. cit., p. 331.

36 『논어』, 「선진(先進)」, "未能事人, 焉能事鬼. 未知生, 焉知死."

37 Mark Elvin, op. cit., p. 332.

38 Ibid., p. 343.

39 Ibid., p. 344.

40 Ibid., p. 351.

41 김학주 옮김, 『노자』(을유문화사, 2000), 8장 「역성(易姓)」, 145쪽. "上善若水, 水善, 利萬物而不爭, 處衆人之所惡, 故幾於道."

42 위의 책, 66장 「후기(後己)」, 266쪽. "江海所以能爲百谷之王者, 以其善下之, 故能爲百谷之王, 是以聖人欲上民, 是以言下之, 欲先民, 必以身後之."

43 Mark Elvin, op. cit, p. 353.

44 Ibid., p. 354.

45 Ibid., p. 356.

46 Ibid., pp. 358~359.

47   "Globablity and Universality: Towards a New Horizon Beyond East and West—Observations on the Rhetoric and the Domain of Moral Pragmatics," 한국학중앙연구원 주최 제7회 세계한국학대회 발표문(2014. 11. 5, 하와이).

48   Tu Wei-ming, "The Structure and Function of the Confucian Intellectual in Ancient China," S. N. Eisenstadt ed., op. cit., pp. 370~371.

49   Karl Jaspers, *Von der Wahrheit*(München: Piper & Co Verlag, 1958), p. 107.

50   Ibid., pp. 107~111.

51   Karl Jaspers, *Vom Ursprung und Ziel der Geschichte*, p. 102.

52   Ibid., p. 103.

53   Max Horkheimer, *Eclipse of Reason*(New York, Seabury Press, 1974), pp. 4~5. Originally published in 1947 by Oxford University Press.

54   Karl Jaspers, *Vom Ursprung und Ziel der Geschichte*, pp. 112~117.

55   Ibid., pp. 119~120.

56   Ibid., pp. 126~127.

57   Ibid., p. 127.

58   Ibid., p. 132.

59   Ibid., pp. 129~139.

60   Ibid., p. 145.

61   Ibid., p. 160.

62   Ibid., p. 148.

63   Ibid., pp. 151~152.

64   Ibid., p. 154.

65   Ibid., p. 161.

고전 강연 전체 목록

고전 강연

2 고전 시대

1판 1쇄 찍음 2018년 3월 16일
1판 1쇄 펴냄 2018년 3월 23일

지은이 박종현, 조대호, 강대진, 배병삼, 오강남, 장현근, 이승환, 이효걸, 김우창
발행인 박근섭·박상준
펴낸곳 (주)민음사

출판등록 1966. 5. 19. 제16-490호
주소   (135-887) 서울시 강남구 도산대로 1길 62(신사동)
          강남출판문화센터 5층
대표전화 515-2000 | 팩시밀리 515-2007
홈페이지 www.minumsa.com

ⓒ 박종현, 조대호, 강대진, 배병삼, 오강남, 장현근, 이승환, 이효걸, 김우창, 2018. Printed
in Seoul, Korea

ISBN   978-89-374-3658-1 (04100)
        978-89-374-3656-7 (세트)

NAVER
문화재단

이 책은 네이버 문화재단의 후원으로 만들어졌습니다.